wissen und praxis 54

Ilka Quindeau

Trauma und Geschichte

Wie konnten und können Überlebende der nationalsozialistischen Massenvernichtung, die zur Zeit der Verfolgung noch Kinder und Jugendliche waren, mit ihren extremtraumatischen Erfahrungen weiterleben?
Die bürokratisch geplante und industriell durchgeführte Massenvernichtung wird als Zivilisationsbruch beschrieben, als ein historisches Ereignis, das die Grenzen der Sprache und des Verstehens überschreitet. Quindeaus Buch begreift sich daher als ein Versuch, sich den Erfahrungen der Überlebenden in dem Wissen nähern zu wollen, sie nicht in ihrer vollen Bedeutung verstehen zu können.
Quindeau führte ausführliche Gespräche mit Überlebenden in Israel und Deutschland, die die jeweilige Lebensgeschichte vor, während und nach der Verfolgung umfassen. Sie entwickelt ein diskursives hermeneutisches Verfahren, die *oblique Hermeneutik*, zur Interpretation der Gespräche. Dabei wird die Supervision von drei erfahrenen und in der Holocaust-Forschung ausgewiesenen Psychoanalytikerinnen aus New York einbezogen.
Drei Interpretationen sowie ein vollständiges Interview werden vorgestellt. Abschließend wird die Bedeutung des Erzählens reflektiert: Die Konstruktion der Lebensgeschichte im Prozeß der Erzählung kann verstanden werden als ein Versuch, über die Brüche durch die Verfolgung hinweg die Kontinuität eines Lebenszusammenhangs zu schaffen.

Ilka Quindeau, 1962 in Duisburg geboren, studierte Psychologie in Erlangen und arbeitet gegenwärtig am Institut für Psychoanalyse an der J. W. Goethe-Universität in Frankfurt a. M. Mehrere Forschungsaufenthalte in Israel und in New York, wo dieses Buch im Rahmen der *International Study of Organized Persecution of Children* des *Jerome-Riker-Instituts* entstand. Promotion.
Forschungsschwerpunkte: Kollektive und individuelle Erinnerungsprozesse am Beispiel der Auseinandersetzung mit den Stasi-Akten; gesellschaftliche und wissenschaftliche Rezeption des Nationalsozialismus; Methoden hermeneutischer Sozialforschung.

Ilka Quindeau

Trauma und Geschichte

Interpretationen autobiographischer Erzählungen von Überlebenden des Holocaust

Mit einem Vorwort von Judith S. Kestenberg

Brandes & Apsel

Auf Wunsch informieren wir regelmäßig über das Verlagsprogramm.
Eine Postkarte an den Brandes & Apsel Verlag,
Zeilweg 20, D–60439 Frankfurt a. M., genügt.

Die wissenschaftliche Arbeit zu diesem Buch und die Drucklegung wurden im Rahmen des Stipendienprogramms der Gottlieb Daimler- und Karl Benz-Stiftung gefördert.

Die Deutsche Bibliothek – CIP-Einheitsaufnahme:

Quindeau, Ilka:
Trauma und Geschichte : Interpretationen autobiographischer Erzählungen von Überlebenden des Holocaust / Ilka Quindeau.
Mit einem Vorw. von Judith S. Kestenberg
1. Aufl. – Frankfurt a. M. : Brandes und Apsel, 1995
(Wissen & Praxis ; 54)
Zugl. Kassel, Gesamthochsch., Univ. Diss., 1994
ISBN 3-86099-254-6
NE: GT

wissen und praxis 54

1. Auflage 1995

Umschlagfoto: *The Grand Staircase – Hall of Witness* (Ausschnitt), Holocaust Memorial Museum, Washington, D. C., USA
Druck: F. M. Druck GmbH, Karben, Germany
Gedruckt auf säurefreiem, alterungsbeständigem und chlorfrei gebleichtem Papier.

ISBN 3-86099-254-6

Inhalt

Vorwort von Judith S. Kestenberg 9

Vorwort 15

I. Die Gegenwart der nationalsozialistischen Vergangenheit 21

Aufklärung als Selbstreflexion 23

Auschwitz als "Zivilisationsbruch" 25

Die Massenvernichtung als "Grenzereignis" 27

Psychoanalyse als epistemologische Disziplin 29

Zur Entwicklung einer obliquen Hermeneutik zur Analyse der Lebensgeschichten Überlebender 31

Psychoanalyse und die Auseinandersetzung mit der Massenvernichtung 32

II. Psychoanalytische Reflexionen 35

1. Schwerpunkte psychoanalytischer "Holocaust-Forschung" 35

2. Die Erfahrung der Massenvernichtung als Extremtraumatisierung 38

Zum Begriff des Traumas 38

Die Phasen der Traumatisierung 42

"Überlebensstrategien" während der Verfolgung 45

Verfolgung und Adoleszenz 49

Die Zeit nach der Befreiung 54

3. Erinnerung und Rekonstruktion 55

Exkurs: Gegenübertragungsthemen in der Begegnung mit Überlebenden der Massenvernichtung 56

Kritische Bemerkungen zum Konzept des "Überlebenden-Syndroms" ... 63
Trauer und Aufbau neuer sozialer Strukturen ... 71
(Re)Integration der psychischen Struktur ... 77

III. Wege zur einer obliquen Hermeneutik ... 81
1. Die (Un)Möglichkeit des Verstehens der extremtraumatischen Erfahrungen ... 81
2. Die Bedeutung lebensgeschichtlicher Erzählungen ... 83
Erzählen als Konstitutionsbedingung von Erfahrung, Kontinuität und Identität ... 83
Grenzen der Erzählung ... 87
3. Sozialisationstheoretische Grundlagen des oblique-hermeneutischen Verfahrens ... 89
4. Psychoanalyse als kritisch-hermeneutisches Verfahren ... 93
5. Umrisse einer obliquen Hermeneutik ... 98
6. Methodische Anlage der Studie ... 109

IV. Interview mit Frau L. ... 115

V. Drei Interpretationsskizzen zu den autobiographischen Erzählungen von Überlebenden der Massenvernichtung ... 153
Wissenschaft als Abwehr des Unerträglichen ... 153
Interpretationsskizze des Interviews mit Frau L.: "Ich hab immer eigentlich gearbeitet, bis heute eigentlich." ... 156
Grundzüge der Erzählung: Arbeit als Integrationsmoment ... 186
Interpretationsskizze des Interviews mit Frau D.: "Man muß es ausnützen, das Leben geht weiter." ... 191
Grundzüge der Erzählung: Aktivität und Stärke als Integrationsmomente ... 229

Interpretationsskizze des Interviews mit Frau F.: "Dem Leiden einen Sinn geben, daß ich einem anderen dadurch helfen kann" 234

Grundzüge der Erzählung: Helfen und Heilen als Integrationsmomente 255

VI. Reflexion der subjektiven Bedeutung des Erzählprozesses 261

Die Erzählung als Bewältigung von Kontingenz 261

Die Erzählung als Bemühen um Integration 264

Die Bedeutung des anderen im Prozeß der Erzählung 266

Über mögliche Motive meiner Gesprächspartner zum Interview 267

Verstehen als Selbstreflexion 269

Die Erfahrung der Massenvernichtung als Gegenstand wissenschaftlichen Denkens 271

Literatur 275

Vorwort von Judith S. Kestenberg

Ilka Quindeau kam zu mir mit der Bitte, ihre Forschungen über den Holocaust im Rahmen einer Dissertation zu begleiten. Neben mir arbeitete sie auch mit Dr. Charlotte Kahn, Dr. Marion Oliner, Dr. Eva Fogelman und Dr. Helene Bass. Ich werde nicht ihre Fallgeschichten diskutieren, die sie in äußerst bemerkenswerter Weise selbst vorstellt. Stattdessen werde ich ihr letztes Kapitel fokussieren, in dem sie einige spannende theoretische und methodologische Probleme aufgreift, einschließlich einer eingehenden Reflexion über die Bedeutung der Erzählungen über den Holocaust für die Überlebenden, die zur Zeit der Verfolgung noch Kinder und Jugendliche waren.
Quindeau beginnt mit der Überlegung, daß "die Erzählung... selbst auch als bedeutender psychischer und sozialer Prozeß (erscheint), der ...im Hinblick auf seine mögliche subjektive Bedeutung für Erzählende und Lesende reflektiert werden soll" (S.242). Was bedeutet dies? Quindeau entwickelt die These, daß der Interviewer, d.h der Zuhörer, in vergleichbarer Weise von dem Interview profitiert, wie die Gesprächspartner möglicherweise therapeutischen Nutzen aus dem Interview ziehen. Indem sie sich um Empathie mit der erzählenden Person bemüht, beginnt sich Quindeau selbst zu verändern und sie hofft, daß sich die Leser in ähnlicher Weise verändern. Wenn eine Erzählung kontinuitäts- und identitätsbildende Funktion für die erzählende Person hat, sollte sie dieselbe Bedeutung für den Leser und Hörer haben. Dies trifft zu, wenn der Interviewer Empathie mit dem Gesprächspartner ausdrückt (Kestenberg und Fogelman, 1994), wie dies für alle Interviews von Quindeau charakteristisch ist.
Quindeau beschreibt den Beginn der Vernichtung des europäischen Judentums als "Zivilisationsbruch", das die herrschende Rationalität und grundlegende Handlungsorientierungen der Kultur vor dem Holocaust außer Kraft setzt. Sie stellt die These auf, daß die Überlebenden sich erst nach dem Ende der Verfolgung über den Gegensatz zwischen der Modernität der Nazi-Technologie und der Negation der Rationalität bewußt werden konnten.
Für die meisten Menschen war Rationalität während der Zeit der Verfolgung außer Kraft gesetzt. Wie Quindeau verdeutlicht, waren vernunftgeleitete Versuche zu überleben selten erfolgreich. Der Tod war allgegenwärtig. Das überleben war Zufall. Auf diese Weise wurden Rationalität und konventionelle Sinn- und Bedeutungssysteme in ihr Gegenteil verkehrt. Dennoch sollten wir uns daran erinnern, daß es Menschen gab, die um ihr Überleben kämpften, angetrieben von ihrem Willen zu leben, einer inneren Vitalität, einem ausgeprägten Narzißmus und möglicherweise unverschuldetem Mut. Herr H.G. war ein sechzehnjähriger Junge im Buna-Arbeitslager. Trotz seiner harten Arbeit waren er und einige seiner Freunde durch die "Selektion"

zum Tod verurteilt worden. In diesem Moment sagte er, "laß uns die Toten begraben", als ob dies der Widerspruch zu dem Kommandanten war. Sie hoben die Toten auf und gingen fort, um sie zu begraben. Auf diese Weise überlebten sie. Im Gegensatz dazu überlebten Menschen, die "Muselmanen" (ohne den Willen zu überleben) waren, selten ohne spezielle Hilfe von anderen Insassen. Menschen, die den Wunsch zu leben hatten und sicher waren zu überleben, taten dies oft. Trotzdem war, wie Quindeau ausführte, der Zufall der wichtigste Faktor beim Überleben. Die Bedeutung des Zufall verdeutlicht die Dominanz der Irrationalität (die in vielen Aspekten der Behandlung der Juden hervorgehoben wird).

Quindeau beschreibt, wie das Entkommen vor der Vernichtung bei den interviewten Überlebenden, die noch Kinder und Jugendliche waren, häufig ein Gefühl von Scham hinterläßt. Sie führt aus, daß das Schamgefühl auf die Sinnlosigkeit der Verfolgung und des Überlebens verweist. Das Unwirkliche und Unlogische wirft die Überlebenden zurück auf die prekäre Frage nach der Bedeutung der eigenen Existenz. Es gab einige Kinder, denen von ihren Eltern gesagt wurde, daß sie überleben müssen, um die Wahrheit über das zu berichten, was ihren Eltern geschehen war. Ihnen wurde eine Botschaft mitgegeben. Dennoch gab es viele Überlebende, für die ihr eigenes Überleben nicht sinnvoller erschien als der Tod der anderen.

Die Scham derer, die überlebt haben, findet ihren Widerhall in der Scham der Zuhörenden. Im Schamgefühl ist auch ein Gefühl von Verantwortung enthalten, was als subjektiver Versuch verstanden werden kann, objektiver Sinnlosigkeit mit eigenen Erklärungsmustern zu begegnen. Durch das Gefühl von Verantwortlichkeit ist die Scham mit dem Schuldgefühl verknüpft, obwohl es keine vernunftgemäße Verbindung zwischen ihnen gibt.

Erwartungsgemäß hat die Scham über die Massenvernichtung in Deutschland eine andere Gestalt als in anderen Ländern. Trotzdem hat überall die Verbindung von Scham und Schuld nicht nur eine psychologische Bedeutung, sondern auch eine moralische und historische Dimension.

Es gibt Hinweise in den Interviews, daß die Überlebenden anhand von gegenwärtigen Deutungsmustern und Handlungsorientierungen ihre frühen Interaktionen und Erfahrungen zu rekonstruieren suchen. In der Zeit nach der Befreiung wurde es den Überlebenden deutlich, daß ihr Verhalten während der Verfolgung nicht "vernunftgemäß" sein konnte, weil man sich nicht auf vernünftige Weise der Totalität der Massenvernichtung anpassen konnte. Dennoch versuchen die Überlebenden, die zur Zeit der Verfolgung noch Kinder und Jugendliche waren, ihr Überleben zu verstehen und zu legitimieren. Die Antwort auf die Frage, warum jemand überlebt hat, scheint ein wichtiger Aspekt des Interviews zu sein. Vielleicht besteht der Sinn des Überlebens für die meisten darin, eine "Mission" im Leben zu haben, das dem Überleben einen Zweck gibt. In jedem Fall scheint jedoch die Tatsache des Überlebens selbst den Überlebenden ein Gefühl von Kompetenz zu ge-

ben, das im Gegensatz steht zu ihrer früheren Hilflosigkeit und erzwungenen Passivität.
Quindeau entwickelt die Hypothese, daß das Erzählen der Überlebensgeschichte den Integrationsprozeß unterstützen kann. Das Erzählen ermöglicht der Person, disparate und kontingente Erfahrungen in einen Sinnzusammenhang zu bringen. Das Erzählen unterstützt die Bildung mentaler Strukturen, die die eigene Entwicklung plausibel machen. So kann das Erzählen der Lebensgeschichte als Konstruktionsprozeß verstanden werden, der Kontinuität schafft (Krell, 1985). Dieser Prozeß ermöglicht die Rekonstitution des eigenen Selbst und führt zur Entwicklung der ich-Identität. Dennoch verhindert die extreme Traumatisierung eine symbolische Repräsentation der Erfahrungen; das bedeutet, daß die Verfolgungserfahrung einer "narrativen Harmonisierung" widerstrebt. Man kann die gesamte Geschichte der Traumatisierung nur erahnen, die häufig in diskontinuierlichen Teilen erzählt wird.
Quindeau stellt fest, daß der Integrationsprozeß erschwert ist durch die Zerstörung von Subjektivität und Individualität durch den nationalsozialistischen Terror in den Vernichtungslagern. Nach der Befreiung mußten sich die Überlebenden eine neue Subjektivität und eine neue Identität aneignen. Auf diese Weise wurde die Integration ihres früheren und gegenwärtigen Selbst zu einem schwierigen Prozeß. Aber sie verweist darauf, daß das Schuldgefühl, das durch den Erzählprozeß evoziert wurde, auch dazu dienen kann, das Gefühl von Subjektivität wiederzuerlangen. Einige "Holocaust-Forscher" stellen fest, daß das Schuldgefühl auch ermöglicht, in Kontakt mit den verlorenen Liebesobjekten zu bleiben. Diese Art zu denken mag uns zu der Möglichkeit führen, daß die Schuld, die von den Überlebenden heute empfunden wird, eine Verlängerung darstellt zu der Irrationalität der Verfolgungszeit, was nichtsdestoweniger eine bedeutsame Rolle im Rekonstruktionsprozeß spielen kann. Durch ihre Erfahrungen erkennt die Autorin die Bedeutung des Interviews in seiner therapeutischen Wirkung (Kestenberg & Fogelman, 1994).
Als Teil ihrer Analyse des Interviewprozesses wendet Quindeau ihre Aufmerksamkeit der Bedeutung des anderen im Erzählprozeß zu. Es ist möglich, den Aufbau der "guten Objekte" zu unterstützen und diese in ein Gefühl von Vertrauen gegenüber dem Therapeuten oder Interviewer zu übertragen. Quindeau betrachtet ihre deutsche Herkunft als besonders bedeutsam für den Interviewprozeß und fürchtet, daß dies die Interviews gefährden könnte. Sie ist erstaunt, daß die Überlebenden, die damals Kinder und Jugendliche waren, mit ihr sprechen wollen. Denn ein Kind, das zu Hause deutsch gesprochen hat, wird sich freuen, wieder deutsch zu sprechen. Das Erzählen in deutscher Sprache mag frühe Objektbeziehungen reaktivieren (vgl. auch Eifermann, 1986) und die Übertragung auf den Interviewer erleichtern. Eine Gesprächspartnerin erklärte, daß sie den Eindruck hat, das Sprechen mit Deutschen könne durch einen Erziehungsprozeß einen neuen Holocaust verhindern. Einer der Männer, den sie in Deutschland interview-

te, sagte, daß die Tatsache, daß ein Deutscher einfühlsam und respektvoll zuhört, von großer Bedeutung für ihn sei. Auf diese Weise bietet Quindeau's Herkunft als Deutsche eine zusätzliche Dimension zum Interviewprozeß sowohl für die erzählende Person als auch für die Leser.
Quindeau befragt auch ihre eigenen Motive und Gefühle. Durch die psychoanalytische Supervision wurden sie zunehmend deutlich, sie lernte dort, möglichen Verzerrungen und Mißverständnissen durch kritische Selbstreflexion zu begegnen. Das Zuhören mit einer freischwebenden Aufmerksamkeit, wie sie bei Freud beschrieben ist, ermöglichte ihr, das gesamte Spektrum an Emotionen, Angst, Hilflosigkeit, Wut und Aggression zu erfahren. Dies ist notwenig, muß aber kontrolliert geschehen. Quindeau befürchtete, daß ihre Gegenübertragung das Verstehen erschweren und angemessene Interventionen, die den Erzählprozeß fördern, hemmen könnte. Sie schreibt, daß sie sich während des Interviews häufig auf ihre deutsche Herkunft zurückgeworfen fühlte. Es wäre besser gewesen, wenn sie vorher bereits eine Analyse gemacht hätte, aber ihre bemerkenswerte Fähigkeit zur Selbstwahrnehmung ermöglichte ihr, die eigenen Empfindungen und Reaktionen bei den Interviews und während der Interpretationen zu reflektieren.
Zu der Frage der Übertragung der Gesprächspartner stellt sie fest, daß die Übertragung häufig wechselte zwischen der Wahrnehmung der Interviewerin als Verfolgerin und dann als Zuhörerin, die Vertrauen verdient. Die Interviewerin könnte gesehen werden als Nachbarin, die wegsah, als bestrafende Instanz oder als Mutter, Tochter oder Freundin. Dieser Wechsel in der Übertragung muß analysiert werden, dies kann jedoch nicht im Interview selbst geschehen. Denn ihr Auftreten im Interviewprozeß erfordert spezifische Bemühungen. Wir könnten annehmen, daß Quindeau's Herkunft als Deutsche die negative Übertragung akzentuiert. Aber die Tatsache, daß die Interviewerin Deutsch sprach, mag diesen Effekt kompensiert haben. Darüberhinaus führt Quindeau aus, daß sie teilweise therapeutische Interventionen angeboten habe, um den Erzählprozeß aufrechtzuerhalten, wenn ein Abbruch drohte. Mit wenigen Ausnahmen ermöglichte ihr empathischer Zugang und ihre Fähigkeiten, das Selbstwertgefühl der Gesprächspartner zu unterstützen und sie in ihren Erfahrungen zu bestätigen.
Selbstverständlich gibt es Grenzen des Verstehens, obwohl die Grenzen flexibel sind und wechseln und immer erneut bedacht werden müssen. Quindeau versuchte, "narrative Interviews" nach Schütze zu führen, ihre Methode mußte jedoch modifiziert werden. Manchmal erschien es ihr notwendig, eine aktivere Rolle einzunehmen aufgrund der mangelnden Möglichkeit der Überlebenden, bestimmte Erfahrungen in Worte zu fassen. Im Rahmen eines Interviews kann nur ein geringer therapeutischer Effekt erwartet werden, auch mit geeigneten Interventionen. Der schmerzhafte und stets bedrohte Versuch, die Traumatisierung in Sprache zu fassen, erfordert eine lange Zeit der Therapie, die ein Interview nicht erreichen kann.

Zusammenfassend läßt sich sagen, daß viel von Quindeau's Buch gelernt werden kann. Sie bietet dem Leser die Lebensgeschichten der Überlebenden, die zur Zeit der Verfolgung noch Kinder und Jugendliche waren, mitsamt ihren kenntnisreichen und schlüssigen Interpretationen. Darüberhinaus ermutigt sie die Leser, nicht nur den Interviewprozeß und das Verhältnis zwischen den beiden Gesprächspartnern zu reflektieren, sondern auch ihre eigene Beziehung zu dem Material zu hinterfragen.

(Aus dem Amerikanischen übersetzt von Barbara Determann)

Vorwort

Am Anfang meines Forschungsprojektes spürte ich ein großes Unbehagen bei dem Vorhaben, Interviews mit Überlebenden der nationalsozialistischen Massenvernichtung zu führen. Ich fürchtete, sie mit meinen Fragen zu verletzen und die Traumatisierung zu reaktualisieren. In meinem Unbehagen wurden die gesellschaftliche Abwehr des Nationalsozialismus und seine Folgen konkret, zugleich spürte ich aber auch die Unausweichlichkeit einer Auseinandersetzung, die mein weiteres Nachdenken antrieb. Neben meinem Erschrecken, daß ein staatlich organisierter und industriell durchgeführter Mord an Millionen Menschen möglich und wirklich geworden war, schien dabei auch meine Unsicherheit hinsichtlich meiner moralischen Legitimation als nicht-jüdische Deutsche zu diesen Interviews eine Rolle zu spielen. Durch die positiven Erfahrungen mit den meisten meiner GesprächspartnerInnen traten diese Befürchtungen mehr und mehr in den Hintergrund. Ihnen gilt in erster Linie mein Dank für ihr Vertrauen und ihre Bereitschaft, mir ihre Lebensgeschichte erzählt und die damit verbundenen Belastungen auf sich genommen zu haben.
Wie wohl viele Deutsche meiner Generation, deren Eltern während des Nationalsozialismus noch Kinder waren, hatte ich stets das Gefühl, zu wenig von meiner Familie wie auch von anderen Menschen dieser Generation über jene Zeit erfahren zu haben. Diese Lücke in der Geschichte blieb jedoch kein Vakuum, sondern füllte sich mit vielerlei Phantasien und Bildern, die den "Holocaust"[1] im Lauf der Jahre zu einer bohrenden Frage machten. So beschäftigte ich mich zunächst aus historischer Perspektive mit dem sozialistischen Widerstand gegen den Nationalsozialismus, bevor mein spezifisches Interesse den Lebensgeschichten Überlebender galt. An der Universität Erlangen/Nürnberg war ein größeres internationales und interdisziplinäres Forschungsprojekt über die Folgen des Zweiten Weltkrieges geplant, bei dem sowohl mit Überlebenden der Massenvernichtung als auch mit der damaligen deutschen Zivilbevölkerung Interviews geführt werden sollten. Aus Krankheitsgründen des leitenden Professors konnte das Projekt leider nicht in geplanter Weise durchgeführt werden, eine Reihe einzelner Studien wurde jedoch erstellt. Auch wenn mit der Teilnahme an dem Forschungsprojekt meiner Universität, die mir durch die Promotionsmöglichkeit eine Fortset-

[1] Trotz der weiten Verbreitung dieser Bezeichnung für die Massenvernichtung der europäischen Juden durch die Nationalsozialisten möchte ich im folgenden darauf verzichten, da sie zum einen dem religiösen Kontext enstammt und zum anderen im deutschen Sprachgebrauch auch die Funktion einer Distanzierung erfüllt, denn "es macht die Tat zu einem bloß Fremden und bezeichnet das bedrohlich Nahe mit einem Fremdwort" (Claussen, 1988, 55).

zung wissenschaftlicher Arbeit ermöglichte, zunächst eine ganz pragmatische Entscheidung getroffen wurde, verdeutlichte sich mir allmählich der identitätsbildende Charakter, der mit dieser Arbeit verbunden war. Die Geschichten der Überlebenden scheinen die Lücke auch in meiner Geschichte - gleichsam von der anderen Seite - zu verringern. Zugleich sperren sich diese Geschichten gegen Identifikationen mit der Seite der Verfolgten, die ein Entkommen aus der Verantwortung des Täterkollektivs bieten könnten. Vielmehr fühlte ich mich wie selten vorher auf meine Herkunft verwiesen, eine Neubestimmung dieser Kategorie, die bislang nur von geringer subjektiver Bedeutsamkeit war, erschien unausweichlich. In einem Gespräch in New York bezeichnete Frau Dr. Kestenberg mein Forschungsprojekt als eine "Trauerarbeit", angesichts der Monströsität des Massenmords an den europäischen Juden und der weitreichenden Verleugnung der Tätergeneration würde diese Aufgabe der Auseinandersetzung mit dem Nationalsozialismus an die folgenden Generationen weitergegeben (vgl. auch Kestenberg, 1993,1989; Bohleber, 1990).

Die hohe moralische und affektive Besetzung des Themas Nationalsozialismus in den öffentlichen Diskursen in Deutschland, insbesondere des Massenmords an den europäischen Juden, wirft die Frage auf, inwieweit überhaupt ein wissenschaftliches Vorhaben eine sinnvolle und angemessene Form der Auseinandersetzung darstellen kann. Ich habe mir im Prozeß dieser Arbeit häufig diese Frage gestellt und war oft versucht, das Projekt abzubrechen. Es gab sicher verschiedene Gründe, die eine Fortsetzung legitim erschienen ließen, ein wesentliches Moment lag jedoch in den Erzählungen der Überlebenden selbst, deren Erfahrungen ich einer größeren Öffentlichkeit zugänglich machen wollte. Ihre Geschichten beschreiben zum einen das unermeßliche Leid, das ihnen durch Deutsche während des Nationalsozialismus zugefügt wurde. Zum anderen stellen sie aber auch in dem Bewußtsein, daß dieses Leid nicht zu überwinden sein wird, insgesamt jedoch Geschichten "gelingenden" Umgangs mit den extrem traumatischen Erfahrungen dar, sie beschreiben ihre wenn auch stets fragilen und paradoxen Versuche, das Unerträgliche ertragbar zu machen.

"In dem Maße, in welchem es den Überlebenden ... gelungen ist, sich selbst zu heilen und ihre Trauer, wenigstens zu einem Teil, in einen Triumph über den Nationalsozialismus zu verwandeln, haben sie das scheinbar Unmögliche erreicht - nämlich dies, Hitlers Plan, die jüdische Kultur vollständig zu vernichten, zu durchkreuzen." (Kestenberg, 1993,740)

Das "scheinbar Unmögliche" zeigt sich - in anderer Weise - auch in den autobiographischen Erzählungen: Vor dem Hintergrund ihrer extrem traumatischen Erfahrungen erscheint die Fähigkeit meiner GesprächspartnerInnen in höchstem Maße bewundernswert, überhaupt von ihrer Verfolgung sprechen und ihre Erfahrungen in der Form einer Lebensgeschichte strukturieren zu können.

Der "Triumph" über die Vernichtung, den diese Lebensgeschichten auch darstellen, bedeutet freilich auf Seiten des Täterkollektivs auch eine gewisse Entlastung. Die Möglichkeit des Überlebens widerspricht der Totalität der Vernichtung. Die Erzählungen der Überlebenden sind daher auch nicht als unmittelbares Zeugnis der Massenvernichtung zu verstehen, als Geschichten des Überlebens können sie nur vermittelt auf die Millionen Ermordeter verweisen. Die fast vollständige Vernichtung (ost- und mittel-)europäischer jüdischer Kultur bildet daher den Hintergrund, auf dem die Erzählungen der Überlebenden zu lesen sind.
Mein Wunsch, im Rahmen dieser Arbeit die Erfahrungen von Überlebenden der Öffentlichkeit zugänglich zu machen, stellt mich angesichts des Umfangs der Transkripte vor die Notwendigkeit der Interpretation ihrer Erzählungen, jede Paraphrasierung ihrer Äußerungen stellt bereits eine Deutung dar. Die besonderen Schwierigkeiten, die mit der Beschäftigung mit diesen Lebensgeschichten verbunden sind, erfordern ein diskursives hermeneutisches Verfahren, an dem InterpretInnen verschiedener Herkunft und mit unterschiedlichen Kompetenzen beteiligt sind. In meinem Interpretationsvorhaben fand ich während eines halbjährigen Forschungsaufenthaltes in New York die Unterstützung von drei erfahrenen Psychoanalytikerinnen, die bereits seit vielen Jahren in klinisch-therapeutischer und wissenschaftlicher Praxis mit der spezifischen Problematik der Überlebenden vertraut sind. Zu besonderem Dank bin ich Frau Dr. Judith S. Kestenberg für ihr überaus großes und warmherziges Engagement verpflichtet, das sie mir und meiner Arbeit entgegenbrachte. Auch Frau Dr. Charlotte Kahn und Frau Dr. Marion Oliner möchte ich herzlich danken für ihre engagierte Unterstützung meines Vorhabens und ihre hermeneutische Kompetenz, die die Darstellung der Lebensgeschichten in dieser Arbeit erst ermöglichte.
Die Unumgänglichkeit einer interpretativen Darstellung der Erzählungen der Überlebenden stellt die Frage nach einer diesen leidvollen Geschichten angemessenen Weise der Interpretation. Zum einen sollte den Erzählenden selbst möglichst viel Raum gegeben werden, zum anderen interessierte mich aber auch die Frage, auf welche Weise sie mir - einer nichtjüdischen Deutschen der Nachkriegsgeneration - ihre Geschichte erzählen. Im Interpretationsprozeß wurde ein kritisch-hermeneutisches Verfahren entwickelt, das eine schwierige Gratwanderung versucht: die Rekonstruktion der in der Erzählung zum Ausdruck kommenden Umgang der Überlebenden mit ihren extrem traumatischen Verfolgungserfahrungen sowie eine Reflexion der Struktur ihrer Erzählung.
Das *kritisch*-hermeneutische Verfahren richtet sich selbstverständlich nicht auf die Erfahrungen der Überlebenden - das möchte ich besonders betonen, um eventuelle Mißverständnisse zu vermeiden - , sondern auf die Struktur der Erzählung, auf die in der Erzählung konstruierten Sinnzusammenhänge und die Brüche der Erzählung, die auf die extrem traumatischen Erfahrungen lediglich verweisen, da diese nicht narrativ zum Ausdruck gebracht

werden können. Mit diesem Verfahren soll auch sichtbar gemacht werden, warum die lebensgeschichtliche Erzählung, die zwar eine wichtige und produktive Form des Umgangs mit den extrem traumatischen Erfahrungen darstellt, letztlich keine Integration dieser Erfahrungen in den Sinnzusammenhang einer Lebensgeschichte ermöglicht. Diese Integration scheint - wenn überhaupt oder vielleicht ansatzweise - ihren Ort nur im Rahmen psychoanalytisch-therapeutischer Auseinandersetzung zu haben, wo die Sinnzusammenhänge des Bewußtseins über die Analyse des Unbewußten de-konstruiert werden. Die Interpretation der Erzählung hat folglich für die Erzählenden selbst auch nur geringe Relevanz: Im Gegensatz etwa zu Deutungen im psychoanalytischen Setting geht von ihnen für die Erzählenden weder ein subjektiver Erkenntnisgewinn noch eine Form von Entlastung aus. Die Interpretationen richten sich daher in einer Art von Selbstaufklärung an uns als "außenstehende" LeserInnen, die persönlich weder an der Verfolgung beteiligt noch von ihr betroffen waren, die jedoch den in Deutschland verbreiteten "Beschwichtigungsformeln" vom überwundenen Nationalsozialismus mißtrauen und die sich über die Beschäftigung mit den Lebensgeschichten Überlebender auch auf einen selbstreflexiven Prozeß der Auseinandersetzung mit diesem Teil deutscher Geschichte einlassen wollen.

Wissenschaftliche Arbeit stellt einen diskursiven Prozeß dar, in den die Kompetenz und Kreativität vieler Menschen eingeht. Neben der Interpretationsgruppe in New York habe ich große Unterstützung von meiner Betreuerin, Frau Prof. Dr. Marianne Leuzinger-Bohleber erfahren. Ich möchte ihr herzlich danken für ihr engagiertes und unermüdliches maieutisches Geschick, ohne das diese Arbeit nicht entstanden wäre.

Herrn Prof. Dr. Micha Brumlik danke ich für seine kritischen und konstruktiven Hinweise und Einwände bei Diskussionen über methodologische und erkenntnistheoretische Fragen.

In New York fand ich neben den bereits genannten Psychoanalytikerinnen weitere wertvolle Unterstützung durch Frau Dr. Helene Bass und Frau Dr. Eva Fogelman, die mich in großzügiger Weise an ihren langjährigen wissenschaftlichen und therapeutischen Erfahrungen mit Überlebenden und deren Nachkommen teilhaben ließen.

Für ihre Hilfe bei der Suche nach GesprächspartnerInnen und zahlreiche anregende Gespräche möchte ich Frau Iris Berlatzky aus Yad Vashem, Jerusalem, danken. Herrn Prof. Dr. Dan BarOn, Beer Sheva, und Herrn Isidor Kaminer, Frankfurt, bin ich dankbar für die Unterstützung bei meinen Interviews. Bei meiner Suche nach einer der besonderen Problematik angemessenen Interviewmethode erhielt ich wertvolle Anregungen auch von Dr. Gabriele Rosenthal, Gießen, und Cilly Kugelmann, Frankfurt a.M..

Weiterhin bin ich dem Tiefenhermeneutischen Arbeitskreis in Frankfurt zu Dank für die Kommentare zu einigen meiner Interviews verpflichtet. Insbesondere danke ich Herrn Prof. Dr. Hans-Dieter König und Beate Szypkowski

für ihre hermeneutische Kompetenz und ihre engagierte Unterstützung meines Projektes.
Nicht zuletzt haben viele Freundinnen und Freunde in unzähligen Gesprächen mit Kritik und Rat zur Fertigstellung dieser Arbeit beigetragen, ganz besonders danke ich Susanna Keval und Barbara Determann.
Materielle Voraussetzungen meines Forschungsvorhabens verdanke ich - in chronologischer Reihenfolge - Stipendien des Evang. Studienwerks Villigst, des Hessischen Ministeriums für Wissenschaft und Kunst sowie der Daimler-Benz-Stiftung.
Meinem Mann, Werner Schneider, danke ich für die umfassende intellektuelle und emotionale Begleitung "in guten wie in bösen Tagen".

I. Die Gegenwart der nationalsozialistischen Vergangenheit

"Das Leben nach Auschwitz
erfährt sich als beschädigtes,
das zur Selbstreflexion zwingt"
(D.Claussen)

In einer Diskussionsrunde über die Problematik der Darstellbarkeit von Auschwitz beklagte ein engagierter Teilnehmer seinen vergleichsweise "schweren Zugang" als nichtjüdischer Deutscher zu diesem Thema gegenüber den Nachfahren jüdischer Überlebender, deren Familien größtenteils in den Konzentrations- und Vernichtungslagern ermordet wurden.
In einer Nachrichtensendung während des Golfkriegs wünschte eine Journalistin ihrem Gesprächspartner aus Tel Aviv, "daß es weiterhin so ruhig" bleibe, nachdem sie über einen Raketenangriff auf die Stadt berichtet hatte, bei dem einige Menschen starben und viele verletzt wurden.
Eine linksliberale Tageszeitung bietet sich als Forum für höchst umstrittene, antisemitische Thesen zum jüdischen Selbstverständnis, die bislang ihren Ort eher an Biertischen fanden.

Szenen in Deutschland zu Beginn der 90er Jahre - skandalöse "Normalität", die - wenn überhaupt - nur achselzuckend zur Kenntnis genommen wird. Verstehbar werden solche Szenen erst vor dem Hintergrund einer nationalsozialistischen Vergangenheit, die unreflektiert an die Oberfläche drängt. Die Illusion der "Bewältigung" des Nationalsozialismus - wenn angesichts der Ungeheuerlichkeit der Massenvernichtung überhaupt davon gesprochen werden kann - zeigt sich immer wieder in ganz unterschiedlicher Weise: in politischen Skandalen ebenso wie im Umgang mit Fremdenfeindlichkeit und Antisemitismus, in der psychischen Struktur der einzelnen wie auch in gesellschaftlichen Zusammenhängen. Das Grauen liegt nicht nur in der Massenvernichtung selbst, sondern auch darin, daß die gesellschaftlichen und individuellen Bedingungen und Strukturen, die zu Auschwitz führten, fortbestehen. Die Unerträglichkeit dieser Kontinuität kann im Film ironisch gebrochen werden, etwa wenn Woody Allen seine misanthrope Figur in dem Film *Hanna und ihre Schwestern* sagen läßt, daß die Frage eigentlich nicht darin bestünde, wie Auschwitz möglich wurde, sondern warum es nicht häufiger passiere. Wissenschaftliches Vorgehen hingegen ist nicht der Ort für solch einen ironischen Umgang mit dem Unerträglichen; die präzise Erinnerung an die schrecklichen Ereignisse begleitet vielmehr den gesamten Refle-

xionsprozeß und stößt immer wieder an die Grenzen des Verstehens und jeglicher Sinngebung. Das Erschrecken - und nicht mehr das aristotelische Staunen - steht am Beginn des Erkenntnisprozesses.
In der vorliegenden Arbeit untersuche ich die Gegenwärtigkeit dieser Vergangenheit. Das Verständnis von dem historischen Ereignis Massenvernichtung für die nicht unmittelbar Betroffenen und Beteiligten wird allein durch dessen Darstellung - sei es z.B. durch Augenzeugenberichte, Historiographie, Literatur oder bildende Kunst - bestimmt. Das Nachdenken über Auschwitz erfordert somit eine Auseinandersetzung mit den Formen der Darstellung und ihrer unterschiedlichen Perspektiven. Zu Beginn des Forschungsprozesses stellt sich die Frage, aus welcher Perspektive man sich mit dieser Vergangenheit beschäftigen will. Naheliegend erscheint aufgrund meiner eigenen Herkunft zunächst die Perspektive der Täter und Mitläufer. Auschwitz erschließt sich jedoch nicht aus der Psyche der Täter (vgl. Arendt, 1963; Hilberg, 1992; Adorno, 1971) und auch nicht aus der Psyche der Opfer. In deren Geschichten schlägt sich jedoch die Erfahrung der Massenvernichtung nieder. In der vorliegenden Arbeit werden Interviews mit Überlebenden in einem nichtklinischen Kontext vorgestellt; der Anlaß zu diesen Gesprächen bestand für die Überlebenden nicht - wie vielfach in der sog. "Holocaust-Forschung" üblich - in der Suche nach therapeutischer Unterstützung oder im Rahmen eines Antrags auf Entschädigungszahlungen. Mich interessierte vielmehr jenseits der klinischen Fragestellungen, wie Menschen solche unvorstellbaren Traumatisierungen überleben konnten und wie sie sich nach der Befreiung ein "neues" Leben[2] aufbauen und sich die durch die Verfolgung geraubte Subjektivität und Identität wiederaneignen konnten.

Eine der ersten Begegnungen mit den Erfahrungen von Überlebenden der nationalsozialistischen Massenvernichtung fand ich in den Essays von Jean Amery über die "Bewältigungsversuche eines Überwältigten"; er beschrieb seine Erfahrung des fundamentalen Bruchs durch die Verfolgung, des lebenslangen Verlustes des basalen "Weltvertrauens", mit dem Satz:

> "Wer der Folter erlag, kann nicht mehr heimisch werden in der Welt." (Amery, 1977, 73)

Dies scheint mir eine zentrale Erfahrung der Überlebenden zum Ausdruck zu bringen, die mein weiteres Fragen anregte: Wie können Menschen mit diesem Bruch, mit dieser fundamentalen Erschütterung leben? Was bedeutet die Erfahrung, daß der Mitmensch sich zum "Gegenmenschen" wandelte und die Angst "fürderhin das Szepter schwingt" (Amery, 1977, 73), für die-

---

2 In dieser Arbeit finden sich häufig einzelne Wörter in Anführungszeichen. Soweit es sich dabei nicht um Zitate handelt, geben sie die Sprachnot der Verfasserin wieder, die zumindest zum Teil dem Gegenstand geschuldet ist.

jenigen, die der Vernichtung entrinnen konnten? Solche und ähnliche Fragen führten mich schließlich zu den Interviews, die zum Gegenstand meiner wissenschaftlichen Überlegungen wurden.

Die Auseinandersetzung mit diesen Lebensgeschichten führte bei mir zu einen zu einem genaueren Verständnis der gegenwärtigen Lebenslage der Überlebenden und möge auch dazu beitragen, daß dies auch in der Öffentlichkeit geschieht. Die Geschichten zeigen den individuellen Umgang mit der extremen Traumatisierung, die nicht zu bewältigen ist, sondern in aktuellen, alltäglichen Lebenssituationen immer wieder aufscheint. Die ständig gegenwärtige Erfahrung "beschädigten Lebens", die von den Überlebenden im Unterschied zu den Tätern und Mitläufern nicht verdrängt - genauer: verleugnet - werden kann, zwingt in besonderem Maße zur Selbstreflexion. Bei den Überlebenden der Massenvernichtung ist die Frage nach den Gründen für das eigene Überleben angesichts der millionenfachen Ermordungen ein zentrales Motiv, über die eigene Geschichte nachzudenken. Die Erzählung bietet die Möglichkeit, kontingente biographische Erfahrungen in einen kontinuierlichen Zusammenhang einzubetten und somit Erklärungen für das eigentlich Unerklärliche zu liefern. Die legitimationsstiftende Funktion der Erzählung bedarf insbesondere einer kritischen Reflexion, um das Bemühen um Verstehen des historischen Ereignisses selbst sowie seines Niederschlags in der subjektiven Struktur zu befördern.
Zum anderen soll die Beschäftigung mit den Lebensgeschichten dazu beitragen, eine selbstreflexive Auseinandersetzung über den Niederschlag des Nationalsozialismus und der Massenvernichtung in der eigenen psychischen Struktur anzuregen (diese Facette der Selbstreflexion wird im nächsten Abschnitt näher beschrieben).
Darüberhinaus stellt die Erinnerung an Auschwitz eine moralische Forderung dar, die keinem weiteren Zweck mehr unterzuordnen ist. Dies setzt jedoch eine Bewußtmachung von Verzerrungen und Instrumentalisierungen im Prozeß der Auseinandersetzung voraus.

Aufklärung als Selbstreflexion

Das Nachdenken über Auschwitz ist von Schrecken und Entsetzen begleitet. Wer zum ersten Mal von der bürokratisch geplanten und industriell durchgeführten Ermordung von Millionen Menschen erfährt, wendet sich zumeist sogleich wieder ab. Die Abwehr der Erinnerung scheint im Gegenstand selbst begründet zu liegen, nicht nur in gesellschaftlichen und individuellen, psychischen Strukturen. Seit der sozialpsychologischen Studie über die *"Unfähigkeit zu trauern"* (Mitscherlich / Mitscherlich, 1968) ist eine Fülle an Literatur über die Abwehr der Auseinandersetzung mit der nationalsozialistischen Vergangenheit erschienen. Aber auch die Bereitschaft zur Auseinandersetzung mit der Vergangenheit ist nicht frei von unbewußten Abwehrtendenzen, wenn die Gründe der eigenen Abwehr wie auch die Form, in der diese Erinnerung sich darstellt, nicht hinterfragt werden. Wie problematisch manch ein Versuch ist, dieser Vergangenheit zu begegnen, wird sichtbar im oben erwähnten Beispiel des Diskussionsteilnehmers. Eine wesentliche Bedingung der Erinnerung scheint daher in der Reflexion der eigenen Beschäftigung mit dieser Vergangenheit zu liegen. Adorno und Horkheimer (1969) betonen die Notwendigkeit des selbstreflexiven Bezugs der Aufklärung, die sich in ihr Gegenteil verkehren würde, wenn sie den Subjekten als Äußerliches, als Objekt, entgegentritt. Dieser Umschlag von Aufklärung in Gegenaufklärung zeigt sich etwa darin, daß der Prozeß des Erkennens selbst der Abwehr und Instrumentalisierung des Erkenntnisgegenstands dient. Dies gilt in besonderem Maße für die Auseinandersetzung mit der Vergangenheit: In diesem Prozeß wird die Reflexion der eigenen Beziehung zu ihr unabdingbar. Adorno (1971) zeigt am Beispiel der Aufklärung des Antisemitismus die Unzulänglichkeit der Vermittlung von Informationen und folgert daraus die Notwendigkeit der "Wendung aufs Subjekt":

> "...sollte man nicht zuviel vom Verweis auf Fakten erwarten... Vielmehr sollte man die Argumentation auf die Subjekte wenden, zu denen man redet... *Aufarbeitung der Vergangenheit als Aufklärung ist wesentlich solche Wendung aufs Subjekt* (Hervorhebung von mir), Verstärkung von dessen Selbstbewußtsein und damit auch von dessen Selbst." (Adorno, 1971, 27)

Gerade im Hinblick auf die nationalsozialistische Vergangenheit scheint mir solch ein sich selbst aufklärender Ansatz angemessen zu sein, der am Subjekt ansetzt und nach dem Niederschlag des historischen Ereignisses in der psychischen Struktur der einzelnen fragt. Dieser Niederschlag findet sich zum einen in den Geschichten der Überlebenden. Der Prozeß der Auseinandersetzung mit diesen Lebensgeschichten berührt jedoch zum anderen auch die eigenen Bilder und Vorstellungen, die psychischen Repräsentanzen, die die ZuhörerInnen und LeserInnen selbst von der Massenvernichtung haben.
Die eigentümliche, schwer faßbare psychische Repräsentanz von Auschwitz beschreiben Auerhahn und Laub (1984) mit ihrer Konzeption des "Holocausts" als unbewußt organisierendes Prinzip für die nachfolgenden Generationen. Dies meint die Art und Weise, mit der dieses historische Ereignis die innere Repräsentation von Realität, einschließlich der interpersonalen Beziehungen, formt.
Ein Ziel der Beschäftigung mit diesen Geschichten besteht somit in der Selbstreflexion, die die eigenen Haltungen bewußt macht, der Frage nachgeht, welche Bedeutung dieses historische Ereignis der Massenvernichtung für die eigene Person hat (dies wird im Schlußkapitel näher ausgeführt).
Dieser subjektorientierte Zugang zu dieser Thematik ermöglicht es insbesondere, die Abwehrhaltungen aufzunehmen, die auch mit der wissenschaftlichen Thematisierung der Massenvernichtung verbunden sind. Die Aufklä-

rung dieser Abwehr ist ein notwendiger Bestandteil des wissenschaftlichen Prozesses. Ihre Bewußtmachung bedeutet jedoch nicht ihre Aufhebung. Vielmehr kommt der Abwehr, die sich aus dem Erschrecken über die Massenvernichtung ergibt, in diesem Verstehensprozeß epistemologische Bedeutung zu. Die präzise Wahrnehmung der Momente, die abgewehrt werden, fördert das Verständnis sowohl des Gegenstands, der Massenvernichtung, als auch der eigenen psychischen Struktur. Der Schrecken und das Entsetzen über Auschwitz stehen somit nicht nur am Beginn des Reflexionsprozesses, sondern treiben ihn zugleich auch immer wieder an. Der Prozeß der Selbstreflexion bezieht sich in der Auseinandersetzung mit der Massenvernichtung auch auf das wissenschaftliche Verfahren. Gerade wenn die Behauptung, daß dieser Gegenstand die Grenzen der Vorstellung und des Verstehens überschreitet, nicht zu einem Mythos werden soll, muß über diese Grenzen jeweils erneut nachgedacht werden. Dieses selbstreflexive Denken stellt eine genuine Aufgabe kritischer Wissenschaft dar, zu der auch die Psychoanalyse gerechnet werden kann.

"Das Leben nach Auschwitz erfährt sich als beschädigtes, das zur Selbstreflexion zwingt."

Mit diesem Satz, der Überschrift meiner Einleitung, faßt Claussen (1988, 55) eine zentrale Erfahrung im Werk Adornos sowie der Kritischen Theorie zusammen. In der Auseinandersetzung mit der Massenvernichtung treten unterschiedliche Facetten des Zwangs zur Selbstreflexion zutage: Sie findet sich bei den Überlebenden, die ihre Geschichte erzählen, in der Frage nach dem Warum des Überlebens; bei den ZuhörerInnen und LeserInnen in der Frage nach dem Woher der eigenen Geschichte sowie im wissenschaftlichen Verfahren in der Frage nach dem Wie des Erkennens.

Die Auseinandersetzung mit der nationalsozialistischen Vergangenheit und der Massenvernichtung wirft verschiedene und miteinander verwobene wissenschaftliche, moralische wie auch existentielle Fragestellungen auf. Diese Fragen, die in den unterschiedlichsten wissenschaftlichen - historiographischen, philosophischen oder auch psychoanalytischen - Diskursen reflektiert wurden, gehen meinem individuellen Forschungsprozeß voraus und bedingen sein Vorgehen, daher sollen einige dieser Deutungen des historischen Ereignisses im folgenden kurz skizziert werden.

Auschwitz als "Zivilisationsbruch"

Mit dem Namen Auschwitz verbindet sich ein universeller "Zivilisationsbruch", der die Bedeutung dieses historischen Ereignisses für die partikularen Kollektive der Täter und Opfer sowie deren Nachkommen überschreitet und der darin begründet liegt, daß die bürokratische Planung und industrielle Durchführung des Mordes an Millionen Menschen als oberstes Ziel staatlichen Handelns möglich und wirklich wurde (vgl. Diner, 1988). Bereits 1941/42 formulierte Horkheimer den Zerfall der "Stammbegriffe westlicher Zivilisation" (1987, 320), wobei der Zerstörung der Vernunft, die in ihr selbst angelegt sei, zentrale Bedeutung zukommt.[3] Die im Nationalsozialismus herrschende Rationalität kann jedoch nicht hinreichend mit dem instrumentellen Vernunftbegriff beschrieben werden, da sie nicht mehr der Selbsterhaltung als (auch dieser Vernunft selbstverständlichen) oberstem Ziel des Handelns diente. Da dieses Ziel sich vielmehr in das Gegenteil, die Vernichtung, verkehrte, soll die nationalsozialistische Rationalität als "Gegenrationalität" (Diner, 1988) beschrieben werden[4]; dieser Begriff meint die Verkehrung der Ziele unter Beibehaltung der Struktur instrumentellen Handelns als Mittel-Zweck-Relation. Zunächst soll der Frage nachgegangen werden, was diese Verkehrung der Rationalität in ihr Gegenteil für die Verfolgten, für diejenigen, die dem Vernichtungsprozeß ausgesetzt waren, bedeuten könnte. Es kann davon ausgegangen werden, daß sie ihr Verhalten notwendig am instrumentellen Vernunftbegriff orientierten, der auf das Prinzip der Nützlichkeit und Selbsterhaltung ausgerichtet ist, da die Vernichtung von Millionen Menschen als Ziel staatlichen Handelns nicht vorstellbar war.[5] Ihre Handlungsorientierung zielte demnach darauf ab, den Nationalsozialisten in irgendeiner Weise "nützlich" zu sein, indem sie z.B. alle Kraft auf die

---

3 Horkheimer sieht die Zerstörung von Vernunft begründet in einem instrumentellen, "subjektiven" Vernunftbegriff, der Rationalität als Mittel-Zweck-Relation beschreibt, die sich am Prinzip der Nützlichkeit orientiert. Davon wird ein "objektiver", seinsgebundener Vernunftbegriff unterschieden (ausführlich siehe den philosophiegeschichtlichen Abriß der Vernunftkritik in dem Aufsatz "Zur Kritik der instrumentellen Vernunft", 1967). Im instrumentellen Vernunftbegriff, in der Gleichsetzung von Vernunft und Nützlichkeit in der bürgerlichen Gesellschaft sei der Faschismus angesiedelt, der von Horkheimer (zu diesem Zeitpunkt) nicht vom Nationalsozialismus unterschieden wird. Der Faschismus bildet in diesem Sinne eine Kontinuität der auf egoistisch-partikulare Interessendurchsetzung, auf absolute "Selbsterhaltung" zielenden bürgerlichen Gesellschaft.

4 Angesichts des technisch rational organisierten Vernichtungsprozesses erscheint der Begriff der "Gegenrationalität" angemessener als der der "Irrationalität", der häufig im Zusammenhang mit dem Nationalsozialismus verwendet wird. Der Begriff der Gegenrationalität soll außerdem deutlich machen, daß es sich hierbei nicht - wie bei Horkheimer - um eine Kritik der instrumentellen Vernunft handelt, sondern darüberhinausgehend um eine Beschreibung des spezifischen Rationalitätskonzeptes des Nationalsozialismus.

5 Die nationalsozialistische Massenvernichtung unterscheidet sich grundlegend etwa von Kriegshandlungen, bei denen ebenfalls Millionen Menschen durch staatliche Aggression ermordet werden, indem sie keinem wie auch immer beschaffenen (Kriegs-)Ziel unterzuordnen ist.

Zwangsarbeit verwendeten. Das Scheitern dieser nach wie vor gültigen Grundlage alltäglichen Handelns zeigte sich (für die Überlebenden) erst nach der Verfolgung, als das Ausmaß der Vernichtung deutlich wurde.
In der vorliegenden Arbeit wird danach gefragt, ob und ggf. wie sich dieser "Zivilisationsbruch", die Erfahrung des Zerbrechens rationaler Handlungsmuster, in der individuellen, psychischen Struktur der Überlebenden zeigt.

Die Massenvernichtung als "Grenzereignis"

Auschwitz überschreitet die Grenzen des Denkens, der Moral und der Ästhetik. Wenn diese Behauptung nicht zu einem Mythos erstarren soll, erfordert sie ein selbstreflexives Verfahren, das diese Grenzen einer permanenten kritischen Revision unterzieht. Auf die Notwendigkeit dieses Verfahrens wurde bereits hingewiesen; im folgenden sollen die Grenzen näher beleuchtet werden.
Im historiographischen Diskurs wird Auschwitz als "historisches Grenzereignis" (Friedländer, 1990) bezeichnet. Die Grenzen der Geschichtsdeutung werden folgendermaßen beschrieben:

> "Deshalb bleibt nur die Schlußfolgerung, daß heute der Historiker fühlt, auf einige undefinierbare, aber deutlich spürbare *Grenzen einer Interpretation* zu stoßen. Eben diese Wahrnehmung von Grenzen - über deren Ursprung man sich streiten kann, deren Erspüren aber zwingend ist - könnte darauf hinweisen, daß wir es hier mit einem außerordentlichen Ereignis zu tun haben, dessen historische Analyse eine Verschmelzung von moralischen und kognitiven Kategorien erforderlich macht." (Friedländer, 1990, 90)

Das Erspüren dieser Grenzen scheint mir zutreffend die Auseinandersetzung mit der Massenvernichtung auch in anderen Kontexten zu beschreiben. Es verweist darüberhinaus noch einmal auf die Notwendigkeit der Selbstreflexion als wissenschaftlichem Zugang zu diesen Grenzen, die nicht a priori definiert werden können, sondern im Deutungsprozeß ertastet werden müssen. Die Grenzen der Deutung der Massenvernichtung bzw. die Bereiche, in denen die Möglichkeit der Deutung an ihre Grenzen kommt, sollen hier kurz für die Dimensionen der Sprache und des Verstehens skizziert werden (ausführlich siehe Kap. III).
Die Massenvernichtung hat sich in verschiedenen wissenschaftlichen Diskursen als einzigartiges historisches Ereignis erwiesen, dem keine Vergleiche mit anderen Ereignissen gerecht werden.[6] Mit dieser Einzigartigkeit und

[6] Im historiographischen Diskurs findet sich diese Debatte etwa im sog. "Historikerstreit" Ende der 80er Jahre (vgl. u. a. Piper, 1987; Diner, 1987; Habermas, 1987). In klinischem Kontext wird die Unvergleichbarkeit etwa in der Unmöglichkeit sichtbar, die extreme Traumatisierung mit traditionellen klinischen Kategorien zu beschreiben (in der deutschen Psychiatrie fand sich diese Haltung v.

Unvergleichbarkeit ist auch das Problem verbunden, daß sich dieses Ereignis sowie auch sein Niederschlag in der subjektiven Struktur einer *angemessenen* Versprachlichung entzieht. Dies führt zum einen zu einer paradoxen Situation für die Überlebenden, die über ihre Verfolgungsgeschichte erzählen wollen, zum anderen aber auch für den wissenschaftlichen Zugang, der notwendig auf Sprache angewiesen ist. Die extreme Traumatisierung in den Konzentrations- und Vernichtungslagern kann nicht in Sprache gefaßt werden.[7] Die biographische Erzählung, die über ihre formale Struktur einen kontinuierlichen Lebenszusammenhang schafft, weist daher eine Reihe von Brüchen auf. Daran wird die Interpretation ansetzen, um zu einem genaueren Verständnis der Geschichten zu gelangen in dem Bemühen, subjektivistischen Verzerrungen und Selbsttäuschungen entgegenzutreten.
Ein weiteres Problem, vor das diese Arbeit gestellt ist, wirft die Frage auf, ob das Deutsche überhaupt eine Sprache sein kann, in der über die Massenvernichtung gesprochen werden kann. Steiner (1987) stellt die These auf, daß die einzige Sprache, in der über die "Shoah" gesprochen werden könne, das Deutsche sei (das mit dem nationalsozialistischen Sprachgebrauch bis in die Gegenwart hinein affiziert sei), denn nur dadurch bleibe der Zusammenhang von Massenvernichtung und deutscher Sprache und Kultur gewahrt. Hilberg (1988) weist zwar auf die Veränderung der deutschen Sprache seit dem Nationalsozialismus hin, thematisiert jedoch das Dilemma, daß er zwangsläufig nationalsozialistisch schreiben würde, wenn er auf deutsch *über* den Nationalsozialismus schreiben wolle. Das Problem der nationalsozialistischen Besetzung der deutschen Sprache findet sich zwangsläufig auch in dieser Arbeit, da es zwar möglichst bewußt gemacht, nicht aber vermieden werden kann.

Die Grenzen der Sprache bedeuten zugleich auch die Grenzen des Verstehens. Adorno (1951) beschreibt die widersprüchliche Bewegung des Denkens über Auschwitz:

> "Dennoch sieht das Bewußtsein, das dem Unsagbaren standhalten möchte, immer wieder auf den Versuch zu begreifen sich zurückgeworfen, wenn es nicht subjektiv dem Wahnsinn verfallen möchte, der objektiv herrscht." (Adorno, 1951, 131)

Die paradoxe Situation des Denkens über Auschwitz besteht in der Erfahrung, daß kein Erklärungsansatz ein angemessenes Begreifen ermöglicht und daß dieses Begreifen aber immer wieder versucht werden muß. Die Grenze des Verstehens bezieht sich damit nicht nur auf die Begrenztheit

---

a. in der Heidelberger Forschungsgruppe um v. Baeyer, Häfner, Kisker, 1964).

7 Nach Lorenzer (1966) ist die extreme Traumatisierung dadurch gekennzeichnet, daß unter dem Druck des Traumas eine sprachliche Symbolisierung verhindert wird.

einzelner Wissenschaften, sondern auf das Denken selbst (Claussen, 1990). Die Akzeptanz dieser Grenze bedeutet nicht das Ende jeglicher wissenschaftlichen Auseinandersetzung mit der Massenvernichtung. Mit der Erfahrung des Unbegreiflichen soll weder ein "Denkverbot, das sich als Pietätsgebot präsentiert", (Dahmer, 1990, 139) installiert werden, noch ist sie der Bequemlichkeit geschuldet, die sich der Arbeit am Begriff entziehen will. Sie erfordert jedoch die Konzeption *kritischer* Wissenschaft, da das Spezifische dieses Ereignisses nicht positiv formuliert, nicht auf den Begriff gebracht werden kann. Die Grenzen des Denkens müssen in einem selbstreflexiven Prozeß thematisiert werden. Der wissenschaftliche Zugang kann lediglich in einem Verfahren der Annäherung bestehen, das die Grenzen möglicher Erkenntnis respektiert und damit eine Umschreibung des Gegenstands vornimmt, die über sie hinausweist. Den Gegenstand der Interpretation in diesem Buch bilden die autobiographischen Erzählungen von Überlebenden. An den Brüchen und Grenzen dieser Geschichten zeigt sich der subjektive Niederschlag des Erfahrung der Massenvernichtung. Das Verstehen dieser Lebensgeschichten erfordert ein *kritisch*-hermeneutisches Verfahren, das die Brüche und Grenzen zu thematisieren versucht.

Psychoanalyse als epistemologische Disziplin

Die Psychoanalyse bietet sich in hervorragender Weise als hermeneutisches Verfahren an, das den oben beschriebenen Erfordernissen angemessen erscheint.

Die Psychoanalyse gilt als diejenige Wissenschaft, für die Selbstreflexion konstitutiv ist:

> "Die Psychoanalyse ist für uns als das einzig greifbare Beispiel einer methodisch Selbstreflexion in Anspruch nehmenden Wissenschaft relevant. Mit der Entstehung der Psychoanalyse eröffnet sich die Möglichkeit eines methodologischen, von der Logik der Forschung selbst gebahnten Zugangs zu jener vom Positivismus verschütteten Dimension." (Habermas, 1968, 262f)

Die Psychoanalyse kann als ein aufklärendes, kritisches Verfahren in zweierlei Hinsicht beschrieben werden. Zum einen dient es der Analyse von subjektiven Strukturen. Es erweitert die Möglichkeit der Selbstreflexion, indem neben der bewußten auch die unbewußte Dimension des Erlebens und Handelns rekonstruiert wird. Als Kritik verdeutlicht es die Selbsttäuschungen und Verzerrungen der Wahrnehmung, die aus der Begrenztheit des Bewußtseins stammen. Bei der Interpretation von autobiographischen Erzählungen geht es nicht nur um die Analyse der subjektiven Struktur der Erzählenden, sondern auch um die Reflexion der eigenen Deutungsmuster, um die Bewußtmachung eigener psychischer Repräsentanzen der Massenvernichtung,

die bei der Auseinandersetzung mit den Texten sichtbar werden. Das emanzipatorische Interesse der Psychoanalyse richtet sich in diesem Fall auf die Person des Lesers oder Interpreten und nicht - wie im klinischen psychoanalytischen Setting - auf die erzählende Person.
Zum anderen stellt die Psychoanalyse ein sich selbst aufklärendes Verfahren dar. Im (klinisch-)psychoanalytischen Setting liefert die ständige Reflexion des Beziehungsgeflechts von Übertragung und Gegenübertragung wesentliche Ansatzpunkte für die Deutungen. Der epistemologische Ansatz der Psychoanalyse kann als selbstreflexiv bezeichnet werden, da der Erkenntnisprozeß selbst stets Gegenstand der Reflexion ist. Über die Analyse des Erkenntnisprozesses werden Einsichten in den Gegenstand, in die subjektive Struktur, gewonnen. Diese Analyse erfolgt in kritischer Haltung den eigenen Wahrnehmungen gegenüber, die immer auch als vom eigenen Unbewußten verzerrt angesehen werden. Ansonsten bestünde die Gefahr, daß der Erkenntnisprozeß zur puren Projektion gerät. Eine weitere Begrenzung der Subjektivität der Deutungen ist durch die Einrichtung eines hermeneutischen Diskurses vorgesehen; die Einbeziehung mehrerer InterpretInnen soll subjektiven Verzerrungen entgegentreten.
Im Modus psychoanalytischen Erkennens läßt sich eine Analogie zum Prozeß des Nachdenkens über die Massenvernichtung entdecken. Auch dort erschließt sich der Gegenstand erst über eine Reflexion des hermeneutischen Prozesses, wie am Beispiel der Grenzen des Verstehens und der Sprache verdeutlicht wurde. Weiterhin ermöglicht die psychoanalytische Annahme zweier voneinander unabhängiger Sinnsysteme, der Sprache und des Unbewußten, die Thematisierung der Grenzen der Sprache. Die Verstehensoperation zur Überschreitung dieser Sprachgrenzen ist jedoch notwendig auf das dialogische psychoanalytische Setting von AnalytikerIn und AnalysandIn angewiesen, so daß eine Textanalyse nur formal die Stellen markieren kann, die auf das Unbewußte verweisen, ohne dies jedoch präzise material benennen zu können. Aus den bisherigen Überlegungen ergibt sich, daß die Psychoanalyse in der Konzeption als epistemologischer Disziplin mit einem kritisch-hermeneutischen und praktisch-änderndem Verfahren (in Anlehnung an Lorenzer, 1974) den methodologischen Bezugsrahmen dieser Arbeit bildet, aus dem heraus das methodische Verfahren entwickelt wird (vgl. Kap. III).

Zur Entwicklung einer obliquen Hermeneutik zur Analyse der Lebensgeschichten Überlebender

Zwei Argumentationsstränge führen in dieser Arbeit zur Entwicklung eines kritisch-hermeneutischen Verfahrens - der obliquen Hermeneutik - zur Interpretation der Lebensgeschichten: Zum einen ein formal-wissenschafts-

theoretischer Ansatz, der von einer Dialektik von Gegenstand und Methode ausgeht, wonach beide im Forschungsprozeß konstituiert werden (vgl. Lorenzer, 1974, sowie Kap. III); zum anderen eine materiale, thematisch relevante Argumentation, die sich aus der Unvergleichbarkeit der Massenvernichtung ergibt.
Die Bezeichnung einer obliquen hermeneutik ist vom Begriff der "obliquen Reflexion" (Böhme, 1990) abgeleitet, der einen durch die Psychoanalyse Freuds in die Philosophie eingeführten, neuen Reflexionstypus beschreibt:

> "Dieser durch Freud - in gewissem Sinne auch durch Nietzsche - in die Welt gekommene Typ von Reflexion ist eine Art Schrägblick, ein Blick von hinten über die Schulter - paradox wie Magrittes Bild eines jungen Mannes (Die verbotene Reproduktion, 1937). Man kann diese Reflexion, um sie von der traditionellen, am Modell des Spiegels begriffenen zu unterscheiden, 'oblique Reflexion' nennen." (Böhme, 1990, 578)

Dieser Reflexionstypus zeichnet sich dadurch aus, daß er die von Freud beschriebenen Abhängigkeiten des Menschen aufnimmt und um die Begrenztheit seiner Autonomie, seines Bewußtseins und seiner Rationalität weiß. Der psychoanalytische Prozeß der Selbstreflexion umfaßt daher nicht nur das Bewußtsein, sondern ebenso das Unbewußte, der "Schrägblick" durchdringt die Ebene der manifesten Bedeutung, um die zugrundeliegende latente Bedeutung zu analysieren. Die *oblique Hermeneutik* versteht sich als *kritische* Hermeneutik, die über den subjektiv intendierten, manifesten Sinn eines Textes hinausgeht, um die latente Sinnebene zu entschlüsseln. Diese Hermeneutik scheint besonders geeignet zur Interpretation der Lebensgeschichten Überlebender: Bei diesen Erzählungen stehen die Überlebenden vor dem Problem, daß die extreme Traumatisierung nicht in Sprache gefaßt werden kann. Auch wenn keine explizite sprachliche Symbolisierung der Erfahrung der Massenvernichtung möglich ist, schlägt sich diese doch in den autobiographischen Geschichten nieder. Die Geschichten ermöglichen keine präzise Rekonstruktion der Traumatisierung, sie beschreiben nicht die Traumatisierung selbst, sondern die subjektiven Versuche mit ihr zu leben. Diese Geschichten erzählen jedoch nicht nur vom Umgang mit der Erfahrung der Massenvernichtung, sie stellen auch selbst eine Weise des Umgangs mit dieser Erfahrung dar. Aufgrund ihrer formalen Struktur bietet die Erzählung die Möglichkeit, die Verfolgung und das Überleben in den Sinnzusammenhang einer Lebensgeschichte zu integrieren und damit das Unverständliche zu plausibilisieren. Die Interpretation dieser Erzählungen will über die Analyse der subjektiven Deutungsmuster und die De-Konstruktion des manifesten Sinnes der Lebensgeschichte den stets prekären Umgang mit der extremtraumatischen Erfahrung der Massenvernichtung näher beleuchten.

Psychoanalyse und die Auseinandersetzung mit der Massenvernichtung

Die Psychoanalyse ist nicht nur in methodologischer Hinsicht als Bezugsrahmen für diese Arbeit relevant; seit der Befreiung der Konzentrations- und Vernichtungslager dient die Psychoanalyse im Bemühen um ein Verstehen der Massenvernichtung als bedeutender Erklärungsansatz, wenn sie auch nur *eine* Perspektive unter anderen bietet und ebenfalls nicht in der Lage ist, das Grauen verständlich zu machen. Da sich die vorliegende Arbeit ebenfalls in der Tradition psychoanalytischen Denkens über Auschwitz versteht, scheint folgender wissenschaftsgeschichtlicher Exkurs aus kritischer Perspektive angebracht.
Viele PsychoanalytikerInnen waren selbst verfolgt und einige wurden auch in die Konzentrations- und Vernichtungslager deportiert. Es wäre anzunehmen, daß damit auch die psychoanalytische Theorie von der Erfahrung der Massenvernichtung affiziert ist. Dies scheint jedoch nicht der Fall zu sein, zumindest was die Theorie als ganze betrifft; es hat sich seit der Befreiung 1945 vielmehr ein eigener Zweig innerhalb des psychoanalytischen Denkens gebildet, die sog. "psychoanalytische Holocaust-Forschung". Dort finden häufig die eigenen Verfolgungs-, Flucht- oder Emigrationserfahrungen der AnalytikerInnen ihren Niederschlag in den hermeneutischen Diskursen (Marcus & Wineman, 1985). Damit wurde ein Forum geschaffen, auf dem über Auschwitz nachgedacht werden kann; diese Reflexion findet jedoch meist noch isoliert vom übrigen psychoanalytischen Diskurs statt. Auffällig ist weiterhin, daß sich an diesem Diskurs vorwiegend jüdische AnalytikerInnen beteiligen, als sei dieses Thema nur von partikularer Relevanz. Das Desinteresse der Mehrheit der (nichtjüdischen) AnalytikerInnnen scheint hingegen den gesellschaftlichen Umgang mit diesem historischen Ereignis zu spiegeln. Eine Auseinandersetzung mit der Massenvernichtung wird weitgehend abgewehrt und deren universelle Bedeutung negiert (vgl. u. a.Bergmann, 1985; Marcus & Wineman, 1985).

Die Entwicklung einer eigenständigen "psychoanalytischen Holocaust-Forschung" zeigt, daß die Erfahrungen der verfolgten PsychoanalytikerInnen ihren Niederschlag vorwiegend in einem separaten Bereich gefunden haben, während die zentralen Konzepte der Psychoanalyse von Auschwitz scheinbar unberührt weiterbestehen. Aufgrund der universellen Bedeutung von Auschwitz als "Zivilisationsbruch" ist jedoch anzunehmen, daß dies auch das Wesen und den Gehalt psychoanalytischer Theorie verändert.[8]

---

[8] Im Verlauf meines Literaturstudiums habe ich leider keine Arbeit gefunden, die systematisch den Versuch unternimmt, der Bedeutung von Auschwitz für zentrale psychoanalytische Konzepte nachzugehen. Diese Bedeutung wurde lediglich von verschiedenen Autoren, v.a. im amerikanischen Kontext, konstatiert

Zwar hat Freud bereits die Einsicht in die Brüchigkeit der Kulturfähigkeit des Menschen vermittelt,[9] die Massenvernichtung stellt jedoch ein so unvorstellbares historisches Ereignis dar, das in seiner Monströsität nicht antizipiert werden konnte. Diese nötigte vielmehr zu neuen Einsichten in menschliches Verhalten und damit zur Notwendigkeit, neue Kategorien für das Verstehen zu entwickeln.

> "It is precisely the Holocaust's challenge to preexisting frames of orientation, and the impact that it has had on the history of ideas, that points to the need to address the question of the manner in which the discipline of psychoanalysis has responded to the Holocaust." (Marcus & Wineman, 1985,91)

Die Etablierung einer separaten "Holocaust-Forschung" kann keine hinreichende Antwort sein auf die fundamentale Infragestellung westlicher Zivilisation, der Zerstörung ihres Vernunft- und Moralbegriffs. Auch in diesem Bereich findet die Erfahrung der Massenvernichtung ihren Niederschlag vorwiegend in der thematischen Orientierung, nicht jedoch in methodologischen und methodischen Reflexionen.
Auch innerhalb der "psychoanalytischen Holocaust-Forschung" führt die Anwendung der traditionellen Kategorien zu Problemen. Marcus und Wineman (1985) weisen auf die Unbrauchbarkeit mancher basaler psychoanalytischer Konzepte zur Erklärung von Problemen im Zusammenhang mit der Massenvernichtung hin.

> "Reflexive use of certain basic Freudian concepts, which are largely inapplicable to *l'univers concentrationnaire*, tends to distort the meaning of what was actually occurring psychoanalytically and behaviorally in the camps." (Marcus & Wineman, 1985, 91)

Die Anwendung vertrauter klinischer Konzepte führt zu Fehlinterpretationen und beeinträchtigt damit sowohl das Verstehen wie auch die therapeutischen Möglichkeiten in der Behandlung Überlebender. Diese Haltung gelte jedoch für die Mehrheit der Studien in der psychoanalytischen "Holocaust-Forschung"; Marcus und Wineman führen dies auf die zunehmende Etablierung der Psychoanalyse im Gesundheitsbetrieb zurück, die die theoretische Arbeit in den Hintergrund drängte, und ziehen daraus folgende Schlußfolgerung:

> "Psychoanalysis has not confronted the transformational nature of the Holocaust." (Marcus & Wineman, 1985,96)

(vgl. u. a. Bergmann, 1985; Marcus & Wineman, 1985; Marcus & Rosenberg, 1988).

9 Freud (1930) verweist etwa in seiner Studie *"Das Unbehagen in der Kultur"* auf die Dialektik der Zivilisation, in der das Antizivilisatorische bereits angelegt sei.

Ungeachtet der Frage, ob und in welcher Weise dies möglich sein könnte, erscheint diese Beobachtung als Kritik an jeglicher psychoanalytischen Forschung nach der Massenvernichtung höchst bedeutsam. Denn in dem Zivilisationsbruch, der in der radikalen Infragestellung des herrschenden Rationalitätskonzepts besteht, erweist sich die universelle Bedeutung der partikularen Erfahrung, so daß die Massenvernichtung der europäischen Juden zum notwendigen Bezugspunkt wissenschaftlichen Denkens wird.

Die vorliegende Arbeit bietet einen ausführlichen Literaturüberblick über die psychoanalytische Forschung, der sowohl den chronologischen Verlauf als auch thematische Forschungsschwerpunkte nachzeichnet (vgl. Kap.II). Die Literaturübersicht dient in dieser Arbeit jedoch weniger der Generierung von Forschungshypothesen, noch soll sie einen Rahmen für die Einordnung der Befunde bieten. Vielmehr stellt die bisherige Forschungsliteratur eine Art von "Hintergrundwissen" im Interpretationsdiskurs dar, das zum Verstehen der jeweiligen individuellen Lebensgeschichten beitragen soll.
In Kapitel III finden sich methodische und methodologische Überlegungen, die die Problematik der Interpretation von Lebensgeschichten Überlebender reflektieren und zur Entwicklung eines speziellen hermeutischen Verfahrens, der obliquen hermeneutik, führen.
Diese theoretischen Erwägungen erfahren ihre praktische Umsetzung in vier Interpretationsskizzen (Kap.IV), die die Erfahrungen des diskursiven, hermeneutischen Prozesses zusammenfassen und den subjektiven Umgang der Überlebenden mit den extremtraumatischen Erfahrungen im Prozeß der Erzählung näher beleuchten.
Den Abschluß dieser Arbeit bildet die Reflexion über mögliche Bedeutungen, die die autobiographischen Geschichten der Überlebenden sowohl für die Erzählenden selbst als auch für die LeserInnen annehmen können (Kap.V). Das aufklärende hermeneutische Verfahren dieser Arbeit richtet sich an dieser Stelle auf die Subjekte der Erzählung, während sich der selbstaufklärende Anspruch auf die Rezeption der Geschichten bezieht. In der kritischen Auseinandersetzung mit den Texten soll das eigene Verhältnis zu der nationalsozialistischen Vergangenheit mit ihrem Kernereignis der Massenvernichtung der europäischen Juden reflektiert werden.

II. Psychoanalytische Reflexionen

1. Schwerpunkte psychoanalytischer "Holocaust-Forschung"

Psychologische Forschung über die Auswirkungen der systematischen industriellen Massenvernichtung an den europäischen Juden durch die Nationalsozialisten begann kurz nach der Befreiung der Überlebenden durch die Alliierten und wandelte sich je nach unterschiedlichen Forschungsinteressen und -schwerpunkten. Nach über vier Jahrzehnten zeigt sich ein dementsprechend vielfältiges, teilweise widersprüchliches Spektrum an Forschungsergebnissen. Unterschiede ergeben sich vor allem hinsichtlich des Universalitätsanspruchs der gewonnenen Hypothesen: die Annahmen reichen von der Behauptung eines universellen, pathologischen Überlebenden-Syndroms bis zur Betonung der Unterschiedlichkeit der Lebensgeschichten und Copingformen vor, während und nach der Verfolgung. Nach Einschätzung verschiedener Autoren scheint die Forschung durch klinisches Interesse dominiert, wobei die pathologischen Auswirkungen der Verfolgung im Zentrum der Aufmerksamkeit stehen:

> "A negative and pessimistic attitude and a focus on pathology is prevalent in most of Holocaust literature." (Bistritz, 1988, 139; vgl. u.a. Rustin, 1988; Fogelman, 1992)[10]

Nach meiner eigenen Literatursichtung trifft diese Einschätzung für die überwiegenden Forschungsprojekte zu, wenn sich auch in den letzten Jahren der Fokus hin zur großen Adaptations- und Regenerationsfähigkeit der Überlebenden verlagert hat. Sucht man nach Ursachen für den "pathologisierenden Blick" lassen sich verschiedene Faktoren anführen: Ein Großteil

---

10 In dieser Arbeit werden alle Zitate in englischer Sprache unübersetzt übernommen. Im 1.Kapitel wurde bereits die Problematik des deutschen Sprachgebrauchs im Zusammenhang der Auseinandersetzung mit der Massenvernichtung thematisiert. So soll durch diese Vorgehensweise der Beschädigung der deutschen Sprache durch den Nationalsozialismus Rechnung getragen werden; der amerikanische Diskurs über den 'Holocaust' läßt sich nicht ohne signifikante Bedeutungsverschiebung ins Deutsche übertragen.

der Forschung steht im Zusammenhang mit der deutschen Entschädigungsgesetzgebung und folgt somit dem Interesse an der Klärung verfolgungsbedingter Schädigung (vgl. Kap. 2. 1). Weiterhin bestand ein praktisches Interesse vieler Therapeuten an Erklärungen der psychischen Auffälligkeiten ihrer Patienten; da die Shoa ein bisher unvorstellbares Maß an Verfolgung und Traumatisierung bedeutet (vgl. Kap. 2. 2) mußten neue Diagnose- und Behandlungsformen erstellt werden. Eine gesellschaftspolitische Erklärung mag im aufklärerischen Interesse der Forschung gesehen werden, die mit der Betonung der Schädigung der Opfer dem unermeßlichen Grauen Rechnung tragen und dem gesellschaftlichen Trend der Verleugnung entgegenwirken wollte. Die Kategorisierung und Erklärungsversuche der Folgen der Verfolgung können auch als Bemühen um rationale Bewältigung des Unbegreiflichen der Massenvernichtung betrachtet werden (vgl. auch Cath, 1981; Bistritz, 1988).
Unmittelbar nach der Befreiung wurden die psychischen Probleme der Überlebenden kaum wahrgenommen, wie ein Psychiater, der selbst die psychologischen Untersuchungen durchführte, bei der jährlichen Versammlung der American Psychiatric Association (APA) 1948 feststellte:

> "It seems incredible today that when the first plans for the rehabilitation of Europe's surviving Jews were outlined the psychiatric problem was overlooked entirely. Everyone engaged in directing the relief work thought solely in terms of material assistance. We accepted the theory that the very fact of survival was evidence of physical and psychological superiority." (Friedman, 1948, zit.n. Berger, 1988)

Mit zunehmendem Wissen über das Ausmaß der Vernichtung und durch die Rezeption von Augenzeugenberichten, die selbst als Psychiater und Psychologen tätig waren (vgl. u.a. Bettelheim, 1943), gerieten auch die psychologischen Dimensionen mehr ins Blickfeld. Die erste systematische Studie über die Auswirkungen der Verfolgung erfolgte 1950 in israelischen Einwanderungscamps (Shuval, 1957-1958, zit. n. Berger, 1988). Als Ergebnis wurde festgehalten, daß die Überlebenden ihre Umgebung nicht mißtrauischer und feindseliger betrachteten als die Vergleichsgruppe, aber der Zukunft gegenüber pessimistischer eingestellt und besser gewappnet waren gegenüber den vergleichsweise geringen Belastungen der Einwanderung.
Die weitere Forschung beschäftigte sich mit der Frage nach dem Wesen der Traumatisierung und den "Bewältigungsversuchen" der Überlebenden während der Verfolgung. Kapitel 2 bietet einen Überblick über psychoanalytischen Studien und deren Hypothesen.
Im darauffolgenden Kapitel wird näher auf die spezielle Problematik der verfolgten Kinder und Jugendlichen eingegangen. Obwohl es schon zu Beginn der 50er Jahre Berichte über die Betreuung dieser Kinder gegeben hatte (etwa die Studie von A. Freud und S. Dann in England), wurden die besonderen Probleme von Kindern in der Forschung über viele Jahre weitgehend

vernachlässigt. Erst die ausführlichen Untersuchungen von Keilson (1979) und Lempp (1979) machten auf die hohe Bedeutung des Alters während der Verfolgung zum Verständnis der Traumatisierung und des Umgangs damit aufmerksam.
Kapitel 4 ist der Problematik des Umgangs mit der Verfolgungserfahrung nach der Befreiung gewidmet. Von herausragender Bedeutung erscheint dabei die Frage nach der Erinnerung und Rekonstruktion dieser Erfahrung. Die Überlebenden, vor allem diejenigen, die als Kinder und Jugendliche verfolgt wurden, weisen ein überaus großes Bedürfnis danach auf, Zeugnis von ihren Erfahrungen zu geben:

> "At no time in recorded history have victims engaged in such massive efforts to leave a record. Within the last few years, survivors have produced an unprecedented volume of memoirs, testimonies and oral histories." (Rosenbloom, 1988, 147)

Der Frage nach der Bedeutung der Erinnerung für den Aufbau eines Lebens nach der Massenvernichtung, der (Wieder-)Aneignung von Subjektivität und Identität soll ebenso nachgegangen werden wie der Problematik des Trauerns und des Umgangs mit den überwältigenden Verlusten. Einen breiten Raum im Leben nach der Befreiung nimmt der Aufbau neuer Strukturen ein. Nach dem unermeßlichen Ausmaß der Zerstörung bezieht sich dies sowohl auf das geographische Lebensumfeld (Rückkehr in die frühere Stadt, Umzug oder Emigration) sowie auf soziale Beziehungen (Freundschaften, Partnerschaften, Familiengründung).
Eine kritische Diskussion erfordert das Konzept des "Überlebenden-Syndroms", das im Zusammenhang mit der Begutachtungspraxis im Rahmen der Entschädigungsgesetzgebung entstanden ist und einen breiten Raum in der Forschung einnimmt. Mit der Betonung einer universalen Pathologisierung der Überlebenden wird die Vielfältigkeit der Verfolgungserfahrung und die Individualität des Umgangs damit jedoch weitgehend vernachlässigt bzw. nivelliert. Weitreichende Konsequenzen ergeben sich daraus im Hinblick auf therapeutische Möglichkeiten, die notwendigerweise als wenig erfolgsversprechend betrachtet werden. Dieses praktische Interesse nimmt dieser Kontroverse ihren akademischen Beigeschmack und macht die lebenspraktische Bedeutung dieser Frage für Überlebende sichtbar.
Einen kontroversen Forschungsstand bietet ebenfalls die Frage nach der Transmission der Traumatisierung an die nachfolgenden Generationen. Bei einer chronologischen Literatursichtung erscheint dies als der nächste Schwerpunkt nach der oben genannten Diskussion, wobei sich auch die Frage nach sozialer und familiärer Interaktion an der Annahme universaler pathologischer Folgen entscheidet. Zu dem Zeitpunkt, als die Kinder der Überlebenden erwachsen wurden und häufig selbst im therapeutischen Bereich arbeiteten, verlagerte sich das Interesse der Forschung von der ersten Gene-

ration zur zweiten. Inzwischen wurde auch die dritte Generation zum Untersuchungsgegenstand (vgl. u.a. Rosenthal, P. & Rosenthal, J., 1980).
Seit einiger Zeit wird die Forschung über die Folgen der Extremtraumatisierung auf die "2.Generation" zunehmend kritisiert (vgl. u. a. Solkoff, 1979; Ornstein, 1985). Diese Kritik steht häufig im Zusammenhang mit der Kritik an der Universalität des "Überlebenden-Syndroms". Dieser Forschungsschwerpunkt wurde weitgehend im Interesse einer systematischen Übersicht über die Forschungsliteratur genannt. Die Problematik der "2.Generation" (wie sie etwa u.a. von Kestenberg, 1989b; Kogan, 1990; Grubrich-Simitis, 1984, untersucht wurde) überschreitet den Rahmen der Fragestellung meiner Untersuchung, in dessen Fokus die Überlebenden selbst stehen. Referiert werden daher nur Arbeiten, die sich mit der Problematik der Überlebenden als Eltern oder auch mit der Bedeutung von Kindern für diese Gruppe befassen (vgl. Kap. 3. 3).

2. Die Erfahrung der Massenvernichtung als Extremtraumatisierung

Die systematische Vernichtung der europäischen Juden durch die Nationalsozialisten stellt ein historisches Ereignis von bisher unvorstellbarem und unvergleichbarem Ausmaß dar. Es stellt sich nun die Frage nach der individuellen Bedeutung der Verfolgung für die Überlebenden, nach dem Zusammenhang von Ereignis und Erlebnis. In der Einleitung wurde die Massenvernichtung in Anlehnung an einen soziologischen Diskurs als "Zivilisationsbruch" bezeichnet und nach dessen Auswirkungen auf die individuelle Struktur der Überlebenden gefragt.

Zum Begriff des Traumas

Im folgenden soll die individuelle Bedeutung dieses "Zivilisationsbruchs" mit dem psychoanalytischen Konzept des Traumas in Zusammenhang gebracht werden. Die Auseinandersetzung mit der Frage der extremen Traumatisierung der Überlebenden der Massenvernichtung findet sich vor allem im Kontext der Begutachtungen im Rahmen der deutschen Entschädigungsgesetzgebung.[11]

---

[11] Eine ausführliche medizingeschichtliche Darstellung über die Extremtraumatisierung von Überlebenden der Massenvernichtung sowie über die Begutachtungspraxis findet sich bei Pross (1988).

In ihrer umfassenden Studie über die Psychiatrie der Verfolgten haben v. Baeyer und seine Mitarbeiter (1964) gezeigt, daß sich die Beurteilung von Verfolgungsschäden nicht länger auf den affektbiologisch verengten Traumabegriff des Freudschen Konzeptes der "traumatischen Neurosen" gründen läßt. Im Vorwort zu ihrer umfangreichen, auf etwa 700 Begutachtungen gestützten und inzwischen zu einem Standardwerk gewordenen Untersuchung über die Folgen der Verfolgung haben von Baeyer und seine Mitarbeiter auf diese neue Qualität der Befunde, die die bisherige (psychiatrische) Diagnostik und deren Beurteilungsmaßstäbe sprengt, hingewiesen:

> "Es war hier etwas Neues in Erscheinung getreten: chronische, äußerst hartnäckige, therapeutisch wenig beeinflußbare Beschwerden... in biographischer Kontinuität aus den furchtbaren, leiblich-seelisch-sozialen Schicksalen der Verfolgung entwickelt haben." (v. Baeyer, Häfner & Kisker, 1964, III)

Sie entwickelten auf der Grundlage einer "existentiellen-anthropologischen Kritik" an der traditionellen Traumakonzeption ein eigenes Begriffssystem der "erlebnis-reaktiven Syndrome der Verfolgten" mit 25 diagnostischen Untergruppen. Der zentrale Kritikpunkt bestand in dem Aufweis einer *erlebnis*-reaktiven Störung, d.h. einem psychiatrischen Syndrom ohne organischen oder genetisch-bedingten Anlagefaktor.[12]
Die unzureichende Anerkennung der Spezifität der "traumatischen Neurosen" läßt sich auch im Zusammenhang mit der naturwissenschaftlichen Grundorientierung der Psychiatrie sehen. Die spezifische Schädigung dieser "Neurosen" - wie Unfall- oder Kriegsneurosen, aber auch Schädigungen, die sich aus der Extrembelastung der Konzentrations- und Vernichtungslager ergeben - fußt in der historisch-biographischen Dimension, im subjektiven Erleben des traumatisierenden Ereignisses. Diese werden bei naturwissenschaftlicher Betrachtung kaum wahrgenommen; die psychischen Störungen werden daher fast ausnahmslos auf biologische Vorgänge (und entsprechende genetische Dispositionen) zurückgeführt. Lorenzer verdeutlicht die methodologischen Konsequenzen der Beschäftigung mit "traumatischen Neurosen":

> "1. Die Ausklammerung des historischen Momentes beseitigt genau diejenige Frage, die 'traumatische Neurose' konstituiert. Der Begriff impliziert unausweichlich die Aufgabe, den Eingriff eines historischen Ereignisses in die Ätiologie des Leidens nachzuweisen. ...
> 2. Nicht das Unfallereignis ist der Angelpunkt der traumatischen Neurose, sondern das *Unfallerlebnis*. ... Das Ereignis kann nur vom biographischen Kontext des betroffenen Individuums her - eben als Erlebnis - erfaßt werden." (Lorenzer, 1968, 864f)

---

[12] Diese Sichtweise der Entstehung von Traumata wurde bereits durch Venzlaff (1958) unter dem Begriff des "erlebnisbedingten Persönlichkeitswandels" in die deutsche Psychiatrie eingebracht.

Der methodologische Zugang zum Erleben erweist sich notwendig als ein hermeneutischer (vgl. methodologische Vorüberlegungen, Kap. III). Bei den "traumatischen Neurosen" ergibt sich jedoch - im Unterschied zu anderen Neurosen - ein spezifisches Problem durch die (dieses Krankheitsbild konstituierende) Notwendigkeit, einen Kausalnexus zwischen Ereignis und Leiden herzustellen zu müssen, d.h. über einen hermeneutischen Zugang hinaus müssen nomologische Zusammenhänge formuliert werden können. Dazu bedarf es der Einführung metapsychologischer Konzeptionen, die eine Begriffsebene liefern, auf der die Veränderung durch das Trauma abgebildet werden kann.

> "Einzig die Einführung der metapsychologischen Konzeptionen erlaubt, jene Projektionsebene zu gewinnen, auf der das Erlebnis als Veränderung des psychischen Apparates objektiviert und beurteilt werden kann." (Lorenzer, 1968, 873)

Lorenzer schlägt vor, den Begriff der "traumatischen Neurose" nur dann zu verwenden, wenn es durch die Einwirkung von traumatisierendem Geschehen zu strukturellen und d.h. bleibenden Veränderungen des psychischen Apparats kommt. Damit wären die "traumatischen Neurosen" von (vorübergehenden) traumatischen Reaktionen sowie von Psychoneurosen abzugrenzen (Lorenzer, 1966). Eine weitere wesentliche Veränderung der Traumakonzeption durch die Erfahrungen in den Konzentrations- und Vernichtungslagern betrifft die Eigenart des traumatisierenden Geschehens. Die Schädigung ist nicht in Form von Einzeltraumata, als isolierter Reiz, zu sehen, als vielmehr im Gesamten der Umweltkonstellation, in der Abfolge wiederholter Traumata. Eissler (1963) beschrieb das Wesen des traumatisierenden Geschehens in den Konzentrations- und Vernichtungslagern mit dem Begriff der "Realisierung eines psychotischen Kosmos". Dies unterscheidet diese Traumatisierung von anderen massiven Traumata. Wesentlich ist dabei die Kombination von extremtraumatischen Bedingungen, die von Grubrich-Simitis (1979) folgendermaßen zusammengefaßt wird:

> "... das Herausgerissensein der Gefangenen aus dem vertrauten sozio-kulturellen Milieu und dem Familienverband; ständige Trennungsangst bezüglich Nahestehender; Miterleben von Folter und Mord; ohnmächtige jederzeitige Erwartung des eigenen gewaltsamen Todes (durch 'Selektion', Folter, Aushungerung, Zwangsarbeit, als Objekt sogenannter medizinischer Experimente usw.); Unterbindung jeglicher Eigeninitiative, also barbarische Reinfantilisierung; Entindividualisierung (durch Numerierung und Wegnahme aller persönlichen Dinge); Zerstörung der Privatheit und Niederreißen der Schamschranken; systematisches Außerkraftsetzen des Kausalitätsprinzips (für das, was geschah, wurden keine Gründe angegeben, es war nicht zu erklären); Entzug der strukturierenden Zeitdimension (man hatte keine Uhren, keine Kalender); permanente Entwürdigung und Erniedrigung als zu vernichtende

> Minorität...; Ausgeliefertsein an den planmäßig durchgeführten Völkermord." (Grubrich-Simitis, 1979, 997)

Khan (1963) entwickelte das Konzept der *kumulativen Traumatisierung* zunächst im Kontext der präverbalen Mutter-Kind-Beziehung.

> "Zur Zeit äußerster Hilflosigkeit und Abhängigkeit, in der während der frühesten Strukturbildungsprozesse der Säugling darauf angewiesen ist, daß die Mutter mittels flexibler Einfühlung in seine anaklitischen Bedürfnisse für ihn die Funktion eines Hilfs-Ichs, eines 'Schutzschildes' gegen Überflutung durch innere und äußere Reize übernimmt, kommt es in der von Khan beschriebenen Pathogenese zu einem Versagen der Mutter in eben dieser Funktion." (Grubrich-Simitis, 1979, 1006)

Dieses Konzept findet in der Erforschung der Extremtraumatisierung der Überlebenden der Massenvernichtung große Verbreitung; dies bezieht sich vor allem auf den Gedanken der *kumulativen* Traumatisierung (im Unterschied zur bis dahin geltenden Auffassung von Einzeltraumata), dem die Verfolgten in den Konzentrations- und Vernichtungslagern teilweise jahrelang ausgesetzt waren.[13]

Im folgenden soll in metapsychologischer Begrifflichkeit die Besonderheit der Extremtraumatisierung durch die Konzentrations- und Vernichtungslager skizziert werden. Ein zentrales Moment des nazistischen Terrors bestand in der Vernichtung von "Individualität" und Subjektivität der Verfolgten, die Identität mit der eigenen Lebensgeschichte und die Möglichkeit von Kommunikation mit anderen wurden durch das System der Konzentrations- und Vernichtungslager zerstört. In metapsychologischer Begrifflichkeit ausgedrückt: Das Vernichtungssystem erzwang eine künstliche Infantilisierung der Ich-Position (vgl. u.a. Lorenzer, 1966[14]).

> "Konfrontation mit dem Tode, kombiniert mit erzwungener passiver Abhängigkeit, ständige Erniedrigung und Rechtlosigkeit waren die Faktoren, die

---

13 Eine weitere Verwendung findet dieses Konzept im Kontext der Forschung über die Weitergabe der Traumatisierung an die `Zweite Generation' (vgl. Grubrich-Simitis, 1979 und Kap.3)

14 Diese These von der erzwungenen Regression als zentralem Moment findet sich durchgängig in der Forschungsliteratur über die Extremtraumatisierung. Diese Literatur hat inzwischen nahezu unüberschaubare Ausmaße angenommen, daher können an dieser Stelle nur zentrale Ansätze skizziert werden. Ein Schwerpunkt der psychoanalytischen Auseinandersetzung mit der Bedeutung der Erfahrung in den Konzentrations- und Vernichtungslagern für die psychische Struktur findet sich in den 60er Jahren (in der amerikanischen und deutschen Diskussion). In dieser Zeit wurden mehrere Kongresse und Symposien zu dieser Problematik veranstaltet (vgl. etwa die Sammelbände von Krystal, 1968; Herberg und Paul, 1971).

> unabwendbar zu einer Regression der Ich-Funktionen führten. Dies war um so wirksamer, als jede aktive intellektuelle oder körperliche Abwehr gegen die Bedrohung unmöglich war." (De Wind, 1968, 440)

Diese Regression ist als (ambivalenter) Abwehrversuch der unerträglichen Bedingungen der Konzentrations- und Vernichtungslager zu verstehen; in diesem Sinne unterstützt er das Überleben. Andererseits gefährdet ein Fortschreiten der Regression auf die orale Phase in Gestalt des sog. *"Muselmann-Syndroms"* das Überleben (Niederland, 1968a; Eissler, 1963; Jacobson, 1959).

Neben der Regression nennt Eissler als einen "Grundfaktor des KZ-Syndroms" eine *"Dauerschädigung des narzißtischen Libidohaushaltes"* (Eissler, 1968, 455), der bis zum völligen Abzug aller libidinösen Selbst- und Objektbesetzungen (und damit zum Tod) führen kann. Diesen beiden Momenten, der Regression und dem Besetzungsabzug, kommt zentrale Bedeutung bei der Extremtraumatisierung durch die Konzentrations- und Vernichtungslager zu. Zum Verständnis der Bedeutung der Traumatisierung für die einzelnen Verfolgten ist zum einen die Einbettung des traumatischen Geschehens in die jeweilige Lebensgeschichte[15] sowie die subjektive Wahrnehmung der jeweils spezifischen Umstände und Verfolgungsbedingungen unverzichtbar. Dieser Differenzierung der Extremtraumatisierung durch die Konzentrations- und Vernichtungslager soll nun nachgegangen werden.

Die Phasen der Traumatisierung

Keilson (1979) hat dem doppelten, sozio- und psychogenetischen Entstehungszusammenhang der massiven, kumulativen Traumatisierung der Massenvernichtung in seinem Konzept der *Verknüpfung von "extremen Belastungssituationen" und "traumatischen Sequenzen"* Rechnung getragen. Mit von Baeyer, Häfner und Kisker (1964) geht er davon aus,

> "daß das übergeordnete traumatische Agens der extremen Belastungssituation ... für alle Altersstufen die 'generelle Bedrohlichkeit der Situation' ist " (Keilson, 1979, 55).

Im Unterschied zu anderen traumatischen Situationen privater wie auch kollektiver Art (bspw. Naturkatastrophen, Kriege) ist es wichtig festzuhalten, daß die gesamte soziale Umwelt (Staat und Gesellschaft) als Verfolger auftrat. Die Verfolgung bezog sich nicht auf einzelne Individuen, sondern auf

15 So weist v.a. Keilson (1979) auf die Altersspezifität der Traumatisierung hin, die in der spezifischen Thematik der jeweiligen Entwicklungsphase begründet liegt.

die Gesamtheit des jüdischen Kollektivs. Keilson (1979) nahm den Wandel der "extremen Belastungssituation" im historischen Verlauf auf und unterteilte die Verfolgung in drei Phasen:

> "1) Die Beginnphase mit den präludierenden Momenten der Verfolgung;
> 2) Aufenthalt im Konzentrationslager oder im Versteck;
> 3) Nachkriegszeit mit allen Schwierigkeiten der Wiedereingliederung etc."
> (Keilson, 1979, 56)

Diesen historischen Phasen werden dann psychologische Momente, die *"Verfolgungs- oder traumatischen Sequenzen"* zugeordnet, die im folgenden kurz charakterisiert werden.
Der Beginn der Verfolgung, *die erste Sequenz*, nahm in Deutschland sowie in den verschiedenen Ländern unter der deutschen Besetzung unterschiedliche Formen an.[16] Keilson (1979) beschreibt diese Phase für die Niederlande, m.E. läßt sie sich in ihren psychologischen Auswirkungen weitgehend generalisieren und damit auch auf andere Regionen übertragen:

> "Sie enthält alle Ängste der mit dem Abbröckeln des Rechtsschutzes und dem Tragen des gelben Sternes beginnenden und sich immer schärfer anlassenden Verfolgung (kulminierend in den Razzien und den Deportationen); den Angriff auf die Würde und Integrität der Familie, die Vernichtung der wirtschaftlichen Existenz, die Ghettoisierung, die ängstliche Erwartungsspannung der kommenden Untaten, das plötzliche Verschwinden von Angehörigen, Bekannten, Freunden, Spiel- und Schulkameraden; global gesprochen: nicht nur die erzwungene Isolierung von der nicht-jüdischen holländischen Gemeinschaft, sondern vor allem die panische Auflösung der eigenen vertrauten Umgebung." (Keilson, 1979, 57)

Die zweite Sequenz beginnt mit der Deportation in die Konzentrations- und Vernichtungslager, dem Versteck oder Leben unter anderer Identität.[17] In den Lagern unterscheiden sich die traumatogenen Momente für Kinder und Jugendliche kaum von denen Erwachsene.[18]

> "Sie enthalten neben der direkten Lebensbedrohung, der Rechtlosigkeit ihrer Situation, dem Ausgeliefertsein an eine feindliche Umgebung, die im streßorischen Sinne zu verstehenden Dauerbelastungen wie Entbehrung, Hunger, Krankheit; ferner eindeutig die psychologischen Erlebnisqualitäten der 'generellen Bedrohlichkeit', wie Zermürbung, Infragestellung und Vernichtung

[16] Eine detaillierte Beschreibung des Verfolgungsprozesses findet sich bei R. Hilberg (1961).

[17] Auf eine Darstellung der differenzierteren Problematik der Kinder im Versteck soll im folgenden verzichtet werden, da diese Kinder nicht Gegenstand meiner Untersuchung sind.

[18] Mit Ausnahme der die kindliche und adoleszente Entwicklung besonders belastende Beendigung jeglicher Spiel-, Lern- und Bildungsmöglichkeiten (Keilson, 1979).

mitmenschlicher Verhaltensweisen - gemessen an überlieferten und kulturell gesichert erscheinenden Normen - durch die Konfrontation mit der brutalen Macht, dem Grauen und dem Tod." (Keilson, 1979, 57)

Die Konzeption einer *dritten traumatischen Sequenz* verdeutlicht, daß die Befreiung aus den Konzentrations- und Vernichtungslagern noch nicht das Ende der Traumatisierung darstellt.[19]

"Contrary to popular belief, the immediate reaction to freedom by the survivors was neither joy nor celebration but numbness." (Berger, 1988, 175)

Viele Überlebende bezeichneten diese Phase als die eingreifendste und schmerzlichste ihres Lebens (Keilson, 1979); mit zunehmender Bewußtwerdung des Ausmaßes der Verfolgung und ihrer Verluste wurden sie nochmals mit den erlittenen Traumata konfrontiert. Die erste Zeit war durch die meist vergebliche Suche nach Angehörigen bestimmt, bei der Rückkehr in ihre Heimatstädte begegneten die Überlebenden häufig Feindseligkeit und Antisemitismus. Zur weiteren Traumatisierung der Überlebenden trug auch der Aufenthalt in DP-camps bei, in denen sie zwar zunächst materiell versorgt waren, jedoch niemand ihre emotionalen Bedürfnisse wahrnahm.

"Thus the liberation of the Jews by the Allied Armies from Nazi Concentration Camps was followed by abandonment and neglect." (Berger, 1988, 176)

In der dritten traumatischen Sequenz ist nicht mehr die *"generelle Bedrohlichkeit der Situation"* als übergeordnetes traumatisches Agens anzunehmen wie in den beiden vorhergehenden Phasen. Keilson (1979) schlägt daher vor, zur Frage der altersspezifischen Traumatisierung von Kindern und Jugendlichen auf den Begriff der "basic needs" (Bowlby, 1951, zit.n.Keilson, 1979) zurückzugreifen. Dieses Konzept betont die Bedeutung der zeitlichen Zuordnung von elementaren Bedürfnissen zu bestimmten Entwicklungsphasen. Die oben in drei Phasen beschriebene "extreme Belastungssituation" ist somit auch durch das Ausmaß der Versagung der "basic needs", der zu einem bestimmten Zeitpunkt fundamental notwendigen entwicklungsmäßigen Bedürfnisse, bestimmt. Das Konzept der "basic needs" ermöglicht es, die Modalität der Belastung entsprechend der Altersstufe wiederzugegeben.

---

[19] Auch wenn diese Zeit in den meisten Untersuchungen in ihrem Einfluß auf die adaptiven Prozesse der Überlebenden vernachlässigt wird (Berger, 1988), scheint die Konzeption Keilsons einen wesentlichen Beitrag für das Verständnis Überlebender darzustellen.

"Überlebensstrategien" während der Verfolgung

Die Frage, wie Kinder und Jugendliche die in ihrem ganzen Ausmaß sicher nicht erfaßbare "extreme Belastungssituation" überleben konnten, wird von verschiedenen Autoren kontrovers beantwortet. Diese Diskussion ist in zweierlei Hinsicht bedeutsam: Die Beschäftigung mit dem Leben in den Konzentrations- und Vernichtungslagern ermöglicht ein Verständnis für die Bedeutung der Zeit vor der Verfolgung für die späteren "Bewältigungsversuche" sowie für die Problematik der Adaptation nach der Verfolgung. Auf die Bedeutung der Rekonstruktion der Holocaust-Erfahrung für die *Suche nach Kontinuität* hat Ornstein (1985) verwiesen:

> "The mode of adaptation to extreme conditions could constitute the needed link to the pre-Holocaust personality of the survivor to the process of recovery." (Ornstein, 1985, 107)

Zunächst gilt es festzuhalten, daß das Überleben selbst letztlich nur dem Zufall geschuldet ist. Dennoch scheint es eine Reihe von Verhaltensweisen gegeben zu haben, die als eine Form von *"coping-Strategien"* angesehen werden können.
Als Kritiker dieser Sichtweise läßt sich Chodoff (1981) als einer der Vertreter des "Überlebendensyndroms" (vgl.Kap.II.3.2) anführen, der darauf hinweist, daß sich eine "gesunde Persönlichkeit" mit Hilfe von Abwehrmechanismen gegen schwere Gefahr schützen kann unter der Bedingung, daß die Gefahr vorhersehbar und zeitlich begrenzt ist. Aufgrund der Unsicherheit und Unvorhersehbarkeit von Leben und Tod sei es während der Massenvernichtung jedoch nicht möglich gewesen, angemessene psychische Abwehrformen aufzubauen. Wenn es auch hinsichtlich meiner Vorannahmen außer Frage steht, daß es keine Abwehrformen geben kann, die diesen Bedingungen, den Bedingungen der Gegenrationalität, angemessen wären, scheint die schlichte Tatsache des Überlebens darauf hinzuweisen, daß es möglich gewesen war, sich dem Terror zumindest partiell zu entziehen oder diesem etwas entgegenzustellen, ohne psychotisch zu werden. Diesen *"Überlebensstrategien"* soll im folgenden Literaturüberblick nachgegangen werden.

Großen Einfluß auf die Vorstellungen vom Verhalten in den Konzentrations- und Vernichtungslagern hatten die Arbeiten von B. Bettelheim (1943; 1960):

> "Bettelheim's approach to human behavior and survival in the concentration camps influenced and shaped the thinking about survivors of the Holocaust in Nazi-occupied Europe." (Klein, 1984, 545)

Bettelheim stellte folgende Charakteristika des Verhaltens Erwachsener heraus: Regression, Identifikation mit dem Aggressor, Integration in eine "an-

onyme Masse" sowie Mangel an Autonomie, worunter v.a. Widerstandsfähigkeit verstanden wurde. Er stützte sich auf seine Beobachtungen im Konzentrationslager Dachau im Jahr 1938; möglicherweise hat ihm die spezielle Häftlingsstruktur in diesem Lager Anlaß zu seinen Überlegungen gegeben. Problematisch erscheint jedoch die generalisierende, ahistorische Betrachtungsweise, die den unterschiedlichen Kontext der Verfolgung und die einzelnen Lebensgeschichten vernachlässigt.[20] Weitreichende Konsequenzen hat diese Sicht vom Überlebenden auf die Konzeption des "Überlebenden-Syndroms" sowie auf therapeutische Ansätze (vgl. Kap. II.3.3.2.).
Bei der Rezeption einiger der Studien über das Verhalten in den Konzentrations- und Vernichtungslagern kann der Eindruck entstehen, daß hier ein Mythos des Überlebenden geschaffen wird. Problematisch erscheint daran, daß die Bewahrung von Menschlichkeit inmitten der Vernichtung so betont wird, als zeige sich die "wahre" Menschlichkeit erst auf dem Hintergrund ihrer Negation. Implizit wird die Massenvernichtung somit als conditio sine qua non von Menschlichkeit legitimiert.

> "Astonishingly, we find that even in this substratum of existence there were instances of self-sacrifice, fundamental human decency, and altruism... Under the most brutal conditions many kept diaries, wrote poems and created art... Engaging in this activities gave some meaning to the suffering and helped in coping with the moral and psychological ordeals to which the inmates were subjected." (Rosenbloom, 1988, 151)

So betonen etwa Frankl (1947) und Bettelheim (1943, 1960) die vielfältigen Versuche der Überlebenden, der Verfolgung einen Sinn abzugewinnen, indem sie die eigene Person transzendierten und sie in einen größeren, religiösen oder kosmologischen Zusammenhang stellten.

Während sich die obengenannten Untersuchungen vorwiegend auf Erwachsene bezogen, soll im folgenden näher auf die besondere *Situation von Kindern und Jugendlichen* eingegangen werden.
Allgemein läßt sich sagen, daß die Verfolgung keinen Stillstand oder keine Unterbrechung kindlicher oder adoleszenter Entwicklung bedeutet, sondern als eine besondere Bedingung für die körperliche und psychische Entwicklung verstanden werden kann (Kestenberg, persönliche Mitteilung; vgl. auch Keilson, 1979). Kolle hingegen (zit.n. Lempp, 1979, S.18ff) ist von einem "Abbruch der Entwicklung" bei den verfolgten Kindern ausgegangen und berichtete von Kindern, die körperlich wie psychisch auf der Entwicklungsstufe stehengeblieben sind, auf der sie zum Zeitpunkt des Beginns ihrer Ver-

[20] Eine detaillierte Kritik des Ansatzes von Bettelheim, die auf den fundamentalen Unterschied des Verhaltens der "Häftlinge" in den Konzentrationslagern (wie Dachau) und Vernichtungslagern (wie Auschwitz) aufmerksam macht sowie auf begriffliche Unklarheiten (etwa des Begriffs der "Abwehrmechanismen") verweist, findet sich u.a. bei De Wind (1968).

folgung waren. Diese Sichtweise findet in der Literatur jedoch keine Bestätigung (vgl. auch v. Baeyer u.a., 1964) und erscheint im übrigen auch wenig plausibel. Die Bedeutung der Traumatisierung ist jeweils abhängig vom Alter und nationalen, kulturellen Hintergrund der Kinder (Keilson, 1979; Kestenberg, 1990). Daneben spielen die Zeit vor der Verfolgung und die familiären Bindungen ebenfalls eine große Rolle für den Umgang mit der Traumatisierung und den massiven Verlusten (Rustin, 1988).
Angesichts des großen Ausmaßes an Zerstörung von Objektbeziehungen sowie der Bedingungen der Konzentrations- und Vernichtungslager, die auf eine Entleerung des Narzißmus zielten, gewinnt die *Erhaltung des primären Narzißmus* eine wichtige Bedeutung für das Überleben:

> "Primary narcissism arises from the pleasure to be alive that originates in the body. To overcome pain, fear and the succumbing to the need for rest, the joy of life has to be reawakened." (Kestenberg, 1990, 40)

Auch die Erinnerung an die Zeit vor der Verfolgung, an das stabilisierende "holding-environment" (Winnicott) half, einer narzißtischen Entleerung vorzubeugen. In Interviews berichteten überlebende Kinder von der Erinnerung an gutes Essen oder an Feiertage, die sie in den Lagern mit anderen teilten, was ihnen half, den Hunger zu ertragen, und ihnen ein Gefühl von Geborgenheit vermittelte. Über ihre gemeinsame Erinnerung versuchten sich die Kinder selbst, ein neues "holding environment" in den Konzentrations- und Vernichtungslagern zu schaffen (Kestenberg, 1990). Enge familiäre Bindungen vor der Verfolgung vermittelten den Kindern ein Gefühl von Geborgenheit und unterstützten den Aufbau von Familiensurrogaten. Diese Bindungen konnten sich aber auch negativ auswirken, bspw. wenn sie eine mögliche Flucht verhinderten, weil Kinder oder Jugendliche ihre Eltern nicht verlassen konnten (Rustin, 1988). Zu betonen ist auch die erstaunliche Fähigkeit von Kindern, selbst den schlechtesten Bedingungen ihrer Umgebung noch etwas Gutes abzugewinnen (Moskowitz, 1983) und so einer drohenden narzißtischen Entleerung vorzubeugen.
Neben der Aufrechterhaltung des Narzißmus unterstützte auch die nach außen gewendete *Aggression* den Willen zu überleben. Diese Aggression äußerte sich in kindlichen Raufereien, in Rachephantasien sowie in Aktivität und Arbeit:

> "Turning the aggression outward even in the form of work for the Nazis fostered the wish to survive." (Kestenberg, 1990, 40)

Die Bedingungen in den Konzentrations- und Vernichtungslagern, wie die erzwungene Immobilität, das stundenlange Stehen und Warten, die bedrükkende Enge, der mangelnde eigene Raum sowie die schwere Arbeit, beeinflußten fundamentale Aspekte der *Ich-Entwicklung* bei den Kindern und Jugendlichen:

"The aspects of the ego which adapts to space, weight and time as the principal ingredients of reality ... were impeded or infringed upon... Yet, despite of this assault on the body ego, the higher ego functions would develop well." (Kestenberg, 1990, 41)

Kennzeichnend für die Entwicklung war das frühe Erwachsenwerden der Kinder, das sie häufig mit dem Verlust der Kindheit, dem Gefühl, wichtige Entwicklungsschritte verpaßt zu haben (Cahn, 1988), beschrieben. So mußten sie oft schon früh selbst für sich sorgen und auch ihre Eltern mit Nahrungsmitteln versorgen. Diese Sorge für andere erbrachte aber auch eine ungewöhnliche Ich-Stärke (Kestenberg, 1990).
Von wesentlicher Bedeutung für das Überleben in den Konzentrations- und Vernichtungslagern war die *soziale Unterstützung*, so schlossen sich alleinlebende Kinder häufig in Gruppen Gleichaltriger zusammen.

"The pair was the basic unit of survival." (Dimsdale, 1980, 240)

Das Aufrechterhalten sozialer Beziehungen wirkte dem nationalsozialistischen Terror entgegen, der auf Vereinzelung und Zerstörung zwischenmenschlichen Vertrauens zielte; dies stellt somit eine wesentliche "Überlebensstrategie" dar, auch wenn in o.g. Zitat eine eher mystifizierende Sichtweise der Sozialität Überlebender zum Ausdruck kommt.
Kinder entwickelten ein übergroßes Maß an Wachsamkeit und Aufmerksamkeit gegenüber äußeren Gefahren. Die fortwährende *Todesangst und Konfrontation mit dem Tod* (De Wind, 1968) überstieg jedoch sämtliche adaptiven Möglichkeiten. Lifton (1980) sieht in der massiven Konfrontation mit dem Tod den Schlüssel zur Erfahrung der Überlebenden, die Grundlage für all ihre Probleme (vgl. auch De Wind, 1968). In der Massenvernichtung war diese Erfahrung des Todes umgeben von einem unvorstellbaren Maß an Erniedrigung und Terror, an körperlichen und psychischen Angriffen und blieb den Verfolgten völlig unbegreiflich durch die Bedingungen der Gegenrationalität. Manche entwickelten als "Überlebensstrategie" eine Form des *"psychic numbing"*, eine Art von Erstarrung und emotionalem Rückzug, der ihnen den Zugang zu ihren Gefühlen verwehrte und sie den Terror, den Hunger und die harte Arbeit überstehen ließ (Rosenbloom, 1988).
Als eine der wichtigsten Abwehrformen in den Konzentrations- und Vernichtungslagern kann die *Verleugnung* angesehen werden (Grubrich-Simitis, 1979; Cahn, 1988; Eitinger & Major, 1992). Sie schützte vor dem vollen Bewußtsein der traumatischen Realität und war vor allem in der ersten Zeit in den Vernichtungslagern lebensrettend, als die Verfolgten von dem Ausmaß und der industriellen Durchführung der Vernichtung erfuhren. Die Verleugnung gilt als einer der "primitiven" Abwehrmechanismen (vgl. Moser, 1968), die Bedeutung dieses Mechanismus in den Konzentrations- und Vernichtungslagern verweist auf den archaischen Charakter der Angst, der permanenten Todesangst, der die Verfolgten ausgesetzt waren und die über

die Verleugnung abgewehrt werden sollte. Eitinger und Major (1992) verweisen jedoch auf den ambivalenten Charakter dieser Abwehrform, die sich nur dann positiv bewährte, wenn es keinerlei Handlungsmöglichkeiten gab. Es sei jedoch von entscheidender Bedeutung für das eigene Überleben gewesen, sich der völligen Passivierung zu widersetzen und sich kleine Handlungsspielräume zu erhalten bzw. sich dieser bewußt zu werden. So war es bspw. wesentlich, eine Form von Tagesrhythmus aufrechtzuerhalten, sei es durch die Aufteilung der Nahrungsration oder auch durch die Beibehaltung der täglichen Hygiene.

> "Splitting awareness from knowledge, repressing what they knew, ignoring danger, numbing feelings, or isolating them were all ways of defending themselves not only against acknowledging their fear of death but also against the wish to die." (Kestenberg, 1990, 42)

Die ständige Erfahrung des Todes vergrößerte aber auch die Erfahrung eigener Lebendigkeit und unterstützte damit Omnipotenzgefühle, die bspw. in der Überzeugung Ausdruck fanden, niemals so zu sterben wie die anderen. Dies kann als wesentliche Unterstützung der Motivation zum Überleben angesehen werden (Kestenberg, 1990).
De Wind beschreibt die "Notwendigkeit, sich an die Gewißheit anzupassen, zum Tod verurteilt zu sein" (De Wind, 1968, 437) als "spezifischen Faktor des Lagerlebens", der zur Regression und zum Rückgriff auf archaische Abwehrmechanismen führte. Schon Kinder waren sich der Unausweichlichkeit eines gewaltsamen Todes bewußt, was etwa in ihrem Spielverhalten zum Ausdruck kam (Kestenberg, 1990). In ihren Spielen identifizierten sie sich häufig mit den Aggressoren und wurden so selbst zum Herrscher über Leben und Tod, was ihre Omnipotenzphantasien unterstützte und zugleich einer weitergehenden Regression zur Selbstaufgabe, wie sie im Todeswunsch sichtbar wird, entgegenwirkte.

Verfolgung und Adoleszenz

Wie bereits beschrieben sollen mit dem Begriff der *"traumatischen Neurose"* strukturelle Veränderungen des psychischen Apparats bezeichnet werden. Die *Veränderung der Struktur des Ichs* durch die Erfahrung der Konzentrations- und Vernichtungslager wurde als Regression beschrieben (vgl. Kap.2.1). Die Bedingungen der Gegenrationalität, denen die Verfolgten unterworfen waren, beeinflußten weiterhin auch die Entwicklung des *Überichs*:

> "Without the sameness of the laws that guide our actions, the superego becomes split of fragmented... The disruption of routines, the irregularity of need satisfaction, the severity of deprivation, physical and mental, the vacil-

> lation of rules and the example of cruel enemies as law givers, provided a base for a fragmentation of the superego in many survivors." (Kestenberg & Brenner, 1986, 312)

Der Bericht einer Überlebenden veranschaulicht die permanente Verunsicherung ihrer Realitätswahrnehmung:

> "(She pointed out that keeping track of time was impossible.) Only one hour of the morning at 4 a.m. was memorable when among shouting and bullying one had to turn out for roll call. It was equally impossible to keep track of seasonal changes to know how long one has been in the camp: one could not rely on changes in vegetations because there were none - only an endless sea of mud. All the time one had to anticipate a new trick, one could not rely on past experiences. You could not believe what overseers said, a seemingly good news would be harbinger of something wicked. Nothing could be believed and there was no land marks in external reality to guide one." (Kitty Hart, 1983, zit. n. Kestenberg, 1986, 310)

Ein besonderes Problem für die kindliche Entwicklung stellt die *Erschütterung des Vertrauens* dar. Der traditionelle Schutz durch Eltern und Gesellschaft war nicht mehr gewährleistet. Die Erniedrigung der Eltern entwertete deren Autorität, häufig überschritten sie auch selbst moralische Grenzen, die sie ihren Kindern vorher gelehrt hatten. So waren Lügen und Stehlen in vielen Fällen lebensrettend, während es andererseits lebensgefährlich war, den Anweisungen der Nazis Folge zu leisten.
Die *Fragmentierung ethischer Standpunkte* wurde noch weiter verschärft durch die eigene Weltsicht des Kindes, dessen Größenphantasien häufig durch die Realität bestätigt zu sein schienen, wie etwa das magische Denken, die Macht über Leben und Tod zu haben. Andererseits schützten Omnipotenzphantasien vor der bewußten Wahrnehmung des Todes durch den impliziten Glauben an die eigene Unverletzlichkeit (Cahn, 1988) und wirkten somit auf der manifesten Ebene der Angst entgegen (vgl. Leuzinger-Bohleber, 1989). Weiterhin mischten sich die frühen Verantwortungsgefühle für die Familie mit unangemessenen Größenphantasien und verstärkten dadurch Schuldgefühle (Kestenberg & Brenner, 1986).
Cahn (1988) beschreibt in ihrer Untersuchung der Tagebuchaufzeichnungen eines adoleszenten Mädchens im Ghetto die *Verknüpfung von Verfolgung und adoleszenten Entwicklungsaufgaben*. Dies möchte ich im folgenden kurz referieren, da sich meine Untersuchung ebenfalls auf adoleszente Überlebende bezieht, die jedoch in dieser Phase in Konzentrations- und Vernichtungslagern waren, was die Umweltbedingungen im Vergleich zum Ghetto erheblich verschärfte. Die Untersuchung von Tagebuchaufzeichnungen ermöglicht einen Einblick in die damaligen, adoleszenten Deutungsmuster einer Verfolgten; diese Sichtweise ist nicht - wie andere Untersuchungen über die Auswirkungen der Verfolgung etwa im Rahmen von Anträgen auf Ent-

schädigung, die zum Teil Jahrzehnte später erfolgen - durch spätere Handlungs- und Orientierungsmuster verzerrt.
Die Analyse der Aufzeichnungen des Mädchens macht deutlich, daß das Streben nach Unabhängigkeit, nach einer Lösung von den Eltern sich aus verschiedenen Gründen als besonders schwierig erwies. Durch die erzwungene Isolierung im Ghetto habe es an Elternfiguren als Rollenmodellen gemangelt. Die Familienbeziehungen seien aufgrund der äußeren Gefahren ständig angespannt gewesen, die Bewegungsfreiheit des Mädchens höchst eingeschränkt. Eine besondere Bedeutung scheint auch die Aggression unter den Bedingungen der Verfolgung erhalten zu haben:

> "Rage at the Nazi persecutors had to be inhibited for reasons of survival. Displacing it on the parents was one defensive maneuver, facilitated by the normal adolescent disappointment in the parents' failure to be omnipotent." (Cahn, 1988, 615)

Cahn kommt zu der Schlußfolgerung, daß adoleszente Verfolgte insgesamt wesentlich abhängiger von ihren Eltern blieben als unter gewöhnlichen Bedingungen. Eine weitere Schwierigkeit für die Bewältigung adoleszenter Aufgaben habe sich durch die veränderten, undurchschaubaren Umweltbedingungen ergeben:

> "The adolescent's normal sense of loss of control, occassioned by the onslaught of physiological changes, was mirrored for Eva by the chaos in the environment and the helplessness of her parents." (Cahn, 1988, 616)

Die inneren Veränderungen während der Adoleszenz seien so verwirrend, daß ein hohes Maß an äußerer Stabilität sowie an Sicherheit zur Konfliktbewältigung benötigt werde. Das Leben im Ghetto habe jedoch die Beziehungen zu Gleichaltrigen gefördert, da die Gruppe in der Verfolgungssituation mehr Sicherheit geboten habe. Im Hinblick auf die sexuelle Entwicklung habe das Durcharbeiten des ödipalen Konfliktes dominiert, es habe zwar Interesse an gleichaltrigen Jungen bestanden, doch keine Möglichkeiten gegeben, sich zu treffen. Die intellektuelle Entwicklung sei besonders von dem Ausschluß aus den öffentlichen Schulen betroffen gewesen, auch schienen berufliche Pläne für die Zukunft davon beeinträchtigt zu sein. Auch der Aspekt der adoleszenten Identitätsentwicklung wurde von Cahn (1988) untersucht; sichtbar würde in den Tagebuchaufzeichnungen, daß das Mädchen sehr viel Zeit darauf verwendet habe, um herauszufinden, wer sie sei. Die Enge des Ghettos habe aber jegliches Ausprobieren der neuen Rollenentwürfe verhindert. Die Abwertung ihrer jüdischen Identität durch die Verfolgung habe zudem zu einem Zeitpunkt eingegriffen, da die Verletzbarkeit des Selbstwertgefühls am größten sei.
Weitere Untersuchungen über den Einfluß der Verfolgung auf die Adoleszenz finden sich in den Studien von Keilson (1979) und Lempp (1979), die

anhand eigener klinischer Untersuchungen bzw. aus der Analyse von Aktengutachten entstanden sind.
Keilson (1979) entwickelte diagnostische Kategorien zur Beschreibung der altersspezifischen psychischen Folgen der Verfolgung. In der Gruppe der Überlebenden, die während ihrer Adoleszenz verfolgt wurden, dominierte in seiner Untersuchung eine "chronisch-reaktive Depression", während in der präpubertären Altersgruppe der Anteil an "angstneurotischen Entwicklungen" vorherrschend gewesen sei. Keilson sieht in diesen Befunden seine These einer altersspezifischen Traumatisierung bestätigt: Je nach dem Alter der Verfolgten verschiebe sich die psychische Symptomatik (der Untersuchungsgruppe) von charakterneurotischen über angstneurotische zu chronisch-reaktiven Depressionen. Daneben stünden in allen Altersgruppen auch individualpsychologische und gruppendynamische Problematiken sowie Loyalitäts- und Identitätskonflikte im Vordergrund (Keilson, 1979, 269ff).
Als weitere Problemkreise von Überlebenden nennt Keilson: die Trauerproblematik, Überlebensphantasien, Fragen der gestörten Schul- und Berufsausbildung sowie den Bereich der sozial-kommunikativen Störungen.
Im Mittelpunkt von Keilsons Untersuchung steht die Frage nach den Folgen der gewaltsamen Trennung von der Mutter während der Massenvernichtung. Nach diesem Zeitpunkt wurden die Untersuchten in Gruppen eingeteilt. Die Altersstruktur der Verfolgten, die meiner Studie zugrundeliegt, ist der Gruppe der Kinder vergleichbar, die im Alter von 10 bis 13 Jahren von ihrer Mutter getrennt wurden.[21] Die altersspezifische Problematik dieser Gruppe steht nach Keilson im Zusammenhang damit, daß die Präpubertät eine kritische Übergangsperiode zwischen Latenz und Pubertät darstellt. Die besondere Krisenhaftigkeit dieser Phase liegt

> "in der Konfrontation der psychischen Vorboten der biologischen Geschlechtsreifung mit den Resten der Latenzperiode, in der Reaktivierung früherer Entwicklungsstufen mit neuen Triebimpulsen und in der konfliktuösen Spannung zwischen diesen und den Normen der eigenen Gewissens und der Umwelt" (Keilson, 1979, 222).

Die beginnenden Desintegrations- und Desorganisationsvorgänge der intrapsychischen Instanzen führten zu einer Ich-Schwäche, die den Integrations-, Regulations- und Individuationsprozessen vorausginge. Damit sei die Voraussetzung für die Entstehung von aggressiven Phantasien, Macht-, Prestige- und Autoritätskonflikten gegeben (Keilson, 1979, vgl. auch Blos, 1962, Leuzinger-Bohleber & Mahler, 1993).
Die psychische Konsequenz dieser kritischen Phase manifestiere sich in

---

21 In meiner Untersuchung steht zwar nicht die Trennungsproblematik von der Mutter im Vordergrund der Traumatisierung, doch setzte in diesem Alter die Verfolgung meiner InterviewpartnerInnen ein.

"dem Gefühl der Unsicherheit hinsichtlich der sozialen Bezüge und der neuen Triebimpulse, in der kritischen Einstellung zum bisherigen Weltbild, in widersprüchlichem Hang zur Gruppenbildung und dem Verlangen nach Einsamkeit, in den Isolierungstendenzen und im Gefühl desEntwurzeltseins, das im für diese Phase signifikanten Gefühl der Angst erlebt wird" (Keilson, 1979, 222).

Mit diesen Beschreibungen der Krisenhaftigkeit der Adoleszenz ist der Ansatzpunkt für die Traumatisierung in groben Zügen umrissen. Zusammenfassend zielen die sozialpsychologischen Implikationen des Verfolgungsgeschehens auf folgende Aspekte (Keilson, 1979):
- Die Ich-Schwäche mit dem gestörten Gleichgewicht zwischen Belastung und Tragfähigkeit sowie mit dem Gefühl von Angst und Unsicherheit;
- die Tendenz zur "Familienflüchtigkeit", die durch die erzwungene Trennung von den Eltern eine besondere Färbung erhält;
- die soziale Entwicklung, die durch die Unterbrechung der Schulausbildung und die Isolierung von bisherigen sozialen Bezügen besonders erschwert wird.

Lempp (1979) kommt nach seiner Analyse von Aktengutachten ehemals verfolgter Kinder und Jugendlicher zu dem Ergebnis, daß sich die psychische Problematik von adoleszenten Verfolgten an die von Erwachsenen angleichen würde. Dies führt er auf die gleichen Verfolgungsbedingungen dieser Altersgruppen zurück. So hätten auch die Jugendlichen schwere Zwangsarbeit leisten müssen, seien Zeugen von Folter und Mord geworden und hätten unter ständiger Angst und Todesdrohung gelebt. Als Spätfolgen beschreibt Lempp, ähnlich wie Keilson (1979), insbesondere angstneurotische Entwicklungen.

Zu vergleichbaren Befunden kommen auch Paul und Herberg (1963), die darauf verweisen, daß bei verfolgten Adoleszenten in qualitativer Hinsicht bereits die gleichen "psychoreaktiven Dauerstörungen" aufträten wie bei Erwachsenen. Die Erfahrung der Massenvernichtung habe v.a. zu Veränderungen im charakterologischen und sozialen Bereich geführt (die allerdings in dieser Studie nicht näher beschrieben werden), die Entwickung der Denkfunktionen sei hingegen weniger beeinträchtigt. Paul und Herberg (1963) ziehen folgende Schlußfolgerung:

"Insgesamt gewannen wir bei unseren Untersuchungen den Eindruck, daß die kindliche Psyche zwar einerseits stärker beeindruckbar war als die der Erwachsenen, andererseits aber eine bessere Kompensationsmöglichkeit besaß." (Paul & Herberg, 1963, 205)

Die Zeit nach der Befreiung

Der Umgang mit der erlittenen Traumatisierung nach der Befreiung schien besonders schmerzhaft zu sein (Keilson, 1979), da die Verluste nach dem Ende der unmittelbaren Lebensbedrohung und der Notwendigkeit, um das eigene Überleben zu kämpfen, in den Vordergrund traten. Die gesamte Anstrengung der Überlebenden konzentrierte sich auf den Aufbau eines "neuen" Lebens (vgl. Kap.3.).
In der Literatur finden sich einige Berichte von Psychoanalytikerinnen, die überlebende Kinder und Jugendliche gleich nach deren Befreiung betreut haben. Diese geben ein einzigartiges Bild der unmmittelbaren Auswirkungen der Verfolgung, das sich bei späteren retrospektiven Berichten nicht mehr findet.
Hemmendinger (1981) beschreibt eine Gruppe von 470 Waisenjungen im Alter zwischen acht und 20 Jahren, die aus Buchenwald in ein Sanatorium nach Frankreich kamen. Sie faßt ihre Haupteindrücke, die diese Gruppe zu Beginn auf sie machte, folgendermaßen zusammen:

> "A homogenous mass, with no hair, faces swollen from hunger and uniform clothes; a group with an apathetic, unconcerned and indifferent attitude, with no laughter or even a smile, and a marked aggressiveness towards the personnel; mistrust and suspicion." (Hemmendinger, 1981, 331)

Die größte Bedeutung nahm das Essen ein, die Jungen horteten Nahrungsmittel und verkauften sogar Einrichtungsgegenstände aus dem Sanatorium, um sich einen Vorrat anlegen zu können. Besonders eindrücklich sind das mangelnde Verständnis und die Probleme des Personals, mit dem sonderbaren Verhalten der Jungen umzugehen. Bemerkenswert sind ebenfalls die Versuche der Jungen, Kontinuität mit ihrem Leben vor der Verfolgung herzustellen. So schlossen sie sich in Gruppen ihrer Nationalität zusammen, einige bestanden auf koscherem Essen, viele übernahmen den Beruf des Vaters. Dominant war eine völlige Unsicherheit und Unentschlossenheit, was sie mit ihrem Leben anfangen könnten. Die Hauptaufgabe bestand in der Unterstützung des Aufbaus der Identität der Jungen sowie von Familiensurrogaten. So wurden sie ermuntert, sich gegenseitig mit ihren Namen anzusprechen, was zunächst auf große Verwunderung stieß. Gefördert wurde weiterhin die Entstehung kleiner Gruppen als Ersatzfamilien, in denen die Mitglieder untereinander für sich sorgten.

> "On the whole, the community life helped these children and youngsters overcome the trauma of the camps through 'abreaction' and 'milieu therapy'. Together, these boys were able to rediscover their former selves. Upon leaving the hostel, they readjusted to society, some of them very successfully." (Hemmendinger, 1981, 333)

Nach 30 Jahren wurden einige dieser Kinder interviewt, um ihren weiteren Adaptationsprozeß zu verfolgen. In diesen Lebensgeschichten, die alle eine relativ "erfolgreiche" Anpassung beschreiben, wird die hohe Bedeutung einer verständnisvollen, unterstützenden Umgebung in der Zeit nach der Befreiung für den Umgang mit der Traumatisierung deutlich.
Von positiven Erfahrungen mit Waisenkindern aus Theresienstadt, die nach der Befreiung nach England emigrierten, berichteten auch A. Freud und S. Dann (1951). Allerdings blieb die anfängliche klinische Unauffälligkeit bei vielen dieser Kinder auf die Latenzzeit beschränkt, während der Pubertät zeigten sich Symptome, die eine Behandlung erforderlich machten (vgl. A. Freud, 1960, zit. n. Grubrich-Simitis, 1979; sowie die klinische Falldarstellung von Ludowyk Gyomroi, 1963).

3. Erinnerung und Rekonstruktion

Von zentraler Bedeutung für den Umgang mit der extremen Traumatisierung der Überlebenden der Konzentrations- und Vernichtungslager erscheint der Modus der Erinnerung und Rekonstruktion dieser Erfahrungen. Neben den individuellen Lebensumständen nach der Befreiung ist die gesellschaftliche Vorstellung von der Massenvernichtung sowie deren Umgang damit bedeutsam für die Möglichkeit der Überlebenden, ihr Erleben zur Sprache zu bringen.
In der Forschungsliteratur wird vielfach die Beobachtung angeführt, daß die meisten Überlebenden (mindestens) in den ersten Jahren nach der Befreiung über ihre Erfahrungen schweigen. Danieli sieht in der "conspiracy of silence" eine Reaktion auf die ablehnende Haltung der Umwelt, die die Erfahrungen der Überlebenden nicht hören will (Danieli, 1981), und verweist auf die negativen Konsequenzen, die dieser Haltung im Hinblick auf die Möglichkeit einer Trauerarbeit sowie auf das psychische Befinden der Überlebenden allgemein zukommen. Die gesellschaftliche Tabuisierung der Massenvernichtung der europäischen Juden durch die Nationalsozialisten beschränkt sich nicht allein auf Deutschland, sondern findet sich auch in Israel und den USA (vgl. Danieli, 1981a,b; Shanan, 1989). Da die gesellschaftliche Haltung gegenüber der Massenvernichtung sich auch in der Begegnung mit Überlebenden niederschlägt und damit auch die Konstitution der Verfolgungserfahrung mitbeeinflußt, sollen im folgenden Exkurs einige mögliche Gegenübertragungsthemen skizziert werden.

Exkurs: Gegenübertragungsthemen in der Begegnung mit Überlebenden der Massenvernichtung

Danieli (1981a) untersuchte die Gegenübertragungsreaktionen von Psychoanalytikern in der Therapie mit Überlebenden, von psychiatrischen Gutachtern im Rahmen von Entschädigungsverfahren sowie von Sozialwissenschaftlern, die Interviews mit Überlebenden führten. Sie weist darauf hin, daß die extremtraumatischen Erfahrungen ein ganzes Spektrum an Emotionen auslösen können, das von Angst und Furcht über Wut, Aggression und Trauer bis zur Verachtung reicht. Über viele Jahre hinweg waren selbst in der Therapie die Verfolgungserfahrungen tabuisiert; als möglicher Grund dafür wurden die Angst und Hilflosigkeit des Therapeuten angesichts der Monströsität der Verfolgung angeführt. Diese Furcht führte dann zur Vermeidung von Fragen oder zu intellektualisierender Distanzierung; häufig setzte sie den Abwehrmechanismus des "psychic numbing" aus der Zeit der Verfolgung auf Seite der Therapeuten fort. Ein weiteres wichtiges Gegenübertragungsthema besteht in dem Schuldgefühl der Umstehenden, daß sie nichts gegen die Verfolgung tun konnten. Dieses Gefühl geht oft einher mit der Identifizierung mit dem Aggressor (als einem Übertragungsangebot der Überlebenden), die zusätzlich als unangenehm erlebt wird und weitere Vermeidungstendenzen fördert. Weiterhin steht dieses Schuldgefühl auch mit aggressiven Gefühlen und Wut gegenüber den Verfolgten in Zusammenhang. Zugrunde liegen dabei sowohl die eigene Ohnmacht und Hilflosigkeit, die auch die eigene professionelle Kompetenz infragestellt, sowie auch die Wut über die Grauenhaftigkeit der Massenvernichtung, die auf die Opfer verschoben wird.

Im Zusammenhang mit der Kritik an der Begutachtungspraxis im Rahmen der sog. "Wiedergutmachungsgesetze" wies Eissler (1963) auf die "Einfühlungsverweigerung"[22] vieler Psychiater in die Leiden der Überlebenden hin, die zur Verleugnung des überdauernden Charakters der Schädigungen durch den nationalsozialistischen Terror führten. Den Grund dafür sah er im tiefverwurzelten Glauben an die Autonomie des Seele, die Konfrontation mit deren Verletzbarkeit wurde als narzißtische Kränkung verstanden.

> "Daß aber die Psyche eines Menschen durch solche Vorfälle eine dauernde Veränderung erleiden mag, daß also nicht nur unser körperlicher Bestand, sondern auch daß, was unser Selbst, unsere Persönlichkeit oder unsere Seele ausmacht, von einem Zufalle wie der Verschickung in ein Konzentrationsla-

---

[22] "Mit `Einfühlungsverweigerung' ist die Unterlassung des Versuchs zur Einfühlung gemeint. Das Wort impliziert nicht, daß vollständige Einfühlung in die im Grunde nicht antizipierbaren Erfahrungen des `Holocaust' überhaupt möglich sei... Auch wenn also jene letztliche Uneinfühlbarkeit akzeptiert werden muß... enthebt uns dies nicht der Anstrengung des Versuchs, die analytisch-einfühlende Haltung einzunehmen." (Grubrich-Simitis, 1979, 1015)

ger abhängen soll, mag sehr starke Ängste auslösen. Die Naturwissenschaft hat uns gelehrt, den Glauben an eine relative Autonomie des Körpers aufzugeben, und der wissenschaftlich orientierte Mensch mußte es akzeptieren, daß die Anwesenheit dieses oder jenes Mikroorganismus den Unterschied zwischen Tod und Leben ausmacht. Vielleicht mußte diese Kränkung des menschlichen Narzißmus ... zu einer Überbetonung der seelischen Autonomie führen. Gehört doch die Angst des Menschen, seiner Identität beraubt zu werden, die Bewußtheit um sich selbst zu verlieren oder wahnsinnig zu werden, zu den tiefsten Ängsten der Menschheit." (Eissler, 1963, 291)[23]

Als weiteres Motiv für die "Einfühlungsverweigerung", das am anstößigsten und daher am tiefsten verdrängt erscheint, nannte Eissler (1967, zit. n. Grubrich-Simitis, 1979) eine archaische Verachtung gegenüber dem Leidenden. Diese Verachtung wirkt in besonderem Maße ängstigend und beschämend, da sie eine Identifikation mit dem Aggressor bedeutet, denn die Verachtung alles vermeintlich Schwachen war eines der Hauptelemente der NS-Ideologie (Grubrich-Simitis, 1979). Daneben findet sich aber auch eine Identifizierung der Überlebenden mit den Angreifern, die eine "Einfühlungsverweigerung" weiter zu rechtfertigen scheint. Die alleinige Tatsache des Überlebens scheint ausreichend, um den Verfolgten die Schuld daran zuzuweisen; unbewußt werden sie der Kollaboration mit den Tätern verdächtigt (Grubrich-Simitis, 1979).
Als wesentliches Moment in der Auseinandersetzung mit den Erfahrungen der Massenvernichtung nennt Grubrich-Simitis (1979) einen kurzzeitigen "regressiven Sog", der von ihnen ausgeht:

> "Die Wucht der Realität dessen, was in den Konzentrationslagern geschehen ist, scheint noch durch die symbolische Vermittlung durchzuschlagen und in jedem, der davon erfährt, obschon in unvergleichlich milderer Form, momentan jenen regressiven Sog auszulösen, dem die Gefangenen ... jahrelang ausgesetzt waren. Reaktionsbildungen, Sublimierungen, höher organisierte Über-ich-Strukturen scheinen unter Druck zu geraten; tief verdrängte sadomasochistische Triebwünsche regen sich." (Grubrich-Simitis, 1979, 1017)

Die "Einfühlungsverweigerung" bzw. die Aktivierung archaischer Abwehrformen kann als Versuch betrachtet werden, diese Gefährdungen zu vermeiden, die zu einer mehr oder weniger bedrohlichen Verringerung von Identitätsgefühl und Kontakt zur Realität führen können.
Daneben weist Grubrich-Simitis (1979) darauf hin, daß dieser "regressive Sog" auch früheste infantile Vernichtungsängste aktivieren könnte.

---

[23] Diese fundamentale Erfahrung der eigenen Verletzbarkeit ist nicht nur im Hinblick auf die Gegenübertragungsreaktionen relevant, sie bildet zugleich eine wichtige Voraussetzung für die autobiographische Erzählung der Überlebenden. So kann die Erzählung etwa als Versuch zur Kontingenzbewältigung betrachtet werden und als Versuch, sich die zerstörte Identität und Subjektivität wiederanzueignen (vgl. erzähltheoretische Überlegungen, Kap.III.2).

> "In Begriffen der Objektbeziehungstheorie ausgedrückt: daß unsere Verbindung zu guten inneren Objekten abreißen könnte und damit eine unerläßliche Vorbedingung jeglicher Progression verlorenginge - als hätte der paranoide Mechanismus die Realität an sich gerissen, die internalisierten bösen Objekte seien wirklich jäh externalisiert worden und hätten sich als äußere Verfolger der Kontrolle des Selbsts entzogen, was wiederum panische Vernichtungsängste auslösen müßte." (Grubrich-Simitis, 1979, 1018)

Als weitere Gegenübertragungsreaktion auf die Erfahrungen der Überlebenden kann das Gefühl von Scham und Schuld betrachtet werden, das sich nicht nur für nichtjüdische Deutsche als spezifisch erweist. So berichtet etwa Eissler über seine eigene "Verstrickung in einen historischen Prozeß":

> "Da oft der Zufall in der eigenen Vergangenheit über Entkommen oder Vernichtung entschied, repräsentiert jedes Opfer des Konzentrationslagers Möglichkeiten des eigenen Schicksals, und es ist kaum vermeidbar, daß dies zu einem Gefühl der Schuld führt." (Eissler, 1963, 283)

Es ist anzunehmen, daß dieses Gefühl von Scham und Schuld in spezifischer Weise bei nichtjüdischen Deutschen aufgrund der biographischen oder familiengeschichtlichen Verflochtenheit mit der Seite der Täter und Mitläufer bei der Auseinandersetzung mit dem Nationalsozialismus und der Massenvernichtung auftritt.[24]
Im Hinblick auf Gegenübertragungsreaktionen in der Begegnung mit Überlebenden (in Therapie als auch in Forschungskontexten) erscheint die Differenzierung von Reaktionen auf das Faktum der Massenvernichtung selbst (d.h. dessen gesellschaftlich vermittelter psychischer Repräsentanz) sowie von Reaktionen auf die jeweilige verfolgte Person wesentlich (Danieli, 1981a). Die unbegriffenen Emotionen stellen eine gewichtige Störung im Therapie- bzw. Forschungsprozeß dar, weshalb die Reflexion der eigenen Gegenübertragungstendenzen eine unverzichtbare Voraussetzung für das Verstehen der Verfolgten bedeutet.
Das Schweigen der Überlebenden über die extremtraumatischen Erlebnisse ist jedoch nicht nur als Reaktion auf die wenig verständnisvolle Umgebung zu betrachten; vielmehr überschreiten diese Erfahrungen auch die Grenzen der Sprache (vgl. Kap.III.1). Das Gefühl, sich niemandem mitteilen zu können, der dies nicht selbst erlebt hat, findet sich bei vielen Überlebenden (vgl. u.a. Hemmendinger, 1981). Das Schweigen kann auch als Ausdruck der Unmöglichkeit der Integration der extremtraumatischen Erfahrung in die Le-

---

[24] Systematische Untersuchungen über den spezifischen Zugang nichtjüdischer Deutscher zu dieser Thematik stehen meines Wissens weitgehend noch aus (vgl. etwa Leuzinger-Bohleber, 1989; Bohleber, 1990; Eckstaedt, 1989; Hardtmann, 1992). Im Schußkapitel findet sich eine Reflexion meiner eigenen Erfahrungen mit den Interviews und der nachfolgenden Interpretationsprozesse.

bensgeschichte aufgefaßt werden, wie Mazor und Mitarbeiter in ihrem Literaturüberblick resümieren.

> "For some survivors, this inability to integrate past und post-traumatic experience leads to personal history which became fragmented with huge holes that were filled with the 'void of silence'... Hence, even today, for many survivors that experience exits encapsulated, disconnected, alongside or beneath everyday reality." (Mazor et al., 1990)

Der Erinnerung kommt jedoch trotz ihres unerträglichen Gehaltes auch adaptive Funktion im Hinblick auf den Aufbau des Lebens nach der Befreiung zu. Die Erinnerung erhält eine doppelte Qualität, indem sie sowohl eine notwendige Voraussetzung für die Integration von Vergangenheit und Gegenwart bildet,[25] aber auch Schmerz und Verlust reaktiviert (Auerhahn & Laub, 1984). Nach der extremen Traumatisierung ermöglicht die Erinnerung an die Zeit vor der Verfolgung den Wiederaufbau der verlorenen "guten" Objekte. Verbunden damit ist ein Gewinn an Stärke, die den Prozeß der Auseinandersetzung mit dem Trauma unterstützt; die traumatische Vergangenheit sowie die gegenwärtigen Erfahrungen können in einen sinnhaften Kontext gestellt werden.

> "After tragedy, historicizing is essential to healing in that reconnexion with early, positive imagery is necessary for the reconstitution of our inner world. The survivor will try to revive pretraumatic positive imagery to neutralize the damage and to gain strength to confront it with. He continually struggles with remembering and trying to see his life as a whole." (Auerhahn & Laub, 1984, 327)

Zugleich sind aber alle Erinnerungen durchsetzt mit der Verfolgungserfahrung,[26] der Erinnerungsprozeß muß aufgrund seiner Bedrohlichkeit immer wieder abgebrochen werden. Die Unfähigkeit, sich der Vergangenheit unabhängig von der Verfolgung zu erinnern, führt häufig zu einer Idealisierung der Zeit vorher, was wiederum die Unmöglichkeit, sie mit der Verfolgungszeit zu integrieren, verstärkt. Auerhahn und Laub (1984) weisen darauf hin, daß die Erinnerung an das Trauma häufig damit verbunden ist, es wiederzuerleben. Das traumatisierende Erlebnis erhält dabei die Qualität eines unabsorbierten, fremden Objektes innerhalb der eigenen Person. Die Besonder-

---

[25] Vgl. auch die Ausführungen im Kap. II.3.3.2.

[26] Die Traumatisierung zerstört die `guten' Objekte aus der Zeit vor der Verfolgung (de Wind, 1968). "Trauma ... can obliterate and undo the past so that good introjects, especially those of the protective, omnipotent parents, are lost. The physical brutality, totality, and overwhelming nature of the Holocaust ... reestablish a pre-categorial state similar to childhood in which childhood resolutions become undone and a state of primary ambivalence is reinstated."(Auerhahn & Laub, 1984, 328)

heit des Erinnerungsprozesses während Interviews mit Überlebenden wird folgendermaßen beschrieben:

> "In this type of 'recollection', the event is relived in front of the listener but not really narrated; it remains vivid and colourful during the 'recounting', only to end abruptly afterward, leaving both chronicler and listener with the sense of having watched something compelling that did not belong to either." (Auerhahn & Laub, 1984, 334)

Deutlich werden hier die Grenzen der Erzählung; das Trauma widerstrebt einer Aneignung durch das Subjekt und bleibt das Andere, Nichtidentifizierbare, das nicht narrativ eingeholt werden kann (vgl. auch Kap. III). Auerhahn und Laub (1984) betonen, daß es sich weniger um eine Verdrängung des Traumas handelt, als vielmehr um einen Mangel an Verbindungsmöglichkeiten zur bestehenden psychischen Struktur.
Lifton (1980) beschäftigte sich mit dem Rekonstruktionsprozeß der Erinnerung und weist ihm drei wichtige psychische Funktionen zu. Der Erinnerungsprozeß vermittelt erstens ein Gefühl der Verbundenheit ("sense of connnection"), die Fähigkeit, eine organische Verbindung zwischen der Vergangenheit und der Gegenwart herzustellen; zweitens ein Gefühl symbolischer Integrität ("sense of symbolic integrity"), worunter die Vorstellung eines einheitlichen, sinnhaften eigenen Lebens einschließlich der traumatischen Erlebnisse verstanden wird und drittens ein Gefühl von Veränderbarkeit ("sense of movement"), das sich auf Wandel und Entwicklungsmöglichkeiten nach der Traumatisierung bezieht.
Kestenberg (1989) geht von spezifischen Erinnerungs- und Abwehrprozessen bei Kindern und Jugendlichen nach der Verfolgung aus. So stellte sie fest, daß die Erinnerung an den Verlust der Eltern häufig eingekapselt ist ("encapsulated"), wobei sich dieser Abwehrmechanismus grundlegend von der Verleugnung der Realität oder der Verdrängung unterscheidet. Diese Kinder und Jugendlichen entwickeln sich scheinbar unauffällig weiter, aber der Kummer und die schmerzhaften Erinnerungen werden nicht in die jeweilig vorherrschende Entwicklungsphase integriert. Kestenberg (1989) bezeichnet diese Isolierung der Vergangenheit als adaptiven Mechanismus, die Entwicklung würde dadurch nicht beeinträchtigt.

Ein Großteil der Forschung über die Extremtraumatisierung durch die Massenvernichtung steht im Zusammenhang mit der Begutachtungspraxis im Rahmen der bundesdeutschen Entschädigungsgesetzgebung. In diesem Kontext entstand das Konzept des "Überlebenden-Syndroms" zur Beschreibung der psychischen Folgen der Verfolgung. Da dies viele Überlebende erstmals dazu nötigte, ihre Verfolgungserlebnisse Anderen gegenüber mitzuteilen,[27]

[27] Auf die Möglichkeit der Retraumatisierung durch diese häufig als entwürdigend erlebten Untersuchungen haben Kestenberg und Kestenberg (1982b) hingewie-

kommt diesem Untersuchungszusammenhang eine hohe Bedeutung bei der Rekonstruktion der Erfahrung der Extremtraumatisierung zu.
Neben der Notwendigkeit, im Rahmen der Anträge auf Entschädigungszahlungen über die Verfolgung zu berichten, gibt es in den letzten Jahren jedoch auch zunehmend Überlebende, die als Zeitzeugen darüber sprechen wollen. In der israelischen Öffentlichkeit ist mit dem Eichmann-Prozeß Anfang der 60er Jahre ein Wandel in der gesellschaftlichen Einstellung zu Überlebenden zu verzeichnen, der mit einem erhöhten Interesse an ihren Geschichten einhergeht (Danieli, 1981a; Hemmendinger, 1981; Kestenberg & Kestenberg, 1982a). Viele Überlebende betrachten dieses Zeugnis, die Aufrechterhaltung der Erinnnerung an die Massenvernichtung, als ihre moralische Pflicht gegenüber den Ermordeten (Rosenbloom, 1988). Eine weiteres Problem stellt die Frage nach der Weitergabe der Erinnerungen an die nachfolgenden Generationen, die Einbeziehung der Kinder in den Erinnerungsprozeß dar. Eine israelische Studie fand vier dominierende Verhaltensmodi bei Überlebenden (Mazor et al., 1990): Eine Gruppe, die nicht über ihre Erfahrungen reden wollte, berichtete von ihren Kindern, die zwar interessiert wären an Fragen der Vergangenheit, aber dieses Interesse nicht mit ihren Eltern teilen wollten. Andere Eltern dokumentierten ihre Erinnerungen und gaben den Kindern diese Dokumente, ohne jedoch mit ihnen zu sprechen. Gesprächsbereite Eltern hingegen berichteten über die kränkende Gleichgültigkeit ihrer Kinder den Verfolgungserfahrungen gegenüber. Andere, die seit langer Zeit mit ihren Kindern darüber sprechen, erlebten ihre Kinder sehr unterstützend und ermutigend. Diese empirischen Befunde verdeutlichen die Bedeutung der Interaktion: So scheint weder die Gesprächsbereitschaft der Eltern noch die Fähigkeit der Kinder zum Zuhören unabhängig voneinander zu sein.
Kinsler (1986) untersuchte die Wirkung von Videoaufzeichnungen, mit denen einige Überlebende ihre Verfolgung dokumentieren wollen. Sie stellte fest, daß diese Aufzeichnungen einen wichtigen Beitrag zur Bestätigung der Erfahrung der Überlebenden leisten, indem sie sie bei der Unterscheidung von Phantasie und Realität sowie bei der Bemühung um Symbolisierung der extremtraumatischen Erfahrung unterstützen können. Die Möglichkeit einer Unterstützung sei jedoch in hohem Maß vom Verhalten und der Art der Gesprächsführung des Interviewers abhängig. Auf die therapeutischen Möglichkeiten von Interviews mit Überlebenden verweist auch Kestenberg (1985).

> "The therapeutic interview can assist the integration of memories and help place them in perspective." (Kestenberg, 1985, 408)

Sie bezieht diese Überlegungen aber ausdrücklich nur auf *therapeutische* Interviews, die sich von Forschungsinterviews unterscheiden (vgl. auch

---

sen.

Kap.III).[28] Die therapeutische Wirkung bestünde nicht allein in der Erinnerung, sondern in der Akzeptanz des Verlustes sowie der Integration der fragmentierten Vergangenheit in den Kontext des gegenwärtigen Alltagslebens (vgl. auch Kap.II.3.3.2). Die Interviews könnten als Katalysator für die Strukturierung der Lebensgeschichte dienen; Überlebende weisen häufig darauf hin, daß diese Interviews für sie die erste Gelegenheit gewesen seien, ihr Leben chronologisch zu ordnen (Kestenberg, 1985). Kestenberg faßt den therapeutischen Wert der Interviews folgendermaßen zusammen:

> "The therapeutic value of an interview emerges from the recapturing of a continuous life through the presentation of a chronological account, the affirmation of an interviewer who listens and tries to understand, the discovery of gaps to be filled or simply acknowledged, and the mutual attempt to put into words, feelings and events that have defied description." (Kestenberg, 1985, 411)

Konstitutiv für die therapeutische Qualität der Interviews seien die Erinnerungshilfen, die den Erzählenden gegeben werden müßten. Da besonders die Zeit vor der Verfolgung von Überlebenden, die damals Kinder waren, schwer erinnert wird, weil die "guten" Objekte durch die Verfolgung weitgehend zerstört wurden, gilt ein besonderes Augenmerk dieser Zeit und der Rekonstruktion des frühkindlichen "holding environments" (Winnicott, 1965, zit. n. Kestenberg, 1985). Dabei sind Fragen nach der Erinnerung an körperliche Empfindungen während früher Mutter-Kind-Interaktionen von besonderer Bedeutung. Ein weiteres wesentliches Moment besteht in dem fortdauernden Kontakt zu den Interviewten; die Hilfe zur Symbolisierung erscheint nur in einem längeren Prozeß auf der Basis gewachsenen Vertrauens wirksam zu sein.
Auch Mazor und seine Mitarbeiter (1990) befaßten sich mit der Frage nach der Wirkung von Interviews für Überlebende; sie interviewten sie anhand von Tiefeninterviews in einem ersten Gespräch zunächst über die Zeit vor und während der Verfolgung, ein weiteres Gespräch über den Umgang mit der Verfolgungserfahrung schloß sich einige Zeit später daran an. Die Überlebenden berichteten über ein weit größeres Maß an Bestätigung durch das zweite Interview, das ihr Gefühl von Stärke und (Bewältigungs)Kompetenz unterstützte. Als ein Desiderat für die weitere Forschung formulierten sie eine qualitative Tiefenanalyse von Interviews, die den Aspekt der "Copingstile" der Überlebenden herausarbeiten sollten. In der vorliegenden Arbeit wird dieser Vorschlag methodisch aufgegriffen. Der Umgang mit der Verfolgungserfahrung wird im lebensgeschichtlichen Kontext betrachtet, mit einem tiefenhermeneutischen Verfahren sollen jedoch zugleich die Grenzen

---

[28] Ich gehe in Kap. V. der Frage nach, inwieweit sich einige therapeutische Momente auch in den Forschungskontext übertragen lassen.

der Integration und "Bewältigung" der extrem traumatischen Erfahrung aufgezeigt werden.

Kritische Bemerkungen zum Konzept des "Überlebenden-Syndroms"

Ausgehend von der Unvergleichlichkeit der klinischen Erscheinungsbilder durch die Erfahrung mit Hunderten von Überlebenden der Konzentrations- und Vernichtungslager kam Niederland zu der Überzeugung eines "vielfach irreversiblen Trauma(s) von beispielloser Härte und Dauer" (Niederland, 1968b, 442), für das er 1961 den Begriff des "Überlebenden-Syndroms" prägte. Eine Reihe von Psychoanalytikern schloß sich seinen Befunden an und entwickelte ebenfalls ein Klassifikationssystem zur Beschreibung der psychischen und physischen Folgen der Verfolgung (vgl. etwa Hoppe, 1968; Krystal, 1968; Eitinger, 1980, 1990).[29]
Die klinischen Erscheinungsbilder des "Überlebenden-Syndroms" können anhand der Beschreibungen von Niederland (1968c, 1980), Krystal (1968) und Eitinger (1980) folgendermaßen zusammengefaßt werden:

> "1. Schwere, oft ganz plötzlich einsetzende Erregungs- und Angstzustände.
> 2. Ein unartikuliertes Gefühl des "Andersseins" als die, die nicht durch die Hölle von KZ, Ghetto, Arbeitslager und jahrelangen Lebens im Versteck gingen.
> 3. Tiefe Überlebensschuld, d.h. Schuldgefühle desjenigen, der überlebte, gegenüber den ermordeten Angehörigen und Kameraden.
> 4. Ein Zustand des seelischen Überwältigt- und Verringertseins, der nur schwer zu beschreiben ist und sich in Depressionen, apathischer Zurückgezogenheit, Kontaktmangel, Unfähigkeit zu Freude und Genuß bis zur völligen Starre und geistigen Abstumpfung äußert.
> 5. Das Bild des 'lebendigen Leichnams', ein von der ständigen Begegnung mit dem Tod geprägtes schattenhaftes, furchtsames, gedrücktes Verhalten.
> 6. Quälendes Wiedererleben der Schrecken des Lagers - in der Fachliteratur Hypermnesie genannt (Mißhandlungen, Miterleben der Ermordung von Angehörigen), - nächtliche Alpträume.

[29] Hoppe beschreibt in seinem Konzept des `Überlebenden-Syndroms' zwei kritische Momente in der Pathologie Überlebender: eine chronisch reaktive Depression sowie eine chronisch reaktive Aggression, was ihn von den übrigen Autoren unterscheidet. Krystal bezieht sich auf die Untersuchungen von KZ-Häftlingen, die er größtenteils mit Niederland zusammen in den 60er Jahren in den USA gemacht hat. Eitinger kommt zu seinem "Konzentrationslager-Syndrom" über eine vergleichende Untersuchung von norwegischen und israelischen Überlebenden, die im Jahre 1957 begannen. Diese ausführlich dokumentierten Studien sollen hier nicht detailliert referiert, sondern nur überblicksartig in ihren zentralen Thesen skizziert werden, wobei eine Zusammenfassung aufgrund der Ähnlichkeit der Befunde und Untersuchungsansätze angemessen erscheint.

7. Ermüdung, leichte Erschöpfbarkeit, Konzentrations- und Gedächtnisstörungen.
8. Sexuelle Störungen.
9. Psychosomatische Störungen wie Herzbeschwerden, Kopfschmerzen, Schwindel, Schweißausbrüche, Magen- Darmbeschwerden, Schlaflosigkeit.
10. Psychotische Zustände mit Wahnvorstellungen (Gefühl, immer noch im Lager und verfolgt zu sein)." (Pross, 1988, 161f)

Mit dem "Überlebenden-Syndrom" wurde eine Perspektive auf die Überlebenden der Konzentrations- und Vernichtungslager geschaffen, die weite Verbreitung fand:

> "A new diagnostic modality for psychiatry and the behavioral sciences, and ... a paradigm of the long-term effects of massive trauma, (serving) as a focal concept for examining the sequelae of catastrophic stress situations." (Davidson, 1980, zit.n.Ornstein, 1985, 101)

Seit Mitte der 70er Jahre wird das Syndrom zunehmend kritisiert (vgl. etwa Des Pres, 1976; Ornstein, 1985; Terry, 1984). Versucht man die weitgefächerte Kritik zusammenzufassen, bieten sich folgende Aspekte:
- die Universalisierung des "Überlebenden-Syndroms" und die damit verbundene Pathologisierung und Homogenisierung der Problematik der Überlebenden,
- die Deutung einer "Überlebensschuld" als gravierendste psychische Folge der Verfolgung,
- die therapeutischen Implikationen sowie
- die (notwendig daraus folgende) Annahme einer universellen Transmission der Traumatisierung an die nachfolgenden Generationen.

Als einer der ersten kritisiert Des Pres (1976) die universelle *Pathologisierung* der Überlebenden und entwirft ein anderes Bild der Überlebenden, indem er deren Stärken akzentuiert. So erinnert er etwa daran, daß von Überlebenden zu lernen sei, wie man trotz Angst und des Verlustes von Hoffnung leben könne. Ein zentraler Einwand richtet sich gegen die *Universalitätsannahme* dieses Syndroms.[30] Die Vertreter des Syndroms gehen davon aus, daß allein die Tatsache der Verfolgung durch die Nationalsozialisten zu irreversiblen psychischen Schädigungen bei allen Überlebenden gleichermaßen führt. So spricht etwa Krystal (1968) von "obligatory psychopathology" bei Überlebenden. Diese Annahme ist aus dem Entstehungszusammenhang des Syndroms im Rahmen der deutschen Entschädigungsgesetzgebung zu verstehen. Für den Rentenanspruch mußte der kausale Zusammenhang zwischen dem Verfolgungsereignis und den psychischen Schädigungen nachge-

[30] Als einer der schärfsten Kritiker des `Überlebenden-Syndroms' kann Terry (1984) angesehen werden (vgl. auch Berger, 1988), seine Argumentation soll daher im folgenden kurz skizziert werden.

wiesen werden.[31] Die Gutachter waren so zu einer Betonung der Pathologisierung der Überlebenden gezwungen, wenn sie deren Anspruch auf Entschädigung unterstützen wollten. Terry faßt die Gründe für das einseitige Bild der Überlebenden, das andere Fragen wie etwa nach den Fähigkeiten zu überleben oder den adaptiven Möglichkeiten nach der Traumatisierung aus dem Forschungskontext über viele Jahre lang ausschloß, folgendermaßen zusammen.

> "I believe that these questions have not been considered because of the preoccupation with restitution, the need to prove that the survivor's symptomatology was not caused by constitutional factors (*anlagebedingt*) , and above all, the unconscious problem(s) of the psychiatrist." (Terry, 1984, 142)[32]

Aus methodischer Perspektive ließe sich weiterhin die umstandslose Ausdehnung auf eine nichtklinische Population kritisieren. Den Studien lagen entweder Untersuchungen im Rahmen der Gutachten für Rentenansprüche oder Beobachtungen bei psychiatrischen Patienten zugrunde; klinisch "unauffällige" Überlebende wurden dagegen trotz des universellen Geltungsanspruchs nicht in die Überlegungen miteinbezogen. So stehen die psychischen Schädigungen im Fokus der Forschungsbemühungen und nicht etwa die Stärken und Fähigkeiten der Verfolgten, diese Bedingungen überhaupt überlebt zu haben (Marcus & Rosenberg, 1988). Solkoff (1982) unterzog einen großen Teil der klinischen Literatur über Holocaust-Überlebende einer kritischen Revision aus positivistischer Perspektive und weist auf vielfältige methodische Mängel hin, die eine Generalisierung der empirischen Befunde infragestellen.[33]

Verbunden mit der Universalisierungsannahme ist auch eine ahistorische Perspektive auf die Überlebenden, die deren Individualität negiert. Es wird von einer Schädigung der psychischen Struktur allein durch das Datum der Verfolgung, unabhängig von der individuellen Vorgeschichte der Verfolgten, ausgegangen. Ornstein (1985) kritisiert die Sichtweise der Überlebenden als homogene Gruppe. So würden die Vertreter des "Überlebenden-Syndroms" nicht nach den jeweiligen Umständen der Verfolgung (Ghetto, Ver-

---

31 Diese (deutsche) Entschädigungspraxis unterschied sich fundamental etwa von der norwegischen, wo allein die Tatsache der Verfolgung für einen Rentenanspruch ausreichte, ohne daß im Einzelfall die Entstehung der Krankheit durch die Verfolgung nachgewiesen werden mußte.

32 Auf die Anlage-Umwelt-Debatte bei der Entstehung von Traumatisierungen sowie die Gegenübertragungstendenzen der Untersucher wurde bereits hingewiesen.

33 Diese Kritikpunkte sollen hier nicht näher ausgeführt werden, da vieles auch auf die Unvereinbarkeit zwischen positivistischen und psychoanalytischen Forschungsansätzen zurückzuführen zu sein scheint. Allerdings halte ich die Kritik am Generalisierungsanspruch der klinischen Studien aus methodischer Perspektive für angemessen.

steck, Konzentrations- und Vernichtungslager etc.) unterscheiden. Kanter (1976) weist ferner darauf hin, daß bei diesem Konzept auch nicht hinsichtlich des unterschiedlichen kulturellen Hintergrundes der jüdischen Verfolgten (hinsichtlich ihrer Religiösität, ihres jüdischen Selbstverständnisses etc.) differenziert würde, was jedoch eine wichtige Dimension sowohl beim Erleben der Traumatisierung als auch im späteren Umgang damit darstellt. Ebenso wie die prämorbide Persönlichkeit der Patienten keine Rolle spielt, da die Verfolgung alle individuellen Unterschiede in ihrer Bedeutung nivelliert hat, wird auch die Zeit nach der Befreiung von den Vertretern des "Überlebenden-Syndroms" als wenig relevant für die psychische Struktur der Überlebenden angesehen (Marcus & Rosenberg, 1988). Demgegenüber verweisen eine Reihe von Autoren auf die Bedeutung der emotionalen Unterstützung der Überlebenden durch ihre Umgebung in der Zeit nach der Befreiung (vgl. etwa Danieli, 1981a; Ornstein, 1985; Terry, 1984).

Als zentrales und gravierendstes Merkmal des "Überlebenden-Syndroms" gilt die *Überlebensschuld* der Verfolgten (Niederland, 1980). Terry vertritt dagegen die These, daß es sich dabei um eine Projektion der untersuchenden Psychiater handelt. Die amerikanischen Gutachter seien mehrheitlich Emigranten aus Deutschland gewesen, die selbst vor den Nationalsozialisten geflohen seien und dabei notwendig Angehörige und Freunde zurückgelassen hätten. In weit stärkerem Maße kann diese Projektionsthese für deutsche, nicht verfolgte Gutachter gelten. Das klinische Erscheinungsbild, das als "Überlebensschuld" gedeutet wird, findet seinen Ausdruck häufig in einer tiefen, chronischen Verzweiflung, die in den Klagen darüber sichtbar wird, überhaupt überlebt zu haben, und die häufig bis zum Selbstmord reicht (Terry, 1984). Wangh (1968) sieht die "Schuldgefühle" als Folge einer

> "Preisgabe der Selbst-Besetzung und aller Objektbesetzungen - als Resultat der Reduktion alles Interesses auf das 'Hier und Jetzt'" (Wangh, 1968, 450).

Terry führt die oben angeführte Verzweiflung dagegen auf die Art und Weise, wie die Überlebenden nach der Befreiung aufgenommen wurden, auf den Mangel an Einfühlung auf seiten der Außenstehenden zurück, der oft als Verrat erlebt wurde. Dieser Mangel an Verständnis führte bei vielen Überlebenden dazu, daß sie nur noch mit Leuten zusammenkamen, die Ähnliches erlebt hatten (Eissler, 1963; Segall, 1974).

Nach Lifton (1979, 1980) ist die Konfusion in der Literatur über die Bedeutung der "Überlebensschuld" auf die mangelnde Differenzierung zwischen moralischer und psychologischer Schuld zurückzuführen. Während es angesichts der Bedingungen der Konzentrations- und Vernichtungslager nicht angemessen ist, von moralischer Schuld zu sprechen, kommt den Schuld*gefühlen*, die eine Verbindung herstellen zwischen unbewußten Todeswünschen den geliebten Objekten gegenüber und deren tatsächlicher Ermordung, einige Bedeutsamkeit im Erleben der Verfolgten zu.

Ornstein (1985) liefert einen weiteren Deutungsansatz der "Überlebensschuld", der im Zusammenhang mit der Erfahrung des "Zivilisationsbruchs" der Überlebenden der Massenvernichtung steht.

> "I believe that the frequently cited guilt in survivors is related less to having survived while others had died (which had been related to the survivors' death wishes toward their family members) than to the survivors' difficulty in reconciling the alteration in their behavior and moral conduct during the Holocaust with their conduct and behavior under civilized conditions." (Ornstein, 1985, 128)

Diese Unvereinbarkeit der Handlungs- und Orientierungssysteme, die den "Zivilisationsbruch", die Gegenrationalität der Massenvernichtung kennzeichnen, drückt sich auf Seiten der Überlebenden als Gefühl von Schuld aus. Dieser Gedankengang wird von Ornstein leider nicht weiter ausgeführt; m.E. zeigt sich in diesem Punkt ein zentraler Aspekt der Möglichkeit bzw. Unmöglichkeit einer Integration der Verfolgungserfahrung in die psychische Struktur, weshalb im folgenden Kapitel näher darauf eingegangen werden soll.
Eine andere Deutung der "Überlebensschuld" ergibt sich, wenn man sie als Ausdruck des Ringens um die Wiederaneignung von Subjektivität versteht, die durch die Verfolgung zerstört wurde.

> "Die fast allen Überlebenden gemeinsamen Schuldgefühle sind nicht nur regressiver, pathologischer Natur, sondern es kann darin auch Positives liegen. Nach der erschütternden Erfahrung des vollkommenen Fehlens von Gerechtigkeit und moralischer Ordnung in der Welt und völliger Hilflosigkeit kann Schuldgefühl einem Menschen beweisen, daß sein Leben sinnvoll ist und daß er Einfluß hat auf sein eigenes Leben und den Gang der Dinge überhaupt." (Gumbel, 1966; zit.n. Segall, 1974, 225)

Angesichts der beiden Perspektiven auf die "Überlebensschuld", der pathologisierenden sowie der subjektivitätsstiftenden, erscheint es angebracht, von einer Ambivalenz der Überlebensschuld auszugehen, die zugleich das Überleben ermöglicht wie auch erschwert.
Will man die These von der "Überlebensschuld" jedoch nicht nur biographisch-individualistisch auflösen, sondern vielmehr auf den allgemeinen Charakter, der sich darin vielleicht zeigt, verweisen, bietet sich dieser Aspekt als Möglichkeit, die Verflechtung der Gegenrationalität in den individuellen Strukturen der Überlebenden aufzuzeigen. Denn unter den Bedingungen der Massenvernichtung, wo allein die Vernichtung von Leben zum Ziel staatlichen Handelns wird, wird das eigene Überleben erklärungsbedürftig und nicht etwa die Sinnlosigkeit der Vernichtung. Das Gefühl, an seinem Überleben schuld zu sein, stellt sich somit als Ausdruck der Gegenrationalität dar, wie es auch zugleich der Versuch ist, diese zu überwinden, indem der Negation jeglicher Rationalität Moralität entgegengesetzt wird. Da von

Schuld nur angesichts eines individuellen Entscheidungsspielraums für verantwortliches Handeln gesprochen werden kann, schafft das Gefühl der "Überlebensschuld" zumindest in der eigenen Vorstellung eine gewisse Verantwortlichkeit und Handlungsfreiheit und läßt damit die Überlebenden partiell Subjektivität und Autonomie wieder zurückgewinnen (vgl. auch Danieli, 1981b).
Terry (1984) verweist im Zusammenhang der "Überlebensschuld" auf die tiefe Verzweiflung und Suizidgefährdung einiger Verfolgter. Möglicherweise kann diese Beobachtung auch im Zusammenhang mit der Erfahrung des Gegenrationalen gedeutet werden. Ausgangspunkt bietet dabei die Überlegung, daß die Gegenrationalität für die Überlebenden unerträglich ist, weil sie Rationalität überhaupt und damit auch das Selbstverständnis eigener Handlungsfähigkeit in Frage stellt. So verweisen etwa die zahlreichen Selbstmorde von Überlebenden als höchster Ausdruck und Negation von Autonomie zugleich auf die Unerträglichkeit dieses "Zivilisationsbruchs", der Negation jeglicher Rationalität, wobei sie im übrigen die ihnen widerfahrene Negation der Autonomie handelnd wiederholen.
Nach Ornstein (1985) bildet die mangelnde Differenzierung der Vorgeschichte der Verfolgten die zwingende Voraussetzung für die pauschale Pathologisierung der Überlebenden. Der zentrale Unterschied zwischen den beiden Positionen, den Vertretern des "Überlebenden-Syndroms" sowie ihrer Kritiker, ist m.E. jedoch beim Verständnis der Traumatisierung angesiedelt. Während erstere von einer Intensität des Traumas ausgehen, die die bis dahin bestehende psychische Struktur völlig zerstört (etwa in Form des weitgehenden Abzugs der Besetzungen des Selbsts wie der "guten" Objekte), relativieren letztere die destruktive Potenz der extremen Traumatisierung, indem sie die individuellen Bewältigungsversuche während der Verfolgung (und damit die Bedeutung der Zeit vor der Verfolgung, in der diese Interaktionsformen gebildet wurden) betonen. Diese Kontroverse entzieht sich aus einer Reihe von Gründen[34] empirischer Entscheidbarkeit. Aufgrund ihrer *therapeutischen Implikationen* ist sie jedoch nicht nur von theoretischem Interesse.
Marcus und Rosenberg (1988) schlagen aus pragmatischen Gründen eine Synthese der verschiedenen Forschungsansätze vor und betonen die Bedeu-

---

[34] Die Erfahrung der extremen Traumatisierung durch die Massenvernichtung überschreitet sprachliche Artikulationsmöglichkeiten (wobei die Geltung der Vorannahme der Unvergleichbarkeit dieses historischen Ereignisses und dem damit verbundenen psychischen Erleben vorausgesetzt wird, ausführlicher vgl. Kap. III). Wenn das Spezifische dieser Erfahrung sprachlich nicht eingeholt werden kann, handelt es sich bei den Versuchen von Überlebenden, über ihre Verfolgung zu sprechen, nur um Annäherungen, die im Bereich des Vermittelbaren bleiben. Die qualitative Differenz zu anderen Erfahrungen kann somit nicht artikuliert werden, womit dieses Problem im Bereich der Vorannahmen verbleibt.

tung der Individualität der Verfolgten im therapeutischen Prozeß. Für das Verständnis der Traumatisierung sowie des nachfolgenden Umgangs damit sei es zunächst notwendig, dessen subjektive Bedeutung zu eruieren (vgl. etwa die Studien von A. Freud, 1951; S. Moskowitz, 1983).[35]

Zunächst sollen kurz einige therapeutische Implikationen skizziert werden, die mit der Annahme eines "Überlebenden-Syndroms" verbunden sind. So geht Niederland als einer der Hauptvertreter dieser Annahme bis in die Gegenwart hinein davon aus, daß die Folgen der Verfolgung keiner Therapie zugänglich seien (Niederland, 1988). Die Therapieresistenz ergebe sich zum einen aus der völligen Andersartigkeit der Erfahrung, die jegliche Einfühlung eines (außenstehenden) Therapeuten unmöglich macht. Zum anderen setzt analytische Therapie eine gewisse Regressionsbereitschaft beim Patienten voraus; Überlebende seien jedoch durch die Verfolgung zu solch einer tiefen Regression gezwungen worden, daß sie zu schmerzhaft und desorganisierend wäre, wenn sie im therapeutischen Kontext reaktualisiert würde (Chodoff, 1980). Die Barrieren im therapeutischen Prozeß, die vom "Überlebenden-Syndrom" impliziert sind, lassen sich folgendermaßen zusammenfassen:

> "The survivor's assumed anhedonia, and alexithymia, his need for pain, lack of basic trust and hate addiction, and intense guilt create an atmosphere which makes therapeutic success virtually impossible" (Marcus & Rosenberg, 1988, 60).

Terry (1984) kritisiert ferner die Voreingenommenheit vieler Psychotherapeuten in der Behandlung von Überlebenden, die das Syndrom gleich zu Beginn der Therapie als gegeben unterstellen und ihre Behandlung an den möglicherweise vermeintlichen Symptomen orientieren, ohne auf den jeweiligen subjektiven Bedeutungshorizont einzugehen. Das Scheitern vieler solcher Therapien scheint nach Terry eher auf diese Voreingenommenheit, auf die unkritische Rezeption des Paradigmas des "Überlebenden-Syndroms" als Tatsache zurückzuführen zu sein als auf eine allgemeine Therapieresistenz der Folgen der Verfolgung.[36]

Eine weitere Implikation aus dem Konzept des "Überlebenden-Syndroms" besteht in der Annahme einer (universellen) Weitergabe der Traumatisierung an die nachfolgenden Generationen (Marcus & Rosenberg, 1988). Danach wirkt sich die weitgehende Zerstörung der psychischen Struktur durch

---

[35] Um dabei das Problem subjektivistischer Verkürzung zu vermeiden, ist es notwendig, die objektiven historischen Ereignisse als Kontext der Traumatisierung im Blick zu behalten und nicht etwa das zentrale traumatische Moment im Verlust der Eltern und den damit verbundenen psychischen Konflikten zu sehen, wie dies etwa in der Kritik Terrys (1984) an der Universalität der 'Überlebenden-Syndroms' anklingt.

[36] Auf die Möglichkeiten von Therapie mit Überlebenden wird näher an späterer Stelle (Kap.3.3.2) eingegangen.

die extreme Traumatisierung auch auf Mutter (bzw. Eltern)-Kind-Interaktionen aus. Ornstein (1985) kritisiert die unhinterfragte Akzeptanz dieser Annahme als Tatsache, die bei einem Großteil der nachfolgenden Forschung zum Ausdruck kommt. Die Forschung würde sich nicht mehr für die Frage interessieren, ob es überhaupt eine Transmission der Traumatisierung gibt, sondern nur noch für die Frage der möglichen Modi dieser Transmission. Die Transmissionsthese ist ebenfalls nur sinnvoll unter der Voranname einer destruktiven Kraft der Traumatisierung, die individuelle Unterschiede weitgehend nivelliert (vgl. auch Last & Klein, 1984); die Kritik an dieser These kann daher dem Obengenannten analog formuliert werden.[37] Kestenberg (1982) konzipiert einen "survivor's child complex", um einerseits der Besonderheit der Traumatisierung der Eltern und deren möglichen Auswirkungen auf die nachfolgende Generation Ausdruck zu geben, andererseits aber die mit dem Begriff des Syndroms verbundene Pathologisierung zu vermeiden. Diese Begriffsbildung steht im Einklang mit einer israelischen Studie über die 2. Generation ("The Jerusalem Study of Children of Holocaust Survivors", Last & Klein, 1984); der zentrale Befund lag dabei in der Beobachtung, daß der elterliche Einfluß von Überlebenden weniger in der Transmission der Traumatisierung und der Pathologie besteht als vielmehr in einer bestimmten Charakterformation der nachfolgenden Generation.

> "It thus seems likely that the impact of parental traumatization may be manifest more often in specific character formations rather than in neurotic or psychotic symptomatology." (Last & Klein, 1984, 601)

Dieser Befund unterstützt den Begriff des "Komplexes", den die 2. Generation durchzuarbeiten hat und an dessen Lösung bestimmte psychische Strukturmomente stehen. Ornstein (1985) kritisiert die im Begriff des Komplexes implizite Potentialität einer Neurose (etwa analog dem ungelösten Ödipuskomplex) und unterstellt diesem Ansatz - m.E. unzutreffenderweise - die Annahme einer mindestens latenten, wenn nicht zutagetretenden Schädigung. Kestenberg (mündliche Mitteilung) hat diese Vorstellung eines "Komplexes" auch auf die erste Generation übertragen, um die spezifische Problemlage der Traumatisierung durch die Massenvernichtung sowie des Umgangs damit zu beschreiben. Dies kann m.E. als Versuch verstanden werden, die Unangemessenheit beider Extrempositionen im Hinblick auf die Beschreibung der Problematik der Überlebenden zu vermeiden - die pauschale Pathologisierung (wie im Konzept des "Überlebenden-Syndroms") einerseits

[37] Da ich mich auf die Generation der Überlebenden selbst beschränke, sollen die Forschungen über mögliche Auswirkungen der Traumatisierung auf die 2. und 3. Generation nicht näher referiert werden. An dieser Stelle sollte lediglich auf eine Implikation des `Überlebenden-Syndroms' verwiesen werden. Ein kritischer Literaturüberblick über die Forschung über die 2.Generation findet sich bei Solkoff (1979). Zu den spezifischen Problemen von Überlebenden als Eltern vgl. auch Kap. II.3.3.1.

wie auch die Bagatellisierung der Verfolgung andererseits, die in der ausschließlichen Betonung der Individualität der Verfolgten den Bezug zur Besonderheit des historischen Ereignisses aufhebt.

Trauer und Aufbau neuer sozialer Strukturen

Wie bereits beschrieben endet die Traumatisierung nicht mit der Befreiung aus den Konzentrations- und Vernichtungslagern. Erst in dieser Zeit kam vielen Überlebenden das Ausmaß der Verfolgung und der Massenvernichtung zu Bewußtsein. Viele mußten feststellen, daß sie die einzigen jüdischen Überlebenden ihrer Familie, ihres Wohnortes oder ihrer Gemeinde waren; die Radikalität dieser Einsicht war häufig so unerträglich, daß die Faktizität des Todes der Angehörigen bestritten und abgespalten wurde.

> "Many who did not accept the finality of their relatives' deaths suffered from a split between knowing and not knowing." (Kestenberg, 1989, 401)

Trauer um den Verlust der Angehörigen und Freunde stellt eine wichtige Voraussetzung für den Aufbau neuer sozialer Beziehungen dar (vgl. u.a. Mazor et al. 1990). Die Möglichkeiten der Trauerarbeit angesichts der überwältigenden Zahl von Ermordeten werden in der Literatur kontrovers betrachtet. So wird vielfach von einem unvollständigen Trauerprozeß ausgegangen, der auch im Zusammenhang mit den Gefühlen der "Überlebensschuld" steht (vgl. etwa Niederland, 1980; Danieli, 1988; Mazor et al., 1990). Demgegenüber gehen Auerhahn und Laub (1984) von einer fundamental verschiedenen Qualität des Trauerprozesses bei Überlebenden aus, die nicht in den Kategorien sonstiger Trauer zu fassen ist. Der Grund dafür liegt in der Spezifität der Verlusterfahrung unter der Bedingung der Massenvernichtung.

> "The central and unique position of the dual experience of loss *and* ruination in war and genocide would otherwise be misunderstood and underscored. This experience of loss is abrupt, vast, and instantaneous, and signifies the destruction of all that had been taken for granted before - both in the world and in ourselves - forever leaving a shadow of doom on both." (Auerhahn & Laub, 1984, 329)

Die Trauer der Überlebenden bezieht sich nicht nur auf einzelne Personen, sondern aufgrund der Monströsität der Massenvernichtung zugleich auf die Zerstörung ganzer Gemeinden und der gesamten Kultur. Es erscheint daher angemessen, bei Überlebenden der Massenvernichtung von grundlegend unterschiedlichen Bedingungen der Trauerarbeit auszugehen (vgl. auch Lifton, 1979).

Der entscheidende Unterschied in der Betrachtung des Trauerprozesses bei Überlebenden liegt in der Frage nach der Möglichkeit des Abzugs libidinöser Besetzung von den verlorenen Objekten, die in psychoanalytischer Perspektive eine notwendige Bedingung im Trauerprozeß darstellt (vgl. Freud, 1917). Auerhahn und Laub (1984) betonen jedoch die Notwendigkeit für die Überlebenden, nach der Befreiung aus den Konzentrations- und Vernichtungslagern ihre gesamte (Objekt-)Welt wieder neu aufbauen zu müssen, da die extreme Traumatisierung alle "guten" Objekte zerstört hat. Das bedeutet, daß die Besetzungsenergie gerade nicht von den geliebten Objekten abgezogen werden kann, weil damit auch jede Verbindung zu der Zeit vor der Verfolgung abgebrochen würde. Dieses Anknüpfen stellt jedoch eine wesentliche Voraussetzung für Integrations- und "Bewältigungsprozesse" hinsichtlich der Traumatisierung dar, somit ließe sich von einer partiellen Unvereinbarkeit von Trauerarbeit und kontinuitätsstiftender Integration der Verfolgungserfahrung sprechen.
Eine andere Perspektive auf den Trauerprozeß bei Überlebenden betont die Faktoren, die die Trauerarbeit erschweren oder gar verhindern. So sieht Grubrich-Simitis (1979) die Hemmung der Besetzungsbereitschaft von neuen Objekten nach der Befreiung im Zusammenhang mit der Aufrechterhaltung der Besetzung von Repräsentanzen früherer Objekte.

> "Dieses Besetzthalten, eine Art Stillstellen der verlorenen Objekte, das die Innenwelt vieler Überlebender charakterisiert, hängt wiederum mit einem zentralen pathogenen Faktor der Lagersituation zusammen, der Erschwerung oder völligen Blockade des Trauerprozesses." (Grubrich-Simitis, 1979, 1000)

Unter der Bedingung der Verfolgung waren Trauerreaktionen als lebensgefährlich anzusehen. Zum einen waren emotionale Reaktionen in den Konzentrations- und Vernichtungslagern eine unmittelbare Lebensbedrohung, zum anderen ist mit Trauerreaktionen aber auch eine temporäre Ichschwächung verbunden, die unter diesen Bedingungen ebenfalls nicht zugelassen werden konnte (vgl. auch Kestenberg, 1989). Daher blieb vielen Überlebenden nur die Möglichkeit eines verzögerten Trauerprozesses in der Zeit nach der Befreiung. Dieser erscheint in hohem Maß abhängig von den unterstützenden Reaktionen der Umgebung, die jedoch vielfach nicht gegeben waren (Danieli, 1988). Aus der Sicht der Vertreter des "Überlebenden-Syndroms" läßt sich noch anführen, daß ein Trauerprozeß durch die schwerwiegende Aggressionsproblematik bei Überlebenden verhindert wird, bei der die nachträgliche Trauer in Depression verkehrt wird (Hoppe, 1968; Niederland, 1980). Als weitere erschwerende Faktoren kommen die Unsicherheit über den wirklichen Tod von Angehörigen und Freunden sowie die Notwendigkeit der Adaptation an neue Lebensbedingungen bzw. der Aufbau eines "neuen" Lebens hinzu, was viel Energie von den Überlebenden forderte.

Emigration

Die erste Zeit nach der Befreiung aus den Konzentrations- und Vernichtungslagern wird in der Literatur häufig - besonders von Vertretern des "Überlebenden-Syndroms" - als "symptomfreie Phase" beschrieben (vgl. etwa Krystal, 1968; Niederland, 1980; Berger, 1988). Als ein Erklärungsmuster dafür wird das Beschäftigtsein der Überlebenden angeführt, die Notwendigkeit, sich ein neues materielles und soziales Lebensumfeld aufzubauen. Ein zentrales Ereignis, das ein hohes Maß an adaptiven Fähigkeiten erfordert, stellt dabei die Emigration dar. Danieli (1988) geht davon aus, daß die meisten Überlebenden Europa verließen.

Viele Überlebende emigrierten nach Israel. Die Bedeutung dieses Landes für die ehemals Verfolgten wird in der Literatur unterschiedlich eingeschätzt. So betont etwa Klein (1973) die unterstützende Wirkung der Gemeinschaft in den Kibbuzim sowie die Ermutigung, die für viele mit dem Beitrag zum Aufbau des neuen Landes verbunden war. Die Bedrohung des neuen Staates bildete zugleich eine Projektionsfläche für die unterdrückte Wut gegen die Nationalsozialisten. Förderlich für den Trauerprozeß seien auch die in Israel institutionalisierten Gedenktage und -stätten, die Verfolgungserfahrung wird so zu einem Teil kollektiver Erfahrung und besitzt wesentlichen Einfluß auf die Bildung nationaler Identität bzw. eines nationalen Selbstverständnises. Danieli (1988) berichtet von weniger unterstützenden Reaktionen in Israel und den USA:

> "The majority of Holocaust survivors encountered a unique cluster of negative reactions and attitudes." (Danieli, 1988, 111)

Dies sei im Zusammenhang damit zu betrachten, daß die Geschichten der Überlebenden von den meisten Außenstehenden als zu unerträglich empfunden wurden. Diese Ablehnung sei häufig mit dem Argument rationalisiert worden, daß es die Verfolgten selbst zu sehr verletzen würde, über ihre Traumatisierung zu sprechen.

In meinen Literaturrecherchen bin ich nur auf eine einzige systematische Studie zu den Auswirkungen der unterschiedlichen Kulturen und Ländern auf die Reintegration der psychischen Struktur der Überlebenden gestoßen: L.Eitinger (1964) untersuchte die Effekte der nationalsozialistischen Verfolgung auf jüdische und nichtjüdische Norweger und Überlebende in Israel. Er fand mehr Gemeinsamkeiten zwischen den jüdischen Verfolgten in Norwegen und Israel als innerhalb der norwegischen (jüdischen und nichtjüdischen) Population, was er auf unterschiedliche Verfolgungsbedingungen, wie etwa die systematische Vernichtungsabsicht gegenüber jüdischen Verfolgten, zurückführte. Eitinger beurteilt die Anpassungsmöglichkeiten der jüdischen Verfolgten in Norwegen relativ pessimistisch, was nicht zuletzt in Zusammenhang mit gesellschaftlichen und politischen Umständen zu betrachten wäre.

> "Even if the rehabilitation in the first years could be considered a success, and even if they received continual systematic help, the results must be considered as very labile, and deteriorating from year to year. This situation has been worsened in the last years by the more obvious aggressivity which is demonstrated by the anti-Israel political world and by the growing neo-Nazi movement." (Eitinger, 1981, 31)

Bei seinen Patienten stellte Eitinger in den letzten Jahren vermehrt das Auftreten von Angstzuständen und Alpträumen sowie eine gesteigerte Sensibilität für die geringsten Veränderungen der politischen Atmosphäre fest. Auch wenn sich die Bedingungen für jüdische Überlebende in Norwegen von anderen europäischen oder außereuropäischen Ländern (positiv) unterscheiden,[38] scheint die Annahme eines Einflusses der jeweiligen politischen und gesellschaftlichen Problemlagen auf die psychische Struktur der Überlebenden übertragbar zu sein.

Heirat und Familiengründung

Die Gründung einer Familie nimmt einen zentralen Platz beim Aufbau des Lebens nach der Befreiung ein.

> "Recreating a family and bringing a child into the world was a concrete act to attempt to compensate for their losses, to counter the massive disruption of their lives, and to undo the dehumanization and loneliness they had witnessed and experienced." (Danieli, 1988, 111)

Danieli sieht die Familiengründung im Zusammenhang mit dem Versuch, die Kontinuität der Lebensgeschichte wiederherzustellen und so der extremen Traumatisierung zu begegnen. Diese Familiengründungen in der unmittelbaren Zeit nach der Befreiung stünden häufig noch unter dem massiven Eindruck der Verfolgung. Als Hauptmotiv für die Heirat betrachtet Danieli (1981b, 1988) die Einsamkeit vieler Überlebender und bezeichnet diese Ehen, die oft mit anderen Überlebenden eingegangen wurden, als "marriages of despair". In dem Rückzug auf die neugegründete Familie könne auch eine Reaktion auf die ablehnende Haltung der Umgebung gesehen werden. Mit Klein (1973) geht Danieli (1988) davon aus, daß sich in den Familien von Überlebenden spezifische Stile entwickeln, mit problematischen Themen, insbesondere der traumatischen Vergangenheit, umzugehen. Sie entwickelte eine Taxonomie zur Klassifizierung der Familien mit vier Hauptkategorien:

---

38 So besteht die jüdische Gemeinde in Norwegen nur aus sehr wenig Mitgliedern und unterscheidet sich auch in sozioökonomischer Hinsicht durch ihre materiell abgesicherte Lage deutlich von der Situation Überlebender in anderen Ländern (Eitinger, 1981).

"*Victim* families, *fighter* families, *numb* families, and families of *those, who made it*" (Danieli, 1988, 112).

Ohne detailliert auf die Beschreibung der einzelnen Kategorien eingehen zu wollen, deren Inhalte sich größtenteils schon aus der Bezeichnung erschließen lassen, soll nur noch angefügt werden, daß diese unterschiedlichen Stile in einem engen Zusammenhang mit dem Verhalten während der Verfolgungszeit stehen, sich gleichsam als Fortsetzung daraus ergeben. In besonderem Maße würden diese Interaktionsstile auch die Identität sowie das Selbstverständnis der Kinder beeinflussen.
In der Literatur wird das elterliche Verhalten von Überlebenden kontrovers beschrieben (vgl. den Überblick bei Kestenberg & Kestenberg, 1982a). Sigal (1973) geht (als einer der ersten Forscher über die Problematik der 2.Generation) davon aus, daß eine chronische Deprivation in der psychologischen Umgebung zur Entwicklung von Verzerrungen in der Beziehungsfähigkeit führt. Diese Verzerrungen zeigten sich in spezifischen elterlichen Interaktionsmustern, die wiederum spezifische Auswirkungen auf das Verhalten der Kinder nach sich zögen.[39] Sigal betont, daß die Kinder für Überlebende in besonderem Maße eine mögliche Zukunft repräsentieren und daß damit auch häufig die Erwartung verbunden wäre, die Kinder mögen das Leben der ermordeten Verwandten fortsetzen. Das Andenken an die Ermordeten findet oft auch materialen Ausdruck in der Namensgebung der Kinder (Kestenberg & Kestenberg, 1982a).
Widersprüchliche Befunde ergeben Untersuchungen über das mütterliche Verhalten von Überlebenden. So geht Grubrich-Simitis (1979) von einem chronischen mangelnden Einfühlungsvermögen der Mütter gegenüber ihren Kindern aus, das aus der extremen Traumatisierung resultierte (vgl.auch Kap.II.2.1). Es handelte sich dabei um äußerlich unauffällige Einfühlungsversäumnisse, die erst durch ihre Kumulation über einen längeren Entwicklungszeitraum traumatisch wirkten.[40] Grubrich-Simitis (1979) nennt folgen-

---

39 In diesem Rahmen kann nicht detailliert auf die Problematik der 2.Generation, die einen umfassenden Forschungsschwerpunkt der "Holocaust-Forschung" in den letzten zehn bis fünfzehn Jahren darstellte (vgl. etwa die kanadischen Untersuchungen von Barocas & Barocas, 1973 sowie Sigal, 1973; die amerikanischen Studien der Gruppe um Kestenberg, Bergmann, Jucovy, vgl. Kestenberg & Kestenberg, 1982b, sowie die jüngsten Arbeiten, die v.a. die spezifischen Modi der Transmission der Traumatisierung reflektieren, wie etwa Faimberg, 1987, Cournut, 1988, Kogan, 1990, Kestenberg, 1989b); ein kritischer Literaturüberblick über frühere Arbeiten findet sich bei Solkoff, 1979) eingegangen werden. Denn mich interessiert hier lediglich die Perspektive der Eltern auf ihre Kinder.

40 Vgl. das Konzept der 'Kumulativen Traumatisierung' von M. M. R. Khan, das von Grubrich-Simitis (1979) auf die 2. Generation übertragen wurde (Kap. II.2.).

de Faktoren im Zusammenhang der Extremtraumatisierung, die mütterliches Einfühlungsvermögen erschweren könnten:

> "... der im Lager unter permanenter Todesdrohung gesteigerte Narzißmus; ferner die Nachwirkungen der jahrelangen emotionalen Notzustände mit, bezüglich des Libidohaushalts, einem eigenen Bedürfnis der Mutter nach Bemutterung und, hinsichtlich des aggressiven Triebbereichs, einem Drang zur Abfuhr aufgestauter massiver Haß- und Racheimpulse; schließlich die überwiegend vorbewußten und unbewußten Vorbehalte gegen jegliche Besetzung neuer Objekte, sei es im Sinne des prophylaktischen Selbstschutzes gegen abermaligen traumatischen Objektverlust, sei es, weil durch Blockade oder Entgleisung des Trauerprozesses große Besetzungsquantitäten noch an Repräsentanzen verlorener früherer Objekte gebunden sind." (Grubrich-Simitis, 1979, 1007)

Dagegen betonen Krystal (1968) und Danieli (1981b) die symbiotischen Beziehungen der Kinder, die eine Trennung von ihren Eltern erschweren oder gar unmöglich machten. Diese symbiotische Bindungsstruktur setzt jedoch die gegenseitige Einfühlung voraus, was beide Beobachtungen zueinander in Widerspruch bringt. Sigal (1973) betrachtet Überlebende als "preoccupied" - etwa analog zu alkoholabhängigen oder depressiven Eltern, das heißt als so ausschließlich mit der Problematik ihrer Verfolgung und deren Folgen beschäftigt, daß ihnen kein Raum mehr für elterliches Verhalten bleibt. Klein (1973) verweist in seiner Studie über Überlebende in Kibbuzim bei aller Ambivalenz der elterlichen Gefühle auf die Funktion der Kinder als Quelle von Bestätigung und Sicherheit. Allerdings fand er häufig eine Überbetonung der Sicherheitsinteressen der Eltern, die er auf die (unbewußte) Furcht vor der Wiederkehr der Verfolgung zurückführte. Kestenberg und Kestenberg (1982a) betonen die Dominanz des Themas des Verlassens und Verlassenwerdens in den Familien von Überlebenden. In besonderem Maße zeige sich dies bei Verfolgten, die in dieser Zeit Kinder und Jugendliche waren. Zum einen hätten Kindheitserfahrungen allgemein einen besonderen Einfluß auf elterliches Verhalten, zum anderen würde aber auch die Trennung sowie das Gefühl, daß ihre eigenen Eltern sie während der Verfolgung "verlassen" hätten, in der späteren Interaktion mit ihren Kindern reaktualisiert.

(Re)Integration der psychischen Struktur

Neben der Adaptation an veränderte äußere Bedingungen in der Zeit nach der Befreiuung bestand die zentrale Aufgabe der Verfolgten in der Integration der Verfolgungserfahrung in die psychische Struktur. In der Literatur herrscht Konsens hinsichtlich dieser Aufgabenstellung (vgl. etwa den Überblick bei Berger, 1988), kontrovers wird allerdings die Möglichkeit einer Integration der extremtraumatischen Erfahrung eingeschätzt.

Eine besondere Problemlage ergibt sich zunächst einmal hinsichtlich der Frage nach der Angemessenheit bestimmter sprachlicher Wendungen wie etwa Integration, Genesung, Heilung u.ä. (sowie ihrer normativen Konnotationen) angesichts der extremen Traumatisierung durch die Massenvernichtung.[41] Diese Begriffe stehen in der Gefahr der Bagatellisierung und Nivellierung der Verfolgung. Andererseits bedeutet die Betonung der Unmöglichkeit einer Integration und Genesung (wie sie etwa von Vertretern des "Überlebenden-Syndroms" postuliert wird) aber auch eine weitere Stigmatisierung der Verfolgten, indem die Verletzung perpetuiert wird und die Überlebenden gleichsam darauf festgelegt werden, den gesellschaftlichen "Normalitätsvorstellungen" zu widersprechen. Diese Problemlage stellte bereits einen Teil der Kontroverse um das "Überlebenden-Syndrom" dar (vgl. Kap.II.3.2.). Auch wenn der Frage nach der Möglichkeit einer Integration der traumatischen Erfahrung nicht ohne (problematische) normative Implikationen nachzugehen ist, ist es sinnvoll, an dieser Stelle empirische Befunde dazu zu referieren. Im Fokus stehen dabei eher Möglichkeiten, die geeignet sein können, das psychische Wohlbefinden der Überlebenden zu erhöhen, als die letztliche Überwindung der Traumatisierung, die in den Begriffen von Integration und Heilung mitschwingt.
In der Diskussion um die Frage nach der Möglichkeit einer "Genesung" wird selten das Verständnis dieses Begriffs geklärt, woraus wahrscheinlich ein Großteil der Kontroverse resultiert. Ornstein versucht den Begriff der (psychischen) Genesung positiv, nicht als Abwesenheit von Krankheit, zu fassen:

> "I would define psychological recovery as the capacity to maintain a sense of continuity, to anticipate the future with enthusiasm and vitality - not the absense of psychopathology." (Ornstein, 1985, 115)

Zentral bei dieser Definition ist der Gedanke von Kontinuität, die aufrechterhalten oder gewahrt werden soll, was in einiger Spannung zum Begriff der Genesung steht, bei der etwas wiedererlangt werden soll. Diese Vorstellung von Kontinuität, die die Vergangenheit mit der Gegenwart verbindet, ermöglicht die Hoffnung auf eine Zukunft. Diese Kontinuitätsvorstellung entspricht der gesellschaftlich dominanten, fortschrittsoptimistischen Geschichtsphilosophie, die - etwa im historischen Diskurs - jedoch gerade durch die Möglichkeit und Wirklichkeit der bürokratisch geplanten und industriell durchgeführten Massenvernichtung infragegestellt wird. Die umstandslose Übernahme gesellschaftlich prägender ideologischer Konzepte

---

41 Wie bereits in Kap. II.2. beschrieben, sprengt diese Erfahrung extremer Traumatisierung den konventionellen Rahmen psychiatrischer Diagnostik; dies wirft auch die Frage auf, inwieweit die Folgen der Verfolgung sowie deren Umgang damit überhaupt sinnvoll in den Kategorien von Krankheit und Gesundheit beschrieben werden können.

zur Beschreibung von Zielvorstellungen für die psychische Struktur erscheint problematisch und bedeutet für die einzelnen eine strukturelle Überforderung, da diese Kontinuität aufgrund objektiver Widersprüche subjektiv nicht eingeholt werden kann. Diese Brüche in der Kontinuität der Lebensgeschichte sind bei den Überlebenden durch die extreme Traumatisierung in besonderem Maß sichtbar (vgl. Kap.II.2). Die Herstellung von Kontinuität kann daher nicht umstandslos als therapeutisches Ziel (bzw. auch als eigenständige Aufgabe für die Überlebenden nach der Befreiung, vgl. Ornstein, 1985) formuliert werden. Das therapeutische Bemühen steht vielmehr in der Spannung zwischen dem Bedürfnis der Überlebenden nach sinnstiftender Integration der Verfolgungserfahrung[42] und der objektiven Unmöglichkeit dieser Kontinuitätsbildung. Dieser Widerspruch kann nicht in einer scheinbaren Kontinuität, in einer Harmonisierung der Brüche aufgelöst werden. Die Aufgabe der psychoanalytischen Therapie als kritischem Verfahren könnte vielmehr in einer Bewußtmachung der objektiven Grenzen dieser Integration bei gleichzeitiger Unterstützung dieses Strebens nach Einheitlichkeit gesehen werden.
Die kontroverse Einschätzung der Möglichkeiten von Therapie mit Überlebenden gründet in der unterschiedlichen Bewertung der traumatischen Erfahrung. So gehen die Vertreter des "Überlebenden-Syndroms" von einer weitgehenden Zerstörung der psychischen Struktur durch die Verfolgung aus. Dementsprechend halten sie psychoanalytische Verfahren für nicht angezeigt, sondern empfehlen allenfalls stützende Psychotherapie (vgl. u.a. Eissler, 1963; Niederland, 1980). Die Kritiker dieses Ansatzes verweisen dagegen auf die Bedeutung der psychischen Entwicklung vor der Verfolgung und auf die Möglichkeit, nach der Befreiung wieder daran anzuknüpfen.

> "For the recovered survivor the Holocaust was a horrible interruption, a devastating parenthesis in their lives which called upon all their coping abilities, as well as the element of chance, to reconnect with a prewar self. It is, therefore, the survivor's prewar ego development, their ability to remain connected to ego ideals and retain images of valued loved ones with whom they could identify which enabled some survivors to go beyond their travails and, after the war, reconnect to their earlier ego abilities." (Rustin, 1988, 165)

Auch Ornstein (1985) und Klein (1973) vertreten die Möglichkeit erfolgreicher Therapie, indem sie ebenfalls auf die Bedeutung der Stärken und Bewältigungsmöglichkeiten in der Zeit vor der Verfolgung verweisen, die das Überleben auch während der Verfolgung unterstützten. Als Beispiel wird die soziale Kompetenz vieler Überlebender angeführt, die Fähigkeit, sich bereits während der Verfolgung in kleinen Gruppen zu organisieren und so der dro-

[42] Das Herstellen von Kontinuität, die Einordnung der Verfolgungserfahrung in einen chronologischen Zusammenhang ist als Sinnstiftung (in einem formalen, nicht materialen Sinn) zu verstehen (vgl. auch Klein, 1973; Kestenberg, 1982; Marcus & Rosenberg, 1988 sowie Kap. III).

henden Isolierung zu entgehen (Ornstein, 1985). Neben der überlebensnotwendigen materiellen Unterstützung lieferten diese Gruppen als "Familiensurrogate" auch narzißtische Bestätigung und beugten so der meist tödlichen narzißtischen Entleerung vor (Klein, 1973). Diese soziale Unterstützung spielt auch in der Nachkriegszeit eine wichtige Rolle für das Ertragen der schmerzlichen Erinnerungen, weiterhin erleichtert sie die Integration der Traumatisierung. Über die Bewußtmachung der Fähigkeit der Überlebenden, ihre soziale Kompetenz auch während der Verfolgung aufrechterhalten zu haben, kann der Prozeß der Kontinuitätsbildung unterstützt werden (Ornstein, 1985).
Einen weiteren Identitätsaspekt, der nach der Verfolgung wieder aufgebaut werden muß, bildet das Gefühl der Zugehörigkeit (sense of belonging, Kestenberg & Kestenberg, 1988). Das Gefühl, nirgendwo dazuzugehören, weder zu einer sozialen Gruppe, noch zu einem Land oder einer Altersgruppe, zeigte sich besonders bei Kindern und Jugendlichen nach der Verfolgung. Diese versuchten, es durch vermehrte Adaptationsbemühungen an einen neuen sozialen Kontext, an eine veränderte Kultur oder an ein anderes Land zu kompensieren, und suchten in besonderem Maße nach Anerkennung und Akzeptanz. Nach klinischen Beobachtungen blieb jedoch bei vielen das grundlegende Gefühl von Einsamkeit zurück (Kestenberg & Kestenberg, 1988).
In ihren Überlegungen über die Möglichkeiten von Therapie mit Überlebenden geht Ornstein auch auf das Problem der Artikulationsfähigkeit bzw. -möglichkeit der extremtraumatischen Erfahrung ein (vgl. auch Kap. III). Diese wird von ihr nicht als Voraussetzung des therapeutischen Prozesses, sondern vielmehr als Resultat, als Ausdruck der "Genesung" beschrieben:

> "The Holocaust has left strong visual images behind. The capacity to articulate these images is the product of, rather than the prerequisite for recovery. In the therapeutic situation, the articulation of images and the 'construction' of the fragments of memories that are thereby recovered, is the joint task of patient and therapist." (Ornstein, 1985, 128)

Ornstein räumt ein, daß dieser Prozeß durchaus auch außerhalb eines therapeutischen Settings stattfinden kann, wobei die Fähigkeit zur Artikulation dieser Bilder sowie das Zusammenfügen der Erinnerungsfragmente ein Fortschreiten des Integrationsprozesses der extrem traumatischen Erfahrung anzeigt.

Der Frage nach der Möglichkeit der Artikulation der Verfolgungserfahrung im Kontext eines biographischen Interviews sowie nach der Bedeutung dieser Erzählung für die Überlebenden selbst und die Interviewerin/LeserIn wird im weiteren nachgegangen. Im Unterschied zu den hier referierten Untersuchungen und Studien aus dem klinischen Kontext, die sich auf Interaktionen mit den ehemaligen Verfolgten (direkt oder über Beobachtungen vermittelt) beziehen, stützt sich meine Arbeit auf Texte - Transkriptionen der Interviews,[43] die einen veränderten hermeneutischen Zugang erfordern. Der Literaturüberblick dient daher nicht einer Generierung von Forschungshypothesen, die einer empirischen Überprüfung zugänglich gemacht werden sollen. Vielmehr soll er durch die Beschreibung der psychosozialen Problematik von Überlebenden der Massenvernichtung eine Art von "Hintergrundwissen" für den hermeneutischen Prozeß bereitstellen.[44] Im Unterschied etwa zu Alltagserfahrungen stellt das Wissen um die spezifische Situation von Überlebenden eine unverzichtbare Bedingung bei der Interpretation sowie für das Verstehen ihrer Erzählungen dar. Das folgende Kapitel stellt das methodische Vorgehen dieser Arbeit dar und begründet die zugrundeliegenden methodologischen Voranahmen..

[43] Diese Texte sind selbstverständlich auch (zumindest partiell) als Niederschlag der Interaktion zwischen ErzählerIn und Interviewerin zu lesen.

[44] Wie in Kap.III ausgeführt wird, stellen die referierten Forschungsansätze den Theoriebestand dar, aus dem die Vorannahmen im hermeneutischen Prozeß entnommen werden.

III. *Wege zur einer obliquen Hermeneutik*

1. Die (Un)Möglichkeit des Verstehens der extremtraumatischen Erfahrungen

In der Einleitung wurde der Massenmord an den europäischen Juden durch die Nationalsozialisten als "Zivilisationsbruch" beschrieben. Die Singularität und Unvergleichbarkeit dieses historischen Ereignisses sowie die fundamentale Infragestellung des die westliche Zivilisation konstituierenden Rationalitätskonzeptes der Aufklärung stellt auch die psychologische Auseinandersetzung mit den Lebensgeschichten Überlebender vor eine Reihe von spezifischen Problemen, die im folgenden kurz skizziert werden sollen.
Als grundlegendes Problem erscheint zunächst die besondere Problematik des Verstehens, die sich in der "Holocaust-Forschung" in äußerst zugespitzter Form stellt. Die Singularität des Ereignisses der Shoa zeigt sich auch auf der individuellen Ebene als (qualitativ) unvergleichbares Erlebnis, das keine Parallelen in anderen Bedrohungssituationen findet. Wie bereits beschrieben erwiesen sich bisherige psychiatrische und psychologische Kategorien als unzureichend zur Erfassung der Besonderheit der extremtraumatischen Folgen der Verfolgung (vgl. Kap.II.2). Während es im Zusammenhang der Begutachtungspraxis vor allem pragmatisch um die Frage nach der Verfolgungsabhängigkeit bestimmter psychischer Syndrome ging (d.h. ein Kausalzusammenhang zwischen einem historischen Ereignis und aktuellem Leiden nachgewiesen werden mußte), soll die Problematik, vor die das Verstehen in diesem Fall gestellt ist, noch zugespitzter formuliert werden: Die in der Einleitung beschriebene Gegenrationalität der Verfolgung verhindert die Darstellbarkeit dieser Erfahrung in Sprache.[45] Von verschiedenen Autoren wur-

[45] Das Spezifische der Extremtraumatisierung durch die Massenvernichtung entzieht sich dem sprachlichen Zugang aufgrund formaler Eigenschaften, die der Sprache inhärent sind wie ihrer strukturierenden, bedeutungsstiftenden Funktion. Mit dem Sprechakt selbst ist zugleich eine Distanzierung von der Unmittelbarkeit des Erlebens verbunden (vgl. unten die erzähltheoretischen Überlegungen). Die Monströsität dieser Traumatisierung verhindert jedoch eine narrative Darstellung; das Spezifische dieser Erfahrung kann also nicht im Medium der

den die Grenzen des Verstehens angesichts der Problematik Überlebender beschrieben. So reflektiert etwa Keilson (1984) das Dilemma der Verfolgten, von etwas reden zu sollen bzw. zu wollen, worüber man nicht reden könne; er begreift die Konzentrationslager als "andere Welt", die der Sprache nicht zugänglich sei. Auch Eissler (1963) wies in seiner Kritik der psychiatrischen Begutachtungspraxis darauf hin, daß das "Trauma der Konzentrationslager jenseits des Vergleichbaren und Erfahrbaren" (1963, 286) liegt. Am deutlichsten benennt Elie Wiesel als Überlebender selbst die Grenzen des Verstehens:

> "Jene, die es nicht erlebt haben, werden nie wissen, wie es war; jene, die es wissen, werden es nie sagen; nicht wirklich, nicht alles. Die Vergangenheit gehört den Toten, und die Überlebenden erkennen sich nicht in den Bildern und Ideen, die man sich von ihnen macht. Auschwitz, das ist der Tod, der totale, absolute Tod - des Menschen, aller Menschen, der Sprache und der Vorstellungskraft, der Zeit und des Geistes." (Wiesel, 1975, zit.n. Grubrich-Simitis, 1979, 990)

Für die Forschungspraxis ergeben sich daraus bedeutsame Konsequenzen sowie methodische Dilemmata. Die Situation des Interpreten läßt sich angesichts dieser Grenzen des Verstehens, der Singularität der Massenvernichtung und der Unmöglichkeit, diese Erfahrung in Sprache zu fassen, nur als paradox beschreiben. Wissenschaftliche Erkenntnisbildung bzw. Verstehen überhaupt ist nicht ohne den Vergleich denkbar. Diese - triviale - Feststellung nötigt zur Aufklärung des Mythos des Unvergleichbaren und Undarstellbaren der Massenvernichtung. Die aus dem historischen Diskurs stammende "Singularitätsthese" richtet sich gegen die Relativierung und Nivellierung der Ungeheuerlichkeit dieses Massenmords durch historische Kontinuitätsbildungsprozesse. J.E. Young (1992) kritisiert jedoch die mystifizierende Übernahme dieser These in den literaturwissenschaftlichen Kontext und weist auf deren "pathologische Verzerrungen" hin.[46] Die Frage nach der Einzigartigkeit des "Holocausts" sei kein Problem der Darstellbarkeit; diese würde vielmehr gerade in der subjektiven Darstellung der *Bedeutung* des Leidens zum Ausdruck kommen. Auch im psychoanalytischen Diskurs ist weniger die Faktizität von Ereignissen, als vielmehr deren subjektive Bedeutsamkeit von Interesse. Die Frage stellt sich daher nach der Art und Weise der (Re)Konstruktion dieser Erfahrung im Wissen um die (universelle) unüberbrückbare Kluft zwischen der Darstellung und dem tatsächlichen Erleben. Die Singularität des historischen Ereignisses der Massenvernichtung soll jedoch nicht allgemein in der Subjektivität des Leidens aufgelöst werden. Wenn die Spezifität dieser Traumatisierung auch nicht (positiv) in der

---

Sprache konstituiert werden.

46 Diese Debatte kann hier nicht wiedergegeben werden. Ich werde lediglich einige für meinen Forschungszusammenhang relevanten Argumentationen Youngs sowie zweier Kritiker (Kugelmann, 1992; Menke-Eggers, 1992) aufgreifen.

narrativen Darstellung eingeholt werden kann, kann sie zumindest negativ an der Fragmentiertheit und Brüchigkeit der Narration aufgewiesen werden. Das (wissenschaftliche) Verstehen besteht dabei nicht in einer präzisen Identifizierung, sondern eher im *Versuch einer Annäherung an die Erfahrung der Überlebenden*, wie sie sich in der biographischen Erzählung darstellt.

Die psychologische Beschäftigung mit den Lebensgeschichten der Überlebenden erfordert daher in besonderer Weise eine (selbst)kritische wissenschaftliche Haltung, die um die Begrenztheit der eigenen Erkenntnismöglichkeiten weiß und diese Grenze als kritisches Regulativ in ihr Denken einschließt. Der Ausgangspunkt des wissenschaftlichen Denkens bestünde dabei in der Einsicht in das (prinzipiell) Nichtverstehbare, die die vorschnelle Subsumption der Verfolgungserfahrungen unter bekannte Kategorien verhindert; eine Annäherung an die Erfahrung der Verfolgten erscheint nur möglich im Bewußtsein ihrer qualitativen Differenz, die sprachlich nie eingeholt werden kann.

2. *Die Bedeutung lebensgeschichtlicher Erzählungen*

Erzählen als Konstitutionsbedingung von Erfahrung, Kontinuität und Identität

Die Grenze der Sprache bezieht sich nicht nur auf wissenschaftliche Erkenntnisbemühungen, sondern sie wird ebenfalls in den Geschichten der Überlebenden sichtbar. Autobiographische Erzählungen stellen in dieser Arbeit die (empirische) Basis für die psychologische Erkenntnisbildung dar. Denn es wird davon ausgegangen, daß sich Erfahrungen im Medium der Erzählung konstituieren; wenn sie auch nicht in einer auf Sprache reduzierten Praxis gründen, sind sie jedoch nur sprachlich vermittelbar. In der Biographieforschung werden Erfahrungen nicht als vereinzelte, disparate Elemente thematisiert, sondern im Kontext eines sinnhaft strukturierten, zeitlich verfaßten Lebenszusammenhangs. Als angemessene Sprachform für die Darstellung temporal komplexer Phänomene erscheint die Erzählung.[47]

[47] Der ausführliche Argumentationsgang für diese These, der sich auf den Diskurs in der Philosophie, Geschichts- und Literaturwissenschaft stützt, findet sich bei Straub (1989). Ich werde mich bei den folgenden erzähltheoretischen Überle-

"Die Formen der Narration sind, soweit überhaupt unser kulturelles Gedächtnis reicht, grundlegend für die Organisation, Transformation und Kommunikation von Erfahrung." (Stierle, 1979, zit.n. Straub, 1989, 130)

In diesem Zitat werden neben der Bedeutung der Erzählung zugleich auch ihre Grenzen benannt. Gegen die Tendenz zur Anthropologisierung der Erzählkompetenz[48] wird die Kulturspezifität dieser Sprachform betont, die etwa ein lineares Zeitverständnis voraussetzt, das die Zeit in Vergangenheit, Gegenwart und Zukunft eindeutig differenziert. Die Kulturspezifität dürfte im besonderen auch für die Praxis der autobiographischen Erzählung gelten, deren Subjektmodell bspw. aus (post)strukturalistischer Position (Barthes, Lacan, Foucault, Derrida u.a.) kritisiert wurde. So wurde versucht, narrativistische Geschichtskonzeptionen als zentrales Moment einer repressiven Ideologie zu entlarven; mit Hilfe einer narrativen Darstellung biographischer und historischer Ereignisse und Erfahrungen konstruiere sich die Gesellschaft ein menschliches "Subjekt" (Straub, 1989). Auf die besondere Bedeutung der Erzählung im Hinblick auf die Konstitution von Subjektivität wird später noch einzugehen sein.

Es wurde die These aufgestellt, daß die Darstellung von Erfahrung die Sprachform der Erzählung erfordert. Dies liegt in der Struktur und in der Funktionsweise der Sprache begründet. Im Unterschied zu den Sprachformen der Argumentation und Beschreibung ist die Erzählung selbst temporal verfaßt.[49] Die Erzählung stelle ihren Gegenstand

---

gungen weitgehend an seine Ausführungen anlehnen.

48 So spricht etwa Schütze von einer universalen Erzählkompetenz, vom Erzählen als einer "von universalen Regeln menschlicher Sozialität geleitete(n) - bzw. z.T. sogar zugzwanggesteuerte(n) - elementare(n) Institution menschlicher Kommunikation" (Schütze, 1977, 52). Hinsichtlich der pragmatischen Verwendung von Erzählungen in sozialwissenschaftlicher Forschung erscheint m.E. diese Universalitätsannahme verzichtbar zu sein, so daß ihre Widerlegung nicht gegen dieses Forschungsinstrument sprechen würde.

49 Eine Unterscheidung der einzelnen Sprachformen - wie des Erzählens, des Argumentierens und des Beschreibens - hinsichtlich ihrer strukturellen und pragmatischen Charakteristika findet sich bspw. bei Kallmeyer und Schütze (1977). Das Sachverhaltsdarstellungsschema der Erzählung bezieht sich auf die Rekonstruktion von Ereignis- und Handlungsabläufen, Zustandsveränderungen oder Übergängen, das Darstellungsschema der Beschreibung faßt Zustände oder sich wiederholende Ereignisse, beim argumentativen Schema handelt es sich um theoretische Erklärungen sowie Legitimationen (vgl. auch Schütze, 1977). Ein wesentlicher Unterschied liegt im zeitlichen Charakter des Sprechaktes selbst: "Die Erzählung aber legt in stärkerem Maß als etwa die diskursive Sprache den Akzent auf den Geschehenscharakter des Sprechakts selber. Für die argumentative Rede mag das Wichtigste das Resultat sein, für die Erzählung ist dasjenige, um dessentwillen erzählt wird, das Geschehen selber, die narrative Entfaltung; das 'Erzählte' bleibt in einem ursprünglichen Sinn an den Erzählakt selber gebunden."(Angehrn, 1985, 37)

"nach dem Wort Droysens, 'in der Mimesis seines Werdens' dar (1937,361). Darin kommt sie ihm, als historischem, am nächsten, konstituiert ihn *als* geschichtlichen. Sie schmiegt sich der inneren Temporalstruktur des Gegenstandes dadurch an, daß sie ihn zum einen in seiner Zeitlichkeit überhaupt, unter dem Gesichtspunkt der Bewegung, darstellt und daß sie zum anderen diesen Bewegungscha nem geschichtstheoretischen Grundbegriff ausgedrückt: der Kontinuität begreift. Erst dieser zweite Charakter macht das eigentliche Spezifikum der erzählenden Sprache aus." (Angehrn, 1985,18)

In diesem Zitat wird deutlich, warum sich die Erzählung in besonderer Weise zur Selbstverständigung des Menschen, zur Reflexion über seine Gewordenheit eignet. Straub (1989) weist darauf hin, daß sich die Erzählung nicht lediglich an die "innere Temporalstruktur des Gegenstandes" anschmiegt, als wäre sie dem Gegenstand immanent; vielmehr wird die zeitliche Struktur in der Erzählung konstituiert. Dem kontinuitätsstiftenden Moment der Erzählung kommt in der Beschäftigung mit Biographien wesentliche Bedeutung zu, daher soll dem Prozeß der "Eröffnung der Zeitdimension" (Angehrn, 1985,36), der subjektiven Aneignung von Zeit im Medium der Erzählung weiter nachgegangen werden.

"Der spezifischen Referenzzeit der berichteten Ereignisse liegt die allgemeine Zeitdimension voraus, die durch die narrative Sprache entworfen wird.... Erst durch die Eröffnung des Zeitraums durch die Sprengung des Jetzt auf Zukunft und Vergangenheit hin konstituiert sich die Gegenwart als Erfahrungsraum, in welchem dem Subjekt anderes 'gegenwärtig' und es sich selbst präsent werden kann. Gegenwart erhält so die Spannung von Anwesenheit und Abwesenheit, von Nähe und Ferne, und sie erhält dies zunächst in temporaler Hinsicht, als Überwindung der abstrakten, irrealen Punktualität des Augenblicks. Erst im Verweis auf das Nicht-Gegenwärtige wird das 'hier und jetzt' zur erlebbaren Gegenwart, und erst dadurch stellt sich so etwas wie ein 'Geschichtsraum' her, in welchem das Subjekt seine 'eigene' Zeit, seine Geschichte erhält." (Angehrn, 1985,36)

In diesem Sinne kann die Erzählung als ein Medium verstanden werden, in dem sich das Subjekt in seiner geschichtlichen Existenz konstituiert. Damit ist auch der identitätsstiftende Charakter der Erzählung umrissen:

"Die Erzählung vergegenwärtigt Identität so, daß sie diese nicht in ihrer formalen Struktur, als ein Mit-sich-Identischsein oder So-und-so-Bestimmtsein, sondern in ihrer Prozeßhaftigkeit, als ein zu sich Kommen thematisch macht." (Angehrn, 1985,37)

Gegen diese Auffassung von Identität kann (in ähnlicher Weise wie hinsichtlich der Temporalstruktur des Gegenstands der Erzählung) eingewendet werden, daß die Erzählung Identität nicht nur vergegenwärtigt, sondern auch konstituiert (vgl. Habermas, 1968). In der Erzählforschung kommt der "Begriffstrias 'Erzählen-Kontinuität-Identität'"(Straub, 1989, 166) wichtige

Bedeutung zu. In der Erzählung werden zunächst disparate Ereignisse und Erlebnisse, Handlungen und Widerfahrnisse in einen sinnhaften Zusammenhang gestellt, die narrative Sprachform gewährleistet dabei die Kontinuität der Episoden.[50] Die Erzählung zielt so auf eine "Synthesis des Heterogenen" (Ricoeur, zit.n. Straub, 1989, 137), im Falle der Lebensgeschichte bedeutet dies auch der Versuch, Kontingentes, subjektiv nicht zu Verantwortendes zu bewältigen, indem es mit der Integration in die Geschichte zugleich mit Sinn versehen, "sinnhaft" wird. Der "Sinn", der sich aus der Lebensgeschichte ergibt, ist nicht als ein intentional hergestellter zu verstehen; vielmehr ergibt er sich aus dem Zusammenhang der in ihr dargestellten Interaktionen.[51] Habermas (1968) verdeutlicht diesen Prozeß anhand des "Bühnenmodells", das er dem "Handwerkermodell" gegenüberstellt:

> "Es handelt sich um einen Sinn, der sich, obgleich nicht als solcher intendiert, durch kommunikatives Handeln hindurch bildet und reflexiv als lebensgeschichtliche Erfahrung artikuliert. So enthüllt sich im Fortgang eines Dramas 'Sinn'." (Habermas, 1968, 317)

Wenngleich sich diese Überlegungen bei Habermas nicht im Kontext von autobiographischen Erzählungen finden, sondern im Kontext psychoanalytischer Therapie, erscheint mir in diesem Modell der Prozeß der "Sinnproduktion" auch für die Erzählung zutreffend beschrieben.[52] Der Vergleich mit

---

50 In diesem Zusammenhang erscheint es notwendig, darauf hinzuweisen, daß eine Erzählung nicht nur aus narrativen Sprachformen besteht, sondern ebenfalls nicht-narrative Formen enthält. Zum Verständnis von Geschichte(n) sind beschreibende und argumentative Darstellungsformen ebenso notwendig (zur ausführlichen Diskussion der Komplementarität von Erzählung und Beschreibung siehe Angehrn, 1985). Für die Biographieforschung ergeben sich daraus wesentliche Konsequenzen: So erscheint etwa die ausschließliche Fokussierung von narrativen Elementen, wie sie etwa Schütze (1977) in seiner Begründung des narrativen Interviews sowie in seinen Empfehlungen zur Technik darlegt, als unzureichend (vgl. auch die Kritik Straubs, 1989). Neben den obengenannten Merkmalen der narrativen Sprachform wird Kontinuität auch durch die sog."Zugzwänge" des Erzählens (Gestaltschließung, Kondensierung und Detaillierung) gestiftet (ausführlich bei Kallmayer & Schütze, 1977).

51 Um möglichen Mißverständnissen zu begegnen: Bei diesem Sinnbegriff geht es nicht um materiale, teleologische Sinnvorstellungen. Wie in dem "Bühnenmodell" sichtbar wird, konstituiert sich Sinn in formaler Hinsicht in einem strukturierenden Verfahren.

52 Der wesentliche Unterschied besteht allerdings darin, daß das 'Subjekt' im Therapieprozeß Einsicht in den "objektiv-intentionalen Zusammenhang der Lebensgeschichte, der allein durch Selbstreflexion zugänglich wird" (Habermas, 1968, 317) erwirbt (und damit zumindest partiell zum Subjekt wird), während die autobiographische Erzählung weitgehend von den Selbsttäuschungen des Erzählers bestimmt bleibt (ausführlicher wird dieser Aspekt unter dem Problem der Rekonstruktion behandelt).

dem psychoanalytischen Prozeß der Bildung von Subjektivität und Identität verweist auch auf die Grenzen der Erzählung, auf die im folgenden näher eingegangen werden soll.

Grenzen der Erzählung

Die im Medium der Narration entstehende Kontinuität und Identität kann nach obigen Überlegungen nur als eine - durch die Selbsttäuschungen der erzählenden Person - begrenzte betrachtet werden. So scheint das Erzählen der Lebensgeschichte in der Spannung zu stehen, sich zwar über die Bewältigung von Kontingenzerfahrung Subjektivität aneignen zu können, zugleich aber durch die Brüchigkeit der Erzählung auf deren Vermeintlichkeit verwiesen zu werden. Die These von der identitätsstiftenden Funktion der Erzählung im erzähltheoretischen Diskurs muß daher aus psychoanalytischer Perspektive differenziert werden. Diese Überlegungen sind besonders im Hinblick auf die Beschäftigung mit den Lebensgeschichten von Überlebenden der Massenvernichtung relevant, da der Terror der Nationalsozialisten auf die völlige Zerstörung von Identität und Subjektivität zielte und dem Erzählen der Lebensgeschichte insoweit eine wichtige Bedeutung im Hinblick auf die Wiederaneignung von Subjektivität und Identität zukommt. Zugleich verweisen aber auch gerade diese Verfolgungserfahrungen auf die Grenzen des Erzählbaren.
Wie bereits ausgeführt zielt die Erzählung auf die Überwindung von Kontingenz und Diskontinuität; diese Erfahrungen sind daher nicht erzählbar. Szondi (1973) beschreibt

> "die reale Erfahrung einer Geschichte, die nicht mehr erzählbar ist, da sie weder Kontinuität noch Überschaubarkeit noch einen durchgehenden Subjektbezug enthält; es ist die Erfahrung des Zerfalls der narrativen Zeit... einer Entsubjektivierung und Desintegration der geschichtlichen Lebenswelt, die nicht mehr in einer 'narrativen Harmonisierung' überspielt werden kann" (Szondi, 1973, zit. n. Straub, 1989, 168).

Wenngleich sich Szondi hier nicht explizit auf die Erfahrung der Massenvernichtung bezieht, scheint diese Beschreibung jedoch zutreffend auf diese anzuwenden zu sein. Über die Grenzen des Narrativen hinaus werden bei der Verfolgungserfahrung aber auch die Grenzen der Sprache überhaupt berührt. Ihre fundamentale qualitative Differenz begründet zum einen die Unmöglichkeit, diese Erfahrung in Sprache zu fassen, zum anderen aber auch ihr extrem traumatischer Charakter, der eine Symbolisierung unmöglich macht[53] (vgl. Lorenzer, 1974). Die Lebensgeschichten der Überlebenden

[53] Lorenzer beschreibt in seiner Sozialisationstheorie die Bedingungen der Möglichkeit, Sprachspiele zu bilden (vgl. etwa Lorenzer, 1977); diese werden an

weisen daher neben den in der Erzählung konstruierten Sinnzusammenhängen Brüche auf, die nicht narrativ zu "harmonisieren" sind. Diese Brüche scheinen mir ebenso konstitutiv für das Selbstverständnis der Überlebenden zu sein wie die narrativ geschaffene Kontinuität. Das Verständnis dieser Geschichten erfordert daher ein kritisches Rekonstruktionsverfahren, das gerade auch die Brüche zu thematisieren und sich ihrer möglichen Bedeutung zumindest anzunähern vermag. Psychologische Erkenntnisbildung soll hier in Anlehnung an Lorenzer (1985, 1986) als hermeneutisches Verfahren konzipiert werden (siehe unten, Kap.III.3).

Vor der hermeneutischen Fragestellung soll die Bedeutung autobiographischen Erzählens, wie sie sich aus den bisherigen Überlegungen ergab, thesenartig zusammengefaßt werden.

> "Autobiographische Erzählungen sind ... prozessuale Darstellungen und autoexplikative Rekonstruktionen der temporal strukturierten Handlungs- und Lebenswirklichkeit eines Subjektes *durch dieses Subjekt* ... Autobiographische Erzählungen zeigen uns aber auch, wie sich ein Mensch den Gang seiner eigenen Entwicklungsgeschichte plausibilisiert, erklärt und wie er sich in normativ-evaluativer Hinsicht zu seiner Geschichte verhält." (Straub, 1989, 181f)

Von zentraler Bedeutung ist der Gedanke einer narrativen Konstruktion, in der die vergangenen Ereignisse und Erlebnisse in szenischer Form dargestellt werden. Die erzählte Lebensgeschichte kann als "Niederschrift der Persönlichkeitsentwicklung" (Lorenzer, 1978) betrachtet werden. In der Interviewsituation wird diese Konstruktion wesentlich von der Interaktion zwischen Erzähler und Interviewer beeinflußt (vgl. auch Schütze, 1977),[54] was ebenfalls als szenische Struktur verstanden werden kann. Dieser doppelte szenische Charakter des narrativen Interviews bietet wichtige Ansatzpunkte zur Rekonstruktion der Erzählung im hermeneutischen Prozeß.

---

späterer Stelle näher ausgeführt werden.

54 In seinen Empfehlungen zur Technik des narrativen Interviews wird dieser Aspekt der Interaktion zwar postuliert, aber kaum ausgeführt. Die Interaktion kann vielmehr an manchen Stellen als Überlistungsversuch von Seiten des Interviewers (miß)verstanden werden, wenn Schütze etwa die sog. "Zugzwänge" des Erzählens anführt, die die Erzählung gleichsam von selbst, gegen oder zumindest ohne den Willen des Erzählers ablaufen lassen. Der Interviewer als Narrationsanimateur steht mit seinen erzählgenerierenden Nachfragen damit stets in der Gefahr, diese unabsichtlichen 'Erzählungen' zu evozieren. Im Unterschied etwa zu den 'freien Assoziationen' wird die Erzählung jedoch durch die (bewußte) Konstruktionsleistung des Subjektes konstituiert.

3. *Sozialisationstheoretische Grundlagen des oblique-hermeneutischen Verfahrens*

Bei der Konzeption eines Rekonstruktionsverfahrens sind neben erzähltheoretischen auch sozialisationstheoretische Überlegungen erforderlich, um zu klären, auf welche Weise und unter welchen Bedingungen die Denk- und Handlungsmuster entstanden sein könnten, die in den lebensgeschichtlichen Erzählungen zum Ausdruck kommen. Diese Notwendigkeit gründet in der Auffassung eines dialektischen Verhältnisses von Gegenstand und Methode, d.h. der Gegenstand der Rekonstruktion wird nicht als vorgegeben, als unabhängig vom hermeneutischen Prozeß betrachtet, sondern beide bedingen sich wechselseitig in einem gemeinsamen Konstruktionsprozeß.
Die erzähltheoretischen Überlegungen machen deutlich, daß Sprache nur bruchstückhaft und häufig in falscher Evidenz Erleben zum Ausdruck bringen kann. Es stellt sich somit die Frage nach dem Zusammenhang von Sprache und menschlicher Praxis. Dazu erscheint es sinnvoll, die (ontogenetische) Bildung der Persönlichkeitsstruktur zu betrachten und der Bedeutung von Sprache und Spracherwerb im Verlauf der Sozialisation nachzugehen. In meiner Argumentation folge ich dem Entwurf einer materialistischen Sozialisationstheorie Lorenzers (1972), der den Gegenstand psychoanalytischen Verstehens beschreibt.[55] Der Bezug auf die Psychoanalyse erscheint

[55] Der komplexe Argumentationsgang Lorenzers kann in dieser Arbeit nicht hinreichend referiert werden. Da ich mich jedoch in meinen Überlegungen auf seine Arbeiten beziehe, werde ich Teile seiner Argumentation - im Bewußtsein der Simplifizierungs- und Verzerrungstendenzen - skizzieren müssen, um meine Überlegungen verständlich zu machen. Um mögliche Verzerrungen zu begrenzen beziehe ich mich in meiner Darstellung auf Aufsätze Lorenzers, in denen er selbst seine Überlegungen zusammengefaßt hat. Die systematische Untersuchung von Gegenstand und Methode der Psychoanalyse ist bei Lorenzer in mehrere Arbeiten unterteilt: Beginnend bei der Frage nach dem Erkenntnisgang, der Besonderheit des psychoanalytischen Verstehens, das als "szenisches Verstehen" das logische und psychologische Verstehen überschreitet (vgl. "Sprachzerstörung und Rekonstruktion" sowie "Kritik des Psychoanalytischen Symbolbegriffs, beide 1970) befaßte sich Lorenzer mit der Frage nach dem Erkenntnisgegenstand und arbeitete dessen szenische Struktur als Gefüge von Interaktionsformen heraus (vgl. "Zur Begründung einer materialistischen Sozialisationstheorie", 1972). Das Konzept des "szenischen Verstehens" wurde 1974 erweitert von einem therapeutischen Verfahren zum epistemologischen Verfahren der psychoanalytischen Metatheorie. Diese Erweiterung vermochte auch das Verhältnis von Gegenstand und Verfahren als ein dialektisches zu thematisieren, das vorher auseinanderzufallen drohte. Insoweit kann der Band "Die Wahrheit der psychoanalytischen Erkenntnis"(1974) als Integration der früheren Arbeiten Lorenzers verstanden werden.

im Hinblick auf den Gegenstand meiner Rekonstruktionsbemühungen nach den erzähltheoretischen Überlegungen sinnvoll, die die Tendenz zu einer "narrativen Harmonisierung" von Erfahrungen im Prozeß der Konstruktion einer Lebensgeschichte verdeutlichen und damit auf die Notwendigkeit einer kritischen Hermeneutik verweisen. Die Psychoanalyse mit ihrer Unterscheidung der beiden voneinander unabhängigen Sinnsysteme Sprache und Unbewußtes bietet eine geeignete Metatheorie für diese Hermeneutik.[56]

Die Bildung der subjektiven Struktur

Lorenzer (1974) konzipiert die Psychoanalyse als kritisch-hermeneutisches sowie praktisch-änderndes Verfahren zur Analyse der subjektiven Struktur. Er faßt die wichtigsten Sachverhalte der Bildung individueller Denk- und Handlungsmuster in zwei Grundthesen zusammen:

> "1. Alle menschlichen Erlebnisfiguren sind Resultate einer Auseinandersetzung zwischen der Natur des Kindes und dem Verhalten seiner Umwelt. Es sind - so muß man abstrakter sagen - Resultate einer Synthesis zwischen der inneren Natur des Kindes und der dem Kind konkret vermittelten gesellschaftlichen Praxis...
> 2. Alle Grundfiguren menschlichen Erlebens, alle Grundelemente von Denken und Handeln müssen in den jeweilig individuell-konkreten lebensgeschichtlichen Bildungsprozessen hergestellt werden... sie sind der Niederschlag realer zwischenmenschlicher Interaktionen. Jedes Individuum hat also seinen besonderen individuellen Ort in den gesellschaftlichen Zusammenhängen. Das schließt ein: Die Sinnstruktur eines jeden Individuums gewinnt ihre eigene Ausprägung und individuelle Entfaltung schon von Anbeginn an. Diese Sinnstruktur muß als Gefüge des lebenspraktischen Grundmusters, der Handlungs- und Denkmuster in jeder Ontogenese jeweils erneut produziert werden und beginnt mit den allerfrühesten, noch intrauterinen Reizreaktionen, die sensomotorisch registriert werden." (Lorenzer, 1977, 116f)

Die Bildung von "symbolischen Interaktionsformen"

Die ontogenetisch frühesten Strukturen oder Interaktionsformen, die gebildet werden, sind Reiz-Reaktions-Komplexe. Diese erfahren mit der Spracheinführung eine entscheidende Wandlung: Die bewußtlos einsozialisierten, bestimmten Interaktionsformen werden mit Sprachfiguren verbunden, sie werden damit bewußtseinsfähig, d.h. zu symbolischen Interaktionsfiguren. Symbolische Interaktionsfiguren bestehen also aus einer Einheit von sensomotorischen Verhaltensentwürfen und sprachmotorisch-akustischen Engrammen. Diese Einheit ist unter bestimmten Bedingungen auflösbar, wenn nämlich die einsozialisierten Interaktionsformen, die ursprünglichen Ver-

[56] Bei meinen Überlegungen greife ich die analytische Trennung von Gegenstand und Methode auf und werde in einem weiteren Schritt die Relevanz der Überlegungen zum psychoanalytischen Verstehen für eine sozialwissenschaftliche Hermeneutik erläutern (vgl.Kap.4).

haltensentwürfe zu den Handlungsnormen, die in den Sprachfiguren eingelassen sind, in Widerspruch treten. In diesem Fall zerfällt die symbolische Interaktionsform in ihre beiden Teile, Sprachfigur und Interaktionsform werden voneinander abgetrennt. So entgehen zwar konfligierende Handlungsentwürfe dem Systematisierungsdruck der Sprache, diese verlieren aber zugleich ihre Bewußtseinsfähigkeit, d.h. der Konflikt wird durch Desymbolisierung, in klassisch psychoanalytischer Terminologie durch die Mechanismen der Verdrängung oder Isolierung geschlichtet, die Handlungsentwürfe werden unbewußt. Neben der Desymbolisierung von Interaktionsformen gibt es Praxisanteile, die gar nicht erst zu symbolischen Interaktionsformen werden, weil aufgrund des normierenden Systematisierungsdrucks der Sprache nicht alle bestimmten Interaktionsformen mit Sprachzeichen verknüpft werden können.[57] Lorenzer verweist auf die Möglichkeit gesellschaftlicher Transformationsprozesse:

> "Zu beachten ist, daß Körperreaktionen und gestische Verhaltensfiguren, die sich im geschichtlichen Zug der gesellschaftlichen Praxis ausbilden und wandeln, nicht sofort konsensfähig sind und in Sprache eingeholt werden. Neue Erfahrungen bedürfen stets eines kollektiven Organisationsprozesses *und* einer damit möglichen subjektiven Symbolbildung... bis hin zu Bewußtseinsänderungen durch Auflösung alter, 'versteinerter' Symbolkomplexe (mit obsoleten Bedeutungen) und der Bildung neuer Sprachfiguren für 'neue' Erfahrungen." (Lorenzer, 1981a, 94)

Dieser Aspekt erscheint im Zusammenhang der Lebensgeschichten von Überlebenden der Massenvernichtung besonders relevant, da die singuläre Erfahrung der Extremtraumatisierung nicht symbolisiert werden kann, d.h. die erlebten bestimmten Interaktionen können nicht mit den kollektiv verfügbaren Sprachzeichen verbunden werden.

Die Bildung von "sinnlich-symbolischen Interaktionsformen"
Lorenzer konzipiert noch eine weitere, vorsprachliche Ebene der Symbolbildung, die möglicherweise einen Zugang, eine Annäherung liefern könnte zum sprachlich nicht faßbaren Erleben der Überlebenden:

> "vorgängig zur Spracheinführung wird ein nichtsprachliches Sinngefüge von Praxisstrukturen entwickelt" (Lorenzer, 1981a, 161).

Dabei greift er die Unterscheidung von präsentativen und diskursiven Symbolen auf (nach S. Langer, vgl. Lorenzer, 1981a).

> "Die doppelte Weite der präsentativen Symbole als 'Begriffe' für
> - Unsagbares, weil niemals verbal Faßbares (das Raumerlebnis z.B.) und

[57] Eine ausführlichere Zusammenfassung der Theorie der Interaktionsformen findet sich bei Lorenzer (1981a) in den Exkursen.

- Unsagbares, weil noch nicht verbal Konsensfähiges (die Traumbilder z.B.) wird nun plausibel: Gegenstandserfahrungen sind basal. Daher rührt auch die dritte Qualität:
- daß sie den Emotionen, also dem Unbewußten näherstehen als die Sprachfiguren.
Was heißt das für die Bildung der Persönlichkeitsstruktur? Die über Gegenstände und Bilder (also gegenständliche Szenen) eingebrachten Bedeutungen sind in einer tieferen Schicht verankert als die sprachvermittelten Bedeutungen." (Lorenzer, 1981a, 157)

Die Bildung der sog. "sinnlich-symbolischen Interaktionsformen" wird - ontogenetisch - als Beginn der Symbolbildung verstanden; als Beispiel läßt sich das von Freud beschriebene "Garnrollenspiel" anführen (Freud, 1920). Dieses wird folgendermaßen interpretiert:

"Indem das Kind die Interaktion mit der Mutter durch eine Interaktion mit der Garnrolle ersetzt, bildet es erstmals selbständig eine 'Stellvertretung für' im Gegenstandsspiel. Die Garnrolle wird zum Symbol - die Verschmelzung von 'Interaktion mit der Mutter' und 'Interaktion mit der Garnrolle' ergibt eine sinnlich-symbolische Interaktionsform. Solche Protosymbole werden sinnlich-symbolische Interaktionsformen (im Gegensatz zu sprachsymbolischen Interaktionsformen) genannt, weil hier beide Anteile auf derselben Ebene sinnlich-unmittelbaren Handelns liegen, während bei der sprachsymbolischen Interaktionsform ein Anteil des Symbols, die Sprachfigur, einem anderen Gestaltkreis (nämlich dem sprachlich-lautlichen) angehört als der reale Situationskomplex." (Lorenzer, 1981a, 164)

Die Funktion dieser beiden Interaktionsformen, bei denen eine Erlebnisfigur für eine andere steht, besteht darin, eine "spielerische Verfügung über die Situation zu erlangen" (Lorenzer, 1981a, 161). Mit der Bildung sinnlich-symbolischer Interaktionsformen löst sich das Kind aus der Abhängigkeit der bestimmten Interaktionsformen und entwickelt damit eine wesentliche Stufe seiner Eigenaktivität. Die besondere Bedeutung der sinnlich-symbolischen Interaktionsformen besteht in der Verknüpfung der unbewußten Verhaltensmuster mit den sprachsymbolischen Interaktionsformen, wobei die präsentativen zumeist durch sprachliche Symbole ersetzt werden. Als besonderen Fall beschreibt Lorenzer die Erinnerung; diese wird als Prozeß verstanden, bei dem sich die beiden Symbolebenen verschränken:

"Und außerdem überschreitet das Sich-ins-Gedächtnis-Rufen ja schon die Grenze zwischen diskursiver und präsentativer Symbolik - es arbeitet vorzugsweise mit 'Erinnerungsbildern', also szenisch-poetischen Vorstellungsgebilden, Phantasien. Auch das Spiel mit Sprachfiguren folgt somit einer Regieanweisung, die innerhalb der szenisch-sinnlichen Erlebnisniederschläge, der sinnlich-symbolischen Interaktionsformen angelegt wurde." (1981a, 161)

Das Konzept der präsentativen Symbolik - oder der sinnlich-symbolischen Interaktionsformen, wie Lorenzer die korrespondierende subjektive Persönlichkeitsstruktur bezeichnet - ist daher von großer Bedeutung für die Beschäftigung mit autobiographischen Erzählungen. Lorenzer sieht in ihnen

> "die Basisschicht der Subjektivität, die Grundlage von Identität und Autonomie und insofern die *Schaltstelle* der Persönlichkeitsbildung überhaupt." (1981a, 163)

In der Psychoanalyse kommt die Bedeutung dieser Interaktionsformen in den Traumbildern zum Ausdruck, die als *via regia* zum Unbewußten verstanden werden. Da die psychoanalytische Praxis wesentlich auf der Schicht der sinnlich-symbolischen Interaktionsformen gründet, erhält diese zentrale Bedeutung für die Frage nach der Konstitution von Subjektivität. Einen Zugang zu dieser Schicht bietet das "szenische Verstehen" der AnalytikerIn (vgl. Kap.4) als "Instrument, das noch nicht Benennbare, ihm aber in Beschreibungen sinnlich-szenisch vorgeführte (wie im Theater) zu enträtseln. Er muß sich Szenen vorstellen, muß aus dem Vergleich der Szenen das Verborgene... sich zugänglich machen". (Lorenzer, 1981a,163) Hiermit werden zugleich auch die Grenzen des Verstehens der extremtraumatischen Erfahrung der Überlebenden deutlich, die jenseits des Vorstell- und Vergleichbaren liegt. Dennoch scheint die Deutung im analytischen Prozeß zumindest eine Annäherung zu ermöglichen, die im Interview (sowie in der nachfolgenden Interpretation) nicht stattfinden kann. Dies verdeutlicht noch einmal die These von der "illusionären" Konstitution von Subjektivität durch die Erzählung.

4. Psychoanalyse als kritisch-hermeneutisches Verfahren

Nach den sozialisationstheoretischen Argumentationen zur Bildung des Gegenstands der hermeneutischen Bemühungen folgen Überlegungen zum Verfahren psychoanalytischen Verstehens, das Lorenzer als "szenisches Verstehen" (Lorenzer, 1970a,b; 1974) beschreibt. Dabei werden neben der Rekonstruktion des hermeneutischen Prozesses in der Psychoanalyse die Unterschiede zum sozialwissenschaftlichen Kontext herausgearbeitet. Diese Ausführungen münden schließlich in der Konzeption einer obliquen hermeneutik als Verfahren einer psychoanalytisch "inspirierten" hermeneutischen Sozialforschung. Mein Interesse bei diesen Überlegungen besteht nicht darin, wie Psychoanalyse als sozialwissenschaftliches Forschungsinstrument nutzbar gemacht werden kann, d.h., es geht nicht um eine Anwendung der im klinischen Kontext konzipierten psychoanalytischen Methode auf andere Forschungsbereiche. Vielmehr ist es mein Anliegen, psychoanalytische Theoriebildung auf ihre Struktur hin zu befragen, um zu sehen, inwieweit es Strukturmomente psychoanalytischen Denkens gibt, die sich auf einen sozialwissenschaftlichen Kontext übertragen lassen und den Verstehensprozeß dort in sinnvoller Weise befördern können.[58]

Lorenzer konzipiert die Psychoanalyse als Strukturanalyse zur Rekonstruktion der subjektiven Struktur; in ausführlichen erkenntnistheoretischen und methodologischen Argumentationsgängen weist er nach, daß sie ein zugleich *kritisch*-hermeneutisches und praktisch-änderndes Verfahren ist (Lorenzer, 1974). Den Ausgangspunkt psychoanalytischen Verstehens bildet die Einsicht in die historisch-gesellschaftlich bedingte, "systematische Verderbtheit subjektiver Aussagen." (1974, 107). Hermeneutische Aufgabe sei es, die vorgebliche Evidenz der Aussagen des Patienten als "falsche" zu durchschauen· Diese hermeneutische Grundannahme, "falsch" verstanden zu haben bzw. nicht verstanden zu haben, was der Andere "meint", scheint mir gerade im Zusammenhang mit den extremtraumatischen Erfahrungen der Überlebenden ein wichtiges kritisches Korrektiv gegenüber der Neigung zur vorschnellen Subsumption dieser Erfahrungen unter bekannte Kategorien zu sein. Der hermeneutische Prozeß in der Psychoanalyse wird anhand von drei Orientierungspunkten skizziert:

> "1. Die kommunikationstechnische Sicherung des Verstehensgegenstandes (am Beispiel des szenischen Verstehens): Die Folge der Aussagen wird als Abfolge von Szenen aufgenommen. Es ist nicht nur die Szene eingegrenzt zu erfassen, sondern aus dem Angebot möglichen szenischen Materials müssen diejenigen Wahrnehmungsmomente organisiert aufgenommen werden, die eine Abfolge strukturgleicher Szenen ergeben. Diese - evidente - Gestaltbildung steht allemal am Anfang.
> 2. Die kritisch-hermeneutische Frage nach den Bedeutungen problematisiert die Gehalte der Szenen. Ausgangspunkt der psychoanalytischen Erkenntnis, der psychoanalytischen Operation als eines hermeneutischen Verfahrens ist die Grundeinsicht, 'was der Analysand sagt, ist nicht das, was er sagen will und sagen würde, wenn er auf sein Verhalten ungehindert reflektieren könnte.' Der Text ist stets verderbt, ist immer pseudokommunikativ, d.h. er weckt *falsche Evidenz*. Die hinter dem manifesten Gehalt stehenden latenten Bedeutungen sind zu ermitteln. Der Analytiker setzt bei jedem Schritt ein mit

[58] Eine sozialwissenschaftliche Rezeption psychoanalytischer Theorie erscheint ohne eigene klinische Erfahrung nicht unproblematisch, weil diese Theoriebildung gerade im klinischen Kontext gründet. Mein pragmatischer Versuch, dieser grundlegenden Schwierigkeit zu begegnen, besteht daher in der Einbeziehung klinisch erfahrener Psychoanalyikerinnen in den hermeneutischen Prozeß (siehe Kap.4).

dem unbedingten Mißtrauen gegen das Vorgebrachte wie auch zugleich mit der Bereitschaft, es vorläufig gelten lassen zu müssen.
3. Zerlegt man die Analyse in eine Abfolge von Arbeitsschritten, so markieren (1) und (2) zusammen den Startpunkt der Analyse. Zwischen dem Startpunkt und den jeweiligen Endpunkten (nicht der Analyse, sondern des einzelnen analytischen Abschnitts) verläuft die ganze hermeneutische Arbeit... Am Endpunkt jedenfalls muß soweit richtig verstanden werden können, daß die Erkenntnis den Rang einer zuverlässigen Erkenntnis des Fremdpsychischen hat. Auch das wird mit Evidenz erfahren: als umschrieben-gestalthafte Szene; (im Gegensatz zum Anfang aber:) als eine Szene, deren Bedeutung erkannt wurde. Die Bedeutung entspricht dem punktuell wiederhergestellten 'zutreffenden' Eigenverständnis. Dies ist die Leistung der psychoanalytischen Operation, die als *kritisch*-hermeneutische Operation das falsche Verständnis auflöste und als *praktisch-änderndes* Verfahren die aus Sprache exkommunizierten Gehalte wieder 'ins Verstehbare' zurückholt. Ohne das evidentsichere Verstehen der Szene am Endpunkt wäre keine wahre Erkenntnis faßbar. Das Verdrängte muß bewußt verstanden werden, d.h. das Desymbolisierte muß resymbolisiert worden sein." (Lorenzer, 1974, 101f)

Die Aufgabe psychoanalytischer Hermeneutik besteht somit darin, als Tiefenhermeneutik die aus der Sprache, und d.h. aus dem (diskursiven) Sinn- und Bedeutungszusammenhang, ausgeschlossenen Interaktionsformen in den Bereich der symbolischen Interaktionsformen zurückzuholen. Im Unterschied zur geisteswissenschaftlichen Hermeneutik ist psychoanalytische vor das Problem gestellt, dabei den Rahmen der Sprache überschreiten zu müssen, um die Grenzen des Unbewußten überwinden zu können. Das methodische Dilemma besteht darin, daß das Unbewußte prinzipiell nicht verstehbar ist, da es als eigenständiges Sinnsystem dem sprachlichen Zugriff entzogen ist. Die psychoanalytische Hermeneutik verlangt daher nach Lorenzer eine 'hermeneutische Doppelstrategie", um dieses Dilemma aufzulösen.

"Szenisches Verstehen" und "unmittelbares Zusammenspiel" als "hermeneutische Doppelstrategie"

Um oben genanntes methodisches Dilemma zu überwinden, schlägt Lorenzer (1977) eine "hermeneutische Doppelstrategie" vor, die aus zwei einander scherenartig zugeordneten Operationen besteht, mit deren Hilfe es gelingen soll, den Rahmen der Sprache zu überschreiten. Die eine Verstehensoperation wird als "szenisches Verstehen"[59] beschrieben.

---

[59] Der Begriff des "Szenischen" ist in Lorenzers Untersuchungen über Gegenstand und Verfahren der Psychoanalyse von zentraler, grundlegender Bedeutung. Die Grundelemente menschlicher Praxis sind als szenische Struktur zu begreifen und zwar vom pränatalen Beginn des Lebens an. Die Betonung des Beziehungsaspektes ist ebenfalls wesentlich für die Frage nach dem Spracherwerb und -gebrauch; Sprache bezieht sich jeweils auf szenische Gefüge und nicht auf abgegrenzte Gegenstände, ihre Bedeutung ist somit als eine szenische anzusehen. Die komplexe methodologische und sozialisationstheoretische Herleitung

"Das psychoanalytische Verstehen richtet sich darauf, die Mitteilungen des Patienten als Darstellung von Situationen, Szenen, dramatischen Arrangements, d.h. also insgesamt als Darstellung von szenisch ausgespielten zwischenmenschlichen Beziehungsfiguren zu erkennen... Als szenisches Verstehen ist das psychoanalytische Verstehen demnach in seiner Form genau eingestellt auf die szenische Struktur der Grundelemente menschlicher Praxis." (Lorenzer, 1977, 120)

Die Einstellung des szenischen Verstehens ermöglicht es, die subjektive Praxis, die Interaktionsformen, als Niederschlag ihrer ursprünglichen Form - als historisch-konkrete Interaktionen - zu betrachten. Diese strukturelle Übereinstimmung reicht jedoch noch nicht aus, um Zugang zum (der Sprache und damit dem Verstehen prinzipiell unzugänglichen) Unbewußten zu erlangen, d.h. die desymbolisierten Interaktionsformen wieder in den Bereich der Sprache zu befördern. An dieser Stelle wird als weitere Operation das "unmittelbare Zusammenspiel" (ebd.) zwischen AnalytikerIn und AnalysandIn eingeführt. Das Drama von Übertragung und Gegenübertragung entfaltet sich in realer Inszenierung, bei dem einsozialisierte Verhaltensmuster, unterdrückte Interaktionsformen lebendig werden.[60] Das reine Agieren die-

---

dieses Begriffs (Lorenzer, 1970a,b; 1974) kann in dieser Arbeit nicht referiert werden. Wichtig erscheint nur festzuhalten, daß es sich nicht um eine bloße klinische Beobachtung handelt, ferner daß der Begriff des Szenischen sich nicht nur auf eine strukturelle Entsprechung von Gegenstand und Methode bezieht, sondern daß darüberhinaus auch die Theoriebildung, die wissenschaftliche Operation der Psychoanalyse im szenischen Verstehen gründet. In anderem Zusammenhang bezeichnet Lorenzer (1983) die Psychoanalyse auch als "Beziehungspsychologie", was die Bedeutung des szenischen Verstehens als zentralem hermeneutischen Modus nochmals hervorhebt.

60 Für die hermeneutische Fragestellung ist wichtig festzuhalten, daß erst dieses "Zusammenspiel" "den tiefenhermeutischen Übergriff über die Grenze des unverständlichen Unbewußten" (Lorenzer, 1977, 126) ermöglicht. Beide Verstehensoperationen konstituieren das, was Lorenzer als "Tiefenhermeneutik" (1974,139) bezeichnet. "Während das Verstehen sich im Netz des sprachlichen Systems der Lebensregeln aufhält, bewegt sich unmittelbar lebenspraktische Teilhabe auf der Ebene der bewußtlos einsozialisierten Praxisregeln. Das Zusammenwirken von 'hermeneutischem Prozeß' dort und 'Zusammenspiel' hier identifiziert schließlich *praktisch* beide System."(ebd.; es folgt ein ausführlicher Begründungsgang, der hier nicht wiedergegeben werden kann.) An diesen beiden Operationen wird deutlich, "daß Psychoanalyse als Sprachoperation des Unbewußten *innerhalb* des gesellschaftlich Hergestellten liegt. obwohl sie außerhalb der Sprache ist. Psychoanalyse verläßt in der Tat den Bereich der Sprache, aber nicht den der gesellschaftlichen Regeln."(ebd.) Lorenzer bezieht sich damit auf die Unmöglichkeit einer Ideologiekritik im Rahmen der Psychoanalyse. In meinem Forschungskontext untermauert dieses Argument nochmals die Begrenztheit auch psychoanalytischer Verstehensmöglichkeit angesichts von Erfahrungen, die aufgrund der Gegenrationalität dieser Verfolgung die Vorstellung von gesellschaftlichen Regeln geradezu in ihr Gegenteil verkehrten.

ser Verhaltensentwürfe genügt jedoch nicht zur Resymbolisierung der aufgespaltenen Teile menschlicher Praxis. Die Verknüpfung der verhaltensbestimmenden Interaktionsformen mit den Sprachfiguren ist aber nur in der Weise möglich, die dem realen Sozialisationsverlauf der jeweiligen AnalysandIn entspricht, d.h. in der lebensgeschichtlich präzisen Rekonstruktion der konfliktiven Erlebnis*strukturen* zum Zeitpunkt der Sprachzerstörung.[61] Diese Rekonstruktion erfolgt anhand der Deutungen der AnalytikerIn, d.h. anhand deren aus der Metapsychologie abgeleiteten "lebenspraktischen" Vorannahmen.[62]

Die epistemologische Bedeutung der Reflexion von Übertragung und Gegenübertragung

Die Haltung der AnalytikerIn im therapeutischen Prozeß beschreibt Freud (1912) als "gleichschwebende Aufmerksamkeit" als Pendant zur "psychoanalytischen Grundregel" für die PatientIn:

> "Er soll dem gebenden Unbewußten des Kranken sein eigenes Unbewußtes als empfangendes Organ zuwenden, sich auf den Analysierten einstellen wie der Receiver des Telephons zum Teller eingestellt ist." (Freud, 1912, 175)

In dieser Weise entwickelt sich ein Geflecht von Übertragung und Gegenübertragung, das von Lorenzer als "stärkster Motor der analytischen Arbeit" (1974, 143) angesehen wird. Ausgangspunkt psychoanalytischer Erkenntnis bildet also die Reflexion des Verhältnisses von AnalytikerIn und AnalysandIn, dies verweist noch einmal auf die Bedeutung des szenischen Verstehens. Neben der funktionellen Regression der AnalytikerIn nehmen die Deutungen und Konstruktionen jedoch - wie bereits beschrieben - eine wesentliche Bedeutung hinsichtlich der Rekonstruktion der zerstörten Sprachspiele

---

61 Die Auffassung von Psychoanalyse als Strukturanalyse nimmt der Rekonstruktion ihre "ereignis-konkretistische Bedeutung"(Lorenzer, 1974, 150), von der Freud (1937) noch ausgeht. "Das strukturanalytische und nicht historisch-kausalgenetische Erkenntnisinteresse des Analytikers benötigt keine historiographisch ausgepinselte, wohl aber eine strukturanalytisch passende Verknüpfung von Klischees und symbolischen Interaktionsformen innerhalb des Originalvorfalls."(Lorenzer, 1974, 149) Für meine Überlegungen ist diese Unterscheidung bedeutsam, weil sie zum einen analytisches Erkenntnisinteresse etwa von soziologischem oder historischem abzugrenzen vermag. Zum anderen impliziert dies möglicherweise auch einen Ansatzpunkt für einen therapeutischen Zugang zur Extremtraumatisierung (vgl. auch Kap.II.3)

62 Eine ausführliche Darstellung und Begründung des Rekonstruktionsprozesses findet sich bei Lorenzer (1974). Die Rolle der Deutungen und Konstruktionen der AnalytikerIn in ihrer praktisch-ändernden Funktion für die AnalysandIn sind im Hinblick auf meine Überlegungen nicht so relevant, da im Interview auf jegliche Deutungen verzichtet wird. Auf die Bedeutung der Vorannahmen im nachfolgenden Interpretationsprozeß wird noch eingegangen werden.

ein, da erst mit ihrer Hilfe die Grenze zwischen dem unbewußten Interagieren und der Ebene der symbolischen Interaktionsformen überschritten werden kann.[63] In diesem Zusammenhang führt Freud (1912) seine technische Metapher weiter und beschreibt den Rekonstruktionsvorgang als "Übersetzungsleistung":

> "Wie der Receiver die von Schallwellen angeregten elektrischen Schwankungen der Leitung wieder in Schallwellen verwandelt, so ist das Unbewußte des Arztes befähigt, aus den ihm mitgeteilten Abkömmlingen des Unbewußten dieses Unbewußte, welches die Einfälle des Kranken determiniert hat, wiederherzustellen." (Freud, 1912, 175f)

Eine gelungene Interpretation erweist sich allein an der gelungenen Fortsetzung der unterbrochenen Bildungsgeschichte, an der punktuellen Wiederherstellung von Subjektivität. Dieser letzte Aspekt bezeichnet deutlich den Unterschied zwischen dem therapeutischen Setting und der tiefenhermeneutischen Interpretation autobiographischer Texte. Die bisherigen Ausführungen zu einer psychoanalytischen Hermeneutik, die zunächst den Rahmen meiner Überlegungen explizieren sollten, sollen daher im folgenden hinsichtlich meiner Fragestellung spezifiziert werden.

5. Umrisse einer obliquen Hermeneutik

Lorenzer befaßte sich auch mit den Möglichkeiten einer tiefenhermeneutischen Kulturanalyse, die er anhand von Interpretationen literarischer Texte verdeutlichte (Lorenzer, 1986).[64] Das zentrale Interesse bei der Literaturdeutung besteht darin, die utopisch verborgenen Praxisentwürfe herauszuarbeiten, die in der Literatur zur Debatte stehen.[65] Die tiefenhermeneutische In-

---

[63] Eine kritische Darstellung der Funktion der gleichschwebenden Aufmerksamkeit findet sich bei Lorenzer (1984). Problematisiert wird die Stellung des Ichs bei den 'freien Assoziationen', die gleichsam eine Selbstausschaltung des Ichs fordern. Dies bezeichnet einen wesentlichen Unterschied zur Erzählung im narrativen Interview, in dem die bewußte, intendierte Selbstdarstellung in der Erzählung angestrebt wird. "Die freie Assoziation soll die Systematik der zweiten Sinnebene unterhalb der Sprache zum Vorschein bringen, die gleichschwebende Aufmerksamkeit hat die fragmentierten Bedeutungen zusammenzufügen."(1984, 18) Im Interpretationsprozeß bei Interviews müssen beide Operationen von den Interpretierenden übernommen werden, worauf noch ausführlich eingegangen wird.

[64] Eine Unterscheidung von literarischen und autobiographischen (Stegreif-)Erzählungen findet sich etwa bei Ehlich (1980). An dieser Stelle erscheint es ausreichend, auf die hermeneutischen Konsequenzen dieser Unterschiede einzugehen.

terpretation habe diesen verborgenen Lebensentwürfen nachzugehen, die als latenter Sinn unterhalb der Sprachstruktur liegen. Lorenzers Ausführungen zur Literaturinterpretation sind für meine hermeneutischen Überlegungen in folgenden Aspekten relevant.

Es handelt sich bei der tiefenhermeneutischen Kulturanalyse nicht um eine "angewandte Psychoanalyse", die umstandslos ihre (in klinischem Kontext entstandene) Theorie auf andere Gegenstände überträgt.[66] Lorenzer betont die Unterschiede zwischen dem analytisch-therapeutischen Setting und anderen Gegenstandsbereichen und weist darauf hin, daß nicht die psychonalytische Theorie, sondern die Methode übertragen werden muß (Lorenzer, 1981a). Lorenzer verweist auf die Unmöglichkeit der methodischen Darstellung einer tiefenhermeneutischen Analyse:

> "Wie tiefenhermeneutische Analyse funktioniert, ist bei solcher Sachlage (der Nötigung, jedem Gegenstandsbereich seine eigene Begrifflichkeit abzugewinnen) nur vorzuführen und nicht in inhaltleeren methodologischen Formeln vorzuschreiben. Auch die methodologische Reflexion steht unter dem Gebot: kritische Analyse kann Inhalt und Form des Analysierten nicht voneinander abtrennen... Erst an vorgeführter materialer Analyse kann dann metatheoretisch der Gang des Analysierten aufgewiesen werden." (Lorenzer, 1981b, 173)

Dies begründet auch eine grundlegende Schwierigkeit bei der Darstellung meiner methodischen Überlegungen; auch sie ergeben sich aus dem Zusammenhang der Interpretation der Lebensgeschichten von Überlebenden der Massenvernichtung und sind daher erst vor dem Hintergrund dieser Interpretationen verständlich.

Exkurs: Zur Dialektik von Gegenstand und Methode

Aufgrund der dialektischen Beziehung von Gegenstand und Methode muß - in künstlicher Trennung - zunächst der Gegenstandsbereich einer genauen Untersuchung unterzogen werden; die Eigenart der hermeneutischen Analyse kultureller Gebilde soll

> "von einer Beschreibung ihres *Gegenstandes* her ... anhand einer Funktionsbestimmung kultureller Objektivationen" (Lorenzer, 1981a, 171)

---

65 Ausführliche Darstellungen der Literaturinterpretation findet sich bei Lorenzer (u.a. 1978a, 1978b, 1981a, 1986)

66 Bereits Freud (1930) warnte vor solch einer Übertragung der psychoanalytischen Begrifflichkeit auf andere Gegenstandsbereiche: "Ich könnte nicht sagen, daß ein solcher Versuch zur Übertragung der Psychoanalyse auf die Kulturgemeinschaft unsinnig oder zur Unfruchtbarkeit verurteilt wäre. Aber man müßte sehr vorsichtig sein, nicht vergessen, daß es sich doch nur um Analogien handelt und daß es nicht nur bei Menschen, sondern auch bei Begriffen gefährlich ist, sie aus der Sphäre zu reißen, in der sie entstanden und entwickelt worden sind."(Freud, 1930, 269)

entwickelt werden. Dieser methodologische Ansatz begründet die Notwendigkeit der eingangs ausgeführten erzähltheoretischen Überlegungen. Ausgehend von der Frage nach der Bedeutung autobiographischer (Stegreif-)Erzählungen können erst die Möglichkeiten ihrer Rekonstruktion erörtert werden. Die psychoanalytische Methode wurde als kritisch-hermeneutisches Verfahren zur Analyse der subjektiven Struktur beschrieben, zugleich wurde ihr praktisch-ändernder, strukturbildender Charakter herausgestellt. Psychoanalyse wurde verstanden als kritisches Verfahren, das an

> "*problematischer* Lebenspraxis ... (ansetzt), um hinter die Fassade falscher Harmonie zu gelangen und Widersprüche auszumachen" (Lorenzer, 1978b, 52).[67]

In der analytischen Therapie steht dabei die Veränderung der AnalysandIn im Mittelpunkt des Interesses, bei der Literaturinterpretation ist es das Verhältnis der LeserIn zum Text (vgl. Lorenzer, 1978a). Im Falle (spontan) erzählter Lebensgeschichten zielt die Veränderungsabsicht ebenfalls auf die LeserIn/InterpretIn (vgl. Einleitungs- und Schlußkapitel). Im Unterschied zum psychoanalytischen Setting richtet sich die Interpretation nicht auf die erzählende Person selbst, die Textanalyse kann hingegen nur Aufschluß über die Struktur der Erzählung geben und danach fragen, wie sich die erzählende Person *in der Erzählung* selbst darstellt und was bzw. wie sie etwa über ihren Umgang mit ihren lebensgeschichtlichen Erfahrungen berichtet.

Zur epistemologischen Bedeutung der Reflexion von Gegenübertragung

Wie in der therapeutischen Analyse liegt ein Zugang zum Verständnis des/r Anderen in der Reflexion der eigenen, subjektiven Reaktionen als HörerIn, LeserIn oder InterpretIn. Dies stellt auch den zentralen methodologischen und methodischen Aspekt der Konzeption einer Ethnopsychoanalyse nach Devereux dar (vgl. Devereux, 1967), die im folgenden kurz umrissen werden soll. Ausgehend von einer Kritik an der nomologischen Sozialwissenschaft werden der Selbstbezüglichkeit und Selbstreflexion der WissenschaftlerIn epistemologischer Charakter zugewiesen. Devereux geht über die These Freuds von der "Übertragung als dem elementarsten Datum der Psychoanalyse" hinaus.

> "Im Lichte der Einsteinschen Anschauung, daß wir Ereignisse nur 'am' Beobachter beobachten können - d.h., daß wir lediglich wissen, was an dem experimentellen Apparat, dessen wichtigste Komponente der Beobachter ist, und mit ihm geschieht - bin ich auf dem von Freud gewiesenen Weg einen Schritt weiter gegangen. Ich behaupte, daß das entscheidende Datum jeglicher Verhaltenswissenschaft eher die *Gegenübertragung* denn die Übertragung ist...

---

[67] An dieser Stelle sei nochmals auf die - bereits beschriebene - kontinuitätsstiftende Funktion der Erzählung, die "Synthesis des Heterogenen", verwiesen.

daß die Analyse der Gegenübertragung, *wissenschaftlich* gesehen, mehr Daten über die Natur des Menschen erbringt." (Devereux, 1967, 17)

Eine zentrale These von Devereux besteht darin, daß wissenschaftliche Methoden häufig als Angstbewältigung der ForscherIn fungieren, die jedoch den Forschungsgegenstand teilweise bis zur Unkenntlichkeit verzerren. Die Selbstreflexion dagegen soll ein Begreifen der Angst ermöglichen und damit den Erkenntnisprozeß fördern.

> "Gute Methodologie ... entlerrt die Realität nicht ihres angsterregenden Inhalts, sondern "zähmt" ihn, indem sie beweist, daß auch er vom bewußten Ich verstanden und bearbeitet werden kann. Zudem reduziert sie über die Einsicht die Angst selbst auf ein wissenschaftlich nützliches Datum. So verbürgt eine gute Methodologie in der Verhaltenswissenschaft ebenso wie in der psychoanalytischen Therapie, daß Freuds Forderung 'Wo Es war, soll Ich werden' Genüge getan wird." (Devereux, 1967, 124)

Zur Konstitution des Subjektes durch den Text

Der letzte Aspekt dieses Zitats verdeutlicht, daß auch in der wissenschaftlichen Beschäftigung - betrachtet man die Psychoanalyse als epistemologische Disziplin mit einem hermeneutisch-kritischen sowie praktisch-ändernden Verfahren - sich die Veränderungsrichtung auf die ForscherIn/LeserIn selbst bezieht. Der Gedanke der Konstitution des Subjektes durch den Text findet sich auch in der hermeneutischen Philosophie Ricoeurs.

> "Die Aneignung (des Textes, d.V.) hat vor allem das zum Gegenüber, was Gadamer die 'Sache des Textes' nennt und was ich als 'Welt des Werkes' bezeichne. Was ich mir schließlich aneigne, ist ein Entwurf von Welt; dieser findet sich nicht hinter dem Text als dessen verborgene Intention, sondern vor dem Text als das, was das Werk entfaltet, aufdeckt und enthüllt. Daher heißt Verstehen *Sich-Verstehen* vor dem Text. Es heißt nicht, dem Text die eigene begrenzte Fähigkeit des Verstehens aufzuzwingen, sondern sich dem Text auszusetzen und von ihm ein erweitertes Selbst zu gewinnen, einen Existenzentwurf als wirklich angeeignete Entsprechung des Weltentwurfs. Nicht das Subjekt konstituiert also das Verstehen, sondern - so wäre wohl richtiger zu sagen - das *Selbst* wird durch die 'Sache' des Textes konstituiert. ... Die Verwandlung des Ich ... impliziert ein Moment der Verfremdung bis hinein in die Beziehung des Selbst zu sich selbst. Das Verstehen ist daher ebensosehr Enteignung als Aneignung. Eine Kritik der Illusionen des Subjekts nach dem Vorbild von Marx und Freud kann, ja muß in das Sich-Verstehen einbezogen werden." (Ricoeur, 1974, 33f)

Auch bei Ricoeur ist die Veränderung durch den Text an die Bedingung geknüpft, "sich dem Text auszusetzen". Das Sich-Einlassen auf den Text hatte Lorenzer bereits als zentralen Zugang bei der tiefenhermeneutischen Literaturanalyse beschrieben; diese Haltung entspricht der "gleichschwebenden

Aufmerksamkeit" der AnalytikerIn in der therapeutischen Analyse. Die Veränderung des Ichs der InterpretIn und (in eingeschränktem Ausmaß) auch der LeserIn stellt ein zentrales kritisches Moment tiefenhermeneutischer Analysen dar, das ihrem aufklärerischen, emanzipatorischem Interesse entspringt.[68]
Die Auseinandersetzung mit den Lebensgeschichten von Überlebenden der Massenvernichtung ist von einer Reihe gesellschaftlicher und individueller Abwehrtendenzen geprägt.[69] Der Frage der "Angstbewältigung", die von Devereux thematisiert wurde, kommt in diesem Zusammenhang somit eine wesentliche Bedeutung zu.[70]

Zum Verhältnis von Theorie und Hermeneutik:
Die Problematik der Vorannahmen im hermeneutischen Prozeß

Die (bereits beschriebene) Konzeption Lorenzers der Psychoanalyse als einer *epistemologischen* Disziplin bietet den Rahmen für Überlegungen zu einer Hermeneutik im Bereich sozialwissenschaftlicher Forschung. Auf eine Reihe von Spezifizierungen, die auch die Unterschiede zum klinischen Feld abstecken, wurde teilweise bereits eingegangen. Ein weiteres Problemfeld stellt das Verhältnis von Theorie und Hermeneutik dar, das in Form der "lebenspraktischen" Vorannahmen der InterpretIn im hermeneutischen Prozeß zum Tragen kommt. Im therapeutischen Prozeß sind diese Vorannahmen in der psychoanalytischen Metatheorie systematisiert und können in der konkreten Deutung probeweise eingesetzt werden, um den Selbstreflexionsprozeß der AnalysandIn zu befördern (vgl. etwa Lorenzer, 1974). Die Vorannahmen in der sozialwissenschaftlichen Analyse können nun nicht umstandslos aus der im klinischen Kontext entstandenen Theorie entlehnt werden, sondern müssen anderen Theoriebeständen entnommen werden. Der ethnopsychoanalytische Ansatz macht deutlich, daß die Annäherung an ein fremdes Kulturfeld die Problematisierung eigener kultureller Selbstverständlichkeiten bedeutet (vgl.u.a. Devereux, 1967). In ethnopsychoanalytischen Studien bietet die sinnlich-unmittelbare Begegnung mit der anderen Kultur eine notwendige Voraussetzung für das Verstehen; die eigene Teilhabe ent-

---

68 Der Frage, was die Auseinandersetzung mit den Erfahrungen der Überlebenden der Massenvernichtung für die Konstitution des Selbst bedeuten kann, bin ich anhand meiner eigenen Erfahrungen in diesem Forschungszusammenhang im Schlußkapitel nachgegangen.

69 Die abweisenden Reaktionen der Anderen auf die Geschichten der Überlebenden wurden von der überwiegenden Mehrheit der mir zugänglichen AutorInnen beschrieben (siehe Literaturverzeichnis). Eine spezielle Analyse der Gegenübertragungstendenzen lieferten Eissler (1963) sowie Danieli (1981a).

70 In Kapitel II.3. wurden bereits mögliche Gegenübertragungsthemen ausgeführt, die durch die Begegnung mit Überlebenden der Massenvernichtung evoziert werden können.

spricht - epistemologisch - dem unmittelbaren Zusammenspiel zwischen AnalytikerIn und AnalysandIn im therapeutischen Prozeß (Lorenzer, 1986). Die Beschäftigung mit den Lebensgeschichten von Überlebenden der Massenvernichtung ist demgegenüber von einer *doppelten hermeneutischen Distanz* gekennzeichnet; der durch die extremtraumatischen Erfahrungen bedingten Distanz, die ein Verstehen für die, die dies nicht erlebt haben, unmöglich machen, sowie die Distanz zwischen Bewußtem und Unbewußtem. Im hermeneutischen Prozeß soll diese Distanz verringert werden, den "lebenspraktischen" Vorannahmen kommt bei der Rekonstruktion zentrale Bedeutung zu.

> "Dieses hermeneutische Operieren mit Hilfe von Vorannahmen enthält seinerseits schon ein kritisches Moment: Die lebenspraktischen Vorannahmen des Analytikers beanspruchen nämlich keineswegs, Entwürfe richtigen Lebens zu sein, die der Analytiker kraft irgendeiner höheren Einsicht hätte und an denen er die problematische Lebenspraxis des Patienten messen könnte. Die Vorannahmen fungieren - richtig genommen - lediglich als versuchsweise einzusetzende Lebensentwürfe, die der Analytiker seiner eigenen, selbstverständlich auch theoretisch bestimmten Erfahrung entnimmt. Sie sind Paßstücke, die ihre Tauglichkeit erst im Gange der hermeneutischen Auseinandersetzung zeigen, indem sie abgelöst werden können von jenen lebenspraktischen Entwürfen, auf die Analytiker und Analysand sich einigen konnten, weil sie die Widersprüche des Patienten auflösen." (Lorenzer, 1978, 52)

Diese Vorannahmen können zum einen die Form allgemeiner Interpretationen[71] annehmen, zum anderen sind es aber auch ganz konkret auf die jeweilige individuelle Lebenspraxis der erzählenden Person ausgerichtete Deutungen. Im hermeneutischen Zirkel pendelt der Verstehensversuch zwischen der Einzelszene und der gesamten (erzählten) Lebensgeschichte. Die hermeneutische Distanz kann im sozialwissenschaftlichen Interpretationsprozeß nicht wie im psychoanalytischen Setting durch einen allmählichen, interaktiven Prozeß der Annäherung an das subjektive Sinn- und Bedeutungssystem zu verringern gesucht werden, zum Verstehen der Erzählungen sind daher auch eine Reihe an bspw. historischen Informationen über den Nationalsozialismus und die Massenvernichtung notwendig. Diese Informationen kön-

[71] Eine ausführliche Beschreibung der Entstehung und Bedeutung allgemeiner Interpretationen im hermeneutischen Prozeß findet sich bei Habermas (1968). Im psychoanalytischen Setting klären allgemeine Interpretationen den Zusammenhang von Sprachdeformation und Verhaltenspathologie. Als Interpretationen frühkindlicher Entwicklung enthalten sie Annahmen über verschiedene Interaktionsmuster des Kindes und seiner Bezugspersonen sowie über Konflikte und entsprechende Konfliktbewältigungsmuster. Die allgemeinen Interpretationen "dienen als Erzählfolien, die in jedem Einzelfall der Lebensgeschichte als Auslegungsschema zugrundegelegt werden müssen, damit die Originalszene des unbewältigten Konfliktes gefunden werden kann"(Habermas, 1968, 315).

nen dann ebenfalls probeweise als Deutungen im Interpretationsprozeß eingesetzt werden.

Zur Begründung der Notwendigkeit der Einbeziehung von "ExpertInnen" im hermeneutischen Prozeß

Die extremtraumatischen Erfahrungen der Massenvernichtung werfen nun das Problem auf, daß entsprechende Vorannahmen im Interpretationsprozeß nicht aus bestehenden Theorien abgeleitet werden können. Die Interpretation dieser Lebensgeschichten setzt daher ein besonderes Maß an "Vertrautheit" mit der spezifischen Problematik der Überlebenden voraus, wie es sich etwa aus jahrelanger analytisch-therapeutischer Praxis ergibt. Als Sozialwissenschaftlerin sehe ich mich daher angewiesen auf die Kompetenz erfahrener Psychoanalytikerinnen, um mit ihnen gemeinsam in einem hermeneutischen Diskurs Interpretationsvorschläge zu den lebensgeschichtlichen Erzählungen von Überlebenden zu erarbeiten. Das Verfahren der Einbeziehung von "ExpertInnen" im hermeneutischen Prozeß erscheint damit zum einen (neben ihrer Bedeutung bei der Supervision der Gegenübertragung, die noch auszuführen sein wird) notwendig, da die Bildung einer systematischen, umfassenden Theorie in diesem Forschungskontext noch aussteht.[72] Die spezifische Kompetenz der "ExpertInnen" erweitert damit forschungspragmatisch den Theoriebestand, dem die Vorannahmen entnommen werden.

Zum Problem der Wahrheit von Interpretationen

Die Rekonstruktion eines Textes unterscheidet sich in noch einem weiteren Aspekt wesentlich von der psychoanalytischer Deutung im therapeutischen Setting. So erweist sich die oben zitierte "Tauglichkeit" der Deutungen nicht an der beförderten Selbstreflexion der AnalysandIn. Zwar müssen die Deutungen auch die Auflösung der im Text vorhandenen Widersprüche ermöglichen, die Entscheidung über deren Wahrheit kann jedoch nur anhand eines intersubjektiven Konsenses erfolgen. Habermas (1968) unterscheidet in seiner Abhandlung über Wahrheitstheorien die Kommunikationsform des Diskurses, die aufgrund formaler Eigenschaften idealer Sprechsituationen Argumentation ermöglicht, von der Lebenspraxis, in der Handlungen ausge-

---

[72] Auf dem Hintergrund eines weit verbreiteten Mißverständnisses bei "angewandten" Psychoanalysen wie etwa Literaturinterpretationen erscheint es in diesem Zusammenhang wichtig, darauf hinzuweisen, daß die Aufgabe der "Experten" nicht in einer klinischen Analyse - wie im therapeutischen Setting - besteht. Auf den Unterschied zwischen der Textinterpretation und der therapeutischen Analyse wurde bereits ausführlich eingegangen. Diese Differenz macht auch den Begriff des "Experten" problematisch. Es bezieht sich nicht auf die Textinterpretation, sondern auf ihre Erfahrung mit dem besonderen Modus psychoanalytischer Erkenntnisbildung, der in den interpretativen Diskurs übernommen wird.

führt und Erfahrungen gemacht werden können und weist dem Diskurs folgende Funktion zu:

> "Diskurse dienen der Prüfung problematisierter Geltungsansprüche von Meinungen (und Normen). Der in Diskursen allein zugelassene Zwang ist der des besseren Argumentes; das allein zugelassene Motiv ist das kooperativer Wahrheitssuche." (Habermas, 1968, 386)

Die Rekonstruktion von Lebensgeschichten der Überlebenden soll in Form dieses diskursiven Modells erfolgen; der Konsens über die Deutungen liefert das Kriterium für deren Wahrheit.

In seinen "Vorlesungen zur Einführung in die Psychoanalyse" geht Freud (1916) (im Zusammenhang mit der Problematik der Fehlleistungen) der Frage nach, wie über eine Deutung entschieden werden kann, wenn die Selbstauskunft der PatientIn nicht zur Verfügung steht. Er verweist dabei - mit einiger Skepsis - auf die Möglichkeit von "Indizienbeweisen", wie sie etwa "im Falle der Rechtspflege" üblich wären (Freud, 1916, 72). Anhaltspunkte für Deutungen entnimmt Freud dabei sowohl Analogien mit Phänomenen außerhalb der Fehlleistungen, als auch der Kenntnis der psychischen Situation, in der sich die Fehlleistung ereignet hat, sowie der Kenntnis des Charakters der Person und deren Vorgeschichte. Während diese Deutungen ohne die Möglichkeit der Selbstauskunft im therapeutischen Zusammenhang unnötig sind, sind sie in der Interpretation eines Textes die Regel. Auch der Interpretationsprozeß zeichnet sich durch die Suche nach "Indizien" für den latenten Sinn, nach sog. "Irritationen", aus.[73]. Allerdings kommt diesen keine entsprechende Beweiskraft (wie in juristischen Kontexten) zu, so daß weitere Validierungsverfahren nötig werden. Eine weitere Grenze erhält der obengenannte Vergleich dadurch, daß es sich bei der Textinterpretation nicht um eine gezielte Suche nach "Indizien" handelt, sondern daß diese eher durch eine "zwanglose Sammlertätigkeit" von strukturhomologen Szenen in der Haltung der "gleichschwebenden Aufmerksamkeit" charakterisiert ist (Lorenzer, 1986). Diese Interpretationshaltung, die dem latenten Sinn des Textes auf der Spur ist, erfordert dann auch eine intersubjektive Verständigung. Zum einen kann das eigene Unbewußte (der InterpretIn)

---

[73] Unter "Irritationen" werden Ungereimtheiten im Text verstanden, wie etwa logische Widersprüche, Auslassungen, das Ausbleiben von Erwartbarem, die Leugnung von Tatsachen etc.; diese werden als Ausdruck von zugrundeliegenden Konflikten angesehen, deren Sinn sich in strukturhomologen Szenen entfaltet. "Zum Objektbereich der Tiefenhermeneutik gehören alle Stellen, an denen der Text unserer alltäglichen Sprachspiele aufgrund interner Störungen durch unverständliche Symbole durchbrochen ist. Unverständlich sind solche Symbole, weil sie den grammatischen Regeln der Umgangssprache, den Normen des Handelns und den kulturell eingeübtem Muster der Expression nicht gehorchen."(Habermas, 1968, 277f)

nicht durch den Text allein aufgeklärt werden; die Subjektivität der Deutung soll in dem oblique-hermeneutischen Verfahren zum einen durch den hermeneutischen Konsens einer Interpretationsgruppe und zum anderen durch psychoanalytische Supervision des hermeneutischen Prozesses begrenzt werden. Die Bearbeitung der "Irritationen", die auf den latenten Sinn verweisen, erfordert zu ihrer sprachlichen Symbolisierung einen diskursiven Kontext, bei dem die eigenen Vorannahmen geschichts- und kulturkritisch aufgeklärt werden können (vgl. Lorenzer, 1986). Der letzte Aspekt ist bei der Beschäftigung mit den Lebensgeschichten jüdischer Überlebender aufgrund der historischen und kulturellen Differenz (letztere für nichtjüdische InterpretInnen) von besonderer Bedeutung; der hermeneutische Diskurs sollte daher eine entsprechende interkulturelle wie auch unterschiedliche biographische Zusammensetzung aufweisen, damit sich der subjektive, lebensgeschichtlich und gesellschaftlich-kulturell geformte "Zugang" der einzelnen InterpretIn im gemeinsamen hermeneutischen Prozeß aufklären kann,[74] womit der Verzerrung des Gegenstands der Interpretation entgegengewirkt werden soll.
Ein weiterer Problemkreis wird mit der Frage nach der *Validierung der Interpretation* aufgeworfen. Nachdem im Unterschied zum therapeutischen Setting nicht der Fortgang der Analyse als Kriterium für die Wahrheit der Deutung bzw. der Konstruktion genommen werden kann, sollen im folgenden - forschungspragmatisch - zwei Validierungskriterien für die Rekonstruktion des latenten Sinns aufgestellt werden: Die Validierung anhand des Textes sowie die Validierung durch den Konsens im Interpretationsdiskurs.
Ein Validierungskriterium ist zunächst durch den *Text* gegeben, die Deutungsvorschläge müssen sich aus mehreren *strukturhomologen Szenen* ergeben, die ihren Sinn erst in ihrem Zusammenspiel erhalten (vgl. die Sinnkonstruktion des Dramas). Da der latente Sinn dem manifesten nicht entspricht, sondern ihm häufig entgegengesetzt ist, kann die Deutung nicht hinsichtlich ihrer logischen Konsistenz mit dem Text überprüft werden, die Konsistenz ist daher lediglich innerhalb der Deutung bzw. Konstruktion zu fordern.
Ähnlich problematisch erweist sich das Kriterium der Plausibilität. Plausibel ist die Deutung nicht allein auf dem Hintergrund des Textes, sondern erst auf dem Hintergrund des Interpretationsprozesses, der sich auf bestimmte Textstellen bezieht.[75] Dies wirft nun die Frage auf, wie (bzw. ob überhaupt) die Plausibilität der Interpretation von der LeserIn, d.h. unabhängig vom Interpretationsdiskurs, beurteilt werden kann. Dies scheint nur auf der Ebene

[74] Ein zentrales Moment der Aufklärung des eigenen "Zugangs" besteht in der Reflexion der Gegenübertragungstendenzen. An dieser Stelle kommt der Erfahrung der "Expertinnen" eine wichtige Bedeutung zu.

[75] Dies hängt mit dem eigentümlichen Charakter allgemeiner Interpretationen zusammen, als die - wie bereits dargestellt - diese Deutungen anzusehen sind. Die Frage der Wahrheit bzw. Triftigkeit allgemeiner Interpretationen wird ausführlicher bei Habermas (1968, 318ff) dargestellt und soll hier nur in forschungspragmatischer Hinsicht thematisiert werden.

der logischen Konsistenz der gesamtem Interpretation möglich. Diese Begrenztheit ergibt sich zum einen daraus, daß die De-Konstruktion des manifesten Sinns einer Erzählung nicht *einen* latenten Sinn zutagebringt, sondern eine Vielzahl von "Gegensinnen" (Böhme, 1990). Im Interpretationsprozeß wird schließlich einer davon anhand von strukturhomologen Szenen weiterverfolgt, diese "Einigung" muß der LeserIn jedoch vorenthalten bleiben. Eine weitere Grenze bildet die Darstellbarkeit; der Interpretationsprozeß kann nur in seinen Resultaten, d.h. in Form der Deutungen, auf die sich die Gruppe verständigt hat, dargestellt werden. Die Textzitate haben dabei illustrierenden, nicht jedoch beweisenden Charakter. Eine notwendige Voraussetzung zur Beurteilung der Wahrheit der Interpretation wäre daher die Kenntnis des vollständigen Interviewtextes. Da dies forschungspragmatisch nicht für alle Texte möglich ist (sondern nur an einem Interview exemplarisch vorgeführt werden kann), muß diese Beurteilung gleichsam an den Interpretationsdiskurs delegiert werden. In diesem Zusammenhang ist wiederum dessen Zusammensetzung von hoher Bedeutung. Die in ihm versammelte Kompetenz und Vielfalt der subjektiven Zugänge muß ihm gleichsam die nötige Autorität für diese Aufgabe verleihen. Die Validierung erfolgt also anhand des *Konsenses im Interpretationsdiskurs*. Ein Deutungsvorschlag gilt dann als wahr, wenn - neben der internen Konsistenz und Stimmigkeit mit verschiedenen strukturhomologen Szenen - alle Teilnehmerinnen einverstanden sind und keine Gegenargumente vorliegen.

Zusammenfassung:
Umrisse eines oblique-hermeneutischen Verfahrens

Bevor die methodische Anlage dieser Studie auf dem Hintergrund der bisher ausgeführten methodologischen Überlegungen beschrieben werden kann, sollen diese Überlegungen - als Umrisse eines oblique-hermeneutischen Verfahrens - noch einmal kurz zusammengefaßt werden. Das Erleben der extremen Traumatisierung durch die nationalsozialistische Verfolgung wird als narrativ nicht einholbar angesehen, d.h. es bestehen dafür keine symbolischen Interaktionsformen. Das narrative Bemühen impliziert jedoch den Versuch einer Annäherung an dieses Erleben. Wissenschaftliche Erkenntnisbildung ist bei diesem Gegenstand vor das (strukturell) gleiche Paradox gestellt wie die Erzählenden selbst. Der Versuch der Rekonstruktion dieser Erfahrung verweist zugleich auf die Grenzen der Möglichkeit des Verstehens. Angesichts dieser Problemlage erscheint eine hermeneutische Methode notwendig, die selbstreflexiv die Begrenztheit ihrer Erkenntnismöglichkeiten einschließt. Das Verständnis der autobiographischen Geschichten der Überlebenden erfordert ein kritisches Rekonstruktionsverfahren, das gerade auch die Brüche zu thematisieren und sich ihrer möglichen Bedeutung zumindest anzunähern vermag. Die Psychoanalyse steht vor dem gleichen epistemologischen Paradox, indem sie sich um eine Versprachlichung des dem sprachlichen Zugriff entzogenen Unbewußten bemüht. Daher soll der psy-

choanalytische Erkenntnisgang nach stukturellen Merkmalen befragt werden, die sich auf einen sozialwissenschaftlichen Kontext übertragen lassen. In umfangreichen wissenschaftstheoretischen Argumentationen wurde die Psychoanalyse von Lorenzer (1974) als kritisch-hermeneutisches Verfahren konzipiert. Dies meint eine Interpretationsweise, die geeignet ist, neben dem intendierten, manifesten Sinn auch den latenten mitzuerfassen. Als *kritisches* Verfahren setzt sie an problematischer Lebenspraxis an, um die Widersprüche hinter den narrativen Harmonisierungsbemühungen auszumachen. Ihre hermeneutischen Operationen wurden als "szenisches Verstehen" sowie "unmittelbares Zusammenspiel" von AnalytikerIn und AnalysandIn beschrieben. Diese hermeutischen Verfahren benötigen jedoch ein psychoanalytisch-therapeutisches Setting, im Falle einer Textanalyse müssen sie entsprechend modifiziert werden (siehe unten).
Zur Interpretation der Lebensgeschichten Überlebender wurde ein diskursives Modell eines hermeneutischen Prozesses, die oblique Hermeutik, entwickelt. Dieses basiert auf der Konzeption der Psychoanalyse als hermeneutischem Verfahren von Lorenzer. Die von ihm beschriebene Operation des "szenischen Verstehens" läßt sich modifiziert auch auf die Interpretation der Erzählungen anwenden: Die im Erzählprozeß konstituierten Erfahrungen lassen sich als "Szenen" betrachten, die auch soziale Interaktionsmuster - als Grundelemente menschlicher Praxis - in ihrer subjektiven Entwicklung im Prozeß einer Lebensgeschichte darstellen. Im Unterschied zum psychoanalytischen Setting kann es bei der Textanalyse jedoch nicht darum gehen, in der Erzählung vor allem eine Darstellung von szenisch entworfenen zwischenmenschlichen Beziehungsfiguren zu sehen, da das hermeneutische Interesse nicht primär den Beziehungsstrukturen (oder gar ihrer Veränderung wie im therapeutischen Prozeß) gilt, sondern dem subjektiven Umgang mit der extremen Traumatisierung durch die Massenvernichtung (der sich selbstverständlich in den Beziehungsfiguren spiegelt). Das "szenische Verstehen" richtet sich bei der Textanalyse ebenfalls auf die Interaktion zwischen Erzählerin und Interviewerin als einer grundlegenden, konstitutiven Bedingung des Erzählprozesses. Darüberhinaus wird auch die Interaktion im Interpretationsprozeß als "Szene" verstanden, die über Gegenübertragungsreaktionen die Beziehungsfiguren der Interpretinnen sichtbar machen kann und daher reflektiert werden muß.
Die Rekonstruktion der extremtraumatischen Erfahrung erfordert die Einbeziehung von psychoanalytischen "ExpertInnen", die mit der besonderen Problematik der Überlebenden vertraut sind. Der diskursive Ansatz dient der Begrenzung von Subjektivität im hermeneutischen Prozeß und liefert ein konsensuelles Wahrheitskriterium für die Triftigkeit der Interpretationen.

6. Methodische Anlage der Studie

Der Ausgangspunkt der vorliegenden Studie besteht in dem Interesse an den Erfahrungen der Überlebenden der Massenvernichtung der europäischen Juden durch die Nationalsozialisten. Diese Erfahrungen finden ihren Ausdruck in den autobiographischen Erzählungen; es wurden daher Interviews mit den betreffenden Personen geführt, die diese Erzählungen anregen sollten. Aufgrund der dialektischen Beziehung von Gegenstand und Methode (vgl. methodologische Vorüberlegungen) können im folgenden keine spezifischen Forschungshypothesen aufgestellt werden, denen die Untersuchung nachgegangen wäre. Die Interpretation läßt sich daher nur formal als ein Dekonstruktionsprozeß beschreiben, der die autobiographische Erzählung in ihrem manifesten und latenten Sinn rekonstruiert. Daneben wird der Interpretationsprozeß metahermeneutisch im Hinblick auf seine Bedeutung für die Beteiligten reflektiert werden (vgl. Schlußkapitel).

Beschreibung der Erhebungsmethode
Für die vorliegende Untersuchung führte ich in Israel und Deutschland Interviews mit insgesamt 15 Personen, die als Kinder und Jugendliche die Massenvernichtung der europäischen Juden überlebt haben. An die GesprächspartnerInnen in Israel kam ich über die Gedenkstätte und Forschungseinrichtung Yad Vashem in Jerusalem, in der die Zeugnisse von Überlebenden auf deren Wunsch hin dokumentiert werden. GesprächspartnerInnen in Deutschland bekam ich über Mitglieder der Jüdischen Gemeinde. Eine streng methodisch kontrollierte Auswahl der InterviewpartnerInnen war bei dieser Gruppe aufgrund ihrer geringen Zahl nicht möglich, ausschlaggebend war daher zunächst die Bereitschaft zum Gespräch, das Alter der Personen, die zu Beginn der Verfolgung nicht älter als 13 Jahre sein sollten sowie deutsche Sprachkenntnisse. Die erste Kontaktaufnahme erfolgte telefonisch, die Interviews fanden dann kurze Zeit später in den Wohnungen der GesprächspartnerInnen statt.
Im Hinblick auf die Gestaltung der Gesprächssituation mit den Überlebenden habe ich mich an das Konzept des "narrativen Interviews" angelehnt, wie es bei Schütze (1976, 1977, 1983) beschrieben wird.

> "Das narrative Interview ist ... eine derjenigen Erhebungstechniken, welche die Erfahrungs- und Orientierungsbestände des Informanten unter weitgehender Zurücknahme des Forschereinflusses unter den Relevanzgesichtspunkten des Informanten möglichst immanent zu rekonstruieren versucht. Seine Wirksamkeit fußt auf der alltagsweltlichen Kompetenz des Informanten zum Erzählen..." (Schütze, 1977, 51)

Meinem Forschungskontext entsprechend habe ich dieses Konzept modifiziert, wobei die besondere Gruppe der Gesprächspartner, mein Forschungsinteresse sowie die methodologischen Überlegungen Berücksichtigung fanden.[76] In den erzähltheoretischen Überlegungen wurde die Bedeutung der Narration im Hinblick auf die Konstitution von Erfahrung allgemein sowie im Falle autobiographischer Erzählung im Hinblick auf die Konstruktion eines Selbstverständnisses, von Subjektivität und Identität einschließlich ihrer Grenzen ausgeführt. Das Interesse an den Erfahrungen der Überlebenden erforderte daher forschungspragmatisch das "Herstellen" einer Situation, die die Erzählung anregt. Schütze (1977) beschreibt die Bedingungen für die Evozierung autobiographischer Stegreiferzählungen und gibt Empfehlungen für den Interviewer. Zentrale Bedeutung kommt dabei der "narrativen Generierungskraft" der Eingangsfrage zu.[77] Den GesprächspartnerInnen sollte Raum zur Konstruktion ihrer gesamten Lebensgeschichte gegeben werden. Daher stand die Frage nach den ersten Erinnerungen an ihre Kindheit am Anfang des Interviews. Meine weitere Aufgabe bestand darin, die Erzählung durch Nachfragen, die weitere Erzählungen anregen sollten, oder nonverbale Ermutigungen (etwa durch Blickkontakt, Nicken, "hm") aufrechtzuerhalten (vgl. Schütze, 1977). Am Ende der Geschichte wurden verschiedene Episoden nochmals angesprochen, die in der Erzählung unverständlich blieben. Mit den meisten Gesprächspartnerinnen wurde noch ein weiteres Interview geführt. Dies kam zum einen den Bedürfnissen der Gesprächspartnerinnen entgegen, die nach dem ersten Interview besonders häufig an die Zeit ihrer Verfolgung dachten und so Gelegenheit hatten, von den weiteren Erinnerungen zu berichten, die durch das Gespräch nachträglich evoziert wurden. Zum anderen hatte ich die Möglichkeit, die Tonbandaufzeichnungen abzuhören und weitere Fragen anhand der Erzählung zu entwickeln. Dies betraf vor allem Bereiche, die in der Erzählung nur sehr kurz angesprochen wurden. Am Ende des Interviews stellte ich auch Fragen, auf die die Gesprächspartnerinnen vorher überhaupt nicht eingegangen sind, etwa nach ihrer Einschätzung des Antisemitismus, des Golfkriegs etc.

Zusammenfassend können folgende Momente genannt werden, die in den Interviewprozeß eingingen: Auf personaler Ebene sind es die Motivation der Überlebenden, mir ihre Geschichte zu erzählen, ihre besondere Lebenssitua-

---

[76] Schütze führt den engen Zusammenhang von Interviewtechnik und Auswertungsinteresse aus (1977), der entsprechende Modifikationen notwendig werden läßt. Weiterhin ergibt sich deren Notwendigkeit - wie bereits dargestellt - aus den erzähltheoretischen Überlegungen.

[77] Als weitere Aspekte von grundlegender Bedeutung für dieses Interviewkonzept werden die "grundsätzliche Zweiteilung des narrativen Interviews in Anfangserzählung und Nachfrageteil, das Verhalten des Interviewers als themaorientierten Zuhörers, der Charakter erzählgenerierender Thematisierungen und erzählgenerierender Nachfragen"(Schütze, 1977, 53) genannt.

tion, die dem Konstruktionsprozeß ihrer Biographie zugrundeliegt, sowie meine Person als Interviewerin mit meinem Forschungsinteresse und biographischen Hintergrund. Diese Ebene wurde in der Interpretation mit Hilfe psychoanalytischer Experten unter dem Aspekt von Übertragung und Gegenübertragung reflektiert. Weiterhin sind methodologische und methodische Vorüberlegungen zu nennen, die zur Gestaltung der Interviews führten sowie die Reflexion der Interviewerfahrung mit Überlebenden in Yad Vashem. Als letztes Moment kommt noch die aktuelle historische und gesellschaftliche Situation hinzu, in der das Interview geführt wurde. Dieses Moment findet sich im Interpretationsprozeß v.a. bei der Frage nach der Auswahl der erzählten Episoden wie der Schilderung aktueller Problemlagen wie Antisemitismus, Intifada, Golfkrieg etc.

Beschreibung der Auswertungsmethode
Die Interpretation der autobiographischen Geschichten Überlebender erfordert Erfahrung und Vertrautheit im Umgang mit dieser Gruppe. Da es in Deutschland weder therapeutische noch Forschungseinrichtungen für diese besondere Problematik gibt, habe ich nach ExpertInnen in New York, dem Zentrum psychoanalytischer "Holocaust-Foschung", gesucht. Über meine Mitarbeit am Jerome-Riker-Institut for Child Development Research in New York, dessen zentraler Forschungsschwerpunkt die besondere Problematik von Menschen, die die Massenvernichtung der europäischen Juden durch die Nationalsozialisten als Kinder und Jugendliche überlebt haben, darstellt, kam ich in Kontakt mit erfahrenen Psychoanalytikerinnen, die sich zum Teil seit Jahrzehnten in ihrer klinischen und theoretischen Arbeit mit den Überlebenden befassen und als Verfolgte und/oder Emigrierte selbst engen lebensgeschichtlichen Bezug zu der Thematik der Überlebenden besitzen. An meinen Interviews arbeitete ich intensiv mit drei Psychoanalytikerinnen, die ich im folgenden als Expertinnen bezeichnen möchte.

Auswahl der vier Interviews für das Interpretationsverfahren
Zu Beginn der Auswertung stand zunächst das Problem der Verdichtung des Datenmaterials im Vordergrund. Um die Verknüpfung von Lebensgeschichte und historischen Abläufen zu veranschaulichen, wurde zunächst für jede Gesprächspartnerin ein Raster mit den biographischen und historischen Daten angefertigt. In einem nächsten Schritt wurde der manifeste Sinn der erzählten Lebensgeschichte rekonstruiert. In ihrem chronologischen Verlauf wurde die Geschichte der frühen Kindheit, der Verfolgung sowie der Zeit nach der Befreiung dargestellt. Als Information für die nachfolgende Gruppeninterpretation wurde jeder dieser Zusammenfassungen eine Beschreibung meines Eindrucks von der Interviewsituation sowie von der Gesprächspartnerin beigefügt. Eine Expertin wurde gebeten, aufgrund ihrer klinischen Erfahrung vier dieser Interviews auszusuchen, die sich möglichst prägnant in ihrer Konstruktion ihrer Lebensgeschichte unterschieden. Diese Auswahl

entschied sich nach dem Kriterium der Nachvollziehbarkeit und Plausibilität, aus forschungspragmatischen Gründen war eine konsensgestützte Auswahl durch die Interpretationsgruppe nicht möglich.

Interpretationsverfahren
Die transkribierten Interviewtexte wurden einem diskursiven hermeneutischen Verfahren unterzogen, das - wie beschrieben - ausgehend von einem konsenstheoretischen Wahrheitsmodell speziell für diese Art von Texten bzw. für diese Gruppe von Interviewpartnerinnen entwickelt wurde. Die extreme Traumatisierung der Überlebenden der Shoa kann über die Erzählung nur äußerst fragmentarisch erschlossen werden, da diese Erlebnisse nur sehr schwer - wenn überhaupt - zur Sprache gebracht werden können (vgl. erzähltheoretische Vorüberlegungen).Die manifeste und latente Bedeutung dieser Texte erschließt sich damit nicht über deren Struktur, ihre Interpretation setzt daher eine klinische Kompetenz voraus, wie sie nur im jahrelangen therapeutischen Umgang mit Überlebenden zu erwerben ist. Der Rekonstruktionsprozeß ist somit notwendig auf die Kompetenz der Expertinnen angewiesen. Eine weitere methodische Schwierigkeit im Interpretationsprozeß ergibt sich aus dem Unterschied zwischen einem Text und dem psychoanalytischen therapeutischen Setting (vgl. methodolog. Vorüberlegungen). Ihre methodische Umsetzung finden diese Überlegungen in der Einrichtung von jeweils zwei Interpretationsdyaden, die sich mit demselben Text befassen. In der dyadischen Struktur erscheinen unerwünschte gruppendynamische Momente (wie etwa Status und Autorität der einzelnen Interpretinnen, die häufig den Fortgang der Gruppeninterpretation beeinflussen) minimiert zu werden. Die beiden Dyaden können weiterhin als wechselseitige Kritik verstanden werden, die die Subjektivität der Deutung begrenzen kann.
Das oblique-hermeneutische Interpretationsverfahren läßt sich in sechs Stufen unterteilen:
1) Im ersten Schritt wurden zunächst von jeweils zwei Expertinnen und mir - unabhängig voneinander - eine genaue Textanalyse der transkribierten Interviewtexte als Grundlage für den nachfolgenden Interpretationsdiskurs erstellt. In diesem Prozeß folgten wir chronologisch dem Text, um auffällige Textstellen, sog. "Irritationen", auszumachen. Als "auffällig" wurden alle Textteile verstanden, die eine Klärung der Bedeutung erforderten, wie etwa widersprüchliche oder unverständliche Textpassagen. Bei dieser Bedeutungsklärung tritt neben das logische und psychologische Verstehen das szenische Verstehen (vgl. Kap.III.3.). Hierbei spielte das Wissen (der historischen Sachverhalte, der psychologischen Holocaustforschung, der psychoanalytischen Theorien etc.) und die klinische Erfahrung der Expertinnen eine wesentliche Rolle, da sich die Verstehensproblematik häufig als eng verknüpft mit der *besonderen* Lebensgeschichte der Überlebenden erwies. Die hermeneutischen sowie die erzähltheoretischen Vorüberlegungen, die der

Interpretation zugrundeliegen, wurden zu Beginn des Interpretationsprozesses diskutiert.
2) Die ersten Interpretationsansätze, die sich aus dem Versuch, die Bedeutung der "auffälligen" Textstellen zu klären, ergaben, wurden dann in zwei getrennten Interpretationsgängen mit jeweils einer Expertin diskutiert. Ein wesentlicher Aspekt bestand in der Analyse der Gegenübertragungsmomente, die das Verstehen zugleich beförderten als auch hemmten. In diesem hermeneutischen Prozeß wurde schrittweise die Bedeutung des Textes rekonstruiert, der Interpretationsprozeß wurde auf Tonband aufgenommen und später protokolliert.
3) In einem dritten Schritt wurden die Protokolle der beiden Interpretationsprozesse miteinander verglichen und die Textstellen, bei denen Konsens erzielt wurde, in die schriftliche Fassung der Interpretation übernommen. Eine weitere Voraussetzung für die Übernahme in die schriftliche Interpretation war auch die Bestätigung einer Hypothese durch verschiedene strukturhomologe Szenen im Text. So kann von einer doppelten Validierung der Hypothesen gesprochen werden, einer internen durch den Text und einer externen durch den Konsens der Gruppe. Textstellen, an denen Dissens herrschte, wurden noch einmal mit den Expertinnen diskutiert und entweder auch in die Interpretation aufgenommen oder verworfen, wenn sich keine Einigung über die Bedeutung erzielen ließ.
4) In einem vierten Schritt wurde die schriftliche Fassung der Interpretation zur Validierung an die Expertinnen gegeben, diese wurden um eine kritische Stellungnahme zu den Interpretationsskizzen gebeten. Dieser Schritt erscheint notwendig, da sich durch die schriftliche Formulierung der Hypothesen und deren Einbettung in den chronologischen Verlauf der Lebensgeschichte nochmals Bedeutungsverzerrungen ergeben können.
5) Zu dieser Validierung durch die am mündlichen Interpretationsprozeß beteiligten Expertinnen tritt noch eine Art von "externer Validierung" durch eine unabhängige, bislang am mündlichen Interpretationsprozeß nicht beteiligte, psychoanalytische Expertin hinzu. In diesem Schritt wurden die Interpretationsskizzen auf ihre Plausibilität und Nachvollziehbarkeit hin überprüft, um sie auch LeserInnen ohne Kenntnis der vollständigen Transkriptionstexte zugänglich machen zu können.
6) In einem sechsten Schritt wurden die Interpretationen gemäß der Stellungnahmen aller vier Expertinnen abschließend noch einmal überarbeitet.

IV. Interview mit Frau L.[78]

L: Später, ja okay.
I: (lacht) Ja, wenn man vielleicht einfach damit anfangen kann, daß Sie mir erzählen ... (Telefon klingelt, Bandabschaltung)
L: Mein Name ist heute K.L., ich bin geboren F.C. im April (193..) in Olmütz, Tschechoslowakei. Meine Kindheit bis '39 eigentlich verhältnismäßig ruhig verlaufen, äh, ganz einfaches Heim, ich bin in die jüdische Schule gegangen, äh natürlich und März '39 ist der Hitler in die Tschechoslowakei gekommen, und damit war eigentlich mit der Kindheit aus, nicht, denn in 1940 haben, wurde unsere Schule erstens mal geschlossen, und wir durften nicht mehr in die Schule gehen, und die erste Deportation in der Tschechoslowakei war aus, die Männer, 500 Männer aus Olmütz, die nach N. deportiert wurden, und darunter waren auch zwei meiner Onkel. Und die zwar dann zurückgekommen sind, aber 1942 wurden alle Juden aus Olmütz nach Theresienstadt deportiert. (Auslassung) ... und daher kam ich erst im Juni '43 nach Theresienstadt. Jetzt in Theresienstadt waren wir bis Oktober '44, am Anfang Oktober '44 wurde mein Vater nach Auschwitz geschickt, und danach, zwei Wochen danach meine Mutter und ich und meine Tante und ihre Schwester, die sich freiwillig gemeldet hat, und aus äh Auschwitz wurden wir nach Mauthausen verschickt. In Mauthausen blieben wir nicht, sondern wir wurden in ein kleines Lager in M. geschickt, da war eine Papierfabrik, die kriegswichtig war, in der wir arbeiten sollten. War ich die Jüngste eigentlich im Lager, war, ich war damals 13, da hat man sich bemüht, mich im Lager zu behalten, und ich war dann offiziell die Lagerschusterin (lacht). Und dieses Lager wurde dann durch die Amerikaner am 5. Mai '45 befreit. Das ist eigentlich die Jugendzeit, nicht, damit war auch meine Jugend zu Ende. Ich habe neunzehnhundert..., meine Mutter hat das Lager nicht überlebt, die hat Typhus bekommen, ist auf Typhus in Mauthausen gestorben, und ich bin dann zurück nach Olmütz. Mein Vater war in (Auslassung) und ist auch zurückgekommen. Ich bin dann natürlich wieder in die Schule gegangen, aber es ging nicht allzu gut, denn es waren viel zu große Lücken, die man sehr schwer nachholen kann. Ich hab das Gymnasium, zwar zwei Jahre Gymnasium absolviert, aber nicht sehr erfolgreich, hatte beschlossen, dann in eine ... (berufliche)Schule zu gehen, und das ging natürlich viel besser, das war viel einfacher. Und dann '48, als wieder die Russen, die Kommunisten, der Putsch in der Tschechoslowakei war, haben wir beschlossen

---

[78] Die Interviews sind aus datenschutzrechtlichen Gründen sinngemäß chiffriert. Auslassungen von Textstellen, die die Person erkennen lassen könnten, sind entsprechend markiert.

nach Israel zu kommen, sind Januar '49 in Israel eingewandert. Jetzt, was kann ich Ihnen noch erzählen (I: lacht), was möchten Sie noch gern wissen?
I: Ja, das ging mir alles sehr schnell.
L: Das ist ziemlich, ich hab kein sehr interessantes Leben gehabt, jetzt wenn Sie Einzelheiten wissen möchten ...
I: Ja, was ist denn die erste Erinnerung, die Sie haben, an Ihre Kindheit? Was fällt Ihnen da ein, wenn Sie ...
L: Was mir noch, natürlich (Pause ca. 5 sec.) ich war sehr oft bei meinen Großeltern, die waren in einem kleinen Dorf, beide Großeltern sind aus einem Dorf, mein Großvater war ein großer Musiker, ich weiß, ich hab immer nur Musik gehört. Er war Pianist, und hat von früh bis spät geübt. Er wurde, er hatte zwar ein (Auslassung)...geschäft, aber das, ich erinnere mich, hat meine Großmutter führen müssen, das einzige, was er im Kopf hatte, war die Musik. Ich bin immer aufgewacht und eingeschlafen und immer wieder Musik. Und meine Mutter hat auch Klavier gespielt und Harmonika. Mich haben sie auch gezwungen, Klavier zu spielen, aber ich wollte nie so richtig üben, ich war nicht sehr fleißig. Und meine andere Großmutter, die hatten wieder ein Gut, ein Geschäft und ein Gut, Gänse und Hühner und äh Bäu-, und Obstbäume, das war wieder ein ganz anderes Leben. Und ich muß sagen, ich hab mich da viel besser gefühlt, konnte mit den Gänsen auf die Wiese gehen, barfuß, mußte mich nicht anziehen, das war wirklich ein Kindertraum. Ein Erlebnis, aber wie gesagt, das war dann natürlich sehr bald aus, weil im Jahre '38 wurde dieses Dorf, das ziemlich nahe an Polen, also die Grenze Polen, äh von den Polen besetzt, und meine Großväter sind inzwischen gestorben, einer '35 und einer '36, und meine Großmutter, Großmütter sind dann nach Olmütz übersiedelt, eine Großmutter war bei meiner Tante, und die andere war eigentlich, Mutters Mutter, auch bei meiner, hat auch bei meiner Tante gelebt. Also dies, (Pause ca. 5 sec.) ich bin gern in die Schule gegangen, es war eine sehr angenehme Schule, allerdings, ich komme jetzt beim Zurückblicken erst dazu, daß wir eigentlich schon damals in einem Getto gelebt haben, das ist eigentlich, dadurch, daß ich in eine jüdische Schule gegangen, ich automatisch von der anderen Welt irgendwie abgeschlossen war. Nach dem Krieg, als ich dann in die christliche Schule, ging, also in den allgemeines Gymnasium, und obzwar in der Schule nur ein einziger jüdischer Junge außer mir war, haben wir doch mit Feindseligkeit zu kämpfen gehabt. Das war schon weniger angenehm.
I: Was war da so konkret?
L: Sicher, man hat geschimpft: Juden raus, und: warum seid ihr zurückgekommen, all diese Sachen, wie sie so üblich waren und wahrscheinlich auch noch heute üblich sind.
I: Ja. Aber das war nach dem Krieg?
L: Das war schon nach dem Krieg und äh, und so ist es eben, und so wird es wohl auch immer bleiben, wir haben da nicht sehr viel Illusionen.
I. Hm. Aber vor dem Krieg haben Sie gar nichts mitgekriegt?

L: Nein, weil ich hab eigentlich immer nur in dem jüdischen Milieu gelebt (I: ja), mein Vater war ein sehr großer Zionist, deshalb hat er mich auch in die jüdische Schule geschickt. Ich weiß, daß im Jahre ich glaub '38 oder '39 alle jüdischen Kinder aus den nichtjüdischen Schulen weggeschickt wurden und sie bei uns in der jüdischen Schule aufgenommen wurden, das ist etwas, wir waren ganz verwundert darüber, ja. Wo auf einmal so viele Kinder herkommen. Zum Beispiel da, wo ich gelebt habe, ich hätte gleich, einfach in die Volksschule gehen können, da ich drei Schritte in die Volksschule, in die allgemeine Volksschule hatte, und in die jüdische Schule mußte ich ungefähr eine halbe Stunde zu Fuß gehen, nicht. (I: ja) Trotzdem hat mein Vater äh es nicht erlaubt, daß ich in die allgemeine Schule gehe, weil er mich eben schützen wollte, nehme ich an, was natürlich nicht viel geholfen hat am Ende.
I: Können Sie sich noch erinnern, wie Sie das erlebt haben, daß Sie nicht grad in die nächste Schule gehen mußten, sondern so weit ...
L: Nein, ich erinnere mich nicht, ich war fest überzeugt, daß ich in die, in die allgemeine Schule gehen würde, das waren doch drei Schritte (I: ja), ein paar Schritte von meinem Haus, ich war sehr überrascht. Aber mein Vater hat mir gesagt, er ist Zionist, und er findet es besser, daß ich eine jüdische Erziehung bekomme, außerdem früher einmal haben die Kinder, was die Eltern gesagt haben, gemacht, das ist nicht so wie heute (lacht), das, da wurde man nicht so viel gefragt. Und ich war sehr zufrieden in der Schule. Mein Vater war Schulobmann auch, und sehr tätig in der Gemeinde, und eigentlich hab ich das als ganz selbstverständlich angesehen, nicht wahr.
I. Wie würden Sie Ihren Vater denn beschreiben?
L: In welcher Hinsicht?
I: Ja, wie Sie ihn so als Kind erlebt haben.
L: Er war ein Geschäftsmann, äh (Pause ca. 5 sec.) wir haben immer sehr für die Familie gelebt, meine Mutter und meine, ihre Schwester, die Tante, waren sehr, sehr innig befreundet, das heißt, die haben sich früh und nachmittags immer, das erste, meine Mutter ist aufgewacht, zum Telefon gelaufen, hat meine Tante angerufen, oder vice versa. Und nachmittags haben sie sich alle getroffen, und mein Vater hat mit meinem Onkel zusammen gearbeitet, sie hatten eine ...großhandlung, das heißt, man hat sich ununterbrochen getroffen. Ich hatte Cousins, die sechs und acht Jahre älter waren als ich, die mußt, die waren verpflichtet, die armen Kinder, mich jeden Sonntag zum Spaziergang abzuholen. Sie waren sehr unglücklich darüber, haben immer alles getan, um das zu übergehen, nicht. Mit Recht, also ich würde es auch nicht tun (lacht), aber sie wurden dazu eben ge, so macht man das. Wir haben in einem Haus gelebt, das eigentlich eine Reihe von drei kleinen Häusern, die mal meinem Großvater gehört haben, und ersten Haus haben zwei Schwestern meines Vaters gelebt mit ihren Männern und jeder mit zwei Söhnen, das heißt, wir waren wirklich immer nur Familie. Und ich weiß, mein Vater mit mein Onkel sind zusammen auf Urlaub gefahren, und meine

Mutter mit meiner Tante sind zusammen auf Urlaub gefahren, das heißt es war, die waren nie getrennt, ja, das war eine sehr. Mein Vater war sehr streng, er hat nie viel Zeit gehabt, sich um uns zu kümmern, nicht, das war eben Usus so, ich hatte ein Kindermädchen, wir hatten 'ne Köchin, und so war es eben. Und im Sommer bin ich zu meinen Großeltern gefahren, meine Mutter ist auf Urlaub mit meiner Tante gegangen.
I: Und Sie waren das einzige Kind?
L: Ich war leider das einzige Kind, und äh scheinbar war der Krieg dann der Grund, daß ich es auch geblieben bin, und leider hab auch ich nur ein einziges Kind, aber das sind wieder Gesundheitsgründe, und nicht, keine anderen Gründe.
I: Ja, das war jetzt Ihr Vater. Was fällt Ihnen denn so ein zu Ihrer Mutter?
L: Mein Vat-, meine Mutter war eine sehr, sehr lebenslustige Frau, ich weiß, sie hatte sehr gern Gesellschaften und getanzt und rumgefahren, sie war immer lebendig, etwas, was sehr außergewöhnlich war, im Jahre '35, '36 konnte sie schon Autofahren, und Ski- ist Ski gelaufen, hat Tennis gespielt, geschwommen, sie war sehr sportlich. Sie war einem, auch in einem Pensionat in Berlin, auch etwas außergewöhliches für diese Zeiten, und es ist ihr dann auch im Lager immer sehr schwer gefallen, sie war sehr verwöhnt, und das Leben ist ihr da wirklich sehr schwer gefallen. Ich hab mich dann immer um sie gekümmert. Sie hat es einfach nicht verkraftet, sie war schwach und nie Schwierigkeiten, mit Schwierigkeiten zu kämpfen gehabt, wir haben auch im Krieg, dann ich nicht mehr in die Schule gehen dürfte und so, wir keine Dienstmädchen hatte, hat mein Vater und ich, mit zehn, zwölf hab ich dann den Haushalt gemacht mit meinem Vater zusammen, meine Mutter hat's nicht gemacht. (I: ja) Ja, das ist interessant, so zurückzudenken, nicht wahr? (I: ja) Ich hab immer eigentlich gearbeitet, bis heute eigentlich, ja, und sie war es nicht gewöhnt, und es ist ihr auch schon sehr schwer gefallen, viel schwerer glaube ich als Leuten, die es ja gewöhnt sind, die schwere Arbeit und schwere Arbeit.
I: Und Sie waren das gewöhnt?
L: Ich war es sicher nicht gewöhnt, aber wenn man jung ist, also acht und neun, nicht, ich hab's eben gemacht, es war, wer sonst. Ich hab den Staub, gewischt ich hab die Wohnung aufgeräumt und versucht, bissel, etwas zum Essen zu machen. Das Mittagessen hat mein Vater, es war so eine Volksküche bei uns in Olmütz, die hat, das Essen hat er mitgebracht, ich hat's gewärmt, und er hat die Kohlen gebracht, damit man im Winter heizen konnte, äh und so war das eben, ja. Das ... (Telefonklingeln, Bandabschaltung). Was kann ich Ihnen noch erzählen? Nicht wahr, das ist kein sehr interessantes Leben, nicht?
I: Doch (lacht), finden Sie das nicht interessant?
L: Ja, na gut, ich meine. Und nach dem Krieg, als wir dann zurückkamen, meine, da haben wir beschlossen, nachdem meine Mutter nicht zurückkam, und der Mann von meiner Tante nicht, meine Cousins haben Glück gehabt,

die haben's überlebt, die waren in Buchenwald, da hat mich mein Vater gefragt, was ich machen will. Da hab ich gesagt, ich werde den Haushalt nicht führen, ich möchte doch noch mal gerne in die Schule gehen, damals war ich 14, ich würde vorschlagen, daß wir zusammen wohnen. Die hatten ein, da sind wir in unsere alte Wohnung gezogen, wir hatten damals fünf Zimmer, daneben war noch eine kleine Wohnung, die hatte noch zwei, da haben wir den Stock zusammengetan und dann meine Tante und meine Cousins und meine Großmutter, die das Lager in Theresienstadt überlebt hat, zusammen gelebt, bis also Dezember '48, als wir, mein Vater hat dann geheiratet im Dezember '48, und bis zu unserer Auswanderung nach Israel. Und meine Tante und meine Cousins haben weiter in der Wohnung gelebt, und die Großmutter, ein Cousin allerdings hat in Prag studiert, Medizin, der zweite ist dann immer in Olmütz, er hat geheiratet, in diese Wohnung reingeheiratet, meine Großmutter ist dann gestorben. Und dann wurden diese drei Häusern, die auf, interessanterweise eine Hauptstraße, mit drei kleinen Zwei-Stock-Häusern, etwas ungewöhnliches in einer Großstadt. Da wurde dann beschlossen, die Häuser abzureißen. Das haben die, die Behörden haben die Häuser abgerissen, und meine Tante mit meine Großmutter haben eine kleine Wohnung bekommen, und dadurch ist mein Cousin mit seiner Frau zu einer selbständigen Wohnung gekommen, ich hab sie dann 1965 in Olmütz besucht, und der andere Cousin ist wirklich Arzt geworden. Hat studiert, geheiratet und lebt heute bei Köln als Arzt. Auch sein Sohn ist schon Arzt, also die haben wirklich sehr, sehr gut die Sache erledigt. Der andere Cousin, wir stehen natürlich dauernd in Verbindung, telefonisch und brieflich und, der hat allerdings eine Frau geheiratet, die keine Jüdin war, waren ja keine Juden mehr. Nach dem Krieg, es waren vor dem Krieg glaub ich 12.000 Juden in Olmütz, und nach dem Krieg vielleicht 200, und davon auch solche, die eigentlich nicht in Olmütz geboren waren, also, wirklich minimal. Alle meine Freunde, bis auf eine, sind umgekommen, und die Familie ist natürlich nicht zurückgekommen, wir haben immer versucht, da zu warten, aber es ist natürlich (unverständlich) es war eine allgemeine Erscheinung, eine traurige, aber, so ist es.

I: Können Sie sich noch an den Tag genau erinnern, wie Sie dann wieder zurückgekommen sind?

L: Ja, sicher, ich weiß genau, das war, am glaub ich 16. Juli, erst, ich habe sehr lange gebraucht, alle wurden früher deportiert, aber meine Mutter war, hat da noch gelebt, meine Mutter hat den Krieg bis zum 24. Juni '45 überlebt, krank, und ist am 24. Juni '45 gestorben, in einem Krankenhaus bei L., bei dem Lager, und ist dort begraben. Und dann mußte ich auf irgendeinen Transport warten, der mich zurückbringt. Ich erinnere mich nur, daß die Amerikanerin, eine Amerikanerin, die mich eigentlich adoptieren wollte, und ich wußte nicht, mit 14 weiß man doch nicht, aber nun habe ich zufällig im Radio gehört, daß mein Vater den Krieg überlebt hat, und da habe ich beschlossen, doch zurückzugehen nach Olmütz, und da hatten, langsam haben sie einen Transport gesammelt, die Behörde, die amerikanischen Behörden, und haben uns zurückgeschickt in einem Lastauto nach Budweis, tschechisch Budweis, und von dort dann nach Prag. Und da hat, waren zwei entfernte Cousinen meines Vaters, die acht oder zehn Jahre älter waren als ich, die haben mich dann dort erwartet und übernommen ich meine, man war ja ziemlich verdreht, immerhin war ich ja erst 14, und äh dann ist mein Vater auch gekommen und dann bin ich wieder zurück. Das war eigentlich sehr komisch, unser Wohnung war noch nicht leer, da hat noch jemand anders gewohnt, und äh die, meine Cousins haben da irgendeine Wohnung ergattert, die sind schon mit, die sind wieder mit den Russen zurück, über Ungarn zurückgekommen, da sind wir zu denen in die Wohnung, na, haben auf der Erde geschlafen, das war ja ganz egal eigentlich (lacht), wie schlafen, das, wir waren ja nicht sehr verwöhnt nach dem Krieg. Nicht wahr, bis wir dann umgezogen sind, irgendwelche Möbel gehabt haben uns so weiter. Ich weiß, wir haben alle sehr viel gegessen, weil wir alle schrecklich hungrig waren, und daß ich schrecklich dick geworden zwischen 14 und 16, war ich richtig so kugeldick, was man kaum glauben kann, nicht, das ist dann wieder runter. Ich hab auch sehr früh geheiratet, weil ich dadurch, daß ich eigentlich kein, nachher keine Familie, keine Heimat hatte, als mein Vater geheiratet hatte, wollt meine (unverständlich) nicht zu sich nach Hause nehmen.

I. Sie wollte sie nicht?

L: Sie wollte nicht, nein, sie wollte nicht. Ich kann es ihr auch nicht verleiden, ich war immerhin 17, wir sind her ins Land gekommen, das war auch nicht leicht. Aber ich hab dann noch '49 meinen Mann kennengelernt und geheiratet mit 18 1/2, und äh das war ein sehr glücklicher Zufall, es hätte ja auch schlecht ausfallen können, es ist Gottseidank gut ausgegangen (lacht).

I: Das heißt, Sie sind noch verheiratet?

L: Ich bin noch mit demselben Mann verheiratet, das ist 41 Jahre her bald, und mein, bei meinem Mann hab ich eigentlich Deutsch gelernt, denn eigentlich hab ich nur tschechische Schulen. Nach dem Krieg durfte man gar nicht Deutsch sprechen, mein Mann ist Münchner, als wir uns kennenlernten, haben wir Englisch gesprochen. Ich hab gar nicht dran gedacht, daß er Deutscher ist, und Hebräisch konnte ich nicht, war einmal, ein Jahr, ein Monat in Israel. Und langsam sind wir darauf gekommen, daß wir eigentlich, ich konnte schon etwas Deutsch, ich konnte sprechen, aber sehr schlecht, weder lesen noch schreiben. Und äh als dann unser Kind geboren wurde, hatten wir keine Wohnung, da hab ich bei seinen Eltern in Jerusalem gelebt, fünf Monate, und mein Schwiegervater, der Wissenschaftler war, hat sich einfach dazu getan, der war schon in Pension, und hat mir richtig Deutschunterricht gegeben, ich hab in fünf Monaten intensiv Deutsch gelernt, lesen, schreiben und alles, und so das ist das Resultat, daß ich heute sogar ...(in einer deutschsprachigen Institution in Israel arbeiten kann, d.V.).

I. Und Sie sprechen Deutsch mit Ihrem Mann?

L: Und wir sprechen heute Deutsch. Meine Tochter komischer wollte nie Deutsch sprechen, und sie versteht natürlich Deutsch, aber da sie Lektorin ist, muß sie Deutsch können, weil als eine, sie kann Deutsch, also sie kann Englisch, Französisch, Hebräisch, vor paar Jahren ist sie, hat sie dann eingesehen, daß es wichtig ist, auch Deutsch zu können (I: ja), sie ist in ein Kurs von Goethe-Institut gegangen und hat hier auch etwas Deutsch, nicht gern, aber sie tut's. Und mein Enkel war sogar diesen Sommer als äh Austausch, Studentenaustausch in, nein nein, als Studentenaustausch in Deutschland, da sind ziemlich, sehr Freunde Israels, da ist immer Jugendaustausch mit seiner Cousine, aber er kann kein Deutsch, er spricht Englisch. Er ist 15 1/2 und er, es hat ihm da sehr gut gefallen, die wurden sehr schön aufgenommen. Ich muß ehrlich sagen, wenn ich nach Deutschland, fühle ich mich nicht sehr wohl. Ich mein, ich fahr schon, nicht, meinen Cousin besuchen oder mal zur Erholung oder, aber es, oder ich fahr aufs Grab von meiner Mutter nach Österreich, sehr ungern nach Österreich, Österreich ist viel unangenehmer wie Deutschland (I: ja?), ja, viel unangenehmer.

I: Warum ist das unangenehmer?

L. Äh, ich weiß es nicht, vielleicht, weil ich da im Lager war, das ist ein ziemlich unangenehmes Gefühl, das (Pause ca. 5 sec.).

I: Wann waren Sie das erstemal da?

L: Das erstemal war ich '65 da, nach dem Krieg, bisher hatten wir weder Geld noch Möglichkeit, ja, wir hatten ja alle kein sehr leichtes Leben, nicht, bis wir uns die Existenz, eine neue Existenz geschafft haben, aber '65 wollte dann meine Großmutter, die schon sehr alt war, die 87 Jahre alt war, wollte mich nochmal sehen, 87 oder noch älter sogar, und sie wollte mich gerne sehen. Und da hat mein Cousin, der Arzt ist, geschrieben, ich soll mal sehen, daß ich komme. Und dann bin ich wirklich hingefahren, und am Rückweg bin ich in Wien geblieben und nächsten Tag dann wirklich auf's Grab von meiner Mutter gefahren. Und das haben wir dann immer, wenn ich auf Urlaub gefahren bin oder so, haben wir natürlich mein Mann und ich immer versucht, dahin zu gehen. Aber jetzt waren wir schon ziemlich lange nicht da, weil mein Mann fünf..., '84 einen schweren Herzanfall hatte, und seitdem sind wir eigentlich, haben wir keine so, eine oder zwei Reisen, kleine allerdings nur, nein wirklich nur eine, eine kleine Reise, ich bin einmal mit meiner Tochter nach England gefahren, mit dem Enkel nach England gefahren, und zusammen haben wir eigentlich seit '84 nur eine 17-Tage-Reise unternommen, um eben, und das war zu weit, das hab ich dann nicht getan. (leise) Da gab nicht viel zu sehen (?), eigentlich, ja? Meine Mutter weiß davon nicht, das Grab wurde, ist von Nonnen gepflegt, sehr ordentlich, in katholische Friedhof, das so. Mein Vater ist inzwischen auch gestorben, vor zwei Jahren, und seine Frau lebt noch immer in Tel Aviv. Aber wir haben gar keinen Kontakt.

I: Keinen?
L. Überhaupt keinen Kontakt. Sie wünscht sich das nicht, und ...
I: Aber das war bestimmt schwer für Sie, nicht, als Sie dann nach dem Krieg dann nicht in der Familie bleiben konnten, oder?
L: Ja, und ich wollte dort bleiben, bei meiner Tante, aber sie wollte, wollte auch die Sache nicht übernehmen, weil auch sie hat ihre zwei Söhne zu erziehen gehabt, das konnte ich verstehen. Und für meinen Vater der neue Anfang war sicher auch schwer. Ich seh ein, daß ein Mann, der dann noch einmal heiratet, er war damals im Jahre '45, nein, wie er geheiratet hat, im Jahre '48 war er nur äh 45 Jahre alt, nicht. Das heißt, das ist ein verhältnismäßig junger Mann, und er wollte sein eigenes Leben leben. Und wenn seine zweite Frau seine Tochter nicht wollte (I: ja) ist es vielleicht zu verstehen, sie wollten nicht gestört sein. Noch dazu, da sie ein eigenes Kind hat, das krank ist. Also ich kann das, dafür hab ich Verständnis, aber da, dadurch haben wir eigentlich auch keinen Kontakt nach ... Solang mein Vater gelebt hat, hatten wir Kontakt, aber in dem Moment, wo mein Vater gestorben ist, äh hat der Kontakt ihrerseits, sie hat gesagt, sie ist nicht interessiert, das ist nicht ihre Familie, wir sind nicht verwandt und äh, obzwar sie heute eine 80 Jahre alte Frau ist, und (es kommt jemand und spricht), eine 80 Jahre alte Frau, die eigentlich hilfebedürftig ist. Aber da sie's nicht will, sie hat ihre Freunde und Bekannten, und da muß man die Sache irgendwie ...
I: Aber zu Ihrem Vater haben sie noch regelmäßigen Kontakt gehabt?
L: Ja, mit meinem Vater hatte ich Kontakt, und er hat sich, er hatte meine Tochter sehr gern gehabt, und die Urenkel auch, das war für ihn ein. Er hat noch alle seine drei Urenkel gesehen, und er ist (Auslassung) ... gestorben, ich hab ihn, es ist mir noch gelungen, ihn auf zwei Monate zu unterbringen, und die Kinder sind wirklich regelmäßig, auch die Urenkel zu Besuch gekommen, und äh das hat ihm sehr viel gegeben, nicht. Aber mehr kann man ja auch nicht tun, nicht wahr, so ist das. Und jetzt, was kann ich Ihnen noch erzählen? Von meiner Arbeit?
I: Ja.
L: Ja? Ich bin eigentlich hier seit 17 Jahren, und bin zu der Arbeit dadurch, daß, durch meine Deutschkenntnisse. (es spricht eine Frau, Frau K. antwortet kurz). Und äh damals hat, hat die ... eine deutschsprachige (Mitarbeiterin), die unter 60 Jahre alt ist, gesucht (lacht), weil sich, (unverständlich) sich lauter Damen, die 60, 65, 70 Jahre alt waren, gemeldet. Ah, ist aus.
I: Komisch.
L: Er will nicht. (es kommen Leute und sprechen, Bandabschaltung)
I: Einen Moment noch, (lacht).
L: So, jetzt fragen Sie mich, was ich Ihnen noch sagen kann.
I: Sie hatten grad erzählt von Ihrer Arbeit.
L: Von meiner Arbeit. Ich wurde aufgenommen, weil ich eben Deutsch und Hebräisch kann und noch nicht, damals war ich 42, wie ich hier angefangen hab, noch verhältnismäßig jung (Auslassung) ... Die Arbeit ist sehr interes-

sant, weil sie sehr viel mit Menschen zu tun hat, (I: ja), also das ist so ungefähr. Der Kontakt mit den Menschen ist sehr wichtig. Und wie ich jetzt einen Unfall hatte und im Spital war, da hat ich so wahnsinnig viel Besuch, das waren ungefähr 60 Leute. Und meine Zimmermitbewohner, die waren ganz außer sich, die haben gesagt, sie haben noch niemals so etwas erlebt. Wenn jemand in der Tür gestanden hat, haben sie gewußt, der sucht mich. Das war wirklich sehr, sehr erfreulich, muß ich sagen, sehr nett. Jetzt mein Mann, mein Mann ist ein Deutscher, in Deutschland geboren, und ist im Jahre '38 hier eingewandert. Die hatten Glück, daß sie zur Zeit ausgewandert sind, und äh er hat äh ist Informatiker, und hat die Firma mitbegründet im Jahre '56, und er ist auch schon in Pension, und wir hatten eine Tochter, leider nur, die inzwischen auch verheiratet ist, sie ist heut, sie wird jetzt, im Oktober, 40 und hat drei Kinder. (längere Auslassung) ... Und das ist etwas, das ich sehr gut finde (I: ja), die Jugend muß sich treffen und müssen zusammenkommen. Auch wenn wir in Deutschland sind, dann versuchen wir immer nur mit den Altersgruppen zusammenzukommen, die quasi nach dem Krieg geboren worden oder jünger sind, und durch die Arbeit meines Mannes sind wir mit vielen solchen Menschen zusammengekommen, die, mit denen wir bis heute sehr befreundet sind, und die ungefähr 10, 15 auch 20 Jahre jünger sind als wir, ja. Und die Freundschaft besteht.
I: Aber wie geht's Ihnen denn mit den Gleichaltrigen, bei Älteren?
L: Schauen Sie, Gleichaltrige ist kein Problem, weil die waren Kinder, als ich Kind war im Krieg. Mit den Eltern wir versuchen nicht, nicht zu, das tun wir einfach nicht, das ist eine ganz äh, das haben Sie sicher schon öfters mal gehört, nehme ich an.
I: Ja.
L: Und das kann auch sehr unangenehm werden, und deshalb gehen wir dem ziemlich aus dem Weg, außer wenn wir jemanden persönlich kennen.
I: Haben Sie das schon mal erlebt?
L: Ja, ich habe schon ein unangenehmes Zusammentreffen einmal bei Innsbruck erlebt, da waren wir in einem kleinen Hotel, es war furchtbares Wetter, und da war eine sehr nette deutsche Dame, nicht. Also nolens volens sind wir, haben wir angefangen zu sprechen, und äh und wir haben sie zu einem Wein eingeladen, man konnte einfach nicht aus dem Haus, und haben erzählt, und sie hat erzählt: und mein Mann und dann hat sie dann raus, einfach rausgeholt ein Foto in einer SS-Uniform, und der Mann, und hat angefangen zu schimpfen, die Zeiten waren viel besser und so weiter. Das war uns natürlich furchtbar peinlich, und wir sind einfach aufgestanden und verschwunden, die Dame wußte nicht, was uns passiert ist (lacht), wir sind ihr aus dem Weg dann gegangen. Es, solche Zusammenkünfte sind sehr unangenehm, und wir haben gesagt, wir müssen uns doch wieder vorsehen, man will nicht immer. Obzwar in der Schweiz gibt es auch unangenehme Sachen. Mein Schwager hat längere Zeit in der Schweiz gearbeitet, und meine Schwägerin, und ist bei jemand gekommen eine Aufräumefrau, nicht, und

da hat die gesagt: Ich kann bei Ihnen nicht arbeiten, ich arbeite nicht bei Juden, nicht. Gut, also das kommt vor, das war schon im Jahre '70, '72. Das, die Sachen sind ja doch noch ziemlich eingenistet, glaub ich.
I: Ist das auch mit ein Grund, warum Sie hier leben, in Israel?
L: Äh, Gott ich könnte mich nirgendwo anders wohlfühlen, glaube ich, das ist sicher ein Grund, das ist sicher ein Grund, ja. Anzunehmen. Außerdem, sehen Sie, es ist auch ein großer Unterschied mit einem israelischen Paß zu kommen, als wenn sie eine Jüdin mit einem, irgendeinem Paß sind. Mein Mann hat zum Beispiel grad gestern gesagt, warum eigentlich gehst du dir nicht deinen tschechischen Paß wieder nehmen, das kannst du machen, mußt sehen, vielleicht kannst du das Vermögen deines Vaters rausholen. Sag ich, ich will nicht davon überhaupt nichts hören, ja. Ich will keinen tschechischen Paß, ich will gar keinen Paß. Ja, wozu brauch ich das. Wenn mir jemand sagt, ich komm, das, die Sachen holen, ich will nichts davon hören. Das ist ...
I: Erinnert Sie das zu stark ...
L: Nein, nein, warum, schauen Sie, ich will nicht gerne angepöbelt werden. Wie ich '65 in der Tschechoslowakei war, ist natürlich niemand drauf gekommen, daß ich Jüdin sein könnte, denn es waren keine, kaum Juden in der Tschechoslowakei, da haben sie rumgerätselt, nicht, ich kann doch Tschechisch, wenn ich mit der Elektrischen gefahren bin oder so: ach, die ist aus Bulgarien, die ist aus Irak, es waren sehr viel Araber noch, das ja, aber niemand wär auf die Idee gekommen, nicht wahr. Ich hab mich nichts hören, wissen gemacht, nicht, aber wir sind automatisch leider sehr vorsichtig geworden. Meine Tochter und mein Schwiegersohn sind da ganz anders, die haben das nie miterlebt, Gottseidank, die sind hier aufgewachsen. Und die meines Schwiegersohnes sind hier aufgewachsen und geboren, und das ist eine ganz andere Mentalität, die sind viel freier, in jeder Hinsicht, (I: ja) es ist gut so (I: ja), nicht wahr, Gottseidank, hat sich die Jugend, ich glaube, auch die deutsche Jugend hat sich geändert, ich glaube, die deutsche Jugend hat sich auch geändert. Ich habe einen Fall gehabt, da waren wir zu Besuch, wirklich bei einem jüngeren Ehepaar bei München, die Frau war eine Tochter eines Pastors, und die Mutter, die hat uns von sich aus erzählt, sie spricht nicht mit ihrer Mutter, denn ihre Mutter hat ihren eigenen, den Mann, den Vater angezeigt, sie war Nazi, und der Vater war Kommunist. Und sie hat das nicht gewußt, erst nach dem Krieg hat sie es erfahren, seither spricht sie nicht mit ihrer Mutter. Und ihr Bruder ist Pastor auch, und er war in Israel, hat Hebräisch studiert, um eben die Bibel original lesen zu können. Das ist interessant, und sie will mit ihrer Mutter nichts zu tun haben. Trotzdem bin ich überzeugt, daß die, ist, die Alten, die das miterlebt haben und mitgelaufen sind damals, noch heute von darin, davon überzeugt, daß sie, daß sie recht hatten, sie sind nicht überzeugt, daß es Unrecht war, was sie getan haben.
I: Ich fürchte auch, ja. (unverständlich)

L: Sie fürchten, also glauben Sie auch? Ich glaube es auch, ja, also ich bin davon fest überzeugt. Und ich glaube, die Jugend in Deutschland weiß es auch. Sie haben viele Diskussionen mit ihren Eltern und Großeltern, und sehr schwer, darüber weg, hinwegzugehen, hinwegzukommen (lacht) (unverständlich) ... nicht so Kopf darüber zu zerbrechen, das war eine Zeitlang, wo die Israelis sehr angesehen waren, heute haben wir auch bißchen viel Dummheiten gemacht, also das kommt und geht, und man kann es nicht allen recht machen. So ist das. Das ist eigentlich, das sind so die Überlebensgeschichten, man kann es nicht ganz überwinden. Es kommt immer wieder zurück und äh gibt gute Tage und gibt schlechte Tage, aber es gibt, ich kenn viele Menschen, die eigentlich nur mit ihren eigenen äh Kameraden zusammenleben, befreundet sind, und über die mit ihnen die Sachen, und man spricht immer wieder darüber, ich weiß, mein Vater hat darin geschwelgt direkt, ich hab immer mit der Hilfe meines Mannes versucht, die Sache in den Hintergrund zu drücken. Und ich glaube, es ist auch recht so. Ich hab auch mit meiner Tochter nie darüber gesprochen.
I: Nie?
L: Nein, eigentlich nicht. Erst mein Enkel, mein großer Enkel, der hatte vor zwei Jahren, da hatten sie eine Arbeit, sie müssen alle einen Stammbaum aufstellen für die Schule, und den, der hat mir ein Interview gemacht, und der hat mich ausgefragt, nicht, ich werd ihm nichts genaues erzählen, ja, und den, der wußte, dann damals haben wir angefangen, darüber zu sprechen, eigentlich, aber es dauert viele viele Jahre, bis man sich zu so etwas, zu Interviews entschließen kann (I: ja), nicht wahr.
I: Das war das erstemal, daß Sie da erzählt ...
L: Das war eigentlich das erstemal, und das zweitemal voriges Jahr war da jemand aus äh diesem Bet Theresien (Gedenkstätte in Israel, d.V.) gekommen ist, und jetzt kommen Sie, ja (I: ja), aber wir versuchen eben, bei uns wird darüber nicht gesprochen. Mein Mann weiß schon, daß ich mal schlechte Tage hab, und dann, dann ist es nicht leicht, nicht, nicht, denn schließlich man kann niemand die Vergangenheit ganz auslöschen, das gibt's eigentlich nicht, aber man muß versuchen, so normal zu leben wie man kann. Ich geh zu keinen Gedächtnistagen und Zusammenkünften, und Theresienstadt und Auschwitz, ich mach das einfach nicht, ich bin nicht bereit, das mitzumachen, vielleicht ist es gut, jeder muß äh, äh muß eben handeln, wie er sich fühlt. Bei uns in der Gesellschaft die meisten wundern sich dann darüber, daß ich, man sieht's dir doch nicht an, was heißt, was soll man mir ansehen, nicht. Lächerlich, nicht? (I: ja) Ich hab eigentlich nur Bekannte und Freunde meines Mannes übernommen, denn meine Gesellschaft früher, die war tschechisch, das war nichts für meinen Mann, die haben wir langsam abgeschafft, man muß ja eben auch verzichten können auf gewisse Sachen, und wir haben jetzt nur Freunde, die noch Jugendfreunde meines Mannes sind, und die eben alle hier aufgewachsen sind, mehr oder weniger in die Schule gegangen sind mit 15, 16, vor dem Krieg hergekommen sind.

Und ich glaube, es ist vielleicht besser und die meisten haben's Jahre nicht mal gewußt, daß ich im Lager, wenn man mal so was sagt oder so, dann wundern sie sich auf einmal: ach, du warst auch da? Schluß, aus.
I: Wie haben Sie das denn erlebt, wie reagieren denn die andern?
L: Sie waren überrascht, man sieht's eben nicht, man sieht's dir nicht an. Was soll man da sehen?
I: Haben Sie auch mal irgendwie so Zurückweisung erlebt, daß andere Leute dann komisch reagiert haben, oder?
L: Nein, nein, eigentlich nicht, eigentlich nicht, nein. Ich wurde einmal von der Polizei aufgefordert, eine eidesstattliche Aussage abzugeben über jemanden, den sie da geschnappt haben, der ein Aufseher war bei uns im Lager. Ich konnte allgemein aussagen, aber an diesen Mann konnte ich mich nun direkt sicher nicht erinnern. Man will ja auch vergessen. Ist mir öfters mal vorgekommen, einmal hat mich jemand im Supermarkt getroffen, ist zu mir: du warst doch sicher mit mir im Lager, ich erkenn dich, du hast dich nicht geändert. Ich war so überrascht. Allerdings waren alles Leute, die ungefähr 10 Jahre und mehr älter waren als ich, und äh dann hab ich zufällig ein Buch zum Beispiel gelesen, bin auf Urlaub gegangen, hab mir ein, ich hab gedacht, ich nehm mir einen leichten Roman mit, und ich war ganz überrascht, das war ein Buch von einem Mädchen, die das Lager mit, und ich hab gelesen und gelesen. Das hat sich rausgestellt, daß war eigentlich wie mein eigenes Leben, Theresienstadt, Auschwitz, am Ende hat sich rausgestellt, wir waren zusammen im Lager. Das ist ein englisches Buch, in Amerika geschrieben. Und ich hab ihr dann wirklich geschrieben, sie hat mir geantwortet, und sie hat mir geschrieben, daß sie sich genau an meine Tante und meine Mutter erinnert, und an mich, weiß genau, wer ich bin, und wenn sie in Israel sein wird, wird sie mich besuchen. Aber das war vor zwei Jahren, sie ist leider inzwischen gestorben, die wär ungefähr jetzt 65 geworden, Moment, viel älter, ja 70, die war schon damals eine verheiratete Frau. Also das gibt's ja. Ich hab noch ein paar so Bekannte, aber an und für sich komm ich mit den Leuten nicht zusammen. In Bet Theresien ist jedes Jahr eine Gedächtnisfeier im Mai, ich bin Mitglied, ich zahl, aber ich war noch nicht einmal dort.
I: Noch nie, Sie waren auch noch nie in Bet Theresien?
L: Nein, dauernd sag ich meinem Mann, weiß du, wir müssen mal hinfahren, und ich kann mich nicht entschließen,, das ist komischerweise ein zu schwerer (unverständlich). Ich war in Mauthausen mit meinem Mann, weil wir waren in der, mein Mann mußte einmal zu einer Sitzung in Linz, in Österreich, und da hab ich, und wir sind dann aufs Grab von meiner Mutter, und das ist genau in der Mitte. Und da hab ich meinem Mann gesagt, also jetzt mußt du doch mal hin. Das ist so umgebaut und so anders ist alles als es einmal war, äh ist das für die Leute, die dort waren, eigentlich äh, es ist nicht angenehm, ja, für die, die es nicht kennen, ist es sicher ein Trauma, aber es ist anders als es war, daß, so daß man überhaupt nichts fühlt.

I: Also sind Sie nicht da so ...
L: Nein.
I: ... überschwemmt worden.
L: Nein, eigentlich nicht, eigentlich nicht. Da ist mein Cousin in der (unverständlich), der fährt nach Theresienstadt, möchte ich auch nicht machen, es fahren Leute direkt Ausflüge nach Auschwitz, hat mein Mann gesagt, nie im Leben würde ich da hinfahren, nicht um die Burg (?).
I: Und das wär deutlicher schwieriger für Sie?
L: Das wär schwierig, aber ich will auch nicht hinfahren, warum soll ich das denn machen? Nicht um die Burg.
I: Warum waren Sie dann in Mauthausen?
L: Weil ich wollte, daß mein Mann einmal so etwas sieht (I: ja), denn ich bin auch drauf gekommen, daß eigentlich die Leute, die das mitgemacht haben, viel eher dieser Plätze besuchen als Leute, die nie waren. Zum Beispiel in Yad Vashem (Gedenkstätte in Israel, d.V.), war nicht in Yad Vashem, bis ich ihn dahin geschleppt hab (I: ja), ja, das ist, das ist ganz komisch, ja. Dann auf einmal hat er das erst begriffen (I: ja). Wo er mich kennengelernt hat, hat er überhaupt keine Idee gehabt, ja, bis '49 hat er ja niemals jemanden getroffen, der im Lager war oder was, nicht wahr. Denn seine Freunde waren ja alle hier. Er war im englischen Militär sechs Jahre, aber, also eine ganz andere Welt.
I: Hatten Sie denn das Gefühl damals gehabt, daß Sie ihm das irgendwie mitteilen können, was Sie erlebt haben?
L: Nein, das sicher nicht. Und er hat's auch sehr schwer mit mir gehabt, ich glaube, am Anfang war ich sehr verstört, durcheinander, wenn ich so zurückseh, hat große Geduld gehabt. Das, er hat kein leichtes Leben gehabt, ja. Aber wenn man zusammen leben will, muß man sich irgendwie arrangieren können, ja, einer nachsehen, es war nicht (unverständlich), es war für ihn nicht leicht und für mich nicht leicht, hundertprozentig, außerdem, daß ich 18 und er 30 war, der Altersunterschied ist 12 Jahre, es war nicht leicht. Aber irgendwie ist es dann doch gegangen, er hat mehr gelernt, mich zu verstehen, ich hab mehr gelernt, man hat ja auch Distanz. Es ist ja ein Moment, da sieht man alles per Distanz, man wird ja mit dem Alter doch etwas klüger vielleicht, man lernt nicht viel dazu, man macht immer die gleichen Fehler, aber man wird immerhin etwas klüger und ruhiger und nachgiebiger. Andererseits er natürlich hat mehr von den Sachen gelernt, er hat sich doch angefangen ein bißchen zu interessieren, hat mehr zugehört. Man kann's niemandem mitteilen, der dort nicht war, man kann es nicht, es geht nicht. Es ist eine komische Sache, daß Leute, die im Lager auch zusammen waren, sofort eine gemeinsame Sprache haben, so wie alte Freunde, die sich auf 30 Jahre nicht gesehen haben, und die sofort einen sehr gleichen Hintergrund, background, Hintergrund haben, nicht wahr. Das ist, kann man nicht ver äh meinen, aber er hat's gelernt, und er weiß, wenn ich mal einen schlechten, diese Laune kommt immer mal wieder, auch nach diesem Ge-

spräch heute wird, werde ich sicher paar Tage mehr darüber nachdenken, man kann es nicht vergessen, es gibt keinen Tag, wo Sie nicht dran denken, wenn Ihnen jemand sagt, er hat's vergessen, ich glaube nicht, daß Ihnen jemals jemand gesagt hat ...

I: Ne, ich habe das nie gehört, ne.

L. ... ne, ich nehme an, Sie haben viele Interviews gehabt, das gibt's einfach nicht, dann glaub ich's ihm nicht (I: ja), das gibt's nicht. Man muß damit leben, einer lebt eben damit besser und einer, einer schlechter. Aber man muß, man muß das Leben weitermachen. Die haben natürlich alle Angst, bin fest überzeugt, wenn die Gelegenheit kommt, ob es die Deutschen oder die Araber sind, ob es die Amerikaner oder die Engländer, es passiert wieder, es wird niemand dagegen protestieren. Wir haben keine Illusionen, keine großen. Das ist traurig, aber Illusionen gibt's da keine. Schließlich, was machen die Iraker den Kurden, keiner hat protestiert, die Armenier wurden ausgerottet 1917, und keiner hat protestiert. Wir sind ja nicht die ersten gewesen nicht wahr, es hat niemand protestiert, wenn Sie das so überlegen, nicht.

I: Wie geht's Ihnen denn jetzt mit der, mit dieser Golfgeschichte, ist das eine besondere Bedrohung?

L: Mit was, mit der?

I: Mit dieser Golf...

L: Mit der Golf, das ist schwer, schauen Sie, wir haben immer Angst, ja. und äh, mein Schwiegervolk, mein Schwiegersohn ist ... (Auslassung). Also das sind alles Sachen, die wir auch tragen müssen. Ich weiß nicht, ich hab keine besondere Angst, also wir verlassen uns so ziemlich auf unsere Armee und so weiter. Sehen Sie, das ist ein ganz anderes Gefühl, wenn Sie eine Armee haben, als wenn Sie ausgeliefert sind und nichts tun können, das ist immerhin, also, dann wehren sie sich eben, ja. Wir haben Angst, ich hab Angst um meine Enkel und um meine Kinder, aber ich hab keine Angst um mich persönlich, ich kann heute sagen, gut, jetzt bin ich Ende 50, also was kann mir schon viel passieren, oder ist, ist Schluß, also ob jetzt, oder in zehn Jahren, ist es jetzt. Ich bin da ein bißchen fatalistisch, aber ich möchte, daß meine Enkelkinder noch ein gutes Leben haben, und das ist natürlich in jeder Generation dasselbe, glaube ich. Sie sind ja noch schrecklich jung, Sie sehen die Sachen ganz anders, haben sich da eine sehr schwere Aufgabe auf sich genommen, glaube ich.

I: Meinen Sie jetzt mit den Interviews?

L: Für sich persönlich, ja, mit dieser Arbeit, die Sie da machen, das ist sicher sehr aufwühlend auch für Sie.

I: Bestimmt, ja.

L: Das ist keine leichte Sache, sich das so anzuhören. Ich nehme an, auch ältere Leute, die im Lager waren, und die dann ihre Familien, ihre Männer und so weiter verloren haben, die ganz anders gelitten haben als die jungen Leute, die haben zwar die Mutter verloren, die ganze Familie verloren, aber ein junger Mensch, wenn er nicht sehr seelisch gestört ist, sieht die Sache,

glaub ich, auch anders. Aber ich kann mir vorstellen, als erwachsener Mensch, mit Familie, wenn man ein Kind oder Mann verliert, ist es viel schwerer, als wenn man eine Mutter verliert, glaube ich. Es ist schwer, es ist nicht leicht, und ich hab sehr viel dadurch verloren, weil ich mein ganzes Leben aus den Fugen gerissen ist, konnt nicht mehr lernen, wollte immer noch lernen, das konnte ich alles nicht mehr. Es gibt etliche Sachen, die ich nicht mehr machen konnte, eben aus seelischen Gründen, und ich gebe es zu, und wenn das Leben nicht so normal und gut verlebt, komme auch gerade ich nochmal aus den Fugen, nicht, es kommt manchmal ein kleiner Anlaß, und wenn das jemand wieder sagt ...
(Bandwechsel)
L: ... Aber Sie können ja immer nochmal kommen und nochmal fragen, wenn Sie meinen, etwas Spezifisches.
I: Nein, mich würde schon, was Sie jetzt grade am Ende gesagt hatten, daß ...
L: Daß jeder (unverständlich) in sich trägt.
I: Ja, was würden Sie sagen, was ist das?
L: Es ist eine gewisse, es ist eine Belastung, Sie können niemals frei Sachen so hinnehmen, es ist immer das Gefühl, warum bin ich zurückgekommen, die andern sind nicht zurückgekommen. Das ist eigentlich, es ist eigentlich ein Wunder, ja, manchmal bleibe ich stehen und überleg mir, außerdem weiß ich, es waren 15.000 Kinder in Theresienstadt und 100 haben's überlebt, wieso ich, ja? In meiner Altersgruppe, mehr oder weniger, bis zu 12, 13 Jahre 15.000 Kinder in Theresienstadt, und davon sind buchstäblich 100 Kinder zurück und in (unverständlich), wieso bin ich darunter. Ich wundere mich manchmal, ich bleib stehen und sag, oh Gott, ist doch komisch, wozu? Ich bin, waren sie viel wertvollere Kinder, begabtere Kinder, schönere Kinder, ich hab nichts eigentlich getan, für niemanden ich tu nichts, nichts großes, ja. Ich bin gar nichts, ja, ein ganz normaler Bürger meines Staates, aber das ist auch alles, wieso grade ich, ja. Das sind Sachen, die, über die man doch mal nachdenkt, nicht, und die einem komisch vorkommen. Nicht wahr, das war wahrscheinlich Schicksal oder, ich weiß es nicht, wo das steht, ja? Das ist ein ganz komisches Gefühl manchmal, hm? Dann denke ich mir, ich hätte eigentlich mehr für die Leute tun müssen, oder, aber ich, nicht jeder kann für jeden etwas tun, es muß ja auch gewöhnliche Bürger geben, die nicht außergewöhnlichen, keine Bücher schreiben, nicht musizieren und so weiter, einfach na Mutter und Hausfrau und Arbeiten, nichts, keine großen Stücke reißen.
I: Das ist eigentlich eine Frage, die, die so ganz unverändert Sie jetzt in den letzten 40 Jahren begleitet, oder ...
L. Ja, das ist, schauen Sie, die ersten drei Jahre waren sehr verwirrt, und danach kommt diese Sache, ich schätze (?) man vergißt sie eher, es gibt Namen, die ich vergesse, Termine, Sachen, die ich vergesse, aber es kommt immer mal wieder etwas, das sie überrascht, daß, ach, das ist da, ja. Und das

war so, und wieso bin ich da, und warum bin da. Das ist eigentlich unverändert, dieses Gefühl, ich hab mich, ich erinnere mich, wie wir zurückgingen, habe ich immer wieder gewartet, vielleicht kommt noch jemand, meine Cousins oder Cousinen zurück, es ist niemand zurückgekommen, ja? Das ist eigentlich komisch, ja? Immer, man hat immer wieder geguckt und immer wieder gegen Erwarten gewartet, nicht. Dann, dann kommt man sich so klein vor, es gibt, ich kenn Leute, die es überlebt haben, die vieles getan haben, die Wissenschaftler geworden sind und so weiter. Und dann denk ich mir eigentlich, wieso, was tu ich da eigentlich (lacht), ja, aber so ist das eben, man muß eben das Leben so nehmen, wie's kommt. Das Alter gibt ihnen einen gewissen Abstand zu diesen Sachen, das ist gut, ich möchte niemals mehr 18 sein, Gott behüte!

I: Was möchten Sie?

L: Niemals mehr 18 sein (I: ja), ja? Ich könnte sagen, ich möchte 40 sein, weil das ist eine gute Zeit, da ist man nicht mehr so jung, hat keine kleinen Kinder, kein, ja? Aber gut, besser jetzt als es war mit 18 (I: ja). Und mit 14, na, das war eine schlimme Zeit.

I: Mit 14 sind Sie befreit worden?

L. Bin ich, ja, und das war eine sehr schlimme Zeit, ja. Und äh das hat sehr eigentlich lange gedauert, bis ich ausgeglichener wurde, viele Jahre ja. Und auch so ein Gespräch mit Ihnen, ich sag Ihnen schon, ich werd sicher ein paar schwere Tage jetzt wieder haben, weil immer wieder erinnert man sich und wühlt die Sachen auf. Es sind kleine Anlässe, ja, aber so ist es eben, so ist eben das Leben, das gehört dazu, und das trägt man mit sich.

I: Hat es auch, ja irgendwie positive Bedeutung, das Darüber-Reden?

L: Äh, eigentlich nicht, ja. (I: ja) Ich weiß zum Beispiel, ich weiß zum Beispiel eine Sache, ich hasse einen großen Menschenauflauf, und das, ich weiß, ich hasse viel, wenn ich seh, daß irgendwo viele Menschen zusammen sind, und, ich bin sofort weg, warum? Ich erinnere mich, das hat seinen Grund, wir hatten in Theresienstadt eine Volkszählung, da hat man uns rausgetrieben auf eine Wiese, das ganze Getto, es waren ungefähr 65.000 Leute, und das war derart angsterregend, das ist man von ganz früh bis spät nah gestanden, auf dieser Wiese gestanden und gestanden, gestanden, im Nebel im November in der Kälte, Sie wußten nicht, wird man Sie erschießen, wird man Sie nicht erschießen, was tut man mit Ihnen. Und dann hat man uns zurückgejagt ins Getto. Und das war so ein komisches Gefühl, man war so froh, man durfte ins Getto zurück. Man war so müde, und dann hat man's noch einmal gemacht die Zählung. Ich war damals 12 1/2 Jahre alt, ich hab damals gesagt: noch einmal geh ich nicht, ich hab mich einfach krank gestellt, krank gemacht, die Kontrolleur, mich hat niemand mehr aus dem Bett rausbekommen, das war ganz komisch, ich kann nicht, und den Moment, wo ein irgendwo eine gro-, oder viele Menschen sind, ich kann da nicht hin. Wir sind einmal zu einer Vorstellung in Caesarea gegangen, dort ist ein großes äh ...

I. Theater.

L: ... Theater, Amphitheater, ich hab richtige Platzangst bekommen, ich konnte das nicht durchhalten, wir sind weggegangen. Mein Mann hat's eingesehen, ich hab gesagt, da sind so viele Menschen, ich habe so eine Angst, ich kann, kann nichts tun. Ich hab ein Beruhigungsmittel genommen, und ich konnte es nicht durchstehen, ja. Wir haben auch heute nur kleine Gesellschaften, drei, vier Paare, das sind unsere Freunde, das sind Sachen, die bei Ihnen, die zurückbleiben, das kann man nicht überwinden, ja. Ich seh, ich beneide immer die Leute, die die gehen können, zu Versammlungen, (unverständlich), mir genügt schon, ins Konzert zu gehen, ja, also da sitz ich aber in Parterre, ich kann zum Beispiel nicht oben auf'm Balkon sitzen, wenn ich dann auf die Menge runterschau, bekomm ich eine schreckliche Platzangst (lacht), aber da weiß ich, ich weiß es (I: ja), und seh mich vor, man muß einfach, eben damit, was man hat, muß man leben (I: ja), ja? Oder ich kann mich schrecklich entschließen, aus dem Haus zu gehen manchmal, jetzt, heute ist es besser, eine Zeitlang konnte ich in die Geschäfte nicht gehen, ich, das weiß ich auch, warum. Im Krieg mußte ich eben den Haushalt führen, und wir hatten doch den Stern, und ich hatte einfach Angst, auf die Straße zu gehen, die Soldaten und die Hitlerjugend, und ich hatte einfach Angst. Und das sind auch Sachen, die bei Ihnen zurückbleiben (I: ja). Ich hab mal, heute nicht, heute geh ich schon, wie ich nach Israel gekommen bin, mich, alleine ins Geschäft, hab ich mich nicht getraut. Oder laut zu sprechen oder so. Das sind Sachen, die Sie behalten, die prägen Sie für's Leben, und äh der Entschluß, ins Kino zu gehen und das, es gibt gewisse Sachen, zu denen ich mich schrecklich schwer entschließe.

I: Ist das Kino, das ist ...

L: Ja, ja ja, ich weiß nicht, was es ist. Deshalb sag ich ja, mein Mann hat es auch nicht leicht, nicht wahr, (unverständlich) schwer, den er hat, ja. Oder zum Beispiel, man hat uns immer früher dort um drei Uhr geweckt, ja. Ich schlaf sehr schlecht in der Nacht, aber ich steh trotzdem jedes, ich wach jede Nacht um halb, dreiviertel drei auf, ja. Ich kann seit, seit dem Lager kaum, sehr schlecht schlafen, ich bin immer müde ja. Äh, ich schlaf sehr schlecht seit eh und je, aber ich steh jeden Tag und vier, halb fünf auf, das ist auch quasi, so ...

I: Hm, der Rhythmus, so.

L: Ja, der Rhythmus, und das alles diese Sachen sind so, sehr, sehr komisch, das ist alles nicht normal. Das ist, eine gewisse Psychose bleibt da immer zurück. Nicht wahr, es gibt Sachen, die Sie sehr, (Pause ca. 5 sec.).

I: Warum nennen Sie das Psychosen?

L: Bitte?

I: Warum nennen Sie das Psychose?

L: Es ist eine Art, das ist ja nicht normal, ja. Es ist nicht ganz normal. Das ist ein, man, man versteckt sich quasi, man verkriecht sich, ja. Aber ich nehme die Sachen, wie sie sind, die Leute, die ich kenne, da geh ich, ich kann in kein große Geschäft gehen, da fühl ich mich sehr schlecht, ich hab es nie gemacht seit dem Krieg und werd's wohl auch heute nicht mehr machen, ich bewundere Leute, die das machen können. Wenn ich die Leute kenn, ja, wo wenn ich die Leute kenn, dann geh ich hin, und wenn nicht, dann geh ich nicht. Oder Bekannten und so (Nebengeräusche, teilweise unverständlich), ich nehme auch an, das hören Sie nicht zum erstenmal.

I: Nein.

L: Das sind alles Sachen, die typisch (I: ja) Lagersachen sind, ja.

I: Haben Sie sich da eigentlich mit auseinandergesetzt, mit Erzählungen auch von anderen, oder?

L: Nein, nein nein, eigentlich nicht.

I: Oder so Beobachtungen?

L: Nein, nein ich treffe mich mit sehr wenig Leuten aus dem Lager, und wenn, dann nur sehr oberflächlich. Ich weiß, nach dem Krieg wlie ich mit, bei meiner Tante und mit meinen Cousins gelebt hab, mein Cousin, der eine war doch in Prag, der war acht Jahre älter, der zweite war zwanzig, als ich 14 war, wir waren immer sehr befreundet, wir sind zusammen manchmal bis zwei Uhr nachts gesessen. Er hat zwar schon Freundinnen gehabt, und ich war noch zu jung, dann ist er nach Hause gekommen, dann haben wir uns gesessen und haben gesprochen, haben uns unterhalten, wir haben Musik gehört, alles, aber nicht über unsere Erlebnisse, komischerweise, obzwar wir sehr gut befreundet waren. Und komischerweise haben wir nie über die Erlebnisse gesprochen, nicht er über seine, nicht über meine, wir haben alles, wir haben alles drangesetzt, um ein normales Leben zu leben.

I. Jetzt, meinen Sie jetzt, weil Sie grade sagten, das sei, das sei typisch, so würde es allen gehen.

L: Ja, das ist typisch, das ist eine sehr komische Sache, ja, aber wir haben es trotzdem versucht, so normal zu sein, das war vielleicht ein Fehler, ich sehe es heute als einen gewissen Fehler, daß ich nach dem Krieg zurückgekommen bin, vier oder fünf Jahre keine Schule hatte, und ins Gymnasium gegangen bin, ohne versucht, nachzuholen, man wollte einfach weitermachen, wo man hat, wo man aufgehört hat. Das war ein ganz großer Fehler. Ich glaube, wenn man heute mit der Kenntnis der Psychologie und, da hätte man's wohl anders gemacht. Aber damals war man da viel rückständiger, man hat an die Sache nicht gedacht, ja. Diese Sachen sind ja erst später rausgekommen. Interessant, ich weiß, sie haben, ich bin mit meiner Freundin tagtäglich in zwei Kinos gegangen, weil wir durften noch nicht ins Kino, und solche Sachen, nicht. Wir haben uns einfach ins Leben gestürzt. Aber das ist auch allgemein üblich nicht.

I: Ihre Freundin, die war mit Ihnen dann zusammen ...

L: Nein, die war nur in Theresienstadt, aber wir waren zusammen in derselben Klasse, die hatte auch zwei Brüder, ein Bruder ist umgekommen, einer ist zurück, die leben auch in Israel, und wir sind buchstäblich jeden Tag in zwei Kinos gerast, sie hatte das Glück, ihre Mutter war etwas verständnis-

voller, sie war 14, sie hat sie nicht mehr in die Schule geschickt, damals mußte man nur bis 14 in die Schule gehen, und das war der Fehler, ich wollte dann entweder (Auslassung: berufliche Ausbildung) werden. Das hat mein Vater nicht erlaubt, was, du kannst studieren und so weiter. Und das tut mir bis heute leid. Und wie ich ins Land gekommen bin, wollte ich auch noch in einen Schwesternkurs gehen, aber mein Vater wollte damals nicht unterschreiben, und ins Militär haben sie mich nicht aufgenommen, weil ich damals noch zu jung war, ich konnte gut zum Glück tippen und Englisch, und na, da hab ich dann eben einen (unverständlich), aber es war ein Fehler, daß ich keinen Beruf gelernt hab, den ich wollte, lernen wollte (I: ja). Aber, dann, ich weiß nicht, das war so bei uns üblich, wahrscheinlich: meine Tochter kann doch nicht (Auslassung) werden, was natürlich ein ganz großer Unsinn ist. (lacht) Das sehen Sie ja heute, aber unsere Eltern waren da wohl anders. Du wolltest immer studieren, hat mein Vater gesagt. Ja, ich wollte studieren, aber ich hab heute nicht den Kopf (I: ja) und nicht das Sitzfleisch dazu, ich hab nicht die Geduld, heute zu lernen. Das ist natürlich auch etwas, das ich, das durch das Lager verursacht wurde. Aufgehört, Klavier zu spielen und all diese Sachen, so weiter ich Musik liebe, ich hör zu, ich spiel nicht, alle diese ...
I: Seitdem nicht mehr, hm.
L: Nein, nein ich konnte mich nicht, das waren wahrscheinlich Erinnerungen an das gute Leben, die sich aufgehört haben, ich seh das heute anders, ja, im Rückblick, und ich konnte mich scheinbar dazu nicht mehr entschließen, war zu unruhig und ich bin heute auch noch nicht sehr ruhig, aber, ich weiß, wo's langgeht, und so, bemüh mich eben, so zu leben, daß ich erstens niemand stör, und zweitens daß ich, äh ich geh den Sachen, die mich aufregen, aus dem Wege. Ich weiß nicht, ob es richtig ist, es ist schwer zu sagen. Für mich ist das richtig.
I: Ja, das ist das Entscheidende.
L: Entscheidend, nicht wahr. Man muß eben machen, was einer für richtig hält, ob's gut ist, kann man sehr schwer sagen. Aber das sind Sachen, die eben geblieben sind und die den Menschen beeinträchtigen, deshalb bewundere ich die Leute, die über sich hinweggesprungen. Mein Cousin zum Beispiel, der sofort nach (Auslassung) gefahren, wie man sich an der Universität einschreiben lassen konnte, er war damals 22, er hat gesagt, ich hab schon genug versäumt, vier Jahre, und ich muß, es ist ihm wahnsinnig schwer gefallen, das Studium. Er ist keine große Leuchte, aber er hat's geschafft. Aber mein anderer Cousin ist auch gleich in die Schule, wollte Matura machen, hat's nicht zum erstenmal geschafft, also das natürlich ja, danach hat er's dann auch geschafft, aber danach ist er doch nichts mehr geworden. Viele Leute sind eben nichts mehr geworden. (Pause ca. 5 sec.) Einfluß, nicht. Ich fand's ein großen Unsinn, mein Vater hat gesagt: Ach, du bist nichts geworden, du wolltest studieren. Da sag ich, na gut, also.
I: Bitte?

L: Mein Vater hatte mir gesagt: Ach, du wolltest immer studieren und jetzt ist nichts aus dir geworden (I: ja), nicht.
I: Wann hat er das gesagt?
L: Na, er hat's öfter mal gesagt, das ist auch Unsinn, ja. Das hab ich dann nicht mehr so ernst genommen. Er war ein enttäuschter Mann, er hat meine Mutter sehr geliebt, und daß sie nicht zurückgekommen ist, war für ihn eine ganz große Enttäuschung. Und äh, das hab ich auch eingesehen, ja. Heute kann ich diese Sachen auch viel, viel besser verstehen, wenn man älter wird, versteht man sie. Ich hab auch damals, hab ich das schon verstanden, ja.
I: Tatsächlich? Als Kind?
L: Ich, äh ja, ich hab es mit 15, 16, 17 schon verstanden, und ich wollte immer, daß er heiratet, denn ich wußte, wir konnten zusammen schwer leben. Ich hab immer das Gefühl gehabt, wahrscheinlich auch nicht ganz zu Unrecht, daß er mich etwas beschuldet hat, meine Mutter hat sich wirklich angesteckt von mir. Ich hab Typhus bekommen, und sie hat sich von mir angesteckt. Aber das sind Sachen, die, die man äh äh nicht ändern kann, ja.
I: Und Sie hatten das Gefühl ...
L: Ja, ja.
I: ...daß er Ihnen das zum Vorwurf machte?
L: Ja, er hat es wohl unbewußt gemacht, nicht. (I: ja) Deshalb haben wir kein sehr gutes Verhältnis mehr zusammen gehabt, ich war ihm immer sehr, und äh, heute sehe ich, daß es wahrscheinlich das war. Ich hab sehr oft mit meinem Mann darüber gesprochen. Mein Mann hat meinen Vater sogar sehr gerne gehabt. Aber er hat immer gesagt, er ist ein schwacher Mann, so ist es, nicht. Du mußt ihn nehmen, wie er ist, er war dafür etwas toleranter als ich; seine Frau, die konnte er nie leiden und und er ist sehr froh, daß sie den Kontakt abgebrochen hat, weil er ist viel zu freundlich und gut erzogen gewesen, um jemals etwas zu sagen, aber er sagt, jetzt ist Schluß. Das ist natürlich, sie hat auch mitgemacht, nehme ich an, sie war nur in Theresienstadt (Telefon klingelt, Bandabschaltung). Sie hatte einen Deutschen geheiratet, der dann in der Nazi-Partei war, und sich von ihr im Jahre '38 scheiden lassen hat, und sie hatte ein krankes Kind, und natürlich da war, das war auch nicht sehr, er wurde dann im Jahre '45, als alle Deutschen ausgewiesen wurden, auch ausgewiesen, sie hat sein ganzes Vermögen übernommen und so weiter. War das ja auch ein ziemlich unglücklicher Mensch, weil, sie war in Theresienstadt, aber das Kind ist mit ihrer, ihrem Dienstmädchen geblieben. Und das Kind ist, das Kind! Es ist heute 53 und lebt in einer Anstalt in der Tschechoslowakei, sie hat das Kind nicht mitgenommen. (Pause ca. 5 sec.) Das ist natürlich für sie auch nicht leicht. Ich sag ja, man wird mit dem Alter immer toleranter. Ich seh die Sache einfach in einer gewissen Perspektive, es ist beendet, daran ist auch nichts zu verändern. Das ist eigentlich alles, die Erzählungen, nicht wahr. Wenn Sie noch Fragen haben ...

I: Hab ich bestimmt. Ich überleg mir grade, ich würde ganz gern noch, nochmal zu Ihnen kommen, wenn Ihnen das recht ist, ja?
L: Sie können gerne. Sie müssen sich nur vorher anmelden, damit ich auch frei bin.
I: Ja.
L: Hier, oder zu mir nach Hause kommen, nehmen Sie sich ein Taxi, das ist alles kein Problem.

2. Gespräch ungefähr eine Woche später:

L: ... hab ich mich erinnert, daß ich eigentlich in den Ferien sehr oft bei meinen Großeltern am Dorf war, die haben in einem ganz kleinen Dorf gewohnt, beide Großeltern im selben Dorf. Aber der Unterschied war derart krass, denn mein, der Vater meiner Mutter war Musiker, mit Herz und Seele, das hab ich Ihnen erzählt. Und ich erinnere mich immer nur, daß er dauernd gespielt hat. Und die andern Großeltern, die waren einfach, hatten einen Laden und ein, ein Wirtshaus und Gänse und Hühner, und mein Cousin, ich war immer sehr neidisch, äh die Eltern waren geschieden, seine Mutter hat wahrscheinlich, hat in (Auslassung) gelebt und hat wohl das Gefühl gehabt, sie muß ihn kompensieren, sie hat ihm ein Motorrad gekauft, als er 13 war. Das war etwas, ich hab mich schrecklich, ich wollte immer mitfahren am Motorrad (lacht), und er hat mich natürlich nicht mitgenommen, er war 13 und ich, er war sieben Jahre älter als ich, und ich war also fünf oder, ging ja, ging ja überhaupt nicht. Und ich erinnere mich, wie glücklich ich da immer war, daß ich aus der Stadt rausgekommen bin. Der Vater meines Cousins, mein Onkel, der hat mich immer schön rumge-, reiten lassen auf den Schultern und die Obstbäume und so. Und dann natürlich, das war natürlich auch alles aus im Jahre '39, da haben die Polen damals diese Stadt besetzt (Auslassung), ein kleiner Ort. Damals sind, meine Großväter haben damals schon nicht gelebt, und äh und die Großmütter sind dann zu uns rüber nach Olmütz, und die eine Großmutter hat bei meiner Tante gelebt, und die hat sogar den Krieg überlebt, die Mutter meiner Mutter, die Arme, die war sehr unglücklich, sie hat mir immer gesagt, kommt, laß, ich hab meine Tochter, die jüngste Tochter überlebt, nicht, und das war für sie ein großes Problem. Aber sie hat bis 94 gelebt (Auslassung), und da hat sie mir immer noch erzählt, sie war eine große Verehrerin von der Kaiserin Elisabeth und Franz Joseph (lacht), das ist alles so kaum zu glauben, nicht. (I: ja) Die andere Großmutter ist, glaub ich in Majdanek oder Treblinka umgekommen, wir wissen nicht genau (Auslassung). Mein Cousin fängt jetzt eben an, ein Familienalbum anzulegen, er ist in Pension gegangen, er ist heute 65, und da ist er eben gekommen, er wollte alte Bilder sehen, was ihm fehlt, ob ich noch eventuell etwas retten konnte. Es ist eigentlich alles verloren gegangen, nur ab und zu mal ein Dienstmädchen hat uns etwas zurückgeliehen, oder ich hab auch einmal ein paar Bilder bekommen von dem Bruder meiner Mutter, der sich nach Hongkong gerettet hat, der hat mir auf einmal Kinderbilder und solche Sachen geschickt. Ah, ich werd's ihm raussuchen, ich werd ihm das dann schenken. So, und man erinnert sich immer mal so verschiedensten Sachen, nicht wahr. Jetzt, was hat Sie noch eigentlich interessiert?

I: Genau so was hat mich interessiert.

L: Ja?

I: Ja.

L: (lacht) Ja, das ist interessant, ja.

I: Also wissen Sie, einfach so, so kleine Episoden so aus der Kindheit so.

L: Aus der Kindheit ja. Ich war zum Beispiel nie sehr, ich hatte immer ein Kinderfräulein, das hat mich schrecklich gestört, denn meine Mutter hat mich zum Beispiel niemals auf Urlaub mitgenommen, sie hat mich immer nur zu meinen Großeltern mit dem Fräulein geschickt, und äh, und sie ist mit ihrer Schwester gefahren, mit meiner Tante, und die Tante war, durfte aber ihre Kinder nicht zu Haus lassen, mein Onkel hat immer gesagt: entweder du kannst fahren, nimmst du die Kinder mit, nimmst du nicht die Kinder mit, bleibst du auch zu Hause. Das hat mein Vater nie geschafft, mein Vater, wie ich schon erzählt hab, war ein sehr netter, aber schwacher Mann, ja. Der hat meine Mutter vergöttert, und sie hat einfach machen können, was sie wollte. Nachdem dann aber die Zeit nicht mehr so gut, '38, '39 konnte man schon nicht mehr so gut, die Juden konnten nicht mehr so frei rumfahren, erinnere ich mich, sind wir einmal nach Prag, ich glaube es war '39 im Sommer, sind wir nach Prag. Auch da hat meine Mutter ein Mädchen für mich gemietet, und die mußte mit mir spazieren gehen. Das war natürlich sehr vorteilhaft, hat mir einen Monat mußte sie mir jeden Nachmittag, ich war damals acht Jahre alt, alle Sehenswürdigkeiten in Prag zeigen. Das erinnere ich mich noch heute. Das war ganz schön. Ich mein, ich wollte lieber bei meiner Mutter sein, aber hat mir nicht viel genutzt, nicht, sie wollte, ist gern tanzen, ist gern ausgegangen, an das erinnere ich mich auch. Und meine Cousins waren auch da, und die waren also, wie gesagt, jeden Sonntag gezwungen, mich mitzunehmen, aber dort in Prag auch sogar öfter. Und einmal haben sie mich zum Schwimmen in die Moldau genommen. Ach, und ich war ganze acht Jahre alt, konnte noch nicht sehr gut schwimmen, und die wollten einfach sich nicht um mich kümmern, bin ich fast ertrunken damals (lacht), und das war auch sehr unangenehm, da hatten sie natürlich ein sehr schlechtes Gewissen, ich hab bis heute nicht erzählt, nicht. Aber sie haben dann ein bißchen mehr aufgepaßt. Aber ich hab sie gestört, nicht, denn ein achtjähriges Kind, und die waren 14 und 16, ich meine, damals, was haben die das gebraucht, nicht wahr? War schlimm, war eine Zumutung, ich kann das sehr gut verstehen. Und dann natürlich, dann war das sehr schnell vorbei. Ich bin '39, weiß ich auch noch, äh hat mein Vater beschlossen, wir müssen auswandern (I: ja). Und wir waren sogar schon in

Prag, und da hat dann die Gestapo verlautbaren lassen, daß wer nicht in seiner Wohnung ist, die wird beschlagnahmt. Ich meine, wir haben eine sehr schöne Wohnung gehabt, und meine Mutter ist einfach, hat uns in Prag sitzen lassen und ist zurück nach Olmütz. Sie sagt sie kann nicht, sie kann nicht und die Wohnung, mein Vater, ich erinnere mich, hat sie versucht zu überzeugen: laß die Wohnung und laß die Sachen, und das, sie hat gesagt, und sie kann nicht, und das wird schon nicht so schlimm sein. Sie wissen doch, man glaubt nie an's schlimmste, nicht. Und so sind wir eben steckengeblieben, und nicht mehr rausgekommen, eben, eben wegen der Möbel, die sind weg, und alles andere ist natürlich auch weg (lacht), das ist.
I: Und wo wollten Sie da hin?
L: Hierher!
I. Ach so.
L: Nach Palästina, damals war Palästina, und da war. Mein Vater war immer ein sehr großer Zionist (Auslassung), deshalb bin ich auch immer in eine jüdische Schule gegangen, niemals eine andere, aber wie gesagt, man hat sich schon damals sehr in einem Kreis gelebt, nicht. Erst nach dem Krieg bin ich dann in einen allgemeines Gymnasium, weil natürlich nichts anderes mehr da war. Aber ich weiß, ich hatte einen Cousin, der ist sogar in ein hebräisches Gymnasium gegangen, und er selbst war ein Professor und ist nach Rußland gegangen, wo er natürlich dann auch umgekommen ist. War der Sohn der ältesten Schwester meines Vaters, na für mich war ein erwachsener Mann, war mindestens 28 Jahre älter als ich, nicht, das ist ein großer Unterschied. mein Vater war der jüngste Sohn, und die waren fünf Geschwister, und seine, die älteste Schwester war ungefähr schon zehn Jahre älter als er, nicht. Die Mädchen haben damals viel früher geheiratet, also es war, der Unterschied war enorm. Ich weiß, seine Schwester war schon Lehrerin, ich erinnere mich an sie, ich hatte einen Respekt (lacht). Also das sind so meine Erinnerungen ungefähr. Aber ich weiß zum Beispiel auch, daß, wir haben in so drei Häusern gelebt, ich bin niemals mehr nach dem Krieg, nachdem ich zurückkam, in die ersten zwei Häuser reingegangen, das habe ich meinem Cousin, denn er wollte, daß ich mich jetzt informier, ich hab noch einen Cousin, der da lebt, der von der andern Seite ist, er ist der meines Vaters, und der älteste Bruder meines Vaters, und er ist der Sohn. Und da hat er gesagt, ich soll mich mal informieren, was mit dem Grundstück, was mit den Häusern und so weiter eigentlich passiert ist (I: ja). Ich wußte, daß die Häuser abgerissen sind, aber dieses Grundstück ist noch da. Und da hab ich ihm auf einmal erzählt, weiß du, hat er gesagt, in den ersten Häusern haben doch die zwei Tanten gewohnt, sagt er mir, sag ich, richtig, aber ich war nach dem Krieg niemals mehr konnt ich mich überwinden, in das Haus jemals reinzugehen, nachdem sie alle umgekommen sind, ich bin niemals mehr, auch es waren hinten drei Höfe mit Gärten, dort haben wir als Kinder gespielt. Auch dahin, ich bin nicht mehr runter, nicht in Garten, nicht da, es ist ganz komisch, ich hab doch dort noch seit, ich bin im Juli '45

zurückgekommen, und im, Ende Dezember '48, nicht, das waren fast dreieinhalb Jahre, niemals mehr rübergegangen. (I: ja) Das kommt mir erst jetzt zu Bewußtsein allerdings,, nicht, damals, war einfach nicht existiert.
I: Weil da niemand mehr da war, oder ...
L: Doch, die Häuser, es haben Leute gewohnt, (I: ja) natürlich nicht mehr mein, ich weiß nicht wer, ich weiß nicht wie, ich weiß, es waren dort noch Geschäfte, Obstgeschäfte, wo mein Vater früher immer eingekauft hat, ich bin niemals mehr in dieses Haus, nie einen Schritt, das war so ein Eckhaus, das eine, da war auch noch so ein Kolonialwarenladen. Ich bin niemals mehr, das, scheinbar war unbewußt, nicht. Jetzt ist es, als wir darüber gesprochen haben, kommen diese Sachen auch sehr oft zurück, nicht. Ja, man erinnert sich an solche Sachen. Man sagt ja überhaupt, im Alter erinnert man sich viel einfacher an Sachen, die vor 30, 40, 50 Jahren passiert sind als gestern passiert.
I. Das wird noch kommen, denke ich.
L: Ja, so ist es, nein das ist äh ...
I: Das ist ganz normal, ja.
L: Das ist eine normale Erscheinung (I: ja), sicher kommt das, kann man nichts tun, nicht. Das ist so. Was kann ich Ihnen noch erzählen? (Pause 5-10 sec.) Sollten mich jetzt ein bißchen fragen, denn schließlich, ich hab Ihnen schon so viel Unsinn erzählt ...
I. Ne (lacht), Unsinn find ich das ganz und gar nicht.
L: Immerhin, und vielleicht können Sie auch mal, wenn mein Mann zurück kommt, ein bißchen fragen, er hat es ja auch nicht leicht gehabt, aber ...
I: Was mich noch interessieren würde, ähm sind Sie denn auch aus 'ner religiösen Familie gekommen ...
L. Nein.
I: ... oder war das ...
L: Nein nein, wir waren, also meine Großeltern waren religiös, vor allem die Mutter meiner Mutter, ich erinnere mich, die wollte eigentlich, meine Mutter nicht wissen, denn die ersten, mein Vater ist auch aus einem religiösen Haus, da war eine koschere Küche natürlich, aber ich weiß, mein Vater hat mal erzählt, drei Jahre nach der Hochzeit, hat meine Mutter aufgehört, koscher, sie hatten sich dann eine Köchin genommen, das ist ihnen dann zusehends besser gegangen, nehme ich an, und äh damit hat es dann aufgehört. Ich wurde überhaupt nicht religiös erzogen, eigentlich gar keine Idee von äh vom Testament, von Religion oder von irgend etwas überhaupt nicht. Komischerweise die Kinder hier in der Schule, ich bewunder das immer, lernen so viel Testament, enorm, ich weiß, meine Tochter war acht, ich hab ihr damals die ganzen Erklärungen zu dem Testament, das sind 16 Bände, und sie hat sich so brennend interessiert. Ich hab sie mal mit acht im Bett gefunden, ich sag: ich bitt dich, was liest du, da sagt sie: ach, das ist interessant. Ah, das hat sie interessiert, die, die Erklärungen ja (I: ja), die Ausführungen und so (längere Auslassung), und äh mein Mann, wir sind nicht religiös, über-

haupt nicht zu Hause. Und ich, das ist ein Phänomen, daß mein Schwiegersohn nicht einmal eine, wenn Sie wissen,was eine Bar Mizwa ist, ja, mein Schwiegersohn hatte keine Bar Mizwa, er wollte (lacht, unverständlich), das fand ich, wie bin ich, wie sind wir überhaupt draufgekommen, wir wußten's gar nicht. Mein Enkel ist vor drei Jahren Bar Mizwa geworden, das war für uns selbstverständlich, daß äh, daß eine Fest festgelegt wird, nicht (I: ja). Und auf einmal hat mein Schwiegersohn gesagt, weißt du, für mich muß das nicht sein, aber wenn du willst, bitte, ich. Ich sag, ich war so überrascht, was ist, hast du denn keine Bar Mizwa, nein, hat mir gefehlt. Hat mein Enkel gesagt, nein, ich will ja, weil alle Kinder machen es, er, man kann sich ja nicht ein extra, das ist unangenehm, also das war sehr komisch. Hier werden ja auch alle Kinder beschnitten, automatisch, nicht. Und ich, aus Gesundheitsgründen, auch in England, in Amerika, ich glaube in Deutschland ist das auch Usus heute schon. Ich weiß, mein Onkel hat eine Frau geheiratet, die nicht Jüdin war, und die haben den ersten Sohn nicht beschneiden lassen, und als er dann, das arme Kind fünf Jahre alt war, hat er so eine schreckliche Infektion gehabt, daß man das dann schon ärztlich durchführen müßte. Und ein Jahr später haben sie noch einen gehabt, und den haben sie schon (lacht) im Spital, ohne religiöse Zeremonie (I: ja) nicht, einfach aus äh hygienischen Gründen. Na, und das. Und mein Schwiegervater hat mich gelehrt, ich hab bei ihm, das hab ich Ihnen erzählt. Er war sehr, er war sehr, ich hab ihn sehr gerne gehabt. Mein Mann sieht ihm auch sehr ähnlich, je älter er wird, mehr ein Großvater (Auslassung). Und nach dem Krieg waren wir alle nicht mehr religiös, meine Großmutter hat nie im Leben Schweinefleisch oder so was gegessen, das weiß ich, immer mit Gänsefett gekocht, aber wir haben immer geschrieben am Samstag oder irgend etwas, ich hab komischerweise nie am Yom Kippur (jüdischer Feiertag, d.V.) gegessen, ich faste immer an Yom Kippur, (I: ja) außer jetzt, diesmal war's mir ein bißchen schwer, da hab ich um 12 aufgehört, weil ich so schwach war. Aber sonst habe ich 's immer gemacht, mein Mann nie. Ich erinnere mich, das erstemal, wie wir Yom Kippur zusammen, waren wir noch noch mal verheiratet, da waren noch die Restaurants in Tel Aviv sogar offen. Da ist er einfach essen gegangen. Ich war so, ich war ganz überrascht. Da sagt er mir: und du ißt nichts? Sag ich: nein, Yom Kippur werd ich doch nicht essen. Aber es hat mich nicht gestört, ich bin bei ihm gesessen, nicht, er hat gegessen und äh das hat mich gar nicht, das geht mir heute so, nicht, ich mach ihm Frühstück und Mittag, und stört mich nicht weiter. Das ist, wir sind da sehr liberal, und äh ich werde niemanden zu etwas zwingen, und ich möchte nicht, daß man mich zwingt, nicht. Das ist eben das Problem auch hier in Israel ein großes Problem.

I. Was ist das Problem?

L. Daß die Rabbiner einem aufzwingen wollen, man soll nicht Samstag fahren, und ich sag immer, er soll Samstag nicht fahren, das geht mich nichts an, aber ich, wenn ich fahren will, geht das jemand anders eben nichts an, nicht wahr. Aber Toleranz äh ist eine schwere Sache (lacht). Wir sind sehr tolerant, und äh die andern sind's eben weniger, das muß man in Kauf nehmen.

I. Sie haben das letzte Mal bei, als Sie so erzählt haben, ähm, die, den Einmarsch der Deutschen so '39 so als Ende der Kindheit beschrieben.

L: Ja, äh ich erinnere mich, das war im März '39, ich bin da, das seh ich noch wie heute, das ist komisch, solche Sachen. Ein ganz grauer, regnerischer Märztag, und ich erinnere mich, ich bin am Bett von meiner Mutter gesessen und hab geschrien, weil mir das Ohr weh getan hat (lacht), ich hab Ohrenschmerzen gehabt, ich hab sehr oft Ohrenschmerzen als Kind gehabt. Und sie hat mir damals gesagt: das gibt viel schlimmere Sachen, nicht. Und das war eigentlich wirklich der Schluß. Damals haben angefangen, gleich, das ging sehr schnell, die Repressalien, das Angstgefühl, und äh das äh, Sie mußten, ich hatte einen Kanarienvogel, den mußte man abgeben, mußte man, die Juden durften nicht das oder das und durften nicht ins Kino zum Beispiel, sofort, das war auch ab sofort, so gut wie, nicht. Einmal unser Dienstmädchen hat mich mitgenommen. Das war sehr gefährlich für sie und für mich ja. (es klingelt) Einen Moment.

(Bandabschaltung)

L: Und natürlich, langsam dies eine Dienstmädchen ist weg und das zweite, und die Köchin, das hab ich Ihnen schon gesagt, daß meine Mutter war für's praktische Leben einfach, die war's einfach nicht gewöhnt, ja, sie war sehr verwöhnt, auch von meinem Vater, und äh, es fing, es war sehr schwer, damals, neunzehnhundert, glaub ich vierzig oder einundvierzig wurde dann schon die Schule dann gesperrt, und wir haben, dann haben wir bei uns so einen Kreis gehabt, und so ein äh ein Kränzchen, mehrere Kinder, das war eigentlich verboten, und äh da sind Freunde meiner Cousins, die natürlich viel älter waren, und haben uns unterrichtet, damit wir nicht ganz verblöden, nicht, damit wir Rechnen und Lesen und Literatur, ich hab immer sehr viel gelesen, das war etwas, was ich immer von früh bis spät gemacht hab. Aber dadurch, daß ich dann zu Haus war, das hab ich Ihnen auch gesagt, den Haushalt übernommen mehr oder weniger. Kein ...

I: Wie war das für Sie, können Sie sich da noch dran erinnern, als Sie dann nicht mehr in die Schule gehen durften?

L: Sicher erinnere ich mich genau, damals war ich schon neun Jahre, vielleicht zehn Jahre alt, im Jahre (Auslassung) war ich schon zehn Jahre alt, das war sehr schlimm, nicht wahr. Viele sind dann schon ausgewandert, meine Schulkollegen, und ich hab, wie gesagt, sehr viel gelesen, ich hab noch Klavier gelernt damals, aber ich hatte immer wie gesagt auch Angst dann schon auf der Straße. Es war sehr unangenehm, wir mußten dann natürlich den Stern schon tragen, und das war nicht ungefährlich. Und ich bin kein großer Held, ich, ich war sehr ängstlich als Kind, ich hab große Angst gehabt, und man hat auch soviel dann immer gehört, und Greuelgeschichten und diese Sachen, äh es war einfach, ich bin lieber da zu Haus dann gesessen, und hab eben gelesen, ich war eine richtige Leseratte, oder Musik gehört. Bei uns hat man sehr viel musiziert, meine Mutter hat Klavier gespielt und Harmonika, und mein Cousin geigte, und mein, man hat bei uns eigentlich, Musik war ununterbrochen, es war nicht nur klassische Musik, es war sehr gemischt, meine Mutter hat sehr gern gehabt die Opern und Operetten und moderne, äh so Schlager und so weiter, und ich hab's einfach alles durcheinander gelernt und mich erinnert. Und meine Tante hat mir dann erzählt, als ich dann Typhus hatte im Lager, in Mauthausen, ganz interessante, ich hatte sehr hohes Fieber, 41, ich war sehr, sehr krank, und komischerweise sagt sie, du hast dann dauernd gesungen (lacht) hat sie mir gesagt, und diese ganzen alten Schlager hast du alle durch, dauernd gesungen, wir sind schon ganz verrückt geworden, und wir konnten dich nicht zum Schweigen bringen. Ich hab natürlich überhaupt keine Idee davon, es war wohl schon das Dilirium oder so, nicht, also das hat mir, kann ich nur sagen, was man mir erzählt hat, nicht (I: ja). Das hat sie mir auch erzählt: immer haben wir gesagt: sei schon ruhig, sei schon ruhig, und du warst einfach ruhig. Damals war ich 14, das ist dann eben auch vergangen. Und dann, in Theresienstadt, wie wir nach Theresienstadt gekommen sind, äh, erst haben wir in einer Riesenkaserne gewohnt mit vielen Hundert von Frauen, und meine Mutter war immer sehr gut erzogen und sehr für gute Erziehung, und Kinder müssen immer, man, sie dürfen gesehen werden, müssen schweigen. Sie wissen doch, wie das, ich nehme an, in Deutschland ist das nicht mehr so, aber es war sehr lange auch noch nach dem Krieg so. Und ich bin auf die, da rauf gekommen, wenn man nicht seine Ellbogen benutzt hat, konnte man einfach nicht überleben. Da war ich zwölf, und es ging einfach nicht anders. Wir hatten so Pritschen, eine neben der andern, und da war 'ne Frau, die hat mich immer zur Seite geschoben, nicht. Aber ich hab mich dann einfach nicht mehr lassen, da hat sie sich bei meiner Mutter geschwert. Meine Mutter, leider Gottes, hat das einfach nicht begriffen, ja, daß man muß auch um sein Lebensraum quasi, um das Stückchen Bett kämpfen, sonst werden, das konnte sie leider Gottes bis zu ihrem Tode nicht begreifen. Und da hab ich dann einfach alles für sie mitgemacht nicht. Und sie wollte, hart arbeiten und so, sie hat nie gearbeitet, sie, sie hat kein, sie ist, ist, ist, es hat, sie hat nie was gelernt, was richtiges, nicht, als ein Mädchen damals ins Pensionat gegangen,, dann hat sie ein Dienstmädchen gehabt, sie hat nie gekocht, sie war hübsch und sie war nett und sie war lustig, sie hat Klavier gespielt. An eine andere Welt, mich zurückerinnert, und im Getto mußten eigentlich alle Leute arbeiten, außer wenn sie krankgeschrieben wurden, mich haben sie in die Landwirtschaft geschickt, aber ich war so schwach und so klein und so dünn, daß ich einfach nicht imstand war, irgend etwas zu tun. Bis heute bin ich nicht in, physische Arbeit kann ich nicht, das geht nicht, sehen Sie, ich hab so schwache Hände, ich kann nicht mal zwei Kilo heben. Und damals hab ich noch das Kreuz kaputt gekriegt, das ist jetzt überhaupt vorbei. Und da haben sie mich einfach nach Haus geschickt. Ich hab dort den Haushalt dann geführt. Mein Mann, mein Vater war so, was man damals nennt (Auslassung), aber ich hatte großes Glück, dort ein großer Kinosaal. Wie dann die Deutschen angefangen haben, das Getto quasi als Mustergetto herauszustellen, haben sie erlaubt, Konzerte, Übung, üben und so, das haben Sie sicher von Theresienstadt gehört (I: ja) (Auslassung), und ich hab einfach alle Proben und alles mitgehört, und das war für mich ein Vergnügen, ja. Man hatte nichts zu essen und nicht, aber das war wirklich fabelhaft, zu den Vorstellungen ist man ja nie reingekommen, das war nur für die Prominenten, ich hab's nicht gebraucht, ich hab alle Proben gehört, ich hab ge, mitgemacht und mitgesungen und so. Also das war dann. Und danach hat meine Mutter doch eine Beschäftigung bekommen, sie mußte dann arbeiten, und das war eine Patronenfüllerei. In Theresienstadt waren zwei Berufe, die sie vor Transporten geschützt haben nach dem Osten, das war dies und die Uniformspritzerei. Meine Mutter war in der Patronenfüllerei. Aber sie wollte nicht, es ging nicht, sie, sie war nicht fähig zu arbeiten, obzwar sie damals jung war, sie war damals 38. (Pause ca. 5 sec.) Eine junge Frau, für mich die Welt (unverständlich), und sie hat alles dran gesetzt, aus dem Job herauszukommen. Und das ist ihr auch mit viel Bekanntschaften und so weiter gelungen, man hat sie krank geschrieben, sie ist unfähig. Das war unser Unglück, denn äh Leute, die dort gearbeitet haben, wurden nicht verschickt. Und äh dann waren wir nicht mehr geschützt, und wurden eben nach Auschwitz und weiter (leise, unverständlich, weint)

I: Wie lange waren Sie in Theresienstadt?

L: Ich? Wir sind nach Theresienstadt (Auslassung) gekommen, ich war zwei Jahre im ganzen, und im Mai '45 in Mauthausen befreit. Also ich war in Theresienstadt von (Auslassung), und dann wurden wir nach Auschwitz geschickt und dann nach Mauthausen. Und im Mai, am 5. Mai haben uns die Amerikaner befreit.

I: Hm. Und haben Sie denn damit schon was verbinden können, als Sie dann ...

L: Bitte?

I: Als Sie, mit Auschwitz oder mit den Transporten nach Auschwitz, hat das schon irgend etwas bedeutet für Sie? Haben Sie da Vorstellungen gehabt?

L: Ich war ziemlich unwissend, (I: ja) ich war ja doch ein Kind scheinbar, aber ich erinnere mich, wie man uns zu den Transporten einberufen hat und da hatten wir nur das Minimum doch mitnehmen können, und wir waren meisten, sehr oft war man nur eine Reservenummer, das heißt, sie konnten, ein Transport ist weg von tausend Leute, haben sie, waren sie waren sie Nummer 1050, dann waren sie in dem zweiten eingeteilt. Ich erinnere mich, wir waren, und dann konnten wir dann Nachmittag nochmal weggehen, und sind schon drei Tage da gesessen. Und dann (unverständlich) ich bin ins Bett, wir sind zurück in unser Zimmer, waren immer weniger und weniger Leute, ja. Auf einmal Platz, und da bin ich ins Bett, ich war so müde, ich wollte nur schlafen. Das erinnere ich mich noch, und ich wollte einfach nicht aufstehen, hab meine, meine Mutter hat mich dann geweckt, hat gesagt, jetzt müssen wir wieder zurückgehen. Hab ich gesagt, wozu sollen wir zurückgehen, wir bleiben hier. Ich konnte es einfach nicht begreifen, nicht. Und dann in den Waggons äh, das, da sind wir sogar über Olmütz gefahren, das erinnere ich mich.

I: Das haben Sie gesehen?

L: Ja, sicher. Wir sind ja drei Tage gefahren (I: ja), das war natürlich auch 'ne Tortur, dann aus Olmütz, nein, und nach Auschwitz sind wir nach Olmütz, über Olmütz gefahren, oder am, wie wir aus Auschwitz, ich glaube ja, nach Auschwitz sind wir nach Olmütz. Ich weiß, ein Freund meines Cousins ist wirklich über Olmütz auch gefahren, der ist abgesprungen, und die Köchin meines, meiner Tante hat ihn versteckt, er hat die Adresse und hat sich durchgefragt, das waren allerdings Tschechen. Und das war schon '45 gegen Ende des Krieges, und ich weiß und sie hat also, die Köchin war sehr treu, sie hat niemals aufgehört auf, auf die Sachen meiner Tante und aufzupassen und alles aufzubewahren und ihnen Pakete zu schicken nach Theresienstadt, das war eine Zeitlang, und da haben wir, und meine Großmutter, und so hat sie auch überlebt, denn sie ist da geblieben, die einzige. Und die hat diesen Jungen in einen Ziegenstall versteckt, das war lebensgefährlich, man hat sie dann die letzten zwei Wochen noch geschnappt, und wenn der Krieg nicht zu Ende gegangen wäre, hätte man sie auch erschossen. Aber sie hat's überlebt, aber der Junge nicht, den hat man geschnappt und hat ihn erschossen. Der war selbst schuld, weil er schon zu unvorsichtig war, dort. War eine Gruppe Halbjuden, die versucht haben, etwas zu tun, die leider sehr unvorsichtig waren, und am Ende schon zu selbstsicher, das war ungefähr zwei Wochen vor Ende des Krieges. Und da hat ein großer Teil dieser Jungens, das sind ja eigentlich Kinder, 28 Jahre, hat man dann ein Teil erschossen, auch ihn, leider. Und die, unsere Köchin ist also, sie war dann auch mit uns, weil ich dann mit der Tante und der Großmutter gelebt hab, und die hat dann doch überlebt, unsere Emma. Na, die ist dann bis zu ihrem Tode (unverständlich), meine Cousins haben sie gepflegt, krank geworden, war eine sehr alte Frau geworden, und mein Cousin hat gesagt, ich würde sie nie im Spital geben, sie hat so zu uns gehalten und sie hat bis zum Ende, also die letzte Woche glaub ich war sie im Spital, aber sie war bis, wurde gepflegt und gehegt bis zu ihrem Tod. Und das ist verständlich, nicht. Also das kann ich mich auch noch so erinnern. Dann natürlich, wie wir in Auschwitz waren, war natürlich sehr schlimm, nein das war ein schreckliches Trauma, aber sie wußten ja gar nicht, wo sie sind. Ich weiß nur, meine Mutter hat mich dann dort doch gerettet.

I: Ja?

L: Denn wie wir angekommen sind, ich war klein und mager und dünn, ich bin heute auch nicht groß und dick (lacht), und dann damals natürlich ausgehungert, und man hat doch damals aufgeteilt. Meine Mutter war noch immer eine sehr hübsche Frau, ich werde Ihnen ein Bild dann zeigen, und wie wir zu der Selektion sind, damals ich, habe ich, erinnere ich mich, das war der Mengele, das erinnere ich mich, zweimal habe ich ihn gesehen, da gestanden, und mich hat er auf die andere Seite gegeben, da hat mich meine Mutter geschnappt und hat gesagt: was, wir sind doch alle jung und können arbeiten. Und hat mich mitgeschleppt auf die richtige Seite. Und dann haben wir noch ein paar, dann habe ich noch eine Selektion mit Mengele durchgemacht, damals hatten wir aber Glück, denn es war dort eine Frau aus unserer Stadt, die immer die Transporte, gearbeitet dort in der Schreibstube, das war scheinbar Usus, daß sie die Transportlisten nachgesehen hat, und sie hat meine Mutter, meine Tante gut gekannt, wir waren dann so fünf Frauen aus unserer Stadt, und sie hat gesagt: ihr haltet euch immer zusammen, und wenn etwas, müßt sehen, so schnell wie möglich rauszukommen aus Auschwitz, denn das ist eine Katastrophe, versucht mal. Und dann wurde eben ein Transport zusammengestellt von einer, die hieß Marie, sie war schon vier Jahre in Auschwitz, auf einmal hat sie gesehen, sie hatte eine Riesenfamilie gehabt, ich glaub, sie waren acht Geschwister, neun Geschwister, hat man die Familie, damals '44 hat man doch auf, angefangen, (Auslassung) judenrein zu machen, und ihre Familie ist da. Und sie hat drei Schwestern gerettet, der Rest wurde vergast. Und sie war sehr ange-, angeschrieben bei dem Kommandanten, der hat ihr dann gesagt: weißt du was, es ist Zeit, daß du auch (unverständlich), und man braucht eine Gruppe von 500 Frauen in Mauthausen, also unter der Ägidie (?) von Mauthausen, und die in einer kriegswichtigen Papierfabrik arbeiten müssen, und du wirst die Lagerälteste von dieser Gruppe werden, und du wirst mit deinen drei Schwestern. Und da hat uns diese Freundin meine Mutter und meine Tante auch reingeschanzt, es waren, wir waren ungefähr 3000 Frauen damals, hat man 2 1/2 tausend nach Großrosen geschickt, wenn Ihnen das ein Begriff ist, ein großer Teil aus unserer Stadt auch gewesen und überhaupt Leute, die ich noch durch Theresienstadt kannte, die mit uns gekommen sind, mit denen wir zusammen waren, die sind sehr, beide umgekommen, und die 500, sie hat uns ganz ans Ende gedrückt, und wir sind mit dieser, mit dieser Marie reingekommen, und sie hat eine Schwester gehabt, die (unverständlich) genauso alt war wie ich, die haben uns dann bemerkt, diese Frauen haben uns zwei Kinder dann sehr geschützt, und haben sich immer wieder bemüht, uns im Lager zu halten, in dem furchtbaren Winter, in diesem Holzpantinen in Schnee raus, dann für im Lager bleiben, das hat scheinbar doch was genutzt, nicht, denn von diesen 500 Frauen, die da in dieser Abteilung waren, sind nur 10 umgekommen, fünf bei einem Eisenbahnunglück, da ist ein Zug einfach, man mußte doch um drei Uhr früh aufstehen (I: ja) und um fünf schon zur Arbeit gehen. Man ging in Fünferkolonnen, und da war ein ungeschützter Bahnübergang, und äh, und da sind immer die SS-Leute mit den Hunden mitgegangen und haben einfach nicht stehen lassen, und der Zug ist in eine Kolonne reingefahren, hat die fünf Frauen überfahren. Und noch ein paar, und meine Mutter leider darunter auch, nicht wahr. Und sonst sind leider die meisten durchgekommen, von diesen 500 Frauen. Es war auch dann ein bißchen, dort waren zum Beispiel ausländische Arbeiter, Polen und Russen und Ungarn in der Fabrik, und ein Vorarbeiter, zum Beispiel ein Mädchen, sie war damals schon eine junge Frau, schon verheiratet gewesen, der Mann ist nicht zurückgekommen, (unverständlich) erinnere ich mich genau, die war sehr hübsch, ihr Brot zugesteckt, nicht und, äh ich weiß, meine Mutter hat auch bekommen, und ich hab mal bekommen Brot von einer Aufseherin, denn mich haben sie ab und zu mal genommen, zu den, die Oberaufseherin und die Aufseherin hatten eine extra Baracke, und da haben sie mich manchmal hingeschickt, ich soll die, aufräumen und Schuhe putzen und solche Sachen, heute bin ich nicht bereit, ein Paar Schuhe zu putzen. Mein Mann weiß, wenn er Schuh geputzt haben will, muß er sie sich allein putzen und meine dazu (lacht), das ist auch. Aber da hab ich dann zum Beispiel bekommen die Überreste zu essen, nicht, hat die rausgeschickt das Tablett da rein, ein bißchen Apfel, bißchen einfach, man hat sich einfach nicht geniert, man hat's aufgegessen, dadurch konnte ich aber die Ration von meiner, meine Ration meiner Mutter geben, nicht, also ich hab mich dann wirklich um meine Mutter sehr gekümmert. Das hat ein bißchen zu Zwist mit meiner Tante geführt, weil ich hab mich mehr um die Mutter selbstverständlich gekümmert als um meine Tante, und sie war ein bißchen neidisch, und das war ein ziemliches Problem, aber ich konnte es nicht vermeiden, ich war 13, 14, nicht klug genug, um es zu vermeiden, es war für mich meine Mutter und so weiter, und man hat die Mutter, es waren dort Frauen, die sie etwas schikaniert haben, weil sie eben nicht arbeiten konnte und schwach war. Das war auch ein gewisser Neid, äh, äh ich weiß, es war schwer, ich konnte nicht viel machen, als nur zu sehen, daß sie vielleicht, eventuell mal ein bißchen mehr zu essen hat, oder daß ich mal was stehlen konnte oder so, oder daß ich, sie meine Sachen anziehen konnte, damit sie bissel wärmer angezogen ist, weil ich doch im Lager geblieben bin, nicht. Es war nicht, nicht sehr einfach die Sache.

I: Hm. Was mir so ganz schwer ist, mir vorzustellen, was konnten Sie denn da tun? Also das, ich mein ...

L: Sehen wie, wenn ich, als ich aufgeräumt hab bei den Oberaufsehern, bei den Aufsehern immer, nicht, mal konnte ich einen halben Apfel nehmen, mal war ein Stückchen Brot übrig geblieben, mal war ein Stückchen Speck, mal, es war dort eine Köchin, die hat uns schrecklich bemitleidet, hat sie mir gegeben so bissel Erbsensuppe mit Speck, da mußte ich nicht meine Suppe, die im Lager auf mich gewartet hat, hab ich meiner Mutter gegeben, hat sie zwei Suppen gehabt, bißchen mehr Brot. Das waren Sachen, die sehr viel wert waren. Oder ich hatte mal 'nen alten Strumpf gefunden, ich hab ihn einfach aufgetrennt und hab mit Holznadeln ein paar Handschuhe gestrickt, solche Sachen, man konnte sich helfen. Oder ich hab mal 'ne Schnitte Brot gehabt, hab ich sie für etwas anderes umgetauscht, einen Schal für meine Mutter. Und jetzt, ich hatte eine Jacke, und jeder hat einen Mantel und, es war furchtbar, mit so ausgeschnitten hinten, mit so einem Viereck natürlich, mit diesen Streifen. Das konnte sie anziehen, dann hat sie zwei Jacken gehabt, nicht, hat nicht so gefroren. Also das waren so Sachen, nicht wahr, äh, wo ich ihr doch etwas helfen konnte, nicht. Zum Beispiel sie hat immer geschimpft, ich hab mich jeden, war nicht bereit, mich nicht zu waschen, ich bin sehr ord-, sauber. Und sie hat immer gesagt - das blinkt noch - das ist dein Unglück, sagt sie mir immer, weil ich hab dann eine gute Bekannte in der Krankenstube gehabt, und die hat mir jeden Abend, denn es war, die hatten einen Waschraum, am Attersee, aber in dem Winter, es war alles eingefroren, wenn jemand Wasser, es war einfach, sind auf Eis gestanden, es war kein Wasser. Ich hab sehr oft Schnee genommen, wir haben ihn aufgetaut, und den Schnee, und dann hab ich mich gewaschen, im. Sie hat immer gesagt: geh nicht in die Krankenstube, du wirst dich anstecken, du wirst krank werden. Was natürlich Unsinn war, denn Typhus bekommt man nicht, sondern Typhus bekommt man von Läusen. Wir hatten eine Gruppe Holländerinnen, die sehr schmutzig waren. Ich meine schmutzig - es war ihnen kalt, sie haben sich einfach nicht gewaschen, und die Läuse sind dort nur so rumgekrochen, und ich erinnere mich, sogar das erste Mal, wo ich eine Laus gefangen hab, das war furchtbar. Und da war natürlich schon der Typhus, war schon da, nicht. Da war schon nichts zu tun. Andererseits erinnere ich mich auch noch so komisch, immer, ach, ich möchte einmal bißchen krank werden, daß ich im Bett liegen bleiben kann, man war so müde. Man ist entweder um drei geweckt worden und mußte zwei Stunden Appell stehen, bis Sie die eine Schnitte Brot und bißchen Kaffee bekommen haben, und man war immer hungrig und müde und kalt. Oder sehr oft habe ich mich gemeldet zur Kaffeekolonne, das war, dann mußten Sie aber um eins aufstehen, und dann mußten Sie zu Fuß ungefähr drei, vier Kilometer gehen, um die schwere Tonne mit dem Kaffee und das Brot. Warum hat man das gemacht? Erstens ist man da, das war so eine Militärküche scheinbar, ich erinnere mich noch, (unverständlich) im Finstern, wir hatten so Holzschuhe, holländische, und man ist immer höher geworden, weil der Schnee, dort ist ja sehr kalt, hat sich so schön angeklebt immer, und, erstens war dort warm in der Küche, und sehr oft hat man noch ein Stückchen Brot bekommen von jemandem oder sich ein bissel angewärmt oder noch 'n Schluck Kaffee, dafür ist man auch zwei Stunden früher aufgestanden (I: ja), für, wenn man hungrig war, nicht.. Das erinnere ich mich, und dann. Und dann bin ich (unverständlich) eines Tages, wie gesagt, das war Anfang März, krank geworden, und da hab gedacht, jetzt werd ich mich einen Tag ausruhen. Und da ist die Ärztin gekommen, wir hatten eine sehr, sehr nette holländische Ärztin, die hat sich aufopfernd gekümmert, ich meine, sie hatte nichts, nicht einmal Aspirin, ja. Und die hat mich untersucht, einen Tag, hab ich noch 37,5, -6, -7 gehabt, und da haben sie mich in die Krankenstube genommen. Ich erinnere mich da nur vage, man hat, es waren doch so zweistöckige Betten, ich war oben gelegen, es war so schön, ich hab mich ausge-

ruht, und dann erinnere ich mich nur, wie sie gesagt haben, man muß mich runter bringen, das geht nicht. Ich hab hohes Fieber, man kann nicht zu mir rauf. Und dann sind zwei Monate vergangen.
I: Zwei Monate lagen Sie im Bett?
L: Ja. Ich erinnere mich nur dann, daß die Tante da war, und daß sie mir gesagt hat, dann hab ich schon gehört: hör auf zu singen dauernd, das hab ich gehört, oder. Und dann wurden wir in, dann wurden wir befreit und in ein anderes Spital gebracht. Da fang ich mich dann schon an zu erinnern, aber zwei Monate sind wie weggewischt.
I: Da haben Sie gar keine Erinnerung mehr?
L: Ich hab keine, nein. Ich erinnere mich nur, wie man mich in den Saal da gebracht hat, in dem man mich dann umgebettet, wie man das, das ist alles so, richtig erinnere mich nicht, daß man bei mir war und die Mutter, und das weiß ich alles nicht. Das, ich erinnere mich nur, daß ich nur gehört hab: hör auf zu singen und so, aber da äh, ich hab gar nicht gewußt, daß ich singe. Nein, das erinnere ich mich nicht. Der ganze März und der ganze April ist wie weggewischt. Erst als, dann haben sie uns in ein, in ein Barackenspital, von Fremd-, Fremdarbeiter gebracht, dann ist meine Mutter neben uns, neben mir gelegen. Warten Sie, ich mach mal Licht, wir sitzen da im Dunkeln. (Pause mehr als 10 sec.)
I: Es besagt nämlich nichts, wenn es blinkt.
L. So, das ist, und ...
I: Und dann ist Ihre Mutter neben Ihnen gelegen, ja?
L: Ich bin da, und sie ist hier so bei mir gelegen, und ich war sehr verwundert, sie hat sich von mir scheinbar angesteckt mit Typhus, und äh sie wollte nichts essen, und ich hab mich geärgert, aber ich war so schwach, daß ich mich kaum rühren konnte. Ich war, mir hat man gesagt, ich hab da 29 Kilo gewogen.
I: 29 Kilo!
L: Und sie, man hat sie dann ins richtige Spital weggebracht in F., und ich war sehr schwer, ich konnte sie kaum besuchen. Ich bin dann, ich wußte ja nicht, daß sie, daß sie so krank ist, und dann war ich sie besuchen, sie hat mir so leid getan. (Pause 5- 10 sec.) Das war natürlich schlimm, nicht, und dann bin eines Tages, und ich konnte so schwer rein, hinkommen, es war so weit, und da war eben ein Amerikaner, der hat mich dann auf seinem Motorrad mal hingebracht, und damals war sie, war sie schon tot. Dann haben sie sie auf einem katholischen Friedhof begraben. Sie haben mich gefragt, was sollen wir machen, wir begraben oder kremieren, na und ich hab mir gedacht, man kann doch die Mutter nicht verbrennen, das ist so ein komisches, war ja blöd, nicht, ich hätte lieber die dann mitnehmen sollen, die Urne, nicht. Aber, es war mir, ich hab gesagt, nein, ich möchte, daß man sie begräbt. Und sie haben mir nicht erlaubt, zum Begräbnis zu gehen, ich bin dann nachher nur hin zu Friedhof, das Grab besteht... (weint).
I: Und Sie durften nicht, weil Sie so schwach waren noch?

L: Ich weiß nicht, ich bin, einmal hat man mir gesagt, ach, im Radio liest man jetzt die Listen von Leuten, die aus (Auslassung) gerettet wurden, und ich wollte laufen, aber da bin ich einfach zusammengeknickt (lacht), nicht, also, hab dann noch. Dann natürlich bin ich sehr dick geworden, nach dem Krieg, dann hatten wir alle so viel gegessen und gegessen und gegessen und gegessen, man konnte gar nicht aufhören. Das war auch eine Kompensation wahrscheinlich, eine seelische, nicht, wenn man. Aber das ist dann auch vorbeigegangen, bin ich, hab ich dann wieder abgenommen nach zwei Jahren. Hm, das war ...
I: Können Sie sich noch an den Moment erinnern, als Sie gehört haben, daß Ihr Vater noch lebt?
L: Ja, das erinnere ich mich.
I: Das haben Sie doch im Radio ...
L: Ja, nein, ich hab, das hat man mir gesagt, daß jemand es im Radio gehört hat, und da hab ich eben beschlossen, daß ich zurückfahren werde, nicht. Und das hat dann noch bis Juli gedauert, bin ich zurück. Aber, das war alles sehr eigen. Der Fehler scheinbar war - heute weiß man viel mehr über Psychologie, daß man weiß, man muß mit den Leuten sprechen, behandeln, wir haben, ich hab Ihnen gesagt, man hat versucht, einfach die ganze Sache zu übergehen, und dort weiter zu holen, und das ging natürlich nicht. Für manche war's vielleicht ganz gut, aber für das Gros der Leute war es nicht so gut. Es ging einfach nicht. Ich sehe das heute, das war ein großer Fehler. Hm, aber, das sind Sachen, die vorbei sind, und man lernt jetzt viel mehr. Ich weiß, in Holland ist heute eine Klinik, die diese Leute behandelt, und die sagen, daß eigentlich nach 25 Jahren das Trauma schlimmer noch ist als damals. Ich weiß nicht wieso, ich habe nie eine, ich bin kein Wissenschaftler, aber ich interessiere mich und ich lese weiter viel, und das hab ich einfach. Ich glaube, es ist auch etwas dran, daß man es nicht vergessen kann, den ganzen. (Pause ca. 5 sec.) Man sieht, irgendwie die Sachen zu verdauen, das geht nicht, das kommt ja immer wieder. Man kommt immer wieder auf denselben Punkt zurück, irgendwie, ich nehme an, das hören Sie von allen anderen auch, die Leute kommen immer wieder drauf, und das ist schreckliche (unverständlich), auch hier Angst, und alle (unverständlich, sehr leise), wir sind auch anders. Wir sehen die Sachen anders.
I: Wie anders?
L: Äh, ich weiß nicht, man hat eine andere Lebensanschauung in vieler Hinsicht, nicht wahr. Ich kann es nur von mir sagen, nicht wahr. Aber gewisse Sachen, die einfach unwichtig sind, nicht wahr. Es gibt wichtige und unwichtige Sachen, aber es gibt so viel unwichtige Sachen, und wenn man sich das so überlegt, ja.
I: Was, wie meinen Sie das, was ist denn zum Beispiel unwichtig?
L: So, ich weiß, man äh, man, man vergeudet so viel Zeit auf Unsinn, ja, das Leben schwer zu machen und so weiter, man könnte es sich eigentlich viel einfacher machen. Und die ganzen Feindschaften und das alles, ich finde

das so schade und überflüssig, ja. (unverständlich, sehr leise), nicht, das hat jetzt nichts mit Politik zu tun, dort natürlich auch, richtig (unverständlich), aber die Juden in Israel sind schrecklich politisch immer eingestellt, und das, sie können es nicht lassen, nicht einmal im Lager konnten sie es lassen.
I: Ne?
L: Ne. Auch in Theresienstadt, immer wieder, immer wieder, das ist ein, trait, wie man so sagt, das kennen Sie ...
I: Ist diskutiert worden, oder?
L: Immer diskutiert und immer, und rechthaberisch und äh, das ist schlimm, ja. Und außerdem im Lager hat sich sehr viel rausgestellt, daß äh viele Men-, Leute, die feinen Leute richtig schlecht und wild geworden sind, nicht. Sehr komische Sachen, und da, ich meine, ich kann das heute nicht begreifen, wie man den anderen schlagen kann oder so, ich rede jetzt nicht von deutsch zu deutsch, sondern sogar untereinander, nicht wahr. Aber das ist mir etwas Unbegreifliches, ja. Aber (Pause ca. 5 sec.) scheinbar sind Menschen so, ja? Ich kann's bis heute nicht begreifen. Der eine, daß ein Mann ein Baby umbringen kann oder solche Sachen, ich kann's einfach nicht begreifen, ja. Wie kann man sowas tun, nicht. Ich kann auch heute nicht begreifen, daß, wenn unsere Soldaten Araber schlagen, das ist mir unbegreiflich und eine Gemeinheit, ja. Ich bin da genau, vollkommen unparteiisch, ich bin dagegen, hm, das ist, es gibt gewisse Sachen, die sie nicht begreifen können, nicht. Und wir können's scheinbar nicht ändern, nicht wahr.
I: Ich weiß nicht, für mich ist das schwierig zu sagen, mich würd das einfach mal interessieren, hm, ja wie Sie das so als Kind erlebt haben, also was Sie jetzt grad sagen, diese, diese Sachen, die man überhaupt nicht begreifen kann, und die so ganz anders sind, als das, was man, was man vorher so gewohnt war?
L: Ja, schauen Sie, das war alles ungewohnt, ja, das war ja ein ganz befremdeter, das war ein Kampf ums Leben. In Theresienstadt war es nicht so schlimm, aber in Auschwitz war es ...
(Bandwechsel)
L: ... man hat uns zum Beispiel erlaubt, mal täglich auf, auf die Toilette, es war ja keine Toilette, es war ein Topf, nicht, das war gefährlich, ja. Oder man hat Sie einmal pro Tag getrieben in die, in Waschraum, nicht, und die Frauen haben sich buchstäblich drauf gestürzt. Für mich war das schrecklich, und auf einmal, einmal bin ich ausgerutscht und in ein tiefes Wasserloch gefallen, bis man mich, das war eine, ich bin da fast auch ertrunken, bis mich meine Mutter da rausgefischt hat. Und da die Aufseherin, man hat sie geschlagen und gejagd, das war ein Terrorrecht, was sich da. Jemand ist einmal weggelaufen, und (unverständlich, leise) in Auschwitz, hat man uns die ganze Nacht stehen lassen. Oder bevor wir verschickt wurden, der Transport, ich erinnere mich, damals war, ich war schon damals zum Beispiel unwohl, das kann ich Ihnen erzählen. Ich erinnere mich, ich bin da gestanden und das Blut ist so geflossen. Das sind solche Sachen, wenn man das einem

erzählt, es ist kaum zu glauben, das ist ein schreckliches Trauma, ja? Das bleibt Ihnen das ganze Leben, Sie können's einfach nicht überwinden, nicht. (I: ja) Ich seh mich da draußen stehen, die ganze Nacht, ja, schmutzig und, und man darf sich nicht rühren, sonst kommen schon, und man schlägt Sie, ja. Und wozu, warum, ich hab ja niemand was getan (I: ja), es war mir unbegreiflich, ja. Oder man hat uns einmal in, in dort war ein Haus, ein Prostituierte, für die Deutschen, Russinnen, da haben sie uns einmal über Nacht reingesteckt, und das waren so kleine Käfige direkt. Also solche Sachen, ja. Und man immer der Schlamm und der Kot und der Schmutz, oder das Geschrei und die Angst und der (unverständlich), sie machen aus einem Menschen, (Pause ca. 5 sec.) die Zeit vergeht dann irgendwie, und Sie wissen ja gar nicht mehr, was man mit Ihnen tut, nicht wahr.
I: Also Sie haben dann überhaupt kein Gefühl gehabt für Zeit, wie lange Sie da waren, oder ...
L: Doch, das, nicht wahr, aber am Anfang, ich hab, geht es noch, ja. Und wir haben eben sehr zusammengehalten, wir haben uns dauernd, meine Mutter und meine Tante, noch zwei, man hat dauernd, wir haben dauernd versucht zusammenzubleiben, denn wenn Sie einmal getrennt sind, man kann sich da nicht finden in diesem Chaos, und das haben wir dann geschafft, ja. und äh das war scheinbar sehr wichtig, aber, es war schlimm, es war einfach sehr, sehr schlimm. Noch dazu, ich hab immerzu das Gefühl gehabt, ich muß mich um meine Mutter kümmern, ich bin verantwortlich, nicht. Ich glaube, als erwachsene Frau hat sie viel mehr gelitten als ich als Kind, glaub ich, seh ich das, überleg ich mir heute. Es ist auch richtig, wahrscheinlich, ja, denn sie war sich viel bewußter des ganzen Traumas, der Erniedrigung und diese ganzen Sachen, nicht. Es war für sich noch schwer, und ich nehme an, sie hatte um mich Angst, komischerweise, ich hatte nur Angst, aber nicht persönlich um mich, sondern allgemein Angst, und das Gefühl, ich muß mich um sie kümmern. Das war ganz komisch. Ja, das ist mir, und das Gefühl hab ich dauernd gehabt, nicht. Ich hab mich auch versucht, um sie zu kümmern. Ich weiß, wir hatten die Schlaf, die Säcke, die die Matratzen nicht, die waren mit Papier ausgestopft. Und ich hatte Glück, alle hatten Papierschnitzel, und ich hab Stücke Papier, und da hatten wir auf einmal Toilettenpapier. Stellen Sie sich vor, man stellt Sie heute irgendwo hin, man zieht Sie nackt aus, man rasiert Ihnen die Haare ab, Sie haben keine Zahnbürste, Sie haben kein Toilettenpapier, Sie haben keine Seife, Sie haben nichts (I: ja). Äh, einfach nichts, keine Uhr, nichts. Dies ist, ja, sind einfach, einfach ein, so wie ein Vieh, und dann getrieben, ja. Das ist schwer zu begreifen, man nimmt Ihnen Ihre Kleider, alles weg und gibt Ihnen etwas alte Sachen, die nicht passen, äh, ja, das ist schlimm, ja. Und das war natürlich gezielt gehandelt, nicht. Das sehe ich heute, das konnte ich damals nicht wissen, das war ein vollkommenes Ziel, die Leute zu demoralisieren. Paar Arbeitskräfte noch rauszuholen, und dann die Leute zugrunde zu gehen lassen, ja (I: ja). Die meisten sind ja zugrunde gegangen, nicht. Also, das ist

so ungefähr, ja das Gefühl, und man hat natürlich ein, man kann nicht schlafen, man hat Angst. Und ich erinnere mich, die Ratten, unten, wenn Sie standen, sind die Ratten über Sie gelaufen. Das ist wirklich ein schlimme, und dann waren die, die Blockältesten, und alle diese Sachen, nicht.
I: Waren sehr ungerecht?
L: Nein, nein, sie haben ihre eigene Haut versucht zu retten, ja. Es waren auch nette, nehme ich an, unter ihnen, ich hab, ich bin keiner begegnet, ja. Und immer dieser Terror und immer die Angst, ja. Und die Aufseherinnen mit den Peitschen und. zum Beispiel, meine Tochter trägt Hosenröcke, ja. Das ist etwas, was ich nicht imstand bin, mir zu kaufen, und die Leute können das nicht begreifen. Ich hab meinem Mann gesagt, kannst du dir vorstellen, ich seh noch diese Aufseherinnen, diese Nazi-Frauen, die haben nur Hosenröcke getragen, seh ich noch vor mir, die Stiefel und die Hosenröcke. Das war typ-, das war die Uniform, und war Nazi, na, wie kann ich mir einen Hosenrock kaufen? Das ist unbegreiflich. Ich hab unlängst meinem Mann gesagt, er hat das auch nicht gewußt, ich hab es ihm, (unverständlich) meiner Tochter, ihr hab ich es nicht gesagt, vielleicht werd ich ihr es mal sagen, warum ich mich nicht dazu, sie sagt, es wär so hübsch für dich. Ja sicher, für mich sicher nicht. Das sind so, (I: ja) eigen, Kleinigkeiten, ja, die sich auf einmal erinnern, die man nicht über sich bringen kann, ja.
I. Ja, und dann Stiefel auch, oder?
L: Die Stiefel ja, aber mit (unverständlich), das ist wieder was, aber nicht solche männliche. Die waren ja sehr männlich, diese Frauen (I: ja), nicht wahr, und die waren schlimmer als die Männer manchmal, die, die Aufseherinnen geworden, die waren sadistisch, also direkt (unverständlich). Hier kommt mein Mann. Und, schwer zu erklären, sehr schwer zu erklären. Das ist manchmal sehr unbegreiflich die ganze Sache.
I: Konnten Sie denn über das, über dieses Unbegreifliche dann ...
L: Ne, ich hab niemals mit jemand ...
I: ...reden mit Ihrer Mutter?
L: ...niemals, mit meiner Mutter haben wir nie darüber gesprochen, denn wir haben in einem ununterbrochenen Terror gelebt, und äh ich weiß nicht, wir haben uns nie mehr unterhalten.
I: Ging das gar nicht, ja.
L: Komischerweise nicht, nein. Sie war müde, und man war so abgehetzt, man durfte ja auch nicht so sehr, nicht, ein bissel was zu Essen, ich erinnere mich an keine Unterhaltung jemals. Es war auch nicht so wie heute, daß Sie Ihren Kindern, heute ist man mit den Kindern viel offener, ich bin mit meiner Tochter wie eine Freundin, das gab's damals nicht, ja, das gab's nicht. Ich meine, ich war ein Kind und als solches behandelt. Und auch nach dem Krieg ist meinem Vater nicht zu Bewußtsein gekommen, daß ich etwas mitgemacht habe, und daß man, man mir nicht, daß am Tisch rückst und das, und so und Strafe, wenn ich da heute zurücksehe, das ist doch Unsinn das ganze, nicht. Und wir haben niemals mehr zusam-, zueinander gefunden.

Wir haben vorher nicht viel, aber (Pause ca. 5 sec.), nein, eigentlich nicht. Ich hab mit meiner Tochter nicht darüber gesprochen, was die (unverständlich), das war vielleicht auch schlecht. Aber (unverständlich, leise), niemals. Sie war viel zu erschrocken und viel zu, mit reinem Überlebensversuch beschäftigt, nehme ich an, viel, sie war außer sich, ja, aber ich, wenn ich so zurückdenke, sie ein sehr großes Trauma, sie war eine sehr, eben sehr unpraktisch alles, ja, sie war nicht lebenstüchtig, ja, sie war sehr verwöhnt, und das, mir ist so das Verwöhntsein und das alles sehr schnell vergangen, ja. Ich steh eigentlich da wie sie, wie ich Ihnen gesagt hab, seit '39 mehr oder weniger auf meinen eigenen Beinen. In Israel mit 17 war ich ja auch ganz allein und verlassen. Also das sind so, so äh die (unverständlich leise), bin (unverständlich) verwöhnt, hab mich um mich selbst kümmern müssen und so, schon damals hab ich, war immer sehr allein, auch nach dem Krieg, immer sehr auf mich gestellt, und ich weiß nicht, es war komisch. (Der Mann kommt) (sehr laut im Gegensatz zu dem ganzen Gespräch:) Ja, also Sie verzeihen, vielleicht unterhalten Sie sich inzwischen ein bißchen mit meinem Mann. Setz dich hin, Sie verzeihen mir, darf ich Ihnen noch etwas zu Trinken ... (Bandabschaltung)

V. Drei Interpretationsskizzen zu den autobiographischen Erzählungen von Überlebenden der Massenvernichtung

Wissenschaft als Abwehr des Unerträglichen

Bevor ich mich der Problematik der Interviews und der nachfolgenden Interpretation zuwende, möchte ich zuerst meinen GesprächspartnerInnen danken für ihre Bereitschaft, mir ihre Lebensgeschichte zu erzählen. In den Begegnungen wurde mir spürbar, welche Belastungen sie mit der Erinnerung an die massive Verfolgungserfahrung auf sich genommen haben. Unsere Gespräche haben teilweise verschüttete Erinnerungen wieder aufleben lassen und meine Gesprächspartnerinnen oft noch lange Zeit nach den Interviews weiter beschäftigt. Die unvorstellbaren Belastungen haben sie oft nicht schlafen lassen, die Erzählungen rührten an ihrer mühsam und schmerzlich wiedererworbenen und stets bedrohten psychischen Stabilität. Die Unerträglichkeit, die mit der Erinnerung an die Massenvernichtung verbunden ist, spiegelt sich wider im Interpretationsprozeß, der - aus psychoanalytischer Perspektive - auch als Versuch der Abwehr des Unerträglichen betrachtet werden kann. Hierin scheint sich auch ein gegenaufklärerisches Moment zu zeigen, das unaufhebbar mit dem Bemühen um Aufklärung verbunden ist (vgl. Einleitungskapitel): Die Interpretation, die sich um Aufklärung des Unverstandenen bemüht, verfehlt ihren Gegenstand zugleich, indem sie ihn abwehrt. Aus meiner Erfahrung mit den Lebensgeschichten der Überlebenden halte ich diese Abwehr jedoch für eine notwendige Bedingung der Auseinandersetzung mit diesen extrem traumatischen Erfahrungen: In den Erzählungen der Überlebenden kann die Unerträglichkeit ihrer Erinnerung nicht narrativ zum Ausdruck kommen, sie scheint vielmehr durch die Brüche und an den Grenzen der Erzählung durchzuschimmern (vgl. auch Kap.III.2.). Die Abwehr des Unerträglichen findet sich auch in meinem Interpretationsprozeß im (text)analytischen, "zergliedernden" Blick, der gerade im Bemühen um reflektierende Distanz (als einer Voraussetzung der Interpretation) an manchen Stellen unempathisch wirken mag. Der Umgang mit dem unvorstellbaren Grauen scheint auf verschiedenste Weise möglich zu sein, einen meiner Versuche, damit umzugehen, sehe ich in meinem wissenschaftlichen Vorhaben. Wenn auch das Ausmaß der Abwehr subjektiv höchst unterschiedlich sein mag, scheint sie mir jedoch notwendig mit dem Gegenstand selbst verknüpft zu sein. Die Unumgänglichkeit der Abwehr bei der Beschäftigung mit diesen Lebensgeschichten erfordert ein selbstreflexives hermeneutisches Verfahren, das auch die eigenen Haltungen und Einstellungen im Interpretationsprozeß bewußt zu machen versucht. Eine bedeutsame Unterstützung habe ich in diesem Prozeß durch die Interpretationsgruppe in New York gefunden, der ich auch für ihre emotionale Begleitung sehr dankbar bin.

Zu praktischen Problemen des Interviewverfahrens

Meine Gespräche mit Überlebenden der nationalsozialistischen Massenvernichtung sind von der Spannung gekennzeichnet, daß sie einerseits im Kontext meines wissenschaftlichen Vorhabens geführt wurden, andererseits aber auch von meinem Wunsch motiviert waren, meine GesprächspartnerInnen in ihrem schmerzhaften Erinnerungsprozeß ein wenig zu entlasten. Wie bereits ausgeführt (vgl. Kap. III) bestand meine Aufgabe als Interviewerin weitgehend in der Initiierung und Aufrechterhaltung der Erzählung, da ich an einem möglichst unbeeinflußten Rekonstruktionsprozeß der Lebensgeschichte interessiert bin. Meine Erfahrung mit diesen Interviews macht jedoch deutlich, daß diese Interviewhaltung wenig sinnvoll ist bei Gesprächspartnerinnen, die massive Traumatisierung erlebt haben. Die Versprachlichung dieser traumatischen Erfahrungen setzt ein hohes Maß an Vertrauen voraus. Das Vertrauen in zwischenmenschliche Beziehungen ist bei vielen Überlebenden jedoch tiefgreifend zerstört worden. Auch wenn ich mich vor den Interviews bemüht habe, ein gewisses Maß an Vertrauen aufzubauen, indem ich etwa von meiner Geschichte, meinem Interesse an dem Thema erzählt habe, blieb die Beziehung in den meisten Interviews brüchig, was sicher auch mit meinem deutschen, nicht-jüdischen Hintergrund zusammenhängt. Die latente Frage, ob man mir trauen könne oder nicht, schimmerte an verschiedenen Stellen durch. So wurde in jedem Interview von mir eine Stellungnahme zu aktuellen Konflikten wie etwa dem Anwachsen von Antisemitismus, dem Problem der Intifada oder auch des Engagements der deutschen Friedensbewegung im Golfkrieg erwartet. An diesen Stellen mußte ich meine Interviewhaltung aufgeben und mich auf diesen Gesprächszusammenhang einlassen, da sonst die Fortsetzung der Erzählung gefährdet gewesen wäre. Ein weiteres Problem bilden Gesprächssequenzen, die eigentlich therapeutische Interventionen erfordern. Die Erinnerung an traumatische Erfahrungen verlangt eine unterstützende Gesprächspartnerin, diese Unterstützung kann sich jedoch nicht in nonverbalen Ermutigungen erschöpfen, wie sie für das narrative Interview vorgesehen sind. Im Rahmen der Interpretationen wurden auch das Verhältnis der GesprächspartnerInnen zu mir als Interviewerin sowie auch Interaktionssequenzen - soweit sie sich in der

Erzählung zeigten - reflektiert; dabei wurden auch die spezifischen Probleme der Interaktion von Überlebenden mit nichtjüdischen Deutschen erörtert. Die möglichen Bedeutungen der Interviews für Erzählende und Zuhörende werden aus methodischen Gründen im Schlußkapitel diskutiert, da nicht mehr die Erzählungen als Texte im Mittelpunkt des hermeneutischen Interesses stehen, sondern der Kontext der Erzählung, die Interaktion von ErzählerIn und Interviewerin als einer zentralen konstitutiven Bedingung des Erzählprozesses, reflektiert wird.

Zu praktischen Problemen des Interpretationsprozesses
Die vorliegenden Interpretationsskizzen wurden mit einem oblique-hermeneutischen Verfahren entwickelt. Dieses basiert auf der Deutungskompetenz dreier erfahrener Psychoanalytikerinnen aus New York, Frau Dr. Kestenberg, Frau Dr. Kahn und Frau Dr. Oliner, die seit vielen Jahren in Forschung und Therapie mit der besonderen Problematik von Überlebenden der Massenvernichtung befaßt sind.
Die Interpretationsskizze stellt eine Zusammenfassung des hermeneutischen Diskurses dar, die den Expertinnen nochmals zur Validierung vorgelegt wurde. Darüberhinaus wurden die Skizzen der Betreuerin meiner Arbeit, Frau Prof. Dr. Leuzinger-Bohleber, als Psychoanalytikerin, die am ersten Interpretationsverfahren nicht beteiligt war, zu einer Art "externen Validierung" vorgelegt. Ihre Stellungnahmen wurden dann in einer weiteren Überarbeitung in die nun vorliegende Fassung miteinbezogen.
Bei den Interpretationsskizzen handelt es sich um *Deutungen eines Textes* und nicht einer Person, wie dies bei psychoanalytischer Arbeit üblicherweise der Fall ist. Die Identität von erzählender Person und dem "Ich" in der Erzählung führte jedoch sowohl beim Lesen des Interviewtextes als auch bei der Interpretation häufig zu "Verwirrungen", weil man immer wieder geneigt ist, "hinter den Text" auf die erzählende Person zu schauen. Die verschiedenen Ebenen von erzählender und erzählter Person sind jedoch aus methodischen und methodologischen Gründen strikt voneinander zu trennen: Rückschlüsse auf die erzählende Person wären spekulativ und nicht durch den Text zu validieren. Dies unterscheidet eine Textanalyse von einer Psychoanalyse, die durch die Interaktion mit einer Person im psychoanalytischen Setting auch deren subjektives Sinn- und Bedeutungssystem erschliessen kann. Die Textanalyse beschränkt sich demgegenüber auf die Analyse der in der Erzählung konstruierten Sinn- und Bedeutungszusammenhänge. Den Bezugsrahmen für die Deutungen bildet somit allein der erzählte Text selbst.
Die Darstellung der Lebensgeschichten begann mit dem vollständigen Transkript des Interviews mit Frau L. Damit sollte zunächst eine Überlebende selbst zu Wort kommen. Die Leserinnen und Leser werden angeregt, sich ihr eigenes Bild zu machen und in einem selbstreflexiven Prozeß ihren eigenen Reaktionen in der Begegnung mit der biographischen Erzählung nach-

zugehen. Die anschließenden Interpretationsskizzen folgen der Chronologie der lebensgeschichtlichen Erzählung. Sie versuchen, eine Zusammenfassung und Verdichtung des hermeneutischen Prozesses darzustellen. Während dort der gesamte Transkriptionstext eines Interviews diskutiert wurde, können in den folgenden Skizzen nur noch Auszüge aus der Erzählung zitiert werden. Im Verlauf des Interpretationsprozesses kristallisierte sich die Relevanz verschiedener Textstellen für die Rekonstruktion der jeweiligen Erzählung heraus; diese wurden soweit wie möglich im Wortlaut übernommen oder (bei sehr langen Passagen) auch paraphrasiert.
Autobiographische Erzählungen handeln von den Erfahrungen einer Person, die Konstruktion der Lebens*geschichte* stellt im Prozeß des Erzählens somit den Umgang mit diesen Erfahrungen dar sowie sie zugleich auch selbst eine Form des Umgangs damit ist. Die Interpretation versucht nun, diesen (dargestellten) Umgang mit den extremtraumatischen Erfahrungen der Überlebenden zu analysieren.

Interpretationsskizze des Interviews mit Frau L.: "Ich hab immer eigentlich gearbeitet, bis heute eigentlich."

0. Überblick über einige Daten aus der Lebensgeschichte

Frau L. ist das einzige Kind ihrer Eltern, sie wurde Anfang der 30er Jahre in der Tschechoslowakei geboren und wuchs in einem relativ wohlhabenden Elternhaus auf. Ihr Vater besaß ein mittleres Unternehmen, ihre Mutter war nicht berufstätig. In unmittelbarer Nachbarschaft wohnte ihr Onkel mit seiner Familie, sie war oft mit ihren beiden älteren Cousins zusammen.
Die ersten Auswirkungen der Verfolgung durch die Nationalsozialisten spürte sie beim Einmarsch der Deutschen im März 1939, kurz darauf wurde ihre (jüdische) Schule geschlossen. Im Juni 1943 wurde sie zusammen mit ihrer Familie zunächst nach Theresienstadt, im Oktober 1944 mit Mutter und Tante nach Auschwitz deportiert und von dort aus in verschiedene Lager in Österreich verschleppt, wo sie als Zwangsarbeiterin in einer Fabrik arbeitete.

Nach der Befreiung im Mai 1945 kehrte sie nach einer schweren Typhuserkrankung in die Tschechoslowakei zurück. Ihre Mutter starb an derselben Krankheit kurz nach der Befreiung. Frau L. besuchte zunächst zwei Jahre das Gymnasium und machte dann eine berufliche Ausbildung. Im Januar 1949 emigrierte sie zusammen mit ihrem Vater und dessen zweiter Frau nach Israel, wo sie ein Jahr später heiratete. Kurz darauf bekam sie eine Tochter. Nach anfänglicher Tätigkeit als Mutter und Hausfrau übernahm sie vor 17 Jahren eine Stelle in der Verwaltung einer sozialen Einrichtung. Ihr Ehemann emigrierte mit seiner Familie in den 30er Jahren aus Deutschland, war in einem technischen Beruf tätig und ist inzwischen pensioniert; ihre Tochter lebt in der Nähe, hat drei Kinder und ist ebenfalls berufstätig.

1. Persönlicher Eindruck von der Gesprächspartnerin bzw. der Gesprächssituation

Frau L. ist eine kleine, zierliche Frau, 'unauffällig', in gedeckten Farben gekleidet. Sie wirkt etwa 10 Jahre jünger und macht auf mich den Eindruck einer 50jährigen Frau. Ausgesprochen hilfsbereit versucht sie im Rahmen ihrer beruflichen Tätigkeit, mir bei der Suche nach Gesprächspartnern zu helfen. Nachdem ich ihr von meinem Vorhaben erzählt habe, entschließt sie sich spontan - und für mich völlig unerwartet - mir ihre Geschichte zu erzählen. Es scheint, als habe sie sich einen Ruck gegeben und alle Bedenken einfach übersprungen. Das erste Gespräch findet in ihrem Büro statt, das zweite etwa eine Woche später in ihrer Wohnung.

2. Selbstdarstellung zu Beginn des Interviews

Sehr auffallend an diesem Interview ist zunächst die Kürze ihrer Darstellung, in der sie ihre Lebensgeschichte auf etwa eineinhalb Transkriptionsseiten erzählt und mit der Einschätzung "kein sehr interessantes Leben" (2)[79] zusammenfaßt. Erkennbar wird ein deutliches Zurücknehmen der eigenen Person, es entsteht der Eindruck, daß sie nicht lästig fallen, sich nicht exponieren will. So beginnt sie mit der Einschätzung einer unauffälligen Kindheit:"Meine Kindheit bis '39 eigentlich verhältnismäßig ruhig verlaufen, äh, ganz einfaches Heim..." (1), die jedoch im Widerspruch steht zu späteren, ausführlicheren Beschreibungen (etwa Interviewseite 4). Zugleich kann in dieser Selbsteinschätzung des wenig interessanten Lebens auch ein Hinweis darauf gesehen werden, daß sie die schmerzlichen traumatischen

[79] Die Seitenangaben beziehen sich auf den transkribierten Interviewtext.

Erlebnisse lieber nicht erzählen will. Im 'Telegramm-Stil' reiht sie die Fakten ihrer Verfolgungsgeschichte aneinander, sie vermeidet es, auf ihr subjektives Erleben einzugehen, im Vordergrund stehen die Ereignisse. Es wird für mich eine gewisse Hast spürbar, sie scheint sich nicht bei Einzelheiten aufhalten zu wollen. Verlusterfahrungen werden lapidar konstatiert, sie geben der Lebensgeschichte ihre äußere Form bzw. dienen zu ihrer Gliederung: "damit war eigentlich mit der Kindheit aus" (1). Dieser Einschnitt wird von einem historischen Datum, der Annexion von Böhmen und Mähren im März 1939 markiert. Mit der Befreiung aus dem Konzentrationslager im Mai 1945 verbindet sich für sie das Ende ihrer Jugendzeit: "damit war auch meine Jugend zu Ende" (1). Fast beiläufig fügt sie den Tod der Mutter in dem Lager in Österreich an (1). Mir fällt diese gewisse Beiläufigkeit ihrer Schilderung auf; aus der Art der Erwähnung vermute ich, daß dies ein sehr schmerzliches Erlebnis darstellt.

> "Das ist eigentlich die Jugendzeit, nicht, damit war auch meine Jugend zu Ende. Ich habe neunzehnhundert..., meine Mutter hat das Lager nicht überlebt, die hat Typhus bekommen, ist auf Typhus in Mauthausen gestorben, und ich bin dann zurück nach Olmütz..." (1)

Über die Verfolgungsgeschichte des Vaters berichtet Frau L., daß er zusammen mit einem Bruder durch seine Arbeit die Deportation seiner Familie hinauszögern konnte, und daß er in einem Außenlager in Süddeutschland gewesen sei.

Bereits in der Anfangserzählung wird die Spannung deutlich, die die Lebensgeschichte von Frau L. durchzieht: Einerseits wird die Erfahrung der Shoa als Zäsur, als Bruch thematisiert, der ihr bisheriges Leben beendete und einen 'Neubeginn' erzwang. Frau L. beginnt ihre Geschichte mit der Änderung ihres Namens. Nach der Emigration nach Israel 1949 hat sie ihren deutschen in einen jüdischen, in Israel sehr verbreiteten Vornamen umgewandelt. Dies kann als Versuch verstanden werden, ihre bisherige schmerzliche Geschichte hinter sich zu lassen und als ein anderer Mensch in neuer Umgebung noch einmal anzufangen.

Andererseits wird das Bemühen sichtbar, die Verfolgungszeit auszuklammern und an das vorhergehende, gewohnte Leben anzuknüpfen:

> "Ich bin dann natürlich wieder in die Schule gegangen, aber es ging nicht allzu gut, denn es waren viel zu große Lücken, die man sehr schwer nachholen kann. Ich hab das Gymnasium, zwar zwei Jahre Gymnasium absolviert, aber nicht sehr erfolgreich, hatte beschlossen, dann in eine ... (berufliche)Schule zu gehen, und das ging natürlich viel besser, das war viel einfacher." (1f)

Trotz der konstatierenden Redeweise wird das Bedauern spürbar, nicht den Anforderungen und Erwartungen genügt zu haben, die an sie gerichtet wurden. Der Versuch, ein 'normales Leben' nach der Verfolgungszeit gegen die traumatischen Erfahrungen durchzusetzen, scheiterte. Die Erfahrung der Shoa widerstrebt dem Bemühen, der Lebensgeschichte Kontinuität zu verleihen.[80]

Die Art und Weise der Selbstdarstellung zu Beginn des Interviews, die gerade 50 Zeilen des Transkriptes in Anspruch nimmt, könnte bereits erste Hinweise für den Interpretationsprozeß geben: Frau L. erzählt ihre gesamte Lebensgeschichte mit so wenig Worten, auf solch knappe Weise, daß bei mir folgender Eindruck entsteht: Sie scheint am Anfang unseres Gesprächs möglicherweise noch in der Spannung zu stehen, daß sie zwar einerseits ihre Geschichte erzählen möchte, andererseits stellt dies aber auch eine große Belastung für sie dar. Die kurze Erzählung könnte auch dazu dienen, zunächst meine Reaktionen als Zuhörerin abzuwarten und dann zu entscheiden, ob sie fortfahren soll.

3. Darstellung ihrer Herkunftsfamilie und ihrer Kindheit vor der Verfolgung[81]

Frau L. schildert in ihrer Geschichte einen großen Familienzusammenhang. Auf die Frage nach den ersten Erinnerungen an ihre Kindheit erzählt sie von ihren Großeltern, die auf dem Land lebten und die sie oft besucht habe. Ihr Großvater sei Pianist gewesen und habe sie mit der Musik vertraut machen wollen.

> "Mich haben sie auch gezwungen, Klavier zu spielen, aber ich wollte nie so richtig üben, ich war nicht sehr fleißig." (2)

An dieser Stelle thematisierte sie den Zwang, der von ihrer musikliebenden Familie ausging und dem sie sich zu widersetzen suchte. Neben ihrem Widerwillen beschreibt sie ihren mangelnden Fleiß, der sie daran hinderte, die Erwartungen ihrer Familie zu erfüllen. Während der Zeit ihrer Verfolgung hingegen erhielt die Musik eine positivere Bedeutung (vgl.Kap.4.2), da sie als vertrautes Moment über die Zäsur der Shoa hinweg Kontinuität, Verbindung zu ihrem Alltag herzustellen vermochte. Wohler fühlte sich Frau L. auf dem Bauernhof der anderen Großeltern: "das war wirklich ein Kindertraum" (2). Diese Idylle wurde durch den Einmarsch der deutschen Truppen

---

80 Auf die besondere Kontinuitätskonstruktion im Interview von Frau L. wird noch eingegangen (vgl.Kap.5).

81 Diese Darstellung erfolgt nicht, um Kausalbeziehungen zwischen der Kindheitsentwicklung und dem Erleben der Verfolgungsgeschichte aufzustellen, vielmehr zeigen sich in der Retrospektive auch die Kindheit und frühen Familienbeziehungen als durch die Shoa beeinflußt.

1938 beendet, ihre Großmütter seien dann in die Stadt übergesiedelt, nachdem deren Männer inzwischen gestorben waren.
Frau L. berichtet im weiteren Interviewverlauf von ihrer Schulzeit:

> "Also dies, (Pause ca. 5 sec.) ich bin gern in die Schule gegangen, es war eine sehr angenehme Schule, allerdings, ich komme jetzt beim Zurückblicken erst dazu, daß wir eigentlich schon damals in einem Getto gelebt haben, das ist eigentlich, dadurch, daß ich in eine jüdische Schule gegangen, ich automatisch von der anderen Welt irgendwie abgeschlossen war." (2f)

Obschon ihr der enge familiäre Zusammenhalt und das Leben in jüdischer Umgebung auch ein großes Maß an Sicherheit und Geborgenheit sowie ein Gefühl der Zugehörigkeit vermittelt hatte, beschreibt sie die damit verbundene Isolation. Dabei erscheint der Zusatz wichtig, daß ihr dies erst in der Retrospektive bewußt geworden wäre. Im gesamten Interviewverlauf fällt eine sehr erwachsene Sicht auf die Kindheit auf. Frau L. scheint sich nicht mehr in diese Zeit hineinversetzen zu können. In ihrer Erzählung finden sich kaum Bilder oder kindliche Wahrnehmungsmuster, ihre Beschreibungen wirken sehr distanziert (vgl. etwa auch die Bezeichung "Kindertraum" für den Hof ihrer Großeltern). So beschreibt Frau L. in der Anfangserzählung den Gesamteindruck ihrer Kindheit auch nicht mit einer "glücklichen Kindheit", sondern sie spricht davon, daß ihre "Kindheit bis '39 eigentlich verhältnismäßig ruhig verlaufen" (1) sei. Es scheint, als wolle Frau L. nur sehr behutsam Kritik an ihrer Kindheit äußern, ihre Unzufriedenheit nicht zu deutlich werden lassen. Im weiteren Interviewverlauf finden sich jedoch Stellen (v.a. im Zusammenhang mit Schilderungen ihrer Eltern), die zu diesem Bemühen in Widerspruch treten. Diese harmonisierende Sicht ihrer frühen Kindheit kann auch auf dem Hintergrund ihrer späteren Verfolgungserfahrung gesehen werden, die diese Zeit in einem angenehmeren Licht erscheinen läßt sowie auf dem Hintergrund ihrer Schuldproblematik (vgl. ausführlich Kap.4.3).
Das dominierende Bild ihres Vaters, das sie für ihre frühe Kindheit entwirft, ist das eines Beschützers. Er sei "ein sehr großer Zionist" (3) gewesen und habe sie in eine jüdische Schule geschickt, "weil er mich eben schützen wollte" (3). Die schützende Rolle ihres Vaters um den Preis ihrer Isolation - "ich automatisch von der anderen Welt irgendwie abgeschlossen war" (3) - begründet sie mit seiner politischen Überzeugung und fügt ihre Enttäuschung über deren Scheitern hinzu: "was natürlich nicht viel geholfen hat am Ende." (3) Hinter der konstatierenden, um Sachlichkeit bemühten Darstellung klingt die Trauer über die Unzulänglichkeit des Vaters, das Gefühl des Verlassenseins bereits an, es wird jedoch erst an späterer Stelle in Worte gefaßt. Ihre Unzufriedenheit über die Entscheidung ihres Vaters, sie in eine jüdische Schule zu schicken (die viel weiter von ihrem Haus entfernt lag als die andere Schule), verwirft sie mit dem Verweis auf seine Autorität: "außerdem früher einmal haben die Kinder, was die Eltern gesagt haben, ge-

macht" (4) und fügt hinzu: "Und ich war sehr zufrieden in der Schule" (4). Ihr Vater sei im übrigen in der Schule sehr engagiert gewesen; so erweckt die Betonung ihrer Zufriedenheit mit der Schule den Eindruck einer Verpflichtung dem Engagement ihres Vaters gegenüber.
Auf die Frage nach einer Beschreibung ihres Vaters, wie sie ihn als Kind erlebt habe, unterbricht sie sich mit einer ausführlichen Erzählung von ihrer Großfamilie.

> "Er war ein Geschäftsmann, äh (Pause ca. 5 sec.) wir haben immer sehr für die Familie gelebt..." (4)

Diese Sprachlosigkeit scheint mir Ausdruck der Enttäuschung über ihren Vater zu sein, die jedoch nicht ausgesprochen werden konnte. Daneben verweist diese Stelle auch auf ihre mangelndes Vermögen, ihre kindliche Perspektive in der Erzählung einzunehmen. Die Beschreibung "er war ein Geschäftsmann" könnte in der Weise verstanden werden, daß sie bereits als Kind ihren Vater als eher unnahbar erlebte und sich möglicherweise mehr Zuwendung wünschte.

> "Mein Vater war sehr streng, er hat nie viel Zeit gehabt, sich um uns zu kümmern, nicht, das war eben Usus so." (4)

Durch das verallgemeinernde "uns" und den Hinweis auf eine Konvention wird ihre Enttäuschung überdeckt. Frau L. scheint sehr bemüht zu sein, Verständnis für das Verhalten ihres Vaters zu zeigen.
Enttäuschung klingt auch in verschiedenen Episoden, die sie aus ihrer Kindheit erzählt, über ihre Eltern an:

> "Ich war zum Beispiel nie sehr, ich hatte immer ein Kinderfräulein, das hat mich schrecklich gestört, denn meine Mutter hat mich zum Beispiel niemals auf Urlaub mitgenommen, sie hat mich immer nur zu meinen Großeltern mit dem Fräulein geschickt, und äh, und sie ist mit ihrer Schwester, gefahren, mit meiner Tante, und die Tante war, durfte aber ihre Kinder nicht zu Haus lassen, mein Onkel hat immer gesagt: entweder du kannst fahren, nimmst du die Kinder mit, nimmst du nicht die Kinder mit, bleibst du auch zu Hause. Das hat mein Vater nie geschafft, mein Vater, wie ich schon erzählt hab, war ein sehr netter, aber schwacher Mann, ja. Der hat meine Mutter vergöttert, und sie hat einfach machen können, was sie wollte." ... "Ich mein, ich wollte lieber bei meiner Mutter sein, aber hat mir nicht viel genutzt, nicht, sie wollte, ist gern tanzen, ist gern ausgegangen, an das erinnere ich mich auch." (30)

Beiläufig erwähnt Frau L. ihr "Kinderfräulein", das für ihre Betreuung verantwortlich war, was sie sehr "gestört" habe. Sie scheint sich - vor allem von ihrer Mutter - schon in ihrer frühen Kindheit zurückgewiesen und vernachlässigt gefühlt zu haben, bringt dies aber nur ganz zaghaft zum Ausdruck.

Frau L. schildert ihre Mutter an mehreren Interviewstellen als lebensfrohe Frau mit vielen Interessen. Durch das gesamte Interview hindurch zieht sich ein Bild ihrer Mutter, das von wenig Verständnis geprägt ist (vgl.Kap.4.4). Sie zeichnet ihre Mutter als verwöhnte Frau, die nichts gemacht hat außer ihren eigenen Interessen nachzugehen. Von ihrem Vater erwartete sie vergeblich, daß er ihrer Mutter gegenüber für sie eintreten würde, die Eltern wurden als Einheit gegen sie erlebt. Ihr Wunsch nach Zuwendung und Aufmerksamkeit wurde enttäuscht:

> "und meine Mutter war immer sehr gut erzogen und sehr für gute Erziehung, und Kinder müssen immer, man, sie dürfen gesehen werden, müssen schweigen." (37).

4. Verfolgungsgeschichte

4.1. Beginn der Verfolgung

Die Besetzung der Tschechoslowakei durch die Nazis veränderte das Leben der Familie grundlegend. Frau L. beschreibt das Ende ihrer Kindheit:

> "Das war im März '39, ich bin da, das seh ich noch wie heute, das ist komisch, solche Sachen. Ein ganz grauer, regnerischer Märztag, und ich erinnere mich, ich bin am Bett von meiner Mutter gesessen und hab geschrien, weil mir das Ohr weh getan hat (lacht), ich hab Ohrenschmerzen gehabt, ich hab sehr oft Ohrenschmerzen als Kind gehabt. Und sie hat mir damals gesagt: das gibt viel schlimmere Sachen, nicht. Und das war eigentlich wirklich der Schluß." (36)

Diese Episode markiert die Zäsur, die mit der Verfolgung einsetzt. Das Ende der Kindheit beschreibt eine Kränkung, einen Punkt, an dem die eigene Befindlichkeit nicht mehr im Zentrum der Aufmerksamkeit steht, sondern bedeutsameren Ereignissen weichen muß, in deren Bedeutsamkeit jedoch noch keinerlei Einsicht(smöglichkeit) besteht. In dieser Szene erscheint ihre Mutter als wenig einfühlsame Frau, die auf die Schmerzen ihres Kindes mit der Bemerkung reagierte, daß es noch Schlimmeres gebe, und die sie in dieser Situation nicht trösten konnte.

Das historische Datum des Einmarsches der Deutschen verändert auch den kindlichen Alltag fundamental. Frau L. sei immer gern in die Schule gegangen und habe unter deren zwangsweiser Schließung gelitten. Zusammen mit einigen Freunden bekam sie dann zeitweise Privatunterricht. Ihr Alltagsleben wurde plötzlich auf völlig willkürliche Art eingeschränkt; als aus kindlicher Perspektive wichtige Verlusterlebnisse schilderte sie, daß sie ihren Kanarienvogel abgeben mußte und nicht mehr ins Kino gehen durfte. Diese

Repressionen waren von massiver Angst begleitet, die zu einem Rückzug aus dem öffentlichen Leben führten:

> "... aber ich hatte immer wie gesagt auch Angst dann schon auf der Straße. Es war sehr unangenehm, wir mußten dann natürlich den Stern schon tragen, und das war nicht ungefährlich. Und ich bin kein großer Held, ich ich war sehr ängstlich als Kind, ich hab große Angst gehabt, und man hat auch soviel dann immer gehört, und Greuelgeschichten und diese Sachen, äh es war einfach, ich bin lieber da zu Haus dann gesessen, und hab eben gelesen, ich war eine richtige Leseratte, oder Musik gehört." (37)

Auch in dieser Passage berichtet Frau L. auffällig emotionslos, sie beschreibt gleichmütig ihre Anpassungsstrategien an die veränderte Situation. Vielleicht zeigt sich in diesem Umgang mit der Bedrohung durch die Verfolgung, der scheinbaren Gleichmut, auch ein Moment von Kontinuität. Frau L. weist darauf hin, daß sie auch als Kind bereits sehr ängstlich gewesen sei; dies kann im Zusammenhang mit ihrem Gefühl des Verlassen- und Zurückgewiesenseins verstanden werden. Auf diesem Hintergrund stellt die Verfolgung keinen Bruch in der Kindheitskonstruktion dar, sondern eher ein Moment von (psychischer) Kontinuität.[82]
Mit der Besetzung der Tschechoslowakei durch die Deutschen ist noch eine weitere Veränderung der familiären Beziehungsstrukturen verbunden. Durch die erzwungene Kündigung der Hausangestellten schildert sich Frau L. nun in der Verantwortung, den Haushalt zu versorgen:

> "... und es ist ihr (der Mutter, d.V.) dann auch im Lager immer sehr schwer gefallen, sie war sehr verwöhnt, und das Leben ist ihr da wirklich sehr schwer gefallen. Ich hab mich dann immer um sie gekümmert. Sie hat es einfach nicht verkraftet, sie war schwach und nie Schwierigkeiten, mit Schwierigkeiten zu kämpfen gehabt, wir haben auch im Krieg, dann ich nicht mehr in die Schule gehen dürfte und so, wir keine Dienstmädchen hatte, hat mein Vater und ich, mit zehn, zwölf hab ich dann den Haushalt gemacht mit meinem Vater zusammen, meine Mutter hat's nicht gemacht. (I: ja) Ja, das ist interessant, so zurückzudenken, nicht wahr? (I: ja) *Ich hab immer eigentlich gearbeitet, bis heute eigentlich* (Hervorhebung von mir, d.V.), ja, und sie war es nicht gewöhnt, und es ist ihr auch schon sehr schwer gefallen, viel schwerer glaube ich als Leuten, die es ja gewöhnt sind, die schwere Arbeit und schwere Arbeit." (5)

An dieser Textstelle wird die Vermischung der Zeitenfolge in der Erinnerung deutlich. Dieser Stelle geht eine Beschreibung der Mutter als lebensfroher Frau voraus (Interviewseite 30), danach schildert Frau L. detaillierte

---

[82] Um möglichen Mißverständnissen zu begegnen: Selbstverständlich bedeutet die Verfolgung mit ihren vielfältigen Repressionen einen massiven Bruch im kindlichen Alltag, das Kontinuitätsmoment hingegen ist in der Lebensgeschichte von Frau L. als rein psychisches zu verstehen.

Episoden ihrer (eigenen) Haushaltsführung. Die Unzulänglichkeit ihrer Mutter gegenüber alltagspraktischen Erfordernissen wird hier scheinbar zur Erklärung der Umkehrung des Mutter-Tochter-Verhältnisses. Die Tochter hat plötzlich die Sorge für die Mutter zu tragen; verständlich wird dies erst im Lichte der Überlebensschuld, auf die ich später eingehe. In diesem Zusammenhang scheint es mir wichtig festzuhalten, daß diese Sorge nicht erst im Lager einsetzt, sondern sich bereits in den Alltag (unter der Verfolgung) verlängert. Die Brüchigkeit der Konstruktion, daß sie bereits sehr früh den Haushalt übernommen hat, zeigt sich auch in der Formulierung, daß sie dies mit "zehn, zwölf" Jahren getan hätte. Im Interview bleibt die Zeit von 1939 (dem Beginn der Verfolgung) bis 1943 (ihrer Deportation nach Theresienstadt sehr undeutlich. Im vorletzten Zitat (Interviewseite 37) schildert Frau L. die Zeit damit, daß sie gelesen und Musik gehört hätte; im Vordergrund ihrer Kindheitskonstruktion steht aber weniger diese häusliche Idylle, die in diesem Zitat zum Ausdruck kommt, als vielmehr ihr Selbstverständnis als ständig arbeitendem Mädchen. Im Verlauf des Interpretationsprozesses wurde diese Darstellung von Frau L., die Vorstellung, "ständig zu arbeiten", als zentrale Konstruktion ihres Selbstverständnisses herausgearbeitet. Zunächst blieben bei der Interpretation noch einige Zweifel, ob sie sich bei ihrer Erzählung auch wirklich auf den gesamten Zeitraum ihrer Verfolgung bezog. Da es leider unmöglich war, Frau L. nochmal in einem Gespräch auf diesen Punkt anzusprechen, habe ich sie brieflich gebeten, mir noch einmal von der Zeit des Beginns ihrer Verfolgung zu erzählen. Auch bei ihrer brieflichen Rekonstruktion dieser Zeit behält Frau L. die zentrale Konstruktion ihres Selbstverständnisses, daß sie "immer gearbeitet" habe, bei. Nachdem sie ihr Hauspersonal verlassen hätte, hätte sie den Haushalt übernommen, da ihre Mutter nie berufstätig und seit Beginn der Verfolgung sehr "niedergedrückt" gewesen sei. Weitere Beachtung verdient auch der "Pakt" mit dem Vater, die Tochter scheint mit der Übernahme der Hausarbeit die Stelle der Mutter einzunehmen.

In dem Textzitat kommt weiterhin ein zentraler Satz ihres Selbstverständnisses zum Ausdruck: "Ich hab immer eigentlich gearbeitet." Die Bedeutung der Arbeit in der Selbstkonstruktion von Frau L. wird im folgenden Kapitel beleuchtet; interessant an dieser Stelle ist, daß sich dieser Satz anschließt an eine kontemplative Haltung, mit der sie die Interviewsituation thematisiert ("... Ja, das ist interessant, so zurückzudenken, nicht wahr...") und die ihr wahrscheinlich auch etwas Distanz zu der vorhergehenden Erinnerung ermöglicht. Dieser Satz wirft auch ein wenig Licht auf ihre Übertragungstendenzen während des Interviews. Sie zeigt sich als äußerst bereitwillig, mir mit ihrer Erzählung zu helfen; sie zeigt sich als "gutes Kind" in der Übertragung, das auf Verständnis und Anerkennung hofft. Zu verstehen wäre diese Haltung allerdings auch als Reaktionsbildung im Sinne einer Umgangsform mit ihrer Wut und Aggression. So ist es auffällig, daß sie im gesamten Interview keinerlei direkte Aggression gegenüber Deutschen - weder mir gegenüber noch gegenüber anderen Personen - zum Ausdruck bringt (vgl. auch Kap.6).

4.2. Theresienstadt

Im Juni 1943 wurde Frau L. als 12jährige zusammen mit ihren Eltern und der Familie ihres Onkels nach Theresienstadt deportiert. Als erste Episode aus dieser Zeit berichtet sie von einer "Volkszählung":

> "Wir hatten in Theresienstadt eine Volkszählung, da hat man uns rausgetrieben auf eine Wiese, das ganze Ghetto[83], es waren ungefähr 65.000 Leute, und das war derart angsterregend, da ist man von ganz früh bis spät nah gestanden, auf dieser Wiese gestanden, und gestanden, gestanden, im Nebel im November in der Kälte, Sie wußten nicht, wird man Sie erschießen, wird man Sie nicht erschießen, was tut man mit Ihnen. Und dann hat man uns zurückgejagt ins Ghetto. Und das war so ein komisches Gefühl, man war so froh, man durfte ins Ghetto zurück. Man war so müde, und dann hat man's noch einmal gemacht die Zählung." (22f)

Die Todesangst kommt in dieser Szene so eindrücklich zum Vorschein, daß die sehr dichte, atmosphärische Schilderung nur über einen Wechsel der Erzählperson erfolgen kann. Das erzählende Subjekt erscheint zunächst als "wir", danach wird die Angst passiv ausgedrückt und das unpersönliche Subjekt "man" wird eingeführt. Nach der unpersönlichen Wendung "man" wechselt Frau L. dann zum "ich", indem sie anschließend von ihrer Weigerung berichtet, sich noch einmal zählen zu lassen:

> "Ich hab damals gesagt: noch einmal geh ich nicht, ich hab mich einfach krank gestellt, krank gemacht, die Kontrolleur, mich hat niemand mehr aus dem Bett rausbekommen, das war ganz komisch, ich kann nicht, und den Moment, wo ein irgendwo eine gro-, oder viele Menschen sind, ich kann da nicht hin." (23)

Mir fällt an dieser Textstelle die Spannung auf zwischen dem Moment der Widerständigkeit und dem des Rückzugs auf die Krankheit. Diese erhält hier keinen kontingenten Charakter, sondern wird als aktiv hergestellte Krankheit konzipiert. Ein Hinweis für die Bedeutung dieses aktiven Moments ergibt die deutlich betonte Formulierung ("krank gestellt, krank gemacht"). Erst im weiteren Verlauf des Interviews zeigt sich, welche ambivalente Bedeutung Krankheit für ihr Selbstverständnis als aktiv handelndes Subjekt besitzt. Sichtbar wird an dem Textauszug außerdem die ineinandergeschobene Zeitstruktur, der Wechsel ins Präsens ("das war ganz komisch,

---

[83] Die Bezeichung "Ghetto" für das Konzentrationslager Theresienstadt fiel mir in mehreren Gesprächen mit Überlebenden auf. Damit scheint entweder der nazistische Sprachgebrauch übernommen zu werden oder dieser tendenziell verharmlosende Begriff ist auf dem Hintergrund der Erfahrung der Vernichtungslager zu verstehen.

ich kann nicht...ich kann nicht dahin"); in der Erinnerung wird das Vergangene so unmittelbar, daß sich sofort ein Zusammenhang zur Gegenwart herstellt. Frau L. berichtet im weiteren Verlauf des Interviews von ihrer Platzangst bei Theaterbesuchen. Bedeutsam erscheint diese Episode der "Volkszählung" auch noch unter einem anderen Aspekt, denn in dieser Situation bündelte sich die Erfahrung völliger Hilflosigkeit und Ohnmacht.[84] Diese erzwungene Passivierung[85] mag vielleicht die hohe Bedeutung von Aktivität in Frau L.'s Lebensgeschichte ein wenig erhellen.
Einen zentralen Platz in ihrem "Kampf um Leben" (48) nimmt die Arbeit ein, deren Notwendigkeit an vielen Textstellen betont wird. Damit übernimmt Frau L. eine von vielen Verfolgten geteilte Einschätzung; man dachte, das Überleben sichern zu können, wenn man der deutschen Besatzungsmacht in irgendeiner Weise nutzbringend erschien, bspw. indem man seine Arbeitskraft ausbeuten ließ (Hilberg, 1990), denn es erschien unvorstellbar, daß das zentrale Interesse in der Vernichtung bestand und keinerlei Rationalität unterworfen war.
Frau L.'s Betonung der Bedeutung von Arbeit ist in verschiedener Hinsicht sinnstiftend: Ich gehe in dieser Interpretation von der Hypothese aus, daß die Erfahrung des Gegenrationalen für die Überlebenden unerträglich ist, weil sie Rationalität überhaupt und damit auch das Selbstverständnis eigener Handlungsfähigkeit in Frage stellt. Für das Überleben nach der Befreiung war es daher notwendig, sich eigener Handlungsspielräume, d.h. der Autonomie als handelndem Subjekt wieder zu versichern. So läßt sich Frau L.'s Konstruktion, ihrer Existenz über die Arbeit Sinn zu verleihen, durchaus als 'Überlebensstrategie' (nach der Befreiung) verstehen. Sie erlebt sich selbst als fähig, zu ihrem Überleben beigetragen zu haben. In der Negation beschreibt sie dies für ihre Mutter.
Neben der Bedeutung der Arbeit im oben genannten Sinne läßt sich im Text noch eine andere Bedeutungsdimension erkennen: Frau L.'s Selbstverständnis, immer arbeiten zu müssen (vgl. die zitierte Textpassage unter 4.1). Hiermit scheint weniger Erwerbsarbeit im engeren Sinne gemeint zu sein als vielmehr Arbeit im umfassenderen Sinn von Tätigkeit, wobei der soziale Aspekt (der Arbeit für andere) bei Frau L. von zentraler Bedeutung ist. Zunächst äußert sich dies darin, daß sie zu Beginn der Verfolgung die Hausarbeit für die Familie übernommen hatte, während der Verfolgungszeit im Konzentrationslager übernahm sie die Fürsorge für die Mutter und auch

---

[84] Hilberg (1990) beschreibt die täglichen "Anwesenheitsappelle", bei denen die "Häftlinge" stundenlang bei jeglicher Witterung regungslos stehen mußten und häufig Zeugen von Folter und Ermordungen wurden, als Teil des systematischen Terrors in den Konzentrations- und Vernichtungslagern (S.977).

[85] Mit der Begriffsbildung 'Passivierung' soll der Verfolgungsprozeß unter den Bedingungen der Konzentrations- und Vernichtungslager beschrieben werden, der den Verfolgten nahezu jegliche eigene Handlungsmöglichkeit nahm und sie zur Passivität zwang.

nach der Befreiung sorgte sie für die Familie, bspw. indem sie vor einigen Jahren ihren Vater bis zu dessen Tod pflegte.
In diesem Sinn wird die psychische Bedeutung von Arbeit im Hinblick auf ihren identitätsstiftenden Charakter sichtbar; mit der Vorstellung, für andere nützlich zu sein, kann sie ihrer Existenz Sinn verleihen und somit der vom Nationalsozialismus intendierten Zerstörung des Ichs entgegenwirken.[86] Arbeit in dem skizzierten erweiterten Sinne wird so zur 'Überlebensstrategie' in den verschiedenen Phasen der Verfolgung unter der unmittelbaren Vernichtungsdrohung ebenso wie in der Zeit nach der Befreiung, in der sich die Überlebenden mühsam ihrer 'Subjekthaftigkeit' wiederversichern mußten.

Frau L. schildert an verschiedenen Stellen die Unfähigkeit ihrer Mutter zu arbeiten. Als besonders schwerwiegend empfand sie den Versuch ihrer Mutter, einen begehrten, da (vorgeblich) vor Deportation schützenden Arbeitsplatz loszuwerden:

> "Meine Mutter war in der Patronenfüllerei. Aber sie wollte nicht, es ging nicht, sie, sie war nicht fähig zu arbeiten, obzwar sie damals jung war, sie war damals 38. (Pause ca. 5 sec.) Eine junge Frau, für mich die Welt (unverständlich), und sie hat alles dran gesetzt, aus dem Job herauszukommen. Und das ist ihr auch mit viel Bekanntschaften und so weiter gelungen, man hat sie krank geschrieben, sie ist unfähig. Das war unser Unglück, denn äh Leute, die dort gearbeitet haben, wurden nicht verschickt. Und äh dann waren wir nicht mehr geschützt, und wurden eben nach Auschwitz und weiter (leise, unverständlich, weint)."(38f)

Die belastenden Erinnerungen an Auschwitz und (vermutlich) an den nachfolgenden gewaltsamen Tod ihrer Mutter machen es Frau L. schwer, sie in Worte zu fassen. Neben ihrer Traurigkeit macht Frau L. an dieser Stelle aber auch ihre Mutter für die Deportation nach Auschwitz und letztlich unbewußt vielleicht auch für ihren (gewaltsamen) Tod[87] verantwortlich. Letzteres ließe sich aus der Bedeutung, die die Arbeit für das Überleben im Selbstverständnis von Frau L. einnimmt, ableiten. Im Text fällt mir die Formulierung auf, mit der sie ihre Mutter beschreibt: "eine junge Frau, für mich die Welt". In ihren Erinnerungen an die Kindheit wurden auch ihre Enttäuschungen über die Mutter deutlich, die sich zu wenig um sie gekümmert habe und lieber ihren eigenen Interessen nachgegangen sei (vgl.Kap.3). Vielleicht kann diese Formulierung in der Weise verstanden werden, daß die Mutter für Frau L. im Konzentrationslager die frühere Welt repräsentierte, d.h. ihr unter diesen unmenschlichen Bedingungen ein Maß an Geborgenheit und Sicherheit ver-

---

86 Dieser Aspekt der Fürsorge wird unter 4.3 im Zusammenhang mit der Bedeutung des Schuldgefühls näher ausgeführt.

87 Die Mutter von Frau L. starb einige Tage nach der Befreiung an Typhus, "gewaltsam" ist ihr Tod aufgrund der Bedingungen in den Vernichtungslagern zu nennen, die auf die Vernichtung der Verfolgten zielten.

mittelte, das sie nicht völlig verzweifeln ließ. Die Schuldzuweisung für die Deportation macht zugleich deutlich, wie begrenzt die Möglichkeiten ihrer Mutter waren, sie zu schützen ("wir waren dann nicht mehr geschützt"). In diesem Zusammenhang könnte das Weinen auch als Ausdruck ihrer Verlassenheit und ihrer tiefen Enttäuschung über den Verlust einer Mutter, die sie schützen kann, betrachtet werden. Wenn für Frau L. ihre Mutter die personifizierte andere, frühere Welt war, so lassen sich verschiedene Versuche finden, diese Welt vor der Vernichtung zu schützen. Um diese Gegenwelt zu behaupten, muß ihre Mutter als gänzlich "unangepaßt" an die Bedingungen der Konzentrations- und Vernichtungslager dargestellt werden. Dieses Bild der Mutter kommt an verschiedenen Stellen des Interviews zum Ausdruck und scheint somit eine hohe psychische Bedeutung für Frau L. zu besitzen.
Vor der zitierten Textpassage konstruiert Frau L. eine Erklärung, warum sie ihre Mutter als so unfähig zu arbeiten erlebt hat:

> "Und sie wollte, hart arbeiten und so, sie hat nie gearbeitet, sie, sie hat kein, sie ist, ist, ist es hat, sie hat nie was gelernt, was richtiges, nicht, als ein Mädchen damals ins Pensionat gegangen,, dann hat sie ein Dienstmädchen gehabt, sie hat nie gekocht, sie war hübsch und sie war nett und sie war lustig, sie hat Klavier gespielt. An eine andere Welt, mich zurückerinnert, und im Ghetto mußten eigentlich alle Leute arbeiten." (38)

Die schmerzlichen Erinnerungen lassen Frau L. nicht die passenden Worte finden, die Textbrüche verweisen auf das mühsam konstruierte und doch wenig plausible "Erklärungsmuster". Die Erinnerung an die Mutter aus der Zeit vor der Verfolgung überlagert die Erfahrung des Konzentrationslagers. Es scheint, als wolle sie das unbeschädigte Bild ihrer Mutter aus der früheren Welt ihrer Kindheit retten.
Ein weiterer Punkt, der mir im Interview mit Frau L. auffällt, besteht in der Umkehr des Mutter-Tochter-Verhältnisses, die - wie bereits angedeutet - mit der Verfolgung einsetzt. An vielen Stellen bringt Frau L. ihre Fürsorge für die Mutter zum Ausdruck. Auch wenn sich dieses Beziehungsmuster bei vielen Überlebenden findet, scheint es durch die häufige Wiederkehr in der Erzählung in der Konstruktion der Lebensgeschichte von Frau L. eine wichtige Bedeutung zu besitzen, die im folgenden näher beleuchtet werden soll.
Die Sorge für die Mutter begründet sie mit deren "Unfähigkeit", unter den Bedingungen des Konzentrationslagers zu leben: "Und da hab ich dann einfach alles für sie mitgemacht, nicht." (38)
Als Beispiel ihrer Fürsorge führt Frau L. verschiedene Szenen an, in denen sie Essen für die Mutter besorgt hat oder andere Dinge, um ihr das Leben im Konzentrationslager etwas zu erleichtern:

> "Dadurch konnte ich aber die Ration von meiner, meine Ration meiner Mutter geben, nicht, also ich hab mich dann wirklich um meine Mutter sehr gekümmert....äh ich weiß, es war schwer, ich konnte nicht viel machen, als

> nur zu sehen, daß sie vielleicht, eventuell mal ein bißchen mehr zu essen hat, oder daß ich mal was stehlen konnte oder so, oder daß ich, sie meine Sachen anziehen konnte, damit sie bissel wärmer angezogen ist, weil ich doch im Lager geblieben bin, nicht. Es war nicht, nicht sehr einfach die Sache." (42f)

An mehreren Stellen kommt das Gefühl der Verantwortlichkeit zum Ausdruck, das nicht nur beim Lesen des Transkriptes, sondern offensichtlich auch sie selbst irritiert, wie in der Szene, in der sie von ihrer Angst im Lager erzählt:

> "Es war schlimm, es war einfach sehr, sehr schlimm. Noch dazu, ich hab immerzu das Gefühl gehabt, ich muß mich um meine Mutter kümmern, ich bin verantwortlich, nicht." (49)

Sie denkt darüber nach, daß ihre Mutter es viel schwerer hatte:

> "Ich glaube, als erwachsene Frau hat sie viel mehr gelitten als ich als Kind, glaub ich, seh ich das, überleg ich mir heute. Es ist auch richtig, wahrscheinlich, ja, denn sie war sich viel bewußter des ganzen Traumas, der Erniedrigung und diese ganzen Sachen, nicht. Es war für sich noch schwer, und ich nehme an, sie hatte um mich Angst, komischerweise ich hatte nur Angst, aber nicht persönlich um mich, sondern allgemein Angst, und das Gefühl, ich muß mich um sie kümmern. Das war ganz komisch. Ja, das ist mir, und das Gefühl hab ich dauernd gehabt, nicht. Ich hab auch versucht, mich um sie zu kümmern." (49)

Frau L. thematisiert das Gefühl der Verantwortung im Zusammenhang mit ihrer Angst, sie habe "allgemein Angst" gehabt, während ihre Mutter auch Angst um sie hatte. In diesem Zusammenhang kann das Gefühl der Verantwortung dann im Sinne der Angstabwehr verstanden werden. Bemerkenswert ist auch die Formulierung, daß Frau L. zunächst "das Gefühl (hatte), ich muß mich um sie kümmern" und dann auch "versucht (hat), mich um sie zu kümmern". Die Bestimmtheit, mit der sie an anderen Stellen ihre Fürsorge zum Ausdruck bringt, wird hier vage, die psychische Bedeutung ("das Gefühl, ich muß...") tritt in den Vordergrund. Interessant ist diese Textstelle noch in anderer Hinsicht: Frau L. spricht hier von der Angst, die ihre Mutter um sie hatte. Damit widerspricht sie ihrer Konstruktion von der "schlechten Mutter", die sich nie um sie gekümmert hätte.
Ein anderer Verstehenszugang für die so häufig zum Ausdruck gebrachte Fürsorge für ihre Mutter bietet sich auf dem Hintergrund ihres Schuldgefühls, die Mutter mit der tödlichen Typhus-Krankheit angesteckt zu haben.
Im März 1945 erkrankte Frau L. selbst an Typhus, wurde auf die Krankenstation verlegt und hatte so hohes Fieber, daß sie sich an kaum noch etwas erinnern kann:

"... und da haben sie mich in die Krankenstube genommen. Ich erinnere mich da nur vage, man hat, es waren doch so zweistöckige Betten, ich war oben gelegen, es war so schön, ich hab mich ausgeruht, und dann erinnere ich mich nur, wie sie gesagt haben, man muß mich runter bringen, das geht nicht. Ich hab hohes Fieber, man kann nicht zu mir rauf. Und dann sind zwei Monate vergangen." (44)

Zunächst scheint sie die Krankheit als Entlastung wahrzunehmen, sie konnte sich endlich ausruhen und dem permanenten Terror entfliehen. An dieser Stelle kommt deutlich die kindliche Wahrnehmung zum Ausdruck: "es war so schön". Bereits in vorhergehenden Textpassagen thematisiert sie ihre Überforderung, ihre Müdigkeit und äußert bereits den Wunsch, krank zu werden:

"... und ich erinnere mich, sogar das erste Mal, wo ich eine Laus gefangen hab, das war furchtbar. Und da war natürlich schon der Typhus war schon da, nicht. Da war schon nichts zu tun. Andererseits erinnere ich mich auch noch so komisch, immer, ach, ich möchte einmal bißchen krank werden, daß ich im Bett liegen bleiben kann, man war so müde." (43f)

Diese Überforderung kam zum einen selbstverständlich aus dem ununterbrochenen Terror, der den Tagesablauf der 'Konzentrationslager-Insassen' beherrschte und sie niemals zur Ruhe kommen ließ. Sie wurde jedoch noch von der Vorstellung verschärft, für alles verantwortlich zu sein und alles tun zu müssen/können. Die Krankheit begrenzt somit ihre Omnipotenzphantasien ("da war schon nichts zu tun"), zugleich kann sie auch als Ausdruck derselben gedeutet werden, da ihr vorher geäußerter Wunsch, krank zu werden, tatsächlich Ereignis wurde. An dieser Stelle können auch Anklänge an das magische Denken von Kindern gesehen werden, mit dem sie ihre Handlungsmöglichkeiten imaginär über die Zuschreibung eigener Verantwortlichkeit für Widerfahrnisse erweitern, um so ihrem Macht- und Kontrollbedürfnis besser entsprechen zu können. Eine andere Deutungsmöglichkeit für den Wunsch, krank zu werden, läge in einer zugrundeliegenden Identifikation mit ihrer Mutter. Diese hatte eine Krankheit vorgegeben, um ihren Arbeitsplatz in Theresienstadt loszuwerden, was allerdings in der Wahrnehmung von Frau L. zu ihrer Deportation nach Auschwitz führte ("man hat sie krankgeschrieben... das war unser Unglück",39). Der Wunsch, krank zu werden, steht auch im Widerspruch zu ihrer Selbstkonstruktion als aktiver Frau. Im Text deutet sich diese Unstimmigkeit in der Formulierung "ich erinnere mich noch so *komisch"* (43) an.
Auf meine Nachfrage erinnerte sich Frau L. im weiteren Verlauf des Interviews dann noch an ihre Mutter:

"Ich erinnere mich nur, wie man mich in den Saal da gebracht hat, in dem man mich dann umgebettet, wie man das, das ist alles so, richtig erinnere mich nicht, daß man bei mir war und die Mutter, und das weiß ich alles nicht. Das, ich erinnere mich nur, daß ich nur gehört hab: hör auf zu singen und so, aber da äh, ich hab gar nicht gewußt, daß ich singe. Nein, das erinnere ich mich nicht. Der ganze März und der ganze April ist wie weggewischt. Erst, als, dann haben sie uns in ein, in ein Barackenspital, von Fremd-, Fremdarbeiter gebracht, dann ist meine Mutter neben uns, neben mir gelegen. Warten Sie, ich mach mal Licht, wir sitzen da im Dunkeln. (Pause mehr als 10 sec.)...Ich bin da, und sie ist hier so bei mir gelegen, und ich war sehr verwundert, sie hat sich von mir scheinbar angesteckt mit Typhus, und äh sie wollte nichts essen, und ich hab mich geärgert, aber ich war so schwach, daß ich mich kaum rühren konnte." (45)

Diese Passage verweist mit all ihren Brüchen auf das zentrale traumatische Erlebnis in der Erzählung von Frau L.: den Tod ihrer Mutter und die Befürchtung, daß sie schuld daran sei. Betrachtet man die objektive Situation im Konzentrationslager, so kann angesichts Tausender von Typhuskranken schwerlich Frau L. die Krankheit übertragen haben, d.h. das Gefühl, an der Krankheit der Mutter schuld zu sein, muß auf seine psychische Bedeutung hin hinterfragt werden.
Mit der wiederholten Betonung, daß sie sich an nichts mehr erinnern könne, scheint Frau L. zunächst zu versuchen, die schmerzlichen Erinnerungen abzuwehren. Diese Szene widerspricht ihrer Konstruktion von der "schlechten Mutter", da sie hier ihre Mutter als fürsorglich schildert. Sie habe ihre kranke Tochter besucht und sich um sie gekümmert. Dieses Moment, daß die Fürsorge ihrer Mutter um sie deren Tod nach sich zieht, scheint einen wesentlichen Teil ihres Schuldgefühls auszumachen; die Konstruktion einer "schlechten Mutter" könnte in diesem Zusammenhang dazu dienen, durch die Leugnung des fürsorglichen Anteils ihrer Mutter das Schuldgefühl zu mildern. Die Atmosphäre des Halbdunkels in der Dämmerung, die bisher einen angenehmen Hintergrund für ihre Erzählung bot, nimmt auf einmal bedrohlichen Charakter an, gerade an der Stelle, an der sie über die letzten Erinnerungen an ihre Mutter redet. Das Lichtmachen verschafft ihr ein wenig Distanz zu der bedrohlichen Erinnerung und hilft ihr möglicherweise, die Konstruktion aufrechtzuerhalten.
Nach der Textstelle, an der sie die mögliche Ansteckung zum Ausdruck brachte, verfällt sie sogleich wieder in die Rolle der fürsorglichen Tochter, die sich darüber ärgert, daß die Mutter nichts essen will. Hier scheint die Fürsorge um die Mutter zu einem Ausdruck des Schuldgefühls zu werden. Frau L. betont ihr Bemühen um die Mutter und scheint sich zugleich für dessen Vergeblichkeit entschuldigen zu wollen wie etwa mit ihrer Schwäche durch die Erkrankung ("...aber ich war so schwach, daß ich mich nicht rühren konnte"). Der fürsorglichen Haltung käme somit in der Erzählung die Bedeutung zu, den Druck des Schuldgefühls zu mildern.
Im Interpretationsdiskurs mit den psychoanalytischen Expertinnen wurde folgende Deutungsmöglichkeit des Verhältnisses von Frau L. zu ihrer Mutter herausgearbeitet: Eine besondere Dynamik des Schuldgefühls bei Frau L.

könne sich dadurch ergeben, daß ein bereits seit der frühen Kindheit bestehender Konflikt durch die Verfolgung verschärft wird. Wie ausführlich beschrieben zeichnet Frau L. das Bild einer "schlechten Mutter", von der sie sich vernachlässigt fühlte. Es könnte angenommen werden, daß Frau L. den latenten Wunsch hatte, ihre Mutter loszuwerden. Diese aggressive Sicht auf die Mutter kann bereits als eine Quelle für ihr Schuldgefühl betrachtet werden. Für die Verfolgungszeit konstruiert Frau L. nun verschiedene Handlungsweisen, die geeignet waren, ihrer Aggression gegenüber der Mutter zu begegnen, sie zu kompensieren. Zunächst habe sie den Haushalt übernommen und sich damit an die Stelle der Mutter gesetzt. In diesem Zusammenhang kommt der Arbeit auch die Bedeutung als Abwehr von Schuldgefühlen zu, was auch für ihre spätere Sorge für andere gelten könnte. In den Konzentrations- und Vernichtungslagern habe sie dann die Sorge für ihre Mutter getragen und sich trotz ihrer Aggressionen um sie gekümmert. Der Tod ihrer Mutter wurde dann zum Anlaß von Selbstvorwürfen, er rief ihre Furcht, die Mutter angesteckt zu haben, hervor wie vielleicht auch ihr Gefühl, sich vielleicht nicht genug um die Mutter gekümmert zu haben (dies kann nur aus ihrer wiederholten Betonung, wie sehr sie sich um sie bemüht hätte, erschlossen werden). Dieser Konflikt verhindert auch die Trauer über den Tod der Mutter; Frau L. ist intensiv mit ihrem Schuldgefühl beschäftigt. Im Interview zeigt sich das an ihren häufigen Versuchen, sich zu entschuldigen (einige Textstellen wurden bereits benannt). In der Übertragung während der Interviewsituation scheint sie in besonderem Maß nach Verständnis zu suchen, was mich als Zuhörerin im Gesprächsverlauf häufig irritierte (ein Beispiel wird in Kap.6 ausgeführt).

4.3. Deportation nach Auschwitz und in verschiedene Lager in Österreich

Frau L. berichtet nur sehr wenig über diese Zeit. Erst im zweiten Interview erzählt sie nahezu beiläufig eine Episode, wo ihre Mutter sie gerettet habe.

> "... dann natürlich, wie wir in Auschwitz waren, war natürlich sehr schlimm, nein das war ein schreckliches Trauma, aber sie wußten ja gar nicht, wo sie sind. Ich weiß nur, meine Mutter hat mich dann dort doch gerettet.
> I: Ja?
> L: Denn wie wir angekommen sind, ich war klein und mager und dünn, ich bin heute auch nicht groß und dick (lacht), und dann damals natürlich ausgehungert, und man hat doch damals aufgeteilt. Meine Mutter war noch immer eine sehr hübsche Frau, ich werde Ihnen ein Bild dann zeigen, und wie wir zu der Selektion sind, damals ich habe ich, erinnere ich mich, das war der Mengele, das erinnere ich mich. Zweimal habe ich ihn gesehen, da gestanden, und mich hat er auf die andere Seite gegeben, da hat mich meine Mutter geschnappt und hat gesagt: Was, wir sind doch alle jung und können arbeiten. Und hat mich mitgeschleppt auf die richtige Seite." (40f)

Diese Szene zeigt einen deutlichen Widerspruch zur bisherigen Konstruktion einer "wenig lebenspraktischen Mutter", die weder arbeiten wollte noch konnte. Die Irritation, daß es nun die Mutter war, die Frau L. gerettet hatte, spiegelt sich auch in der erstaunten Nachfrage der Interviewerin ("Ja?"). Diese Widersprüchlichkeit, daß das beherzte Eingreifen ihrer Mutter ihr Leben in dieser Situation rettete, wurde im weiteren Verlauf der Erzählung jedoch nicht aufgelöst. Frau L. behielt vielmehr die bisherige Konstruktion ihrer Mutter bei, was als weiterer Hinweis auf deren psychische Bedeutung betrachtet werden kann.

Über Kontakte zu einer Frau in der Schreibstube sei es ihrer Mutter, ihrer Tante und ihr dann gelungen, dem Vernichtungslager zu entkommen. Auch von dieser "Rettung" berichtet Frau L. nur beiläufig, wobei sie dies nicht als Rettung bezeichnet, sondern es lediglich auf das "Glück" zurückführt, jemand in der Schreibstube gekannt zu haben. Zusammen mit 500 anderen Frauen seien sie dann nach Mauthausen gekommen, wo sie in einer Fabrik Zwangsarbeit leisten mußten.

Im Laufe ihrer Erzählung über diese Zeit findet Frau L. dann zurück zu ihrer Konstruktion, wie sehr sie sich um ihre Mutter gekümmert hätte. Sie führt aus, daß sie manchmal in der Baracke der Aufseherin hätte aufräumen müssen und daß sie dafür dann mehr zu essen bekommen hätte.

> "... und ich hab mal bekommen Brot von einer Aufseherin, denn mich haben sie ab und zu mal genommen, zu den, die Oberaufseherin und die Aufseherin hatten eine extra Baracke, und da haben sie mich manchmal hingeschickt, ich soll die, aufräumen und Schuhe putzen und solche Sachen, heute bin ich nicht bereit, ein Paar Schuhe zu putzen. Mein Mann weiß, wenn er Schuh geputzt haben will, muß er sie sich allein putzen und meine dazu (lacht), das ist auch. Aber da hab ich dann zum Beispiel bekommen die Überreste zu essen, nicht, hat die rausgeschickt das Tablett da rein, ein bißchen Apfel, bißchen einfach, man hat sich einfach nicht geniert, man hat's aufgegessen, dadurch konnte ich aber die Ration von meiner, meine Ration meiner Mutter geben, nicht, also ich hab mich dann wirklich um meine Mutter sehr gekümmert." (42)

Diese Szene legt durch die gebrochene, teilweise unverständliche Satzstruktur den Eindruck nahe, daß es sich um eine sehr demütigende Erfahrung für Frau L. handelt. So sei sie etwa heute nicht mehr bereit zum Schuheputzen. Die Frage bleibt allerdings offen, ob sie in diesem Zusammenhang nicht noch weitere Formen der Gewalt erlebt hatte, von denen sie nicht spricht, denn es erscheint schwer vorstellbar, daß Aufräumen und Schuheputzen allein als eine solche Demütigung wahrgenommen werden. Frau L. spricht im folgenden noch von ihrer Scham, die damit verbunden war, daß sie die Essensreste aufgegessen hätte. Sie verweist dann gleich darauf, dies für ihre Mutter gemacht zu haben, was ihr möglicherweise den Umgang mit ihrer Scham etwas erleichterte.

Im weiteren Interviewverlauf führt Frau L. ihre 'Überlebensstrategien' im Lager aus; sie berichtet ausführlich, wie es ihr gelungen sei, mehr Essen oder Kleidung zu bekommen, womit sie dann auch ihre Mutter versorgt hätte.

4.4. Die unmittelbare Zeit nach der Befreiung

Das zentrale Ereignis in dieser Zeit und wahrscheinlich auch eines der schmerzlichsten Erlebnisse ist der Tod der Mutter,[88] die kurz nach der Befreiung an einer Typhuserkrankung starb.

> "Und sie, man hat sie dann ins richtige Spital weggebracht in F., und ich war sehr schwer, ich konnte sie kaum besuchen. Ich bin dann, ich wußte ja nicht, daß sie, daß sie so krank ist, und dann war ich sie besuchen, sie hat mir so leid getan. (Pause 5-10 sec.) Das war natürlich schlimm, nicht, und dann bin eines Tages, und ich konnte so schwer rein, hinkommen, es war so weit, und da war eben ein Amerikaner, der hat mich dann auf seinem Motorrad mal hingebracht, und damals war sie, war sie schon tot." (45)

An dieser Stelle findet Frau L. nur schwer Worte. Die gebrochene Satzstruktur könnte als Ausdruck einer Vermischung von Traurigkeit und Selbstvorwürfen sowie zugrundeliegenden Schuldgefühlen verstanden werden. Wieder entschuldigt sich Frau L. für ihr Verhalten ("Ich wußte ja nicht, daß sie... so krank ist"; ich konnte so schwer... hinkommen") und scheint nach Verständnis für ihre Situation zu suchen. Dieser Eindruck verstärkt sich dann noch, als sie sich an die Beerdigung ihrer Mutter auf einem katholischen Friedhof erinnert:

> "Dann haben sie sie auf einem katholischen Friedhof begraben. Sie haben mich gefragt, was sollen wir machen, wir begraben oder kremieren, na und ich hab mir gedacht, man kann doch die Mutter nicht verbrennen, das ist so ein komisches, war ja blöd, nicht, ich hätte lieber die dann mitnehmen sollen, die Urne, nicht. Aber, es war mir, ich hab gesagt, nein, ich möchte, daß man sie begräbt. Und sie haben mir nicht erlaubt, zum Begräbnis zu gehen, ich bin dann nachher nur hin zu Friedhof, das Grab besteht (weint)."(45f, im Anschluß an o.g. Zitat)

Bereits am Anfang des Interviews berichtet Frau L. vom katholischen Grab ihrer Mutter. Auch an dieser Stelle ist ihre Erzählung neben der Traurigkeit von Schuldgefühlen begleitet, die in der Formulierung "meine Mutter weiß davon nicht" (9) kulminieren. Die Zeitstruktur des Präsens könnte darauf hinweisen, daß es Frau L. bis in die Gegenwart hinein schwerfällt, mit der Tatsache des Todes der Mutter umzugehen.

---

[88] Auf die Bedeutsamkeit des Trennungserlebnisses von der Mutter als zentralem Traumatisierungsmoment hat Keilson (1979) in seiner umfassenden Studie über jüdische Kriegswaisen in den Niederlanden hingewiesen.

Nach der Befreiung war Frau L. in sehr schlechter körperlicher Verfassung und wurde zunächst in ein Krankenhaus zur Genesung von ihrer Typhuserkrankung verlegt. In ihrer Erzählung klingt die Enttäuschung an, daß sie in dieser Situation nicht mehr für ihre Mutter hatte tun können. Sie wurde - in ihrer Wahrnehmung - abrupt mit deren Tod konfrontiert, wahrscheinlich wollte sie die tödliche Bedrohung durch den Typhus zunächst nicht wahrhaben. Hinzu kam, daß sie aufgrund ihres körperlichen Zustands nicht an der Beerdigung teilnehmen konnte. Ihr wurde dadurch auch jegliches Ritual genommen, das den Trauerprozeß hätte unterstützen können. Die Umstände zwangen Frau L. weiterhin, ihre Mutter auf einem katholischen Friedhof beisetzen zu lassen.

Im Interpretationsdiskurs mit den psychoanalytischen Expertinnen wurde an dieser Szene die Verknüpfung von Traurigkeit über den Verlust der Mutter und Schuldgefühl zu folgender Deutungsmöglichkeit herausgearbeitet: Auf dem Hintergrund der Befürchtung von Frau L., sie habe ihre Mutter mit Typhus angesteckt, läßt sich vermuten, der reale Tod der Mutter habe Kindheitsängste aktualisiert, die sich auf aggressive Strebungen gegen die Mutter beziehen. Der gesamte Trauerprozeß, falls in diesem Fall überhaupt davon gesprochen werden kann, scheint von dieser Sorge überschattet zu sein. Ich gehe davon aus, daß dies auch den Bezugspunkt darstellt, von dem aus Frau L. das Verhältnis zu ihrer Mutter beschreibt. Die Schuldgefühle ihrer Mutter gegenüber scheinen weiterhin auch die Artikulation aggressiver Gefühle zu überlagern, partiell vielleicht auch zu verhindern. Es wäre unter anderen Umständen zu erwarten, daß der Tod der Mutter auch Verlassenheitsgefühle, Angst und Wut bei Frau L. als 14jährigem Mädchen ausgelöst hat. Diese können jedoch angesichts der extrem traumatischen Bedingungen der Massenvernichtung keinen expliziten Ausdruck finden. An einigen Stellen schimmert die Enttäuschung über die Mutter durch, die sie retrospektiv jedoch in einen anderen Zusammenhang stellt. So schildert sie etwa, daß sie sich bereits als kleineres Kind von ihrer Mutter verlassen fühlte (ausführlich Kap.2). Außerdem schreibt sie ihrer Mutter auch die Verantwortung für die Deportation zu (Kap.4.2), im übrigen habe sie auch vorher bereits die Emigration nach Palästina verhindert. Es wird die Enttäuschung darüber deutlich, daß ihre Mutter sie nicht habe schützen können, zugleich wird aber auch ihre Einsicht in das Dilemma ihrer Mutter deutlich, die die Totalität der Massenvernichtung nicht hatte antizipieren können.

Als erste Episode nach ihrer Genesung von der Typhuskrankheit schildert Frau L. die Szene, als sie vom Überleben ihres Vaters gehört hatte:

> "Ich bin, einmal hat man mir gesagt, ach, im Radio liest man jetzt die Listen von Leuten, die aus (Auslassung) gerettet wurden, und ich wollte laufen,

> aber da bin ich einfach zusammengeknickt (lacht), nicht, also, hab dann noch." (46)

Die Suche nach Worten, ihre "Verwirrung" scheint noch im Zusammenhang mit ihrer Traurigkeit über den Tod der Mutter bzw. mit ihrem damit verbundenen Schuldgefühl zu stehen. Sie mußte wahrscheinlich dem Vater vom Tod der Mutter berichten, kann dies aber nicht zum Ausdruck bringen; so berichtet sie dann davon, "einfach zusammengeknickt" zu sein.
Zusammen mit ihrem Vater sei sie dann in ihre frühere Stadt zurückgekehrt. Sie berichtet von der Vergeblichkeit ihres Wartens auf weitere Überlebende (außer ihrer Tante und deren Söhne) und ihrer ständigen Fragen nach den Gründen für ihr Überleben.

> "Und das war so, und *wieso bin ich da, und warum bin da. Das ist eigentlich unverändert, dieses Gefühl*, ich hab mich, ich erinnere mich, wie wir zurückgingen, habe ich immer wieder gewartet, vielleicht kommt noch jemand, meine Cousins oder Cousinen zurück, es ist niemand zurückgekommen, ja? Das ist eigentlich komisch, ja? Immer, man hat immer wieder geguckt und immer wieder gegen Erwarten gewartet, nicht. Dann, dann kommt man sich so klein vor..." (22)

In dieser Passage, in dem vergeblichen Warten auf Überlebende, das wider besseren Wissens geschah, wird die Unbegreiflichkeit der Massenvernichtung deutlich. Die Persistenz der Frage nach den Gründen für das eigene Überleben verweist zugleich auf die Brüchigkeit aller Erklärungsversuche angesichts der Unmöglichkeit einer Erklärung. Frau L. beschreibt ihr Gefühl des Überlebens damit, "sich so klein vorzukommen", wobei die Verwendung des Präsens auf die Gegenwärtigkeit dieser Empfindung hinzuweisen scheint. Vielleicht kommt darin ein Gefühl von Ohnmacht zum Ausdruck, nichts (zu ihrem eigenen Überleben) getan haben zu können und insbesondere auch niemandem geholfen haben zu können. Der Wunsch, ihre Mutter zu retten, war an der Monströsität der Verfolgung gescheitert; ihr eigenes Überleben scheint auf diesem Hintergrund ein bleibendes Gefühl von Ohnmacht und Hilflosigkeit in diesem Zusammenhang zu hinterlassen.

5. Die Zeit nach der Befreiung

Insgesamt schildert Frau L. die Zeit nach der Befreiung als "sehr schlimme Zeit", sie sei "die ersten Jahre sehr verwirrt" gewesen und es habe viele Jahre gedauert, "bis ich wieder ausgeglichener wurde" (22). Als Versuch, die innere Leere zu bewältigen, führt Frau L. an, in dieser Zeit viel gegessen zu haben, eine Kompensation, die über die physischen Entbehrungen während der Verfolgung hinausreichte:

"Dann natürlich bin ich sehr dick geworden, nach dem Krieg, dann hatten wir alle so viel gegessen und gegessen und gegessen und gegessen, man konnte gar nicht aufhören. Das war auch eine Kompensation wahrscheinlich, eine seelische, nicht ..." (46)

In der Retrospektive beschreibt Frau L. den Versuch als großen Fehler, daß sie wieder an das Leben vor der Verfolgung anknüpfen wollte:

"Und komischerweise haben wir nie über die Erlebnisse gesprochen ... wir haben alles, wir haben alles drangesetzt, um ein normales Leben zu leben... wir haben es trotzdem versucht, so normal zu sein, das war vielleicht ein Fehler, ich sehe es heute als einen gewissen Fehler, daß ich nach dem Krieg zurückgekommen bin, vier oder fünf Jahre keine Schule hatte, und ins Gymnasium gegangen bin, ohne versucht, nachzuholen, man wollte einfach weitermachen, wo man hat, wo man aufgehört hat. Das war ein ganz großer Fehler." (25)

So habe sie wieder das Gymnasium besucht, obwohl ihr das sehr schwergefallen sei. Ihre eigenen Leidenserfahrungen fanden in dieser Zeit - wie eigentlich in ihrer gesamten Lebensgeschichte - keinen Raum. Sie konnte weder mit ihrem Cousin, zu dem sie sonst ein sehr freundschaftliches Verhältnis hatte, noch mit ihrem Vater über ihre Erfahrungen sprechen, da dies die Bemühungen um ein "normales" Leben beeinträchtigt hätte.[89]
Neben diesen Versuchen, ein "normales Leben" anzufangen, kommt jedoch der radikale Bruch zutage, den die Verfolgung in ihrer Lebensgeschichte bedeutete:

"Es ist schwer, es ist nicht leicht, und ich hab sehr viel dadurch verloren, weil ich mein ganzes Leben aus den Fugen gerissen ist, konnt nicht mehr lernen, wollte immer noch lernen, das konnte ich alles nicht mehr." (20)

Diese Sequenz steht im Widerspruch zu ihrem an manchen Stellen im Interview auftauchenden Bemühen, ihre extremtraumatischen Erfahrungen zu "bagatellisieren", sie in ihrer Bedeutung herunterzusetzen, das sich etwa daran zeigt, ihr eigenes Leiden mit dem von anderen zu vergleichen und als geringer einzuschätzen (vgl. etwa Interviewseite 49, siehe oben Kap.4.2 sowie Interviewseiten 16, 19, siehe unten Kap.6). Dieses Bemühen scheint ihr vielleicht auch etwas Abstand zu ihren schmerzhaften Erfahrungen zu ermöglichen. Eine ähnliche Struktur weist auch der Kontext der oben zitierten Szene auf: Vor dieser Sequenz thematisiert Frau L. die potentiellen Schwierigkeiten der Interviewerin, sich die Geschichten der Überlebenden anzuhören (ausführlich siehe unten). Dann denkt sie darüber nach, daß ältere Menschen mehr gelitten hätten als jüngere. Durch das Vergleichen von Leiden

[89] Frau Dr. Kahn weist in diesem Zusammenhang darauf hin, daß der Versuch, "so normal zu leben wie man kann" auch auf dem Hintergrund der israelischen Gesellschaft betrachtet werden kann.

scheint sie ihre eigenen Verlusterfahrungen herabzusetzen. Sie scheint damit ein Muster ihres Vaters zu wiederholen, der ihr Leiden auch nie wahrgenommen hätte.

> "Und auch nach dem Krieg ist meinem Vater nicht zu Bewußtsein gekommen, daß ich etwas mitgemacht habe..." (51)

In dieser Szene klingt Enttäuschung über ihren Vater an, der in ihrer Wahrnehmung nur wenig Verständnis für sie und ihre extremtraumatischen Erfahrungen aufbrachte. Unterstützt wird dieser Eindruck noch durch eine ähnliche Episode, in der Frau L. von späteren Vorwürfen ihres Vaters berichtet:

> "... mein Vater hat gesagt, hach, du bist nichts geworden, du wolltest studieren. Da sag ich, na gut, also...Heute kann ich diese Sachen auch viel, viel besser verstehen, wenn man älter wird, versteht man sie (I.hm). Ich hab auch damals, hab ich das auch verstanden." (27)

Diese Sequenz verdeutlicht die hohe Reflexionsfähigkeit von Frau L.; die Reflexion möglicher Motive ihres Vaters scheint ihren Umgang mit seinen Vorwürfen erleichtern zu können. Frau L. schildert erst auch ihren Lernprozeß in ihrem Bemühen um Verstehen ("wenn man älter wird, versteht man sie..."), relativiert dies jedoch im weiteren Verlauf ihrer Erzählung durch den Verweis, daß sie dies auch damals schon verstanden hätte. Diese Umgangsweise, das Bemühen um Verständnis, zeigte sich bereits bei der Schilderung ihrer Mutter; es ist zu vermuten, daß dies auch auf andere Bereiche erweitert werden kann (siehe auch unten, Kap.6).
Im weiteren Interviewverlauf schildert Frau L. ihr Bedürfnis, daß sie in der Zeit nach der Verfolgung vieles nachholen wollte:

> "Ich bin mit meiner Freundin tagtäglich in zwei Kinos gegangen, weil wir durften noch nicht ins Kino, und solche Sachen, nicht. Wir haben uns einfach ins Leben gestürzt." (25)

Es ist bemerkenswert, daß sich Frau L. in ihrem Umgang mit der Verfolgungserfahrung am Lebensstil ihrer Mutter orientierte. In diesem Zusammenhang könnte auch ihr Mißerfolg in der Schule zu betrachten sein. Dies steht jedoch im Widerspruch zu ihrer Selbstkonstruktion, daß sie immer gearbeitet hätte.
Ihr Bemühen um Kontinuität, um ein Anknüpfen an den Alltag vor der Verfolgung, erscheint in ihrer Erzählung als mehrfach gebrochen. So konnte sie etwa ihr Elternhaus nach dem Krieg nicht mehr betreten, das mit den Erinnerungen an die Ermordeten zu sehr belastet war:

> "... aber ich war nach dem Krieg niemals mehr, konnt ich mich überwinden, in das Haus jemals reinzugehen, nachdem sie alle umgekommen sind, ich

bin niemals mehr, auch es waren hinten drei Höfe mit Gärten, dort haben wir als Kinder gespielt. Auch dahin, ich bin nicht mehr runter, nicht in Garten, nicht da, es ist ganz komisch, ich hab doch dort noch seit, ich bin im Juli '45 zurückgekommen, und im, Ende Dezember '48, nicht, das waren fast dreieinhalb Jahre, niemals mehr rübergegangen. (I: ja) Das kommt mir erst jetzt zu Bewußtsein allerdings,, nicht, damals, war einfach nicht existiert... Ich bin niemals mehr, das, scheinbar war unbewußt, nicht. Jetzt ist es, als wir darüber gesprochen haben, kommen diese Sachen auch sehr oft zurück, nicht." (32)

Bemerkenswert an dieser Stelle ist auch, daß Frau L. ihren Erinnerungsprozeß thematisiert. Während des Erzählens werden frühere Erlebnisse aktualisiert und in den sinnstiftenden Zusammenhang eines Lebenslaufs gestellt. Exemplarisch wird hier an der Vergegenwärtigung verschiedener biographischer Episoden der identitätsstiftende Charakter des Erzählprozesses deutlich. Die Erfahrung der Shoa widerstrebt jedoch einer 'Harmonisierung' im Kontinuum der Lebensgeschichte, der Konstruktionsprozeß der Identität bleibt notwendig fragmentarisch.

6. Emigration nach Israel

Einen radikalen Bruch mit ihrem früheren Leben bildet ihre Emigration zusammen mit ihrem Vater nach Palästina. Dieser "Neuanfang" wurde jedoch überschattet von der Trennung von ihrem Vater, der kurz vor der Emigration wieder geheiratet hatte und mit seiner Frau allein leben wollte. Frau L. deutet dies als Ausdruck des Schuldvorwurfs ihres Vaters, sie habe den Tod ihrer Mutter verursacht:

"... und ich wollte immer, daß er heiratet, denn ich wußte, wir konnten zusammen schwer leben. Ich hab immer das Gefühl gehabt, wahrscheinlich auch nicht ganz zu Unrecht, daß er mich etwas beschuldet hat, meine Mutter hat sich wirklich angesteckt von mir." (27)

Im Rahmen ihres o.g. Deutungsmusters konnte sie Verständnis für seine Abweisung äußern. Sie entschuldigte das Verhalten ihres Vaters damit, daß er ein "enttäuschter Mann" (27) gewesen sei, und versuchte sich zu distanzieren, indem sie ihn nicht mehr so ernst nahm (27). Trotzdem behielt sie regelmäßigen Kontakt zu ihm und pflegte ihn einige Zeit bis zu seinem Tod. Auch hier scheint sich die Enttäuschung über das Verhalten ihres Vaters, die sich an verschiedenen Textstellen findet (vgl. etwa Interviewseiten 4, 30, siehe Kap.3 sowie Interviewseiten 27, 51, siehe Kap.5) in fürsorgliches Verhalten gewandelt zu haben. Die Aufrechterhaltung familiärer Beziehungen, der wenigen, die noch vorhanden waren, scheint von großer Bedeutung für

Frau L. zu sein. Es scheint, als habe sie ihrem Vater vor dessen Tod noch einmal den zerstörten Familienzusammenhang herstellen wollen:

> "Ich hab ihn, es ist mir noch gelungen, ihn auf zwei Monate zu unterbringen, und die Kinder sind wirklich regelmäßig, auch die Urenkel zu Besuch gekommen, *und äh das hat ihm sehr viel gegeben, nicht. Aber mehr kann man ja auch nicht tun, nicht wahr.* So ist das. Und jetzt, was kann ich Ihnen noch erzählen? Von meiner Arbeit?" (10)

Diese Sequenz erweckte im psychoanalytischen Interpretationsprozeß den Eindruck, daß Frau L. das Verständnis der Interviewerin sucht, die ihr Bemühen um den Vater bestätigen soll. An dieser Stelle wird auch die Unzulänglichkeit der Interviewmethode deutlich, die auf verbale Kommentierungen verzichtet und die Erzählung über parasprachliche Äußerungen unterstützen wollte. Angesichts der massiven Traumatisierung der GesprächspartnerInnen scheint jedoch eine explizitere Unterstützung angemessener zu sein. An dieser Stelle wird die Unzulänglichkeit der Interviewerin möglicherweise darin sichtbar, daß Frau L. dieses Thema beendet und dann ziemlich abrupt zu einem anderen übergeht.
Auch in ihrer Schilderung der Zeit nach der Befreiung scheint Frau L. an die Konstruktion ihrer frühen Kindheit anzuknüpfen, in der sie sich als Kind beschreibt, das zu wenig Aufmerksamkeit von seinen Eltern erhielt und sich "verlassen" fühlte (vgl. Kap.3): Frau L. schildert ihren Versuch, in die Familie ihrer Tante aufgenommen zu werden.

> "Ja, und ich wollte dort bleiben bei meiner Tante, aber sie wollte, wollte auch die Sache nicht übernehmen, weil auch sie hat ihre zwei Söhne zu erziehen gehabt, das konnte ich verstehen." (10)

Aus ihren Worten klingt große Enttäuschung und Bitterkeit, die sie wiederum in Verständnis zu wenden versucht. An dieser Stelle fällt mir auf, daß sie von sich als der "Sache" spricht. Diese Formulierung könnte möglicherweise auch als ein Versuch betrachtet werden, sich von dieser Kränkung zu distanzieren.
Kurz nach ihrer Emigration heiratete Frau L. mit 17 Jahren einen 12 Jahre älteren Mann, der bereits 1938 aus Deutschland emigriert war und im Krieg beim englischen Militär war. In ihren Erzählungen dominiert der Eindruck von Distanz. Er sei aus einer "ganz anderen Welt" gekommen, sie habe nie das Gefühl gehabt, ihm etwas von ihren Erlebnissen während der Verfolgung mitteilen zu können (18). Doch auch für seine Schwierigkeiten, mit ihren Erfahrungen umzugehen, äußert sie Verständnis; sichtbar wird ihre große Fähigkeit zur Introspektion:

> "Und er hat's auch sehr schwer mit mir gehabt, ich glaube, am Anfang war ich sehr verstört, durcheinander, wenn ich so zurückseh, hat große Geduld

gehabt. Das, er hat kein leichtes Leben gehabt, ja. Aber wenn man zusammen leben will, muß man sich irgendwie arrangieren können, ja, einer nachsehen, es war nicht (unverständlich), es war für ihn nicht leicht und für mich nicht leicht, hundertprozentig, außerdem, daß ich 18 und er 30 war, der Altersunterschied ist 12 Jahre, es war nicht leicht. Aber irgendwie ist es dann doch gegangen, er hat mehr gelernt, mich zu verstehen, ich hab mehr gelernt, man hat ja auch Distanz." (18)

Inzwischen ist Frau L. bereits seit über 40 Jahren verheiratet. Als wichtige Momente ihrer Beziehung beschreibt sie die "Distanz", die als Versuch des Umgangs mit ihren unterschiedlichen lebensgeschichtlichen Hintergründen verstanden werden könnte, sowie ihren gemeinsamen Prozeß, sich gegenseitig verstehen zu lernen.
Frau L. beschreibt an späterer Stelle des Interviews auch die Unterstützung ihres Mannes in dem Bemühen, ihren Vater besser zu verstehen:

"Ich hab sehr oft mit meinem Mann darüber (über ihren Vater,d.V.) gesprochen. Mein Mann hat meinen Vater sogar sehr gern gehabt. Aber er hat immer gesagt, er ist ein schwacher Mann, so ist es, nicht. Du mußt ihn nehmen, wie er ist, er war dafür etwas toleranter als ich." (28)

Die Beziehung zu ihrem Mann scheint damit auch eine wichtige Bedeutung im Umgang mit ihrer Enttäuschung über den Vater (siehe oben) einzunehmen, er scheint ihr geholfen zu haben, mögliche Motive ihres Vaters zu reflektieren (siehe auch oben, Kap.5., Interviewseite 27).
Weiterhin scheint ihr Mann auch ihren Wunsch nach einem "Neuanfang", den Versuch, die traumatischen Erfahrungen hinter sich zu lassen, unterstützt zu haben:

"... aber wir versuchen eben, bei uns wird darüber nicht gesprochen." (16)

Um etwas Abstand von ihrer schmerzhaften Vergangenheit zu bekommen, hatte Frau L. den Bekanntenkreis ihres Mannes übernommen, viele wußten nicht einmal von ihrer Verfolgung. Frau L. scheint ihr Leben sehr an das ihres Mannes angepaßt zu haben, das "Arrangement", von dem sie im drittletzten Zitat spricht, scheint in erster Linie von ihr auszugehen. Dies hat ihr möglicherweise auch ein wenig Distanz zu ihren extremtraumatischen Erfahrungen verschafft und ihren Umgang damit etwas erleichtert.

7. Über die Bedeutung des Interviews für Frau L.

Diese Deutungsmöglichkeit ihres Versuches, die Verfolgungszeit "auszuklammern" und nicht darüber zu reden, wird auch durch eine andere Szene gestützt. Frau L. spricht die möglichen belastenden Folgen unseres (ersten) Gesprächs an:

> "Und auch so ein Gespräch mit Ihnen, ich sag Ihnen schon, ich werd sicher ein paar schwere Tage jetzt wieder haben, weil immer wieder erinnert man sich und wühlt die Sachen auf. Es sind kleine Anlässe, ja (I:hm), aber so ist es eben, so ist eben das Leben, das gehört dazu, und das trägt man mit sich."
> I: Hm, ja, hat es vielleicht auch, ja, irgendwie eine positive Bedeutung, das Darüber-Reden?
> L: Äh, eigentlich nicht, ja.
> I: Ja..." (22)

Im weiteren Interviewverlauf berichtet Frau L. Episoden aus ihrem Alltag, in denen sie sich an die Verfolgung erinnert fühlt, und erzählt von ihrer Angst bei größeren Versammlungen. Im psychoanalytischen Interpretationsprozeß wurde an dieser Sequenz insbesondere auch die Übertragungs-Gegenübertragungsbeziehung reflektiert. Die Belastung durch das Interview für Frau L. wird deutlich; durch den Erzählprozeß werden ihre unerträglichen, schmerzlichen Erinnerungen aufgewühlt und belasten Frau L. noch mehrere Tage nach dem Gespräch. Diese Antizipation der negativen Folgen steht im Einklang mit ihrem Wunsch, nicht über die Verfolgungszeit zu sprechen, worum sie sich in ihrem Alltag auch bemüht (siehe oben). Die Ambivalenz gegenüber unserem Gespräch war auch bereits in der Eingangssequenz erkennbar (siehe Kap.1 und 2). Die Interviewerin erlebte diese Szene auch in der Gegenübertragung als belastend: Die deutlich sichtbare Schmerzhaftigkeit des Erinnerungsprozesses für Frau L. widersprach auch meiner Hoffnung als Interviewerin, durch das Gespräch auch den Umgang mit der belastenden Erinnerung ein wenig erleichtern zu können (vgl. Kap.II.3). Dennoch war Frau L. nach dem ersten Interview sofort zu einer Fortsetzung bereit und lud mich auch in ihre Wohnung ein, die einen persönlicheren Rahmen für das Gespräch bieten sollte als ihr Büro. Ihre psychische Kraft, mit der sie nochmals die belastenden Folgen eines Interviews auf sich nahm, erschien mir als Interviewerin bewundernswert. Denn auch in den weiteren Kontakten sprach Frau L. nicht von einer erleichternden Wirkung der Gespräche. Sie habe das Interview zum einen der Interviewerin zuliebe gemacht, und zum anderen um als Zeitzeugin anderen Menschen gegenüber Zeugnis von der Massenvernichtung abzulegen.

An verschiedenen Stellen des Interviews spricht Frau L. auch über ihren Beruf. Auf ihren ursprünglichen Berufswunsch habe ihr Vater nicht eingehen wollen. Auf seinen Wunsch hätte Frau L. dann eine berufliche Schule besucht. Sie arbeitet seit vielen Jahren mit viel persönlichem Engagement in einer sozialen Einrichtung und macht in ihrer Erzählung deutlich, wie wichtig ihr der Kontakt mit Menschen sei und wieviel sie an Unterstützung auch durch ihren Beruf in der Begegnung mit den Menschen erfahren würde.

Frau L. berichtet in beiden Interviews kaum etwas über ihre Tochter. Sie nennt zum einen biographische Daten wie etwa, daß sie in der Nähe wohne, drei Kinder habe und berufstätig sei. Über ihre Verfolgung habe sie nie mit ihrer Tochter gesprochen. Weiterhin erwähnt sie, daß ihre Tochter es ablehne, deutsch zu sprechen. Sie teile damit nicht ihre eigene Wertschätzung der deutschen Sprache und Kultur, die sie von ihrem Mann und dessen Eltern übernommen habe. Eine weitere Textstelle, wo sie das durch die Verfolgung belastete Verhältnis zu ihrer Tochter zum Ausdruck bringt, findet sich gegen Ende des zweiten Interviews, als sie über die Momente im Alltag spricht, die ihr Auschwitz gegenwärtig werden lassen:

> "... und immer dieser Terror und immer die Angst, ja. Und die Aufseherinnen mit den Peitschen und. zum Beispiel, meine Tochter trägt Hosenröcke, ja. Das ist etwas, was ich nicht imstand bin mir zu kaufen, und die Leute können das nicht begreifen. Ich hab meinem Mann gesagt, kannst du dir vorstellen, ich seh noch diese Aufseherinnen, diese Nazi-Frauen, die haben nur Hosenröcke getragen, seh ich noch vor mir, die Stiefel und die Hosenröcke. Das war typ-, das war die Uniform, und war Nazi, na, wie kann ich mir einen Hosenrock kaufen? Das ist unbegreiflich. Ich hab unlängst meinem Mann gesagt, er hat das auch nicht gewußt, ich hab es ihm, (unverständlich) meiner Tochter, ihr hab ich es nicht gesagt, vielleicht werd ich ihr es mal sagen, warum ich mich nicht dazu, sie sagt, es wär so hübsch für dich. Ja sicher, für mich sicher nicht. Das sind so, (I: ja) eigen, Kleinigkeiten, ja, die sich auf einmal erinnern, die man nicht über sich bringen kann, ja." (50)

Diese Szene wird kurz danach von dem Eintreten ihres Mannes unterbrochen und kann leider nicht fortgeführt werden. Deutlich wird an dieser Sequenz die Durchdringung ihres Alltags mit der massiven Verfolgungserfahrung und ihr Reflexionsvermögen, mit dem sie diese Zusammenhänge herzustellen vermag. Zugleich wird auch ihre Sprachlosigkeit gegenüber ihrer Tochter - im Unterschied zu ihrem Mann - sichtbar, mit der sie nicht über ihr Leiden sprechen kann.

In der Erzählung von Frau L. scheint die Zeit nach der Befreiung weitgehend gekennzeichnet durch den Versuch, die Verfolgung aus ihrem Leben auszuklammern bzw. sie in ihrer Bedeutung - im psychoanalytischen Sinne - zu verleugnen. So scheint sie Wert auf einen "Neuanfang" zu legen und darauf, nicht als Überlebende erkannt zu werden. Im Zusammenhang mit ihren großen Schuldgefühlen kann dies möglicherweise als Versuch verstanden werden, den Umgang mit ihren Schuldgefühlen etwas zu erleichtern.
Diese Umgangsweise mit der Verfolgung unterstützte ihren Versuch, "so normal zu leben wie man kann" (16). Frau L. fand dabei jedoch wenig Raum für ihre Leidenserfahrungen. So beschreibt sie die Zeit, in der sie sehr unter ihren Erinnerungen leidet, lapidar als "schlechte Tage", als "Laune", die immer mal wieder kommt und mit der sie sich abfinden muß:

> "Man muß damit leben, einer lebt eben damit besser und einer, einer schlechter. Aber man muß, man muß das Leben weitermachen. Die haben natürlich alle Angst, bin fest überzeugt, wenn die Gelegenheit kommt, ob es die Deutschen oder die Araber sind, ob es die Amerikaner oder die Engländer, es passiert wieder, es wird niemand dagegen protestieren. Wir haben keine Illusionen, keine großen. Das ist traurig, aber Illusionen gibt's da keine." (19)

In diesem Zitat kommt die tiefe Resignation zum Ausdruck, die die Verfolgung hinterlassen hat. Frau L. versucht, über verallgemeinerte Wendungen ("man muß damit leben... die haben Angst... es passiert wieder") ihr eigenes Leiden auszuhalten und die Bedeutung für ihr eigenes Leben damit zu "verleugnen".
An anderer Stelle wird die Persistenz der Traumatisierung deutlich, die in der subjektiven Perspektive die Wesensverschiedenheit von Überlebenden der Shoa zu Menschen, die dies nicht erlebt haben, begründet:

> "Man sieht, irgendwie die Sachen zu verdauen, das geht nicht, das kommt ja immer wieder. Man kommt immer wieder auf denselben Punkt zurück, irgendwie, ich nehme an, das hören Sie von allen anderen auch, die Leute kommen immer wieder drauf, und das ist schreckliche (unverständlich), auch hier Angst, und alle (unverständlich, sehr leise), wir sind auch anders. Wir sehen die Sachen anders... äh, ich weiß nicht, man hat eine andere Lebensanschauung." (46)

Diese andere Lebensanschauung konnte im weiteren Interviewverlauf nicht näher inhaltlich spezifiziert werden, es ist eine schwer verständliche Textstelle. In einer längeren Passage bis zum Ende des Interviews (etwa vier Textseiten) versucht Frau L., mir das Unbegreifliche nahe zu bringen, indem sie verschiedene Episoden aus dem Vernichtungslager Auschwitz erzählt und dabei immer wieder das Nicht-verstehen-können zum Ausdruck bringt, wie beipielsweise in folgendem Zitat:

> "Das sind solche Sachen, wenn man das einem erzählt, es ist kaum zu glauben, das ist ein schreckliches Trauma, ja?(I:hm)Das bleibt Ihnen das ganze Leben, Sie können's einfach nicht überwinden, nicht. (I:ja) Ich seh mich da draußen stehen, die ganze Nacht, ja, schmutzig und, und man darf sich nicht rühren, sonst kommen schon, und man schlägt sie, ja (I:hm). Und wozu, warum, ich hab ja niemand was getan, es war mir unbegreiflich..." (48)

An dieser Textstelle zeigt sich in der Verwendung des Präsens die Unmittelbarkeit der Traumatisierung, die sich auch nach Jahrzehnten noch einstellt. Bemerkenswert unter den Bedingungen der Verfolgung ist die Bedeutung des Schmutzigseins in diesem Zitat, das für Frau L. offenbar sehr schwer erträglich war.

Dieses Zitat steht im Kontrast zu ihren oben beschriebenen Versuchen, die Bedeutung ihrer Verfolgung zu "verleugnen". In psychoanalytischer Deutung kann diese "Widersprüchlichkeit" in der Weise verstanden werden, als sie den Abwehrmechanismus der Verleugnung in seiner (notwendigen) Gebrochenheit zeigt: Hier beschreibt Frau L. ihre Erfahrungen im Unterschied zu den o.g. Zitaten als "schreckliches Trauma", das das ganze Leben lang nicht zu überwinden sei. Die Konstruktion von einem "Neuanfang" jenseits der Traumatisierung erscheint damit zu brüchig, um stringent durchgehalten werden zu können, die Bedeutung der extremen Traumatisierung schimmert immer wieder an verschiedenen Textstellen durch (vgl.u.a. auch Interviewseiten 18, Kap.6; 20, 22, 32, Kap.5). Zugleich zeigt sich in diesem *Wechsel von Betonung der Folgen und deren Verleugnung* auch ein *Grundmuster des Umgangs mit der Traumatisierung* im Interview von Frau L., das sich im zwischenmenschlichen Bereich etwa im Muster der Anklage und Entschuldigung wiederholt. Mit diesem Ergebnis des Interpretationsprozesses läßt sich noch einmal das spezifische Verfahren der obliquen Hermeneutik veranschaulichen: Der individuelle Umgang mit der Traumatisierung erschließt sich im hermeneutischen Prozeß über die Reflexion der Interaktion im Interview; das Interview dient somit als Bühne, auf der dieser Umgang inszeniert werden kann. Das erfordert den Modus des szenischen Verstehens, der über das logische Verstehen der Sprache hinausgeht.

Zum Verhältnis zur Interviewerin

Das beschriebene Muster des Wechsels von latenter Anklage und Verständnis konnte im psychoanalytischen Interpretationsprozeß über die Reflexion der Übertragungs- und Gegenübertragungsbeziehung auch im Verhältnis zur Interviewerin herausgearbeitet werden. Es wurde bereits beschrieben, daß Frau L. in der Übertragung stellenweise nach dem Verständnis der Interviewerin suchte (siehe oben bei der Erzählung über die Pflege ihres Vaters). An anderen Stellen finden sich aber auch Hinweise, die als latente Anklage interpretiert werden könnten. In diesem Zusammenhang wäre die Szene über die von Frau L. erwartete, belastende Wirkung des Interviews zu nennen (siehe oben, Interviewseite 22), durch die sich die Interviewerin in die Rolle einer "Aggressorin" versetzt fühlte, die die Erinnerung an die extreme Traumatisierung schmerzhaft aktualisierte. Es erscheint in psychoanalytischer Perspektive möglich, daß in der Übertragung eine Identifikation der Interviewerin mit den Nationalsozialisten vorgelegen haben mag.

Neben den latent anklagenden Tendenzen in der Erzählung finden sich auch Stellen, in denen Frau L. ihr Verständnis gegenüber der Interviewerin zum Ausdruck bringt:

> "... haben sich da eine schwere Aufgabe auf sich genommen, glaube ich.
> I: Meinen Sie jetzt mit den Interviews?

L: Für sich persönlich, ja, mit dieser Arbeit, die Sie da machen, das ist sicher sehr aufwühlend auch für Sie.
I: Bestimmt, ja.
L: Das ist keine leichte Sache, sich das so anzuhören..." (20)

Diese Textsequenz ist eingebettet in ihre Erzählung über die Folgen der Verfolgung, an denen sie bis heute leidet, und ihre Überlegungen, daß ältere Menschen mehr gelitten hätten als sie selbst. Während des Interviews war ich als Interviewerin zunächst überrascht von ihrer Frage nach meiner Arbeit. An dieser Stelle scheint sie einerseits sehr einfühlsam meine Reaktion auf ihre Erzählung aufgenommen zu haben, was von ihrem hohen Einfühlungsvermögen in andere zeugt. Andererseits war gerade diese Rücksichtnahme angesichts ihrer eigenen, extrem traumatischen Erfahrungen für mich nur sehr schwer anzunehmen und eher von Scham- als von Entlastungsgefühlen begleitet.
Die skizzierte Reflexion der Beziehung von Übertragung und Gegenübertragung sollte ausschnitthaft einen Einblick geben in die komplexe Beziehungsstruktur während eines Interviews, die einen wesentlichen Einfluß auf den Erzählprozeß nimmt (vgl. ausführlich Schlußkapitel) und somit eine wesentliche Begründung für einen oblique-hermeneutischen Interpretationsdiskurs darstellt.

Das Interview mit Frau L. wurde durch das plötzliche Auftreten ihres Mannes beendet, der sich zu uns setzte und damit die Erzählung unterbrochen hatte. In der Unvermitteltheit wiederholt sich in gewisser Weise der spontane Beginn des Interviews. Ich wurde als Interviewerin ebenso abrupt in ihre Geschichte aufgenommen wie daraus auch wieder ausgeschlossen. Auch in dieser Inszenierung zeigt sich nochmals das Muster von (latenter) Aggression und Verständnis. Das unvermittelte Ende des Interviews wurde durch ihr nachfolgendes fürsorgliches Verhalten gewissermaßen zurückgenommen: Sie lud mich ein, noch zum Essen zu bleiben und sie wieder zu besuchen, wenn ich das nächste Mal in Israel sei.

8. Grundzüge der Erzählung: Arbeit als Integrationsmoment

Im psychoanalytischen Interpretationsdiskurs wurde die Struktur der lebensgeschichtlichen Erzählung reflektiert, um tieferen Einblick in den subjektiven Umgang mit der extremen Traumatisierung , in die "Überlebensstrategien" während und nach der Verfolgung zu gewinnen, als dies bei einer ausschließlichen Betrachtung des manifesten Textsinns der Fall wäre. Die ethische Problematik, die mit solch einem analytischen, textkritischen Verfahren - insbesondere bei Erzählungen von Überlebenden der Massenvernichtung, die auch den Charakter des Zeugnisses tragen - einhergeht, ist mir wohl bewußt, sie wird im Schlußkapitel ausführlich reflektiert. Dennoch möchte ich an dieser Stelle den Versuch unternehmen, die tastende Deutungsarbeit abzubrechen und gleichsam als Zusammenfassung thesenartig "Ergebnisse" des Interpretationsprozesses festzuhalten.

Kindheit und Familienbeziehungen

Frau L. beschreibt eine "ruhige" Kindheit; die ihr ein hohes Maß an Sicherheit und Geborgenheit sowie ein Gefühl der Zugehörigkeit vermittelt hat. Im gesamten Interviewverlauf fällt eine sehr erwachsene Sicht auf die Kindheit auf, Frau L. scheint sich in ihrem Erinnerungsprozeß nicht mehr in diese Zeit zurückversetzen zu können, es finden sich kaum Bilder oder kindliche Perspektiven. Nur sehr verhalten äußert Frau L. auch Kritik an ihrer Kindheit; ihre Erzählung erweckt in mir den Eindruck, daß sie eine harmonische Sicht ihrer Kindheit zum Ausdruck bringt, zu der sich aber im weiteren Interviewverlauf auch widersprüchliche Episoden finden.

Das zentrale traumatische Erlebnis in der Lebensgeschichte von Frau L. scheint in dem Tod der Mutter zu liegen sowie in der Befürchtung, daß sie schuld daran sei. Die gesamte Erzählung, v.a. das Bild ihrer Mutter, erscheint zentriert um das Schuldgefühl, sie mit der tödlichen Typhuskrankheit angesteckt zu haben.

Für die Zeit ihrer Kindheit vor der Verfolgung konstruiert Frau L. in ihrer Erzählung das Bild einer "schlechten Mutter", von der sie sich häufig vernachlässigt gefühlt habe. Sie beschreibt sie als "lebensfrohe" und "verwöhnte" Frau, die vor allem ihren eigenen Interessen nachgegangen sei. Während der Verfolgungszeit scheint sich das Mutter-Tochter-Verhältnis umgekehrt zu haben, Frau L. habe sich sehr um ihre Mutter gekümmert, die sie als weitgehend "unfähig" schilderte, unter den Bedingungen der Verfolgung zu leben. An verschiedenen Stellen in der Erzählung wird die Konstruktion einer "schlechten Mutter" gebrochen. Frau L. geht auch auf die fürsorglichen Anteile ihrer Mutter ein und schildert Szenen, wo ihre Mutter sie hatte retten können. Diese Szenen verdeutlichen den Konstruktionscharakter der Erzählung, der das Verhältnis von Mutter und Tochter retrospektiv aus gegenwärtiger Perspektive entwirft. Aus psychoanalytischer Sicht wäre zu vermuten, daß Frau L. durchaus über eine stabile frühe Objektbeziehung zu ihrer Mutter verfügte, die sie auch die extreme Traumatisierung hatte überstehen lassen. Das Bild der "schlechten Mutter", das Frau L. in der Erzählung zeichnet, könnte somit im Zusammenhang mit dem Tod ihrer Mutter und ihren eigenen Schuldgefühlen verstanden werden.

Der Tod der Mutter kurz nach der Befreiung ist für Frau L. mit großen Schuldgefühlen verbunden; der oblique-hermeneutische Interpretationsprozeß macht deutlich, wie die Erzählung der Mutter von diesem Bezugspunkt aus konstruiert ist und entwickelt Deutungsmöglichkeiten, welche psychische Bedeutung mit dieser Erzählung verbunden sein könnte. Eine genaue lebensgeschichtliche Rekonstruktion des Schuldgefühls, das in der Erzählung von Frau L. zum Ausdruck kommt, erscheint notwendig als Kritik an der in der Literatur vielfach als universell postulierten "Überlebensschuld" von Überlebenden der Massenvernichtung (vgl. etwa Niederland, 1968, siehe ausführlich Kap.II.3.2), die sich aus der schlichten Tatsache des Überlebens ergeben soll.

Selbstdarstellung und Entwicklung eines 'Legitimationsmusters' für ihr Überleben

Ein zentraler Bestandteil ihres Selbstverständnisses scheint in der Überzeugung zu bestehen, immer gearbeitet zu haben. Die Konstruktion der fortwährenden Arbeit stammt zum einen aus der extremtraumatischen Erfahrung in den Konzentrations- und Vernichtungslagern; zum anderen kann sie in psychoanalytischer Deutung auch als Ausdruck einer negativen Identifikation mit ihrer Mutter betrachtet werden. In der Erzählung zeichnet Frau L. ein eher ambivalentes Bild ihrer Mutter, der sie selbst die Schuld für ihre Deportation (und implizit letztlich auch für ihren Tod) gab, was sie mit deren "Unfähigkeit zu arbeiten" begründete. Dies könnte im Zusammenhang mit der Suche nach Gründen für ihr Überleben stehen, das sie auf dem Hintergrund des Todes der Mutter und den damit verbundenen Schuldgefühlen 'rechtfertigen' versucht.

Das 'Legitimationsmuster' des Überlebens dient der Plausibilisierung des (letztlich unerklärlichen) eigenen Überlebens angesichts des millionenfachen Mordes. Das dominante Moment des Erklärungsmusters in der Erzählung von Frau L. besteht in der Arbeit, die in verschiedenen Dimensionen auftaucht. Zunächst erscheint die Konstruktion von Arbeit im engeren Sinne, die ihr in den Lagern das Überleben sicherte. Frau L. verlängert diese Konstruktion auch in die Zeit vor und nach der Befreiung. In diesem Zusammenhang tritt Arbeit in einem weiteren Sinn als Fürsorge für andere auf; diese beschreibt sie auch für die Verfolgungszeit gegenüber ihrer Mutter. Im Hinblick auf das 'Legitimationsmuster' wird der identitätsstiftende Charakter dieser Arbeit bedeutsam: Frau L. kann damit ihrer Existenz Sinn verleihen über die Vorstellung, für andere etwas tun zu können, nützlich für sie zu sein. Die Arbeit wird so zum Integrationsmoment der Lebensgeschichte von Frau L., das einen sinnhaften Zusammenhang für vereinzelte, kontingente Episoden bietet.

'Überlebensstrategien' während der Verfolgung

Die Fürsorge für ihre Mutter kann auch als Versuch angesehen werden, der völligen Hilflosigkeit und Ohnmacht in den Konzentrations- und Vernichtungslagern eigene Aktivität entgegenzusetzen. Frau L. schreibt auch der Zwangsarbeit, die sie für die Nationalsozialisten verrichten mußte, wesentliche Bedeutung für ihr Überleben zu. Damit übernimmt sie ein Erklärungsmuster, das viele Überlebende teilen, das aber der Gegenrationalität der Massenvernichtung keinerlei Rechnung trägt (vgl. auch Einleitungskapitel).

Dennoch scheint aber dieser "Illusion" (angesichts der nicht zu antizipierenden Realität der Massenvernichtung), durch Arbeit das eigene Überleben sichern zu können, eine wichtige (unterstützende) psychische Bedeutung auch während der Verfolgung zuzukommen.
Weiterhin läßt sich allgemein auch die Betonung von Aktivität in der Erzählung von Frau L. als 'Überlebensstrategie' im oben skizzierten Sinne auffassen.

Grenzen der Erzählung
Die Lebensgeschichte von Frau L. zentriert sich um den Tod der Mutter sowie um ihre Befürchtung, daran schuld zu sein. Die extreme Traumatisierung durch die Verfolgung tritt somit weitgehend in den Hintergrund der gesamten Erzählung: So berichtet Frau L. etwa zunächst nur sehr wenig über ihre Zeit in dem Vernichtungslager Auschwitz; dagegen schildert sie ausführlich ihre Erfahrungen zu Beginn der Verfolgung sowie in Theresienstadt, wobei im Mittelpunkt dieser Erzählung die konfliktive Beziehung zu ihrer Mutter steht. Vielleicht gibt diese Deutung der Verfolgungsgeschichte Frau L. erst die Möglichkeit, ihre Geschichte zu erzählen: die nicht verstehbare Verfolgung sowie die Traumatisierung, die nicht in Sprache zu fassen ist, könnte nach dieser Hypothese erzählbar werden in der Perspektive eines Familienkonfliktes.
Erst gegen Ende des zweiten Interviews finden sich vereinzelte Versuche, über ihr Erleben in den Konzentrations- und Vernichtungslagern Auschwitz und Mauthausen zu sprechen. An diesen Stellen zeigt sich deutlich die Brüchigkeit ihres 'Legitimationsmusters', das dieser extremen Traumatisierung (prinzipiell) keinen hinreichenden Integrationsrahmen ermöglichen kann.

Grundmuster ihres Umgangs mit der Traumatisierung im Prozeß der Erzählung
Die Besonderheit der extremen Traumatisierung, die in der Erzählung von Frau L. zum Ausdruck kommt, ergibt sich durch die (explizite) Verflechtung der Verfolgung mit einem (berichteten) Kindheitskonflikt. Als grundlegendes Interaktionsmuster in der Erzählung, das damit in Zusammenhang zu stehen scheint, wurde ein stetiges Pendeln zwischen Anklage und Entschuldigung beschrieben. Dieses Muster scheint sich auch in der Interviewsituation zu wiederholen. Die Reaktionen gegenüber der Interviewerin wechselten zwischen latenter Anklage und Verständnis, was auch auf eine Identifikation der Interviewerin mit den Nationalsozialisten in der Übertragung zurückgeführt werden kann (vgl. auch Danieli, 1981a). Das Muster aus dem zwischenmenschlichen Bereich findet eine strukturelle Entsprechung auch, wenn Frau L. über die Folgen ihrer Verfolgung spricht. Sie wechselt hin und her zwischen der "Verleugung" (im psychoanalytischen Sinne) und der Betonung der Folgen hrer Traumatisierung. Dieses Muster, der (notwendig)

fragmentarische Charakter der Verleugnung, wird vor allem in der Beschreibung der ersten Zeit nach ihrer Befreiung deutlich.

Leben nach der Befreiung

Die Konstruktion dieser Zeit wechselt von der These eines 'Neuanfangs' zur Betonung der Persistenz der Folgen ihrer Verfolgung. Einerseits habe sich Frau L. nach der Befreiung "ins Leben gestürzt" und die Verfolgung hinter sich lassen wollen, andererseits sei dies eine "sehr schlimme Zeit" gewesen, sie leide an dem "schrecklichen Trauma, das lebenslang" bleibe. Diese 'Widersprüchlichkeit' scheint zum einen auf die besonderen Schwierigkeiten im Umgang mit der extremen Traumatisierung zu verweisen, die sich trotz aller Bemühungen nicht in den Hintergrund drängen läßt, sondern im weiteren Leben der Überlebenden ständig präsent ist. Zum anderen könnte sie aber auch im Zusammenhang mit dem 'Legitimationsmuster' von Frau L. als ständig arbeitender Frau zu stehen. Wie bereits beschrieben ergäbe sich dieses Muster - in psychoanalytischer Deutung - aus einer negativen Identifikation mit ihrer Mutter; mit ihrem Versuch, sich "ins Leben zu stürzen" würde sich Frau L. jedoch vielmehr an deren Lebensstil orientieren. Der Versuch eines 'Neuanfangs' wird durch die Emigration nach Israel unterstützt, sie habe selten über ihre Verfolgung gesprochen, viele ihrer Bekannten wüßten nichts davon. Die 'Bagatellisierung' der Folgen ihrer Verfolgung kann auch als Versuch verstanden werden, mit der extremen Traumatisierung zu leben, etwas Abstand zu ihr zu gewinnen. Andererseits fehlt ihr damit auch der Raum für ihre Leidenserfahrung; im Interview wird eine tiefe Resignation sowie die Überzeugung deutlich, daß niemand sie verstehen könne.

Inzwischen ist Frau L. bereits seit über 40 Jahren verheiratet. Als wichtige Momente ihrer Beziehung beschreibt sie die "Distanz", die als Versuch des Umgangs mit ihren unterschiedlichen lebensgeschichtlichen Hintergründen verstanden werden könnte, sowie ihren gemeinsamen Prozeß, sich gegenseitig verstehen zu lernen. Weiterhin scheint ihr Mann auch ihren Wunsch nach einem "Neuanfang", den Versuch, die traumatischen Erfahrungen hinter sich zu lassen, unterstützt zu haben; sie habe weitgehend seinen Bekanntenkreis übernommen und kaum über ihre Verfolgung gesprochen. Auch mit ihrer Tochter habe Frau L. nicht über ihre Verfolgungszeit gesprochen, was manchmal im Alltag, der von ihren Erinnerungen an die Verfolgung durchdrungen ist, zu gegenseitigen Verstehensproblemen führt.

Beruflich arbeitet Frau L. sehr engagiert in einer sozialen Einrichtung. Darin scheint - in psychoanalytischer Perspektive - auch die Bedeutung der Fürsorge für andere und ihre Fähigkeit zu Objektbeziehungen trotz all ihrer extrem traumatischen Erfahrungen noch einmal sichtbar zu werden.

Interpretationsskizze des Interviews mit Frau D.: "Man muß es ausnützen, das Leben geht weiter."

1. Überblick über die Lebensgeschichte

Frau D. wurde Ende der 20er Jahre in einer kleinen Stadt in der Tschechoslowakei geboren. Sie beschreibt ihr Elternhaus als wohlhabend und weitgehend assimiliert, ihr Großvater habe eine Fabrik besessen, in der ihr Vater mitgearbeitet habe. Ihre Eltern hätte wenig Zeit für sie gehabt, sie sei überwiegend von einer Gouvernante erzogen worden. Frau D. habe einen vier Jahre älteren Bruder gehabt.

Im Frühjahr 1942 sei sie zusammen mit ihrer Familie nach Theresienstadt deportiert worden, wo ihr Vater drei Monate später an einem Herzanfall starb.

Im Dezember 1943 sei sie zusammen mit ihrer Mutter und ihrem Bruder in das "Familienlager" nach Auschwitz verschleppt worden. Ihr Bruder sei dort ermordet worden, als das Lager aufgelöst wurde. Zusammen mit ihrer Mutter sei sie im Juni 1944 in einem "Arbeitskräftetransport" nach Norddeutschland gekommen. Dort mußten sie Zwangsarbeit leisten und waren schutzlos den Bombenangriffen ausgesetzt. Kurz vor Ende des Krieges hätten sie noch nach Bergen-Belsen deportiert werden sollen. Als der Zug bombadiert wurde, mußten sie zu Fuß weitergehen. Bis zu ihrer Befreiung sei Frau D. mit ihrer Mutter noch drei Wochen in Bergen-Belsen gewesen. Ihre Mutter sei wenige Tage nach der Befreiung gestorben.

Frau D. lebte erst einige Jahre in der Tschechoslowakei, wo sie eine Ausbildung als Graphikerin absolvierte, bevor sie 1949 nach Israel emigrierte. Seit ihrer Ankunft lebt sie im Kibbuz. Frau D. heiratet zweimal. Ihr Sohn wurde Anfang der 50er Jahre geboren. Sie arbeitete zunächst als Handwerkerin im Kibbuz, dann war sie künstlerisch tätig. Vor einigen Jahren ließ sie sich in einem medizinischen Beruf ausbilden und arbeitet seitdem in diesem Bereich.

2. Persönlicher Eindruck von der Gesprächspartnerin bzw. der Gesprächssituation

Frau D. lebt in Israel in einem Kibbuz, ihre Adresse bekam ich über eine Bekannte. Ich telefonierte bereits bei meinem ersten Israelaufenthalt mit ihr, zu diesem Zeitpunkt war sie jedoch noch nicht bereit zu dem Interview, da sie erst kurz vorher eine Reise nach Polen zusammen mit ihrem Sohn unternommen hatte und ihre Erlebnisse noch zu unmittelbar waren, um darüber zu sprechen. Ein halbes Jahr später besuchte ich sie dann, unser Gespräch fand bei ihr zu Hause statt. Bei unserer ersten Begegnung war ich ganz überrascht von ihrer jugendlichen Erscheinung, ich hätte sie auf nicht einmal 50 Jahre geschätzt. Unser Gespräch begann sehr zögerlich; nachdem ich ihr von meinem Vorhaben und ein wenig von mir erzählte, willigte sie in die Tonbandaufnahme ein. Sie hatte jedoch plötzlich so große Sprachschwierigkeiten, so daß ich das Gerät wieder abschaltete und wir uns erst einmal Englisch unterhielten. Dies ermöglichte ihr den Einstieg zu dem Interview, im weiteren Gesprächsverlauf konnte ich das Tonband einschalten und Frau D. begann, Deutsch zu sprechen. Leider fehlt dieser erste Teil, etwa 15 bis 20 Minuten, auf dem Transkript; dies beginnt bereits mit ihrer Erzählung von Theresienstadt. Frau D. streifte ihre Kindheit nur ganz beiläufig und fing gleich an, von ihrer Verfolgung zu erzählen. Nach dem ersten Interview zeigte sie mir den Kibbuz und lud mich zum Essen ein. Während des Gesprächs schien sie allmählich Vertrauen zu mir zu fassen, unsere Beziehung blieb jedoch weitgehend distanziert. Im zweiten Gespräch wurde diese Distanz allmählich verringert, die Gesprächsatmosphäre ließe sich als entspannter und vertrauter bezeichnen.

3. Eindrücke aus ihrer Kindheit

Zu Beginn des ersten Interviews geht Frau D. kaum auf die Zeit vor ihrer Verfolgung ein. Sie erzählt mir beiläufig von ihren wohlhabenden Eltern, die wenig Zeit für sie gehabt hätten. Etwas ausführlicher berichtet sie von ihrem Freundeskreis, der aus fünf Mädchen bestanden hätte und der sich in Theresienstadt wiedergetroffen hätte.
In beiden Interviews erscheint Frau D. nur wenig bereit, über ihre Kindheit zu erzählen. Am Ende des ersten Gesprächs geht sie zunächst nicht auf meine Nachfrage ein, sondern steht auf, um Bilder aus dieser Zeit zu suchen und mir zu zeigen.

> "I:... Ich würd nochmal gern einen Schwenk zurück machen, und zwar haben Sie am Anfang ziemlich schnell erzählt von Ihrem Elternhaus, so, das würd mich nochmal interessieren.
> D: Ja. (sehr lange Pause, Frau D. war weggegangen) Die, ein paar Bilder aus

der Kindheit, die, die mir so geblieben sind, sind wirklich sehr wenig, die ich zurückgekommen, äh zurückbekommen, ich weiß nicht einmal schon von wem (Nebengeräusche). Das sind die Eltern und der Bruder, wo er klein war. Dies ist Mutter mit ihm, der Vater mit uns beiden. (Pause, bis 5 sec.)" (38)

Vor dieser Sequenz zeigte sie mir bereits Bilder von ihrer Reise in die Tschechoslowakei und nach Polen, die sie einige Monate vor dem Interview zusammen mit ihrem Sohn unternommen hatte. Einerseits sehe ich darin ihren Versuch, ihre Erinnerungen mit mir zu teilen, sie mir anschaulicher zu machen. Andererseits stellt das Betrachten der Bilder aber auch eine gewisse Distanz zu der Unmittelbarkeit ihrer Erinnerungen her und könnte möglicherweise als Versuch verstanden werden, die Belastung durch ihre Erinnerung ein wenig erträglicher zu machen. Einige Zeit später räumt sie die Bilder wieder weg und kommt auf meine Frage zurück.

"D: ... Also, mein Elternhaus, ich hab nicht viel zu sagen, nicht viel erlebt, ein reiches Haus (kommt wieder) mit allem Guten, nichts gefehlt, nicht Geld und nichts.
I: Nein, aber Sie sagten so, ähm, daß Ihre Eltern Sie auch...
D: Nein.
I: ... so sehr viel allein gelassen haben.
D: Nein, nicht, es war kein, nicht so viel Sorge um die Kinder so wie heute, nicht, oder so wie in Israel oder, äh, es waren Familien, die sicher sich um die Kinder mehr gekümmert haben als meine Eltern um mich, weil sie dies Geschäft hatten, und das war alles (unverständl.). In den Ferien ist meine Mutter nach X. und mein, mein Vater nach Y., und ich weiß nicht, wir sind verschickt in ein, irgendwo in ein Kinderheim, (entfernt sich, nicht gut zu verstehen) oder etwas. Nie mit, mit, nur mit dem Großvater, Großvater hat mich immer genommen auf die Spaziergänge, Großvater (unverständl.), von dem hab ich auch das Tanzen gelernt, geerbt." (40)

Diese längere Interaktionssequenz vermittelt einen anschaulichen Eindruck ihrer Erzählung über ihre Kindheit. Frau D. erzählt kaum Episoden aus dieser Zeit ("ich hab nicht viel zu sagen, nicht viel erlebt"), sondern konstatiert vielmehr verschiedene Begebenheiten und Ereignisse ihrer Kindheit und vergleicht sie mit der Kindheit im heutigen Israel. Auch durch die Umstände ihrer Erzählung - sie ist gerade noch dabei, ihre Bilder aufzuräumen, während sie schon beginnt zu erzählen - wird der bereits erwähnte Eindruck gestützt, daß Frau D. nicht gern über die Zeit vor ihrer Verfolgung sprechen möchte.
An dieser Interaktionssequenz zeigt sich auch eine höhere verbale Beteiligung der Interviewerin, als von der Interviewmethode vorgesehen ist (vgl. Methodenkapitel). Dies verweist an dieser Stelle auf ein Verständnisproblem der Interviewerin. Frau D. spricht zu Beginn des Interviews (der leider nicht vollständig aufgezeichnet wurde) davon, daß ihre Eltern sich nicht sehr um

sie gekümmert hätten und sie sich häufig allein gelassen fühlte. Dieser Eindruck schien für die Interviewerin im Gegensatz zu stehen zu der oben zitierten Einschätzung, daß ihr "nichts gefehlt" habe. An der Sequenz fällt ebenfalls auf, daß Frau L. schon den Beginn des Einwands der Interviewerin verneint, obwohl danach erst deutlich wird, wogegen er sich richtet. Dies könnte als Reaktion darauf gelesen werden, daß der Einwand zu schroff und zu wenig einfühlsam ("Nein, aber sie sagten...") formuliert wurde. An dieser Stelle erscheint er zudem verfrüht, im folgenden Gespräch hätte diese "Unstimmigkeit" zwischen den Eindrücken der Interviewerin (in Übereinstimmung mit der Interviewmethode) einen angemesseneren Ort gefunden. Frau D. nimmt in ihrer Antwort jedoch den Einwand in der Weise auf, daß sie ihre Kindheit mit der heutigen Kindheit in Israel vergleicht, in der sich die Eltern mehr um ihre Kinder kümmern würden. Ihre Eltern hingegen hätten als Geschäftsleute nur wenig Zeit gehabt und sie anderen Personen anvertraut, was auf dem Hintergrund ihrer Gesellschaftsschicht auch als durchaus üblich zu betrachten ist.
Zu Beginn des zweiten Interviews frage ich Frau D. nochmals nach ihren Kindheitserinnerungen. Auf dem Hintergrund meiner Erfahrungen mit den anderen Interviews, in denen dies der unproblematischste, wenn auch häufig idealisierte Teil der Erzählung war (vgl. auch Kap.II.3.1), war mir Frau D.'s geringes Interesse, davon zu erzählen, weitgehend unverständlich. In diesem erneuten Anlauf thematisiert sie die Frage der Assimilation in ihrem Elternhaus.

> "Und äh da hatte ich ein ganz normale äh ich weiß, Kindheit, vom guten bürgerlichen Haus, jüdischen zwar, und äh ich weiß, daß also meine Eltern schon ganz äh ganz gut assimiliert äh äh waren, obzwar wir alle Feier, alle jüdischen Feiertage feierten, nicht, Pessach und Yom Kippur und Chanukka, und ich weiß, daß meine Eltern überhaupt keine andere Gesellschaft hatten als jüdische. Aber was heißt assimiliert? Äh, wir waren nicht fromm..." (47)

Frau D.'s Beschreibung ihres Elternhauses scheint nicht so recht auf den Begriff der Assimilation zu passen. Sie nennt zur Begründung lediglich die fehlende Frömmigkeit ihrer Familie. Jedoch scheint die 'Assimiliertheit' ihrer Familie bedeutsam zu sein, vielleicht bezieht sich dies auf ihren Wunsch als Kind, nicht anders zu sein als andere, was auf dem Hintergrund der Verfolgung noch eine verstärkte Bedeutung erhielte. Frau D. fährt fort mit der Beschreibung der religiösen Traditionen in den Häusern ihrer Großeltern und kommt dann wieder auf die jüdische Identität ihrer Familie zu sprechen.

> "Aber das Jüdische war drinnen, nicht. Das ist also, man hat sich nicht äh geschämt, daß man, daß man äh Jude ist, im Gegenteil. Und überhaupt keine andere Gesellschaft, keine tschechische Gesellschaft, keine deutsche, selbstverständlich nicht, aber nur jüdische. Aber zu Hause hat man deutsch gesprochen." (48)

An dieser Textstelle fällt zunächst die Äußerung auf, man habe sich seiner jüdischen Herkunft nicht geschämt, da auch die negative Formulierung den Eindruck einer Ambivalenz erweckt, was auf dem Hintergrund ihrer Verfolgungserfahrung auch nur allzu verständlich wäre. Auch die Betonung des ausschließlich jüdischen Kontextes ihres Familienlebens, in dem "selbstverständlich" keine deutsche Gesellschaft war, obwohl deutsch gesprochen wurde, läßt den Einfluß der Verfolgung auf die Rekonstruktion ihrer Kindheitserinnerungen erkennen, die die Identifikation mit deutscher Kultur auf grausamste Weise zerstört hat. So betont Frau D. in ihrer weiteren Rekonstruktion, daß ihre Eltern mit den Kindern meist tschechisch gesprochen haben und daß sie sich gewehrt habe, eine jüdische Schule zu besuchen, weil die Hauptsprache dort deutsch gewesen sei.

> "... ich hab das Deutsche immer nicht gern, ich weiß nicht wieso (leise, unverständl.)." (48)

Ihre Abneigung gegen "das Deutsche" verlegt Frau D. in ihrer Rekonstruktion bereits in die Zeit ihrer Kindheit, sie setzt sich damit in einen Gegensatz zu ihren Eltern und zur jüdischen Gemeinde, die in der Tschechoslowakei weitgehend "deutsch geprägt" war. Da ihre Kindheitserfahrungen in der Retrospektive nicht vom Einfluß der Verfolgung zu trennen sind, erweckt diese Stelle den Eindruck eines tiefgreifenden Identitätskonfliktes, was durch die zögerliche Formulierung und den Wechsel der Lautstärke verstärkt wird. Im psychoanalytischen Interpretationsdiskurs wurde die Deutung eines möglichen Identitätskonfliktes in folgender Weise herausgearbeitet: Die Identifikation mit der deutschen Kultur von großen Teilen der jüdischen Gemeinde in der Tschechoslowakei wurde durch die Massenvernichtung auf schrecklichste Weise zerstört. Frau D. kann daher diese Identifikation ihres Elternhauses auch nicht mehr mittragen, sie stellt jedoch einen Teil ihrer Kindheit dar ("zu Hause hat man deutsch gesprochen"). In ihre Ablehnung des "Deutschen" ist damit auch ihr (damaliger) jüdischer Hintergrund miteinbezogen, da beide früher miteinander verflochten waren. Möglicherweise ist es auch dieser Konflikt, der Frau D. ausführliche Erinnerungen an ihre Kindheit nicht beschreiben läßt.

Die Abneigung gegen "das Deutsche" spiegelt sich auch in der Eingangssequenz des Interviews mit Frau D. Wie bereits geschildert (vgl. Kap.2) gelingt es Frau D. nicht, das Gespräch auf deutsch zu beginnen. Die vorhergehende Kontaktaufnahme am Telefon erfolgte wie bei allen Gesprächspartnern in Israel auf englisch, Frau D. erklärte sich jedoch zu einem Interview auf deutsch bereit. In der konkreten Situation schienen ihre - auf dem Hintergrund ihrer extrem traumatischen Erfahrungen selbstverständlichen - Schwierigkeiten dann wieder überwogen zu haben.

Im Interpretationsprozeß wurde die Beziehung von Interviewerin und Frau D. im Hinblick auf die Dynamik von Übertragung und Gegenübertragung reflektiert. In der Eingangssequenz zeigt sich eine gespannte Situation, in der unterschiedliche Momente aufeinandertrafen: Frau D.'s Wunsch und zugleich ihre Schwierigkeit, mir ihre Geschichte zu erzählen; meine Erwartungen an ein Interview, das mit meinem Forschungsvorhaben vereinbar ist (im Hinblick auf den Interpretationsprozeß, der zunächst nicht in New York geplant war, war mir an deutschsprachigen Transkripten gelegen) und zugleich auch der besonderen Beziehung zur Gesprächspartnerin entspricht. Nach der Phase des gegenseitigen ersten Kennenlernens, das in entspannter Atmosphäre bei einer Tasse Kaffee stattfand und in der ich (auf Englisch) mein Interesse an ihrer Geschichte etwas ausführte, erschien mir der Beginn des Interviews wie ein Bruch in der allmählich sich anbahnenden Beziehung. Ihre Schwierigkeiten mit der deutschen Sprache ließen mich in meiner Wahrnehmung zur "Aggressorin" werden, mein Forschungsvorhaben erschien mir in dieser Situation unangemessen und hart. Meine deutsche Herkunft wurde spürbar, ich fühlte mich von ihr auf die "andere Seite" versetzt (der ich mich selbstverständlich rational auch zugehörig sehe), die Legitimität meines Forschungsinteresses, meinem Interesse an ihrer Geschichte, wurde brüchig. Mir kamen Zweifel, ob ich sie durch das Interview nicht zu sehr belasten würde. Die Spannung des Anfangs konnte über den "Umweg" der englischen Sprache im folgenden abgemildert werden, bis Frau D. dann nach einiger Zeit auch bereit war, auf Deutsch weiterzureden.

Es wird in der Erzählung aus der Beschreibung ihres Elternhauses nicht ganz ersichtlich, inwieweit sich Frau D. mit der jüdischen Identität in ihrem Elternhaus identifiziert; die Gebrochenheit wäre vielleicht auch im Zusammenhang mit der Verflochtenheit der jüdischen Gemeinde mit deutscher Kultur zu sehen. Andererseits ist aber auch keine eindeutige Distanzierung zu erkennen, so daß diese Textstelle etwas im Widerspruch steht zu einer ihrer Äußerungen am Ende des ersten Interviews, wo sie ihre jüdische Identität ihrer Verfolgung zuschreibt.

> "Hitler hat mir gesagt, was ich bin. Ich leide deswegen, daß ich bin eine Jüdin, und das bis zum Ende. Er hat mir eine Jüdin gemacht.
> I: Also vorher haben Sie nicht so dieses Selbstverständnis...
> D: Ne, ne, nein nein. Ich wußte, daß ich eine Jüdin bin, aber ich hätte auch ganz äh äh freiwillig los-, äh loslassen, ich hätte geheiratet einen Christen, macht mir gar nichts, daß ich eine Jüdin bin. Ich war mehr Zionistin als Jüdin, verstehen Sie das. Ich hab das nicht zusammengebunden damals." (43)

Der Zionismus scheint ihr zumindest in der Gegenwart einen Ausweg aus den Identitätskonflikten zu bieten, da ihre jüdische Herkunft dort mit Israel verknüpft wird und nicht mehr mit deutscher Kultur wie in ihrer Kindheit.

Die Verbindung von Zionismus und Judentum scheint von Frau D. jedoch erst über die Massenvernichtung hergestellt zu werden.

In ihren weiteren Kindheitserinnerungen beschreibt sie sich als erfolgreiche Schülerin, die Spaß am Lernen hatte. Sie habe viele jüdische und tschechische Freundinnen gehabt und sich am meisten für Sport und Tanzen interessiert, obwohl sie auch gern gelesen hätte. Sie bleibt in ihrer Beschreibung sehr allgemein, ohne erkennbare Emotionen und erzählt keinerlei Episoden aus ihrer Kindheit, um ihre Darstellungen etwas zu illustrieren. Ihre Selbstdarstellung als aktives, unternehmungslustiges Mädchen faßt sie im Hinblick auf ihren körperlichen Zustand zusammen.

> "Also es war mir leicht und ich war normale, ich weiß nicht ob normal, aber ganz, nichts außerordentliches, durchschnittlich, aber in gutem Zustand, wie man sagt, gesund, sehr gesund, sehr mager und sehr gesund. Obzwar ich auf Schokolade aufgewachsen bin, weil wir ein Schokoladengeschäft hatten, mein, also mein Großvater, bei dem die Eltern gearbeitet haben. Und ich lebte nur von Schokolade, ich wollte nichts mehr anderes essen. Aber ich war schrecklich mager und kerngesund." (48)

Die Betonung ihrer Gesundheit ist im Zusammenhang mit ihrer Verfolgung zu sehen, da sie ihr Überleben auch auf ihre körperliche Konstitution zurückführt; im weiteren Interviewverlauf beschreibt sie ihren (ermordeten) Bruder im Gegensatz zu sich als kränklich und schwächer (siehe unten, Kap.4).
Insgesamt erweckt ihre Erzählung über ihre Kindheit den Eindruck einer großen Distanz zu der Zeit vor ihrer Verfolgung, die extrem traumatischen Erfahrungen scheinen die Erinnerungen an die Zeit vorher massiv überlagert zu haben (vgl. auch Kap. II.3.1.).
Am Abschluß dieser Sequenz wiederholt sie nochmal die "Normalität" ihrer Kindheit trotz der Dominanz der materiellen Interessen in ihrem Elternhaus und erwähnt beiläufig ihre Gouvernante als eine ihrer wichtigen Bezugspersonen.

> "Also wie ich sagte, ein ganz normales bürgerliches Haus mit allem, was da war, mit Geld und Auto und ein Ferienhaus im Gebirge und äh äh ich weiß, nicht, nichts gefehlt in am Geld und an Materien, aber wie ich schon sagte, mal die Sorge war auf den Gouvernanten, nicht auf den Eltern. Die Eltern haben sich um mich gesorgt, selbstverständlich, aber nicht mich aufgezogen. Aufgezogen haben mich, oder ich mich selbst, oder die Gouvernantinnen, die tschechischen, keine französische, eine tschechische, tschechische Gouvernantinnen. Und so ging es ganz ohne äh äh Probleme, bis sich dann eines Tages mein Leben geändert hat, selbstverständlich, das war am 14. März '39, wo die Deutschen reinmarschierten in X." (49)

Am Ende des Zitats wird deutlich sichtbar, in welchen Bezugsrahmen Frau D. die Erfahrungen ihrer Kindheit setzt. Angesichts der Verfolgungserfahrung scheinen manche Schwierigkeiten in dieser Zeit an Bedeutung zu verlieren.

4. Portraits der Familienmitglieder

Frau D. ist die einzige Überlebende ihrer Familie. Die Rekonstruktion ihrer Erinnerungen ist daher im Zusammenhang der Verfolgung und Ermordung ihrer Angehörigen zu sehen.

Zur Erzählung über ihren Bruder
Zum ersten Mal berichtet sie von ihrem Bruder im Zusammenhang mit seiner Ermordung bei der Auflösung des "Familienlagers" in Birkenau.

> "Mein Bruder wurde vergast. Er war krank und konnte nicht arbeiten." (8)

In meiner Wahrnehmnung berichtet Frau D. dies sehr distanziert und emotionslos, dabei scheint die während der Verfolgung lebensnotwendige Abwehr, die Verleugnung der Bedrohung auch ihrer eigenen Existenz, durchzuschimmern.
Die einzige Stelle, an der Frau D. von ihrem Bruder vor der Verfolgung spricht, mit Ausnahme derer, bei denen sie nur auf seine Existenz verweist, steht im Zusammenhang mit ihrer Selbstdarstellung als "kerngesundem" Mädchen (siehe oben, Kap.3).

> "Und äh was ich nicht von meinem Bruder leider sagen kann, weil der ein bißchen kränklicher war als ich. Und war auch viel schwerfälliger, wie sagt man das, es ist ihm schwer gegangen, so wie mir alles leicht gegangen ist, ihm ist es schwergefallen, ich weiß nicht warum." (48)

Diese Darstellung scheint dem Umstand zuzuschreiben zu sein, daß sie überlebt hat, während er ermordet wurde. Mir fällt an dieser Sequenz die Art ihrer Gegenüberstellung auf, die den Tod ihres Bruders fast als eine Zwangsläufigkeit erscheinen läßt (er sei "kränklicher", "schwerfälliger" gewesen), an einer Stelle, wo vielleicht - unter anderen Bedingungen - Mitleid oder Traurigkeit eher zu erwarten gewesen wären. An dieser Stelle zeigt sich möglicherweise auch ihr Umgang mit der Bedrohung während der Verfolgung, wo der Tod nicht betrauert, sondern nur - im psychoanalytischen Sinne - verleugnet werden konnte.
Auch die Beschreibung von ihrem Bruder in Auschwitz ist zunächst durch weitgehende Emotionslosigkeit gekennzeichnet, diese Abwehr wird jedoch im weiteren Verlauf zunehmend brüchiger.

"I: Er war krank, sagten Sie? Was hat er gehabt?
D: Ein Muselmann, wissen Sie, was das ist, ein Muselmann.
I: Hm. Also er ist...
D: Keine Kräfte mehr.
I: Also er ist krank geworden in Auschwitz dann. Ich hatte erst gedacht, er wäre vorher krank gewesen.
D: Er war kränklich, er war nicht so wie ich, ich war sehr dünn, aber sehr zäh. Durch, ich bin so gebaut, er nicht, er war nicht so gebaut. Und nachher hat er, seine Freundin ist ins Gas gegangen mit dem September-Transport, und seitdem ist auch gestorben. Muselmann, ein ganz (Pause, bis 5 sec.), wenn man keine Kräfte, se-, seelische Kräfte hat zu leben, kann man (unverständl.). Nur, nur die Hoffnung hat man, hat man, hat einem am Leben gehalten, sonst, wenn man also nachgegeben hat, ich hab so zwei Mädel in Hamburg gesehen, die hatten gesagt, ich hab schon, wir haben schon keine Kraft mehr, zwei Tage dauert nicht so lange." (Pause, mehr als 10 sec.) (41)

Die Pause am Ende dieser Sequenz scheint die Belastung der Erinnerung deutlich zu machen. Frau D. schildert das Sterben ihres Bruders als Prozeß, der mit der Trauer um seine Freundin begann und ihm allmählich immer mehr Lebenskraft nahm. Es fällt mir auf, daß Frau D. dies auf konstitutionelle Unterschiede zurückführt und nicht auf die unmenschlichen Bedingungen der Verfolgung. Frau D. konstruiert an dieser Stelle ein 'Legitimationsmuster' für ihr eigenes Überleben und betont die Bedeutung der seelischen und körperlichen Kräfte sowie der Hoffnung auf das Überleben.[90] Ungeachtet des rationalen Gehalts ihrer Einschätzung scheint es jedoch keine *hinreichende* Erklärung für das Überleben in den Konzentrations- und Vernichtungslagern zu geben, in denen der Tod das "Selbstverständliche" und das Überleben das Kontingente darstellt. Die Konstruktion der 'Legitimationsmuster' kann daher als Versuch gesehen werden, mit der Zufälligkeit des eigenen Überlebens umzugehen und die Bedeutung des Zufalls zu nivellieren.

Zur Erzählung über ihren Vater

Zu Beginn des Interviews erwähnt Frau D. ihren Vater im Zusammenhang mit der Arbeit in Theresienstadt und berichtet, daß sich die Familien abends treffen konnten. Drei Monate nach der Ankunft sei er an einem Herzanfall gestorben.

"Aber weil er eben so schwer krank war, er ist sehr bald gestorben, und zwar drei Monate nachdem wir kamen, ist, hat einen Herz, einen Herzanschlag, plötzlich, und das war ein großer Schlag für meine Mutter selbstverständlich, weil am Abend waren wir zusammen und frühmorgens hat man uns also, äh es war nicht leicht." (2)

---

90 Im psychoanalytischen Interpretationsprozeß wies Frau Dr. Kestenberg auf die Angemessenheit der Erklärung von Frau D. hin.

Mir fällt die Formulierung auf, daß der Tod des Vaters "ein großer Schlag" für ihre Mutter gewesen sei. Es scheint Frau D. sehr schwerzufallen, von ihren eigenen Gefühlen über den Tod ihres Vaters zu sprechen. Verstärkt wird dieser Eindruck durch die unvollständige Satzstruktur, sie setzt an, ausführlicher zu erzählen und bricht dann unvermittelt ab. Schließlich formuliert sie dann noch, daß es "nicht leicht" gewesen sei. Sie beläßt es aber bei dieser allgemeinen Formulierung und erzählt weiter von Theresienstadt. Frau D. kommt im weiteren Interviewverlauf an verschiedenen Stellen nochmal auf den Tod ihres Vaters zu sprechen, was insgesamt auf die große Bedeutung des Verlustes verweist. So erwähnt sie ihn im Zusammenhang mit ihren negativen Erlebnissen während einer Deutschlandreise.

> "... aber ich kann nicht den Gedanken, ver, ertragen, daß, daß ich guten Tag oder guten Abend jemandem sag, der mir, der meinen Vater verbrannt hat oder ich weiß nicht was..." (22)

Auch diese Stelle möchte ich noch im Hinblick auf ihr Verhältnis zu Deutschen - einschließlich der Interviewerin - reflektieren (vgl. Kap.6).
Weiterhin begründet Frau D. ihren Verzicht auf Entschädigungsansprüche damit, daß sie ihr weder Vater noch Mutter zurückbringen könnten (24).
Ihr Gefühl von Einsamkeit nach dem Tod ihres Vaters thematisiert sie im zweiten Interview im Zusammenhang mit einem Bericht von Theresienstadt.

> "Und mein Vater starb nach drei Monaten (unverständl. sehr leise) allein gewesen, und im Dezember '43 (sehr laute Geräusche) nach Osten geschickt, zu Auschwitz." (54)

Am Ende des zweiten Interviews kommt sie im Kontext ihrer weiblichen Identität und ihrer durch die Verfolgung verzögerten Entwicklung nochmal auf den Tod des Vaters zu sprechen. Sie sei dabei "so schrecklich aufgeregt" (60) gewesen, daß sie für ein paar Tage wieder ihre Menstruation bekommen habe.
Nach der Erzählung über ihren Bruder (siehe oben) berichtet Frau D. nach einer längeren Pause auf meine Nachfrage auch von ihrem Vater.

> "I: Und Ihr Vater? Was fällt, was erinnern Sie, wenn Sie so an ihn denken?
> D: Groß und stark, immer hat er mich an eine Hand gehalten, und ich hab so gelegen da wie eine Ballerina, äh, (Pause, bis 5-10 sec.) da nach X.(seiner Verhaftung) war er schon sehr, so traurig hätte ich gesagt, so in sich eingegangen..." (41)

Das dominante Bild ihres Vaters, das ihr spontan einfällt, ist das des Beschützers. Sie verbindet dieses Bild mit ihrer Begeisterung für das Tanzen, was auf die Zeit ihrer Kindheit zurückverweist. In dem Bild der Ballerina kommt neben ihrer Wertschätzung der Ästhetik auch die erotische Dimension im Verhältnis zu ihrem Vater zum Ausdruck, was nach psychoanalyti-

scher Perspektive im Zusammenhang mit der Aktualisierung des ödipalen Komplexes während der Adoleszenz gesehen werden könnte.
Die Verfolgung hat das idealisierte Bild des Beschützers gebrochen; sehr einfühlsam erzählt Frau D. von der Veränderung ihres Vaters nach seiner Verhaftung. Zusammen mit 500 anderen Männern der Stadt, in der sie gelebt hatten, sei er gleich nach der Besetzung der Tschechoslowakei etwa ein Jahr lang in einem Lager festgehalten worden.

> "Er war geschlossen, in sich, hat sich nicht mehr interessiert um die Sachen, wie er sich interessiert hat vorher. Es geschieht etwas am Menschen in solchen Sachen. Und wahrscheinlich hat er, hat er, ich weiß, hat er gewußt, was uns wartet vielleicht, nicht. Oder etwas ähnliches (I: ja), daß es so schlimm würde, wird, daß man Menschen vergast, hat er wahrscheinlich nicht gewußt, aber daß man leidet, daß man wird leiden, nicht, das hat er gewußt. (Pause, bis 5 sec.) Und da ist doch seine verantwortlich, nicht, der Kopf der Familie, nicht." (Pause, bis 5 sec.).(42)

Es wird etwas von der Traurigkeit spürbar, die Frau D. wahrscheinlich bei der Erinnerung an ihren Vater begleitet. Sie empfindet nach, daß ihr Vater die Gefährdung seiner Familie geahnt habe, aber nichts dagegen tun konnte. Für Frau D. ist damit auch der Verlust des Bildes vom Beschützer verbunden, was möglicherweise auch zu ihrer Traurigkeit beiträgt.

Zur Erzählung über ihre Mutter
Die Erzählung von ihrer Mutter wirkt auf mich insgesamt durch weit weniger Verständnis gekennzeichnet. Es überwiegen Bilder, in denen sie sich zurückgewiesen oder verlassen fühlt. Es fällt mir auf, daß Frau D. kaum Erinnerungen von ihrer Mutter aus der Zeit vor der Verfolgung berichtet.
Die einzige Erinnerung aus der Zeit vor Theresienstadt findet sich gegen Ende des zweiten Interviews. Frau D. berichtet von der Verhaftung ihres Vaters 1940. Ihr Bruder sei zu dieser Zeit auf einer beruflichen Schule gewesen und ihre Mutter sei dann zu einer Freundin nach Prag gezogen.

> "... und ich war alleine mit meiner Groß-, mit meinen Großeltern, das war nicht leicht. Das war nicht leicht. Also mußte ich auch für den Haushalt arbeiten... Und ich war allein, sehr allein, aber ich hab diese Gruppe, diese Freundinnen, diese Fünf-Gruppe, und da war ich bei jedem zu Hause, nicht... und da war ich immer zu Hause, das, das war so wie zu Hause. Mehr, mehr. " (52)

Es sei Frau D. bis heute nicht klar, warum ihre Mutter nach Prag gegangen sei. In dem Zitat kommt deutlich ihre Einsamkeit zum Ausdruck, sie fühlte sich von ihrer Mutter verlassen, was durch ihre Verfolgungserfahrung wahrscheinlich noch verstärkt wurde. Die schmerzliche Erfahrung, kein Zuhause zu haben, scheint sie in ihrem Freundeskreis teilweise kompensiert haben zu können, der ihr eine Art von Familienersatz geboten habe. Auch wenn die

zunehmende Bedeutung von Freunden während der Adoleszenz "entwicklungsadäquat" ist, scheint Frau D. doch sehr bekümmert über das Verlassen ihrer Mutter gewesen zu sein.
Aus ihrer Zeit in Theresienstadt berichtet Frau D. davon, daß sie zunächst einige Zeit mit ihrer Mutter zusammengelebt habe. Ihre Mutter sei jedoch mit ihren Freundinnen zusammengewesen, so daß sie sich selbst auch mit ihren früheren Freundinnen zusammengeschlossen und sich eine eigene Unterkunft gesucht habe. Man hätte sich dann lediglich am Abend mit der Familie getroffen. Über die Arbeit habe sie jedoch auch weiterhin noch Kontakt mit ihrer Mutter gehabt, diese hätte ihr und zwei ihrer Freundinnen eine gute Stelle in einer Wäscherei verschafft, wo es ihnen möglich gewesen sei, noch weitere Lebensmittel zu besorgen. Frau D. erzählt diese Episode im Zusammenhang damit, daß es ihr gelungen wäre, ihre Mutter und ihren Bruder mit Lebensmitteln zu versorgen. Dieser Zusammenhang wirkte auf mich jedoch irritierend, weil es sich bei dieser Szene eindeutig um eine Situation handelt, in der es die Mutter war, die ihr geholfen hatte, indem sie ihr die Arbeitsstelle besorgte. Die Fürsorge für ihre Familie nimmt jedoch einigen Raum in dem Interview ein und scheint auch eine der dominanten Perspektiven zu sein, aus der sie auch das Verhältnis zu ihrer Mutter beschreibt.

"... und da hab ich also ein bissel müßten wir uns um die Familie kümmern, nicht (I:hm). Also das war so in den Zeiten, daß nicht die Eltern sich um die Kinder kümmern, sondern verkehrt, die Kinder, weil die Kinder viel leichter irgendwie sich umgestellt haben und organisieren konnten..." (2)

Frau D. stellt die Fürsorge jedoch in den Rahmen eines allgemeinen Verhaltens; es sei für Kinder in Theresienstadt leichter gewesen, Lebensmittel zu besorgen, so daß diese dann für ihre Angehörigen gesorgt hätten. Dieses fürsorgliche Verhalten setzt sich auch in Auschwitz fort, wo ihr Bruder ermordet wurde und sie ihre Mutter gerettet hätte.

"... meine Mutter habe ich irgendwie durchgebracht durch die Selektion." (8)

Frau D. führt nicht näher aus, wie ihr dies gelungen sei. Sie konstatiert dies lediglich und beschreibt somit ihre Sichtweise von ihrem Verhältnis zur Mutter als umgekehrtem Abhängigkeitsverhältnis. Diese Stelle fällt mir auf, da sie der Alltagserfahrung, nach der die Eltern Verantwortung für ihre Kinder tragen, entgegengesetzt zu sein scheint (diese Verkehrung wurde von Frau D. auch bereits zu Beginn des Interviews angesprochen, siehe oben). Daher frage ich sie an einer späteren Stelle im Interview nochmal nach ihrem Verantwortungsgefühl ihrer Mutter gegenüber.

"D: Das war selbstverständlich. Das war selbstverständlich, ich kann sie doch nicht allein lassen.

I: Ja, aber Ihre Mutter war ja viel älter...
D: Na ja, aber es war meine Mutter (I : ja), und sie war schwach, nicht so wie ich. Ich war bei Kräften irgendwie, aber sie nicht mehr. Sie ist dann auch sehr schwach geworden, sie ist doch gestorben nach der Befreiung...
I: Nur, ich meine, das wäre ja andersrum zu erwarten, nicht, daß sich die Eltern um die Kinder kümmern.
D: Das war eben das Tragische dann (Pause, bis 5 sec.)."(40)

An dieser Stelle bezieht Frau D. ihr Verantwortungsgefühl auf die nachlassenden Kräfte ihrer Mutter und macht es somit verständlicher. Als ich als Interviewerin jedoch nochmals auf den allgemeineren Charakter ihres Verhaltens eingehe, das der Alltagserfahrung widerspricht, bezeichnet sie ihre Erfahrungen als "das Tragische". Es ist anhand des Textes nicht zu entscheiden, ob in dieser Formulierung zunächst einfach ihr Leiden zum Ausdruck kommt oder ob sich "das Tragische" auf ihre enttäuschten Erwartungen hinsichtlich ihrer Mutter, die sie nicht schützen konnte, bezieht bzw. auf ihre vergeblichen Bemühungen, die ihre Mutter schließlich nicht retten konnten.
An dieser Sequenz fällt mir weiterhin auch ihre Selbstdarstellung auf. Sie konstruiert sich als starke Person, die noch Kräfte hatte, indem sie einen Gegensatz zwischen sich und anderen herstellt (vgl. auch die Darstellung ihres Bruders). Dies kann auch wiederum als ein Teil ihres 'Legitimationsbemühens' hinsichtlich ihres Überlebens gesehen werden.
Frau D. zeigt sich im weiteren Gesprächsverlauf einfühlsam in die Situation ihrer Mutter, die sehr unter der Ermordung ihres Sohnes gelitten habe. Sie erzählt dann weiter von ihrem Bruder und Vater (siehe oben), bevor sie Vorwürfe ihrer Mutter gegenüber zur Sprache bringt. Diese hätte die geplante Emigration der Familie nach Palästina verhindert und hatte auch ihre Tochter nicht allein gehen lassen wollen.

"Ich konnte ja schon längst hier sein in '38, aber im letzten Moment hat die Mutter gesagt, ich geh nicht. Ich wollte hier her, nicht, mit der Jugend-Alia, man konnte auf Zertifikate, im letzten Moment hat die Mutter gesagt, sie läßt mich nicht...Sie wollten mich nicht weg, Angst gehabt. Doch alle in Europa haben gesagt: Wielange kann das schon dauern, was kann denn schon passieren, was kann schon sein. Es haben doch alle gehängt auf die Materie, nicht, die Wohnung, auf Klavier, hm. (Pause, bis 5 sec.) Auf die persischen Teppiche, auf die Gemälde, das war doch alles, was man gehabt hat, nicht. Die kleinbürgerliche Wohnung (Pause, bis 5-10 sec.)." (42)

Die abwertenden Formulierungen in dieser Sequenz ("es haben doch alle gehängt auf die Materie... auf die persischen Teppiche, auf die Gemälde, das was doch alles, was man gehabt hat...") sowie die pejorative Bemerkung einer "kleinbürgerlichen" Wohnung (was ihrem bisher beschriebenen Familienhintergrund widerspricht) erwecken den Eindruck, daß Frau D. an dieser Stelle nicht nur Kritik an ihrer Mutter, sondern auch ihre Enttäuschung darüber zum Ausdruck bringt, daß diese sich nicht von ihrem materiellen Besitz trennen wollte und ihre Tochter somit nicht vor der Verfolgung bewahren konnte. Frau D. führt dieses Thema noch ein wenig aus, bevor ich sie frage, ob sie ihren Eltern auch Vorwürfe mache.

> "Ne, ich mach ihnen keine Vorwürfe, vielleicht wär ich auch so." (43)

Es ist anhand des Textes nicht zu entscheiden, ob die Frage zu direkt war und sie diesen Gedanken auf dem Hintergrund der Ermordung ihrer Eltern abwehren muß oder ob sie so weit mit ihren Eltern versöhnt ist, daß sie ihnen keine Vorwürfe mehr macht. Letzteres wäre möglicherweise im Zusammenhang mit ihrer Therapie zu sehen, die ihr Raum zur Durcharbeitung ihrer Erfahrungen und Konflikte gegeben hat (vgl. Kap.6). Die therapeutische Arbeit könnte ihr auch wieder einen Zugang zu ihren stabilen frühen Objektbeziehungen ermöglicht haben, der durch die extreme Traumatisierung durch die Verfolgung verschüttet war; auf diesem Hintergrund tragfähiger Objektbeziehungen wäre auch es auch zu betrachten, daß Frau L. in ihrer Erzählung auch den damaligen Konflikt mit ihrer Mutter hinsichtlich der Emigration zum Ausdruck bringen kann.

Zum Abschluß dieser Darstellung der Erzählung von Frau D. über ihre Mutter soll noch angefügt werden, daß ein zentrales traumatisches Erlebnis in deren Tod wenige Tage nach der Befreiung gesehen werden kann (ausführlich vgl. Kap. 5.3).

5. Verfolgungsgeschichte

Frau D. berichtet von den tiefgreifenden Veränderungen durch den Einmarsch der Deutschen im März 1939.

> "Und so ging es ganz ohne äh äh Probleme, bis sich dann eines Tages mein Leben geändert hat, selbstverständlich, das war am 14. März '39, wo die Deutschen reinmarschierten ... Da hat sich mein Leben geändert im ganzen." (49)

Sie hat noch sehr lebendige Erinnerungen an den Tag des deutschen Einmarsches.

> "... da war ich zu Hause mit meiner Gouvernantin, die Eltern waren im Geschäft... Und ich hab grade Hausarbeiten gemacht, ich kann mich erinnern wie heute, und da kommt sie rein, ganz blaß, und sagt: Die Deutschen sind da. Es war keine Überraschung, weil vorher wußten wir doch, das Sudetengebiet und wir wußten Polen und so, alles, Österreich, Anschluß äh, diese Sachen. Ich war ein Kind, ich war noch nicht 13, einen Monat vor 13, aber

eine Ahnung hatte ich, weil ich weiß, daß eine Spannung war, es war nicht mehr so, ich weiß, eineinhalb Jahre, zwei Jahre, also, wie es früher war." (50)

In dieser Sequenz fällt mir eine Diskrepanz auf zwischen ihrer Informiertheit über Politik (wobei unklar ist, was sie mit Polen meint) und der Empfindung einer Spannung, die sie die Veränderungen spüren ließ. Als Kind konnte sie noch keine umfassende Einsicht in politische Zusammenhänge haben. Frau D. spricht daher selbst von einer "Ahnung", die sie bereits hatte, obwohl sie ein Kind war.
Auf meine Nachfrage, ob sie denn Angst beim Einmarsch der Deutschen verspürt hätte, beschreibt Frau D. ihre Empfindungen angesichts des abrupten, tiefgreifenden Wandels.

"D: Ja. Wut. Mehr Wut. Angst konnt ich noch nicht, weil ich wußte noch nicht, was damit anzufangen, aber schreckliche Wut.
I: Was war das für eine Wut?
D: Eine Wut! Eine, ein Haß: Siehst du, du hast recht gehabt immer, du hast keinen Deutschen gern gehabt, du wolltest nicht deutsch reden, siehst du warum, jetzt siehst du das, so: und warum, und wieso, und warum passiert das, und was wird jetzt, nicht? (I: Ja) Das war ein großes Fragen. Und nächste, nächsten Morgen bin ich in die Schule gegangen wie normal, und ich komm auf die Straße und ich seh in den Straßen deutsche Soldaten, die stehen und regieren die, die ...
I: Den Verkehr.
D: ... der Verkehr von links nach rechts, alles in einer Nacht! Denn man fuhr wie im englischen Art auf links (I: Ja) und plötzlich wurde alles rechts. Also das war ein Schock, nicht, wie man das in einem Tag, in einer Nacht hat man das alles äh anders gemacht..." (50f)

Frau D. verknüpft in ihrer Erzählung den Überfall mit ihrer allgemein negativen Einstellung den Deutschen gegenüber, die sie dadurch bestätigt fand. In dieser Verknüpfung verdeutlicht sich auch der Konstruktionscharakter der Erinnerung, der retrospektiv aus der Perspektive der Gegenwart vereinzelte Episoden in einen sinnstiftenden Zusammenhang stellt (vgl. die erzähltheoretischen Überlegungen, Kap.III.2.). Frau D. schildert ihre Empfindung beim Einmarsch der Deutschen als Wut und Haß, nicht als Angst. Dies verweist wiederum auf ihre Selbstdarstellung als aktives, wehrhaftes Mädchen, das sich nicht so schnell einschüchtern läßt.
Im ersten Interview erinnert sich Frau D. daran, daß sie die erste Ohrfeige in ihrem Leben von einem Sudetendeutschen wegen ihrer jüdischen Herkunft bekommen habe.

"... und ich weiß, daß die erste Ohrfeige habe ich bekommen von einem Sudetendeutschen in P. noch. Wo der gestern noch mit mir Kugel gespielt hat im Park, und nächste, nächsten Morgen hat er mich gefragt: `Bist Du eine Jüdin?'. Hab ich gesagt ja, und ich hab eine Watschen bekommen." (22)

Besonders schmerzlich scheint der Verrat gewesen zu sein, daß sich frühere Spielkameraden auf einmal feindlich ihr gegenüber benommen haben. Frau D. bezeichnet dies als ihre erste Begegnung mit dem Antisemitismus; sie betont, daß sie sich damals noch gewehrt habe.

> "Ja, aber damals hab ich mich noch gerauft. Damals hab ich mich noch gewehrt... Ich hab zurückgeschlagen, aber eine Woche danach hab ich mich nicht mehr getraut. Durft ich auch nicht mehr in den Park rein." (23)

Diese Episode macht die erzwungene Hilflosigkeit durch die Verfolgung deutlich. Frau D. beschreibt ihren Wandel innerhalb kürzester Zeit von einem aktiven, wehrhaften zu einem eingeschüchterten Mädchen. Im zweiten Interview schildert sie noch einmal die fundamentale Bedeutung dieser frühen Verfolgungserfahrung.

> "Äh, ja, also die Freiheit haben wir verloren und damit alle, alles Menschenrecht, das, ja, das ein Mensch, mit dem der Mensch eigentlich geboren ist, und das ist das, äh, das ist die größte äh, der größte Reichtum, den der Mensch hat, wenn er das verliert und wenn er sich nicht innerlich wehren kann, ist es schlecht." (49)

Auch in diesem Zitat kommt die Bedeutung ihrer Wehrhaftigkeit zum Ausdruck, wobei auffällt, daß sie dies in diesem Zusammenhang bereits auf ein inneres Wehren reduziert. Vielleicht bezieht sie sich damit auf ihre Haltung während der gesamten Verfolgungszeit, wo ihr äußerer Widerstand nicht mehr möglich war, und beschreibt damit eine Art von "Überlebensstrategie". Ihre Erfahrung von Wehrlosigkeit beschreibt Frau D. auch noch einmal in einem anderen Zusammenhang, sie erinnert sich an ihr Gefühl, als sie zum ersten Mal den "gelben Stern" tragen mußte.

> "Vorher kann ich mich erinnern auf den ersten Tag, wo ich den Judenstern angenäht hatte. Bin ich auf die Straße, es war ein sehr, sehr sehr, ein für mich unbekanntes Gefühl, weil ich wußte nicht, wo ich steh, da, nicht. Ob ich stolz sein werde oder ich mich schämen werden, also schämen nicht, aber äh es, es ich sag Ihnen was: es war so, als ob ich nackt da stehe, weil jeder konnte mit mir machen, was er wollte. Das war eben das Gefühl, daß ich nicht konnte, weil einer konnte mich streicheln und der zweite konnte mir einen Fußtritt geben, das lag an den Menschen, nicht auf mich, nicht auf mir, das ist das schlechte Gefühl, daß Sie sich nicht wehren können, wenn etwas passiert. Sie können nicht, Sie können auch nicht Danke und auch nicht Leck mich sagen, und so war es. Genauso war es..." (52)

Frau D. beschreibt ihre Erfahrung damit, daß sie hilflos ausgeliefert war an ihre Umgebung. Sie konnte weder auf Mitleid noch auf Angriffe reagieren

oder ihren Wunsch nach Rache zum Ausdruck bringen, um den Verlust an Kontrollmöglichkeiten wenigstens zum Teil ausgleichen zu können.
In ihrer weiteren Erzählung über den Beginn der Verfolgung berichtet Frau D. über den Zusammenhalt der jüdischen Jugendlichen bei der zunehmenden Einschränkung ihrer Handlungsmöglichkeiten. Als die Schulen geschlossen wurden, hätten sie eine handwerkliche Ausbildung machen müssen.

> "Also wir strickten und nähen und solche, Maschinennähen, das ist mir jetzt sehr zu Gunsten, nicht, weil ich alle diese, alle diese Sachen kann, aber wir waren zusammen, nicht, die Jugend, die jüdische Jugend war zusammen, wie ich also schon das erinnere nachher, daß wir dieses, diesen Platz bekamen, die dort, wo wir uns zusammen trafen und äh die Zeit verbrachten..." (51)

Es gelingt Frau D., die positiven Folgen dieser repressiven Maßnahmen zu betonen. Im weiteren schildert sie ihre Beteiligung am Haushalt und das veränderte Leben in ihrer Familie.
Frau D. berichtet im weiteren Interviewverlauf davon, daß sie von den Deportationen nach Theresienstadt und "nach Osten" gewußt und sich in gewisser Weise darauf vorbereitet hätten.

> "Wir wußten schon, daß Transporte nach Theresienstadt und nach Osten gehen, das wußten wir, und wann wir dran kommen, wußten wir nicht, genau aber daß wir drankommen würden, äh klar und sicher, und da haben wir uns also, wir begannen uns zu vorbereiten, wie man so sagt, nicht. Rucksäcke genäht von alten Sachen und sortiert (hustet), 50 Kilo, nicht. Und äh man hat sich also vorbereitet, und ein bissel äh gespart, gespart mit Lebensmittel, man hat einen Vor-... gemacht, nicht, Vor-, wie sagt man dazu? Vorrat, Vorrat gemacht, damit man das mitnehmen kann, und äh so hat man sich vorbereitet, seelisch und auch materiell..." (53)

Es ist anzunehmen, daß diese Antizipation eine wesentliche Bedingung für das Überleben darstellt. Auch wenn dies nur eine scheinbare sein konnte, da die Realität der Konzentrations- und Vernichtungslager nicht antizipierbar war, schien sie den Überlebenden ein Gefühl von Kontrolle auf dem Hintergrund völliger Hilflosigkeit gegeben zu haben.

5.1. Theresienstadt

Im September 1942 wurde Frau D. zusammen mit ihren Eltern, ihren Großeltern und ihrem Bruder nach Theresienstadt deportiert. Ihre Großeltern wurden kurz nach ihrer Ankunft verschleppt, Frau D. habe sie nie wieder gesehen.
Frau D. beginnt ihre Erzählung von Theresienstadt mit Episoden, die von viel eigener Initiative gekennzeichnet sind. So hätte sie sich mit ihren früheren Freundinnen, die sie dort wiedertraf, eine eigene Unterkunft auf einem Dachboden gesucht. Sie berichtet davon, als sei dies selbstverständlich und

ohne erwähnenswerte Schwierigkeiten möglich gewesen, was aber angesichts der Bedingungen eines Konzentrationslagers, auch in Theresienstadt, kaum vorstellbar ist. Die Retrospektive dieser Zeit scheint so von dem Bemühen um die Wiederherstellung ihrer Handlungskompetenz geprägt zu sein, dem Bemühen, ihrer Erfahrung der erzwungenen Hilflosigkeit während der Verfolgung etwas entgegenzusetzen. Um möglichen Mißverständnissen zu begegnen: Ich gehe nicht davon aus, daß die Erfahrungen der Konzentrationslager unterschiedslos zur Passivierung der Verfolgten führen. Jedoch scheint mir der reale Handlungsspielraum relativ gering gewesen zu sein, so daß die subjektive Einschätzung der eigenen Handlungsmöglichkeiten als Hinweis auf die "Überlebensstrategie" der einzelnen verstanden werden kann. So betont Frau D. etwa ihre aktive Haltung, mit der sie sich "innerlich gewehrt" hätte.

Diese Selbstdarstellung als aktives Mädchen wird auch in ihrer weiteren Erzählung unterstützt durch Schilderungen ihrer Arbeit, durch die sie sich und ihrer Familie einige Vorteile habe verschaffen können. Frau D. stellt sich dar in der Rolle der Versorgerin ihrer Familie, womit sie zum einen Familienbeziehungen beschreibt, zum anderen scheint die Betonung der Aktivität aber auch Teil des 'Legitimationsmusters' ihres Überlebens zu sein. Die Konstruktion eigener Handlungskompetenz läßt sich als Versuch verstehen, der Erfahrung völliger Hilflosigkeit zu begegnen. Dieser Eindruck wird auch durch die Gesprächsatmosphäre gestützt. Während ihrer Erzählung von Theresienstadt wirkt Frau D. entspannt und im Vergleich zu anderen Stellen auch nicht ängstlich.

Frau D. berichtet auch von positiven Erlebnissen in Theresienstadt. So hätte sie dort ihre erste Begegnung mit Literatur und Musik gehabt, was ihr geholfen hätte, einen "gewissen Optimismus" (3) aufrechtzuerhalten.

Die Ambivalenz dieser Zeit kommt noch deutlicher im zweiten Interview zum Ausdruck, wenn Frau D. über die Verflechtung ihrer Jugend mit ihren Verfolgungserfahrungen spricht.

> "Da sieht man Sachen, die keine Ahnung, da hat man keine Ahnung davon, wenn man so normal lebt, nicht. Ja, aber da wird man sehr schnell alt. (unverständl.) Also die Kindheit hab ich verloren, nicht die Kindheit, die Jugend hab ich verloren, das ist meine Jugend, und das ist eben das Paradoxe, daß wenn ich von Theresienstadt rede, nicht von Auschwitz, aber auch von Auschwitz, das ist meine Jugend, und ich kehre dort zurück als in Nostalgie, nicht, wenn ich auf die erste Liebe denke, denke ich an Theresienstadt, was kann ich machen?
> I: Haben Sie da gute Erinnerungen dran?
> D: Ja, gute, gute, aber ein Schatten, keine glückliche. (I: ja) Das ist ein, ein Unterschied. Glücklich waren wir nicht.
> I: Ist das schwer für Sie, daran zu denken, jetzt, so an die erste Liebe?
> D: Ne, ich nehm das schon rationell, nicht. So wie es war, war es. Ich kann das nicht mehr ändern (Pause, bis 5 sec.). Es waren auch schöne Seiten da-

bei, also wir haben uns alles, das war alles in, im Geheimen, nicht, alles war geheim, sich zu treffen und so zu, zusammenzusein und irgendwie, äh, aber wir haben probiert zu leben, wir Jungen, wie uns das gelungen ist, so haben wir das gemacht (wieder Flugzeuglärm) Man kann das nicht ändern.(58f)

Zu Beginn des Zitats spricht sie über ihre schnelle Alterung durch die Erfahrung der Verfolgung. Dies steht am Ende einer Sequenz von Überlegungen zur Problematik von Moralität und Schuld, auf die später noch einzugehen sein wird. Frau D. beschreibt den Verlust ihrer Jugend durch die Verflechtung der Verfolgungserfahrung mit ihrer Entwicklung als Jugendliche. An dieser Stelle des Interviews wirkt sie resigniert, sie betont mehrfach, daß sie nichts daran ändern könne und bedauert ihren zu engen Handlungsspielraum. Während sie an anderen Stellen betont, wie sehr sie die Verfolgung hinter sich gelassen habe, wird hier die Unausweichlichkeit ihrer Erinnerung deutlich. Das Zitat veranschaulicht ebenfalls das Muster ihrer Abwehr; Frau D. versucht, ihre Gefühle von ihrer Erzählung zu trennen, und bemüht sich um eine sachliche Darstellung ("ich nehm das schon rationell"). Frau D. erzählt erst von dem Leben mit ihren Freundinnen, wobei ihre adoleszenten Wünsche und Bedürfnisse zum Ausdruck kommen. Sichtbar wird, daß die Entwicklung auch unter diesen Umständen nicht unterbrochen wird, sondern vielmehr durch die Verfolgung eine bestimmte Gestalt erhält. Frau D. erzählt im weiteren erst allgemein über Liebesbeziehungen in Theresienstadt und spricht erst auf meine Nachfrage auch von sich selbst.

"... Bei mir war es nicht so ernst, aber es war manche, die sich, die fast nachher sich umbrachten deswegen, nicht. (Pause, bis 5 sec.)
I: Und Sie haben sich gar nicht erst so eingelassen...
D: Nein, ich war jung, ich war noch zu jung, ich war nicht, vielleicht war ich nicht reif, noch nicht reif genug, das passiert, nicht, weil, verschiedene, verschiedene, wie sagt man das, Natur, nicht. Ich war nicht reif dafür, ich war nicht, ich hab geliebt, ich weiß ob das Liebe war, was weiß ich, aber er ist nicht zurückgekommen, aber es war mir nicht so, ich hab mich nicht, ich war nicht so, wie sagt man, ich bin viel früher weggegangen, es war nicht so ein, irgendwie nicht so. Es war sehr schön und lieb und so, und alles, aber es war nicht so ernst, daß ich das für's Leben vielleicht. (Pause, bis 5 sec.) Aber es waren viele, für die war das ein, (unverständl.) großer Schock nachher, nicht. Man wartet und wartet und man sucht. So wie im Krieg, eben (längere Pause, mehr als 10 sec)." (59)

Diese längere Passage ermöglicht einen Einblick in die Struktur ihrer Erinnerung. Verständlicherweise sind in solchen Textstellen verschiedene Bemühungen erkennbar, die Gefühle abzuwehren, um die Erinnerung nicht zu schmerzhaft werden zu lassen. Die unvollständige Satzstruktur, die nur angefangenen, aber nicht beendeten Gedankengänge scheinen weniger ihren sprachlichen Fähigkeiten geschuldet zu sein als ihren Abwehrbemühungen. In ihrer Erzählung über ihre erste Liebe bemüht sie sich zunächst um die

Konstruktion, daß alles nicht so ernst gewesen sei. Auf meine Nachfrage hin, die diesen Eindruck aufnimmt und verstärkt, sucht sie nach Erklärungen dafür. In der Textsequenz hat dies folgende Gestalt: Zunächst führt sie ihr Alter an ("ich war jung ... noch zu jung"), dann beschreibt sie sich als "nicht reif dafür", wobei sie dies auch erst tastend und vage formuliert: "vielleicht war ich nicht reif", "noch nicht reif genug". Schließlich sagt sie "ich hab geliebt", aber relativiert dies sogleich mit den Worten "ich weiß, ob das Liebe war, was weiß ich". In dieser Textgestalt erscheinen mir diese Versuche, eine Erklärung dafür zu finden, warum ihre erste Liebe "nicht so ernst" war, unbestimmt und vage, sie scheinen keine hinreichende Plausibilität auch für sie selbst zu besitzen, was man ihren mehrfachen und verschiedenartigen Ansätzen entnehmen könnte. An diesen Bruchstellen schimmern ihre Gefühle, ihre Traurigkeit darüber, daß ihre erste Liebe ermordet wurde, durch. Frau D. beendet ihre Sätze nicht, macht längere Pausen, die den Eindruck verstärken, daß sie an dieser Stelle über etwas ihr sehr Wichtiges und auch Schmerzhaftes spricht. Schließlich stellt sie ihre Erfahrungen als allgemeine dar ("Man wartet und wartet und man sucht. So wie im Krieg, eben." 59). Mir fällt der Wechsel der Zeitstruktur im vorletzten Satz des Zitats auf, das Präsens schafft eine gewisse Unmittelbarkeit, die dem Bemühen um Distanz zu widersprechen scheint. Andererseits verweist sie auch hier wieder auf die Allgemeinheit ihrer Erfahrung, die sie auf diese Weise wahrscheinlich erträglicher werden läßt.

Eine große Bedeutung scheint die Gruppe ihrer Freundinnen für Frau D. in Theresienstadt gehabt zu haben. Sie hätten in "einer hundertprozentigen Kommune" (55) gelebt und alles miteinander geteilt. Die Bedeutung der sozialen Unterstützung zeigt sich nicht nur in materieller Hinsicht, wichtig seien Gesprächspartnerinnen gewesen.

> "In Theresienstadt haben wir überhaupt nicht über die Sorgen geredet, (hustet) man hat, ich hab meine erste Liebe und die meisten von uns hatten die ersten Lieben dann in Theresienstadt, aber so ganz äh platonisch selbstverständlich, aber die ersten Gefühle hatten wir in Theresienstadt, also darüber hat man gesprochen, nicht von Hunger und nicht so, man hat sich gekümmert, man hat organisiert, man hat geschleust und man hat alles gemacht, damit man leben kann. Aber die Hauptsorgen waren, nicht, äh also wenn Transporte gingen, selbstverständlich, wenn die Eltern da waren drinnen und die, die haben sich freiwillig gemeldet nachher, und so, das war schwer, aber man wollte nicht von den häßlichen Sachen reden, man wollte nur leben, nicht, so wir Jungen, also. Und da haben wir uns auch sehr oft alle zusammen, alle diese zionistische Organisation, das waren also in Gruppen nach, nach Altern, nach dem Alter war es geteilt, haben wir uns viel getroffen und über Palästina und so haben wir gesprochen, ja, was sein wird, nicht was ist.
> I: Also so Träume einfach ausgetauscht?

D: Ja. Nicht Träume, das war Zukunft, das war, wir haben daran geglaubt, daß wir also. Ich persönlich hab nie daran gedacht, daß ich das nicht überlebe, nie!" (56f)

In dieser Passage wird die "Überlebensstrategie" von Frau D. während der Verfolgung deutlich. So habe sie es - entgegen meiner Vermutung und Nachfrage - vermieden, mit ihren Freundinnen über Probleme und Ängste zu sprechen. Sie scheint ihren Blick nur auf existentiell Notwendiges und Angenehmes gerichtet zu haben. Sichtbar wird in dem Zitat auch nochmal der Zusammenhalt innerhalb der zionistischen Jugendorganisation. Es ist zu vermuten, daß die Motivation von Frau D. für die spätere Emigration nach Israel im Zusammenhang mit diesen Erfahrungen steht. Aussagekräftig erscheint mir auch mein Mißverständnis im Interview, daß ich die Zukunftsbezogenheit von Frau D. für Zukunftsträume gehalten habe, was sofort von ihr korrigiert wird. Dies verweist auf die existentielle Bedeutsamkeit dieser zukunftsgerichteten Phantasien in der Verfolgungssituation. Frau D. betont ihre damalige feste Überzeugung, daß sie überleben werde. Sie führt dann noch weiter ihr Erklärungsmuster für ihr Überleben aus.

"... Auch in Auschwitz, nie! Nie war ich pessimistisch! Nie! Nie hat mich der Glauben verlassen, daß ich also nicht weiter kann und so, nie! Auch in den schwersten Zeiten hab ich mir gesagt, ich, (Pause, bis 5 sec.) ich komm raus, ich komm zurück. Und so war es. (Pause, bis 5 sec.) Man mußte optimistisch sein, weil wenn jemand pessimistisch geworden ist, dann (unverständl.) ist er wirklich nicht zurückgekommen, oder mit großen großen (unverständl.), aber warum ich zurückgekommen bin, weiß ich nicht. Da war ich wahrscheinlich im richtigen Alter und ich hab viel Glück gehabt, und ich weiß nicht, ob sich das Schicksal nennt oder Vitalität oder ... (Pause, bis 5 sec.) ich weiß nicht. Ich war ein ganz, ich sagte: ein unbekannter Soldat, ich hab mir, ich war nicht ausgewählt für etwas, und ich war nicht, ich hab keine schrecklichen, schrecklichsten Sachen überlebt wie da manche, die da, ich weiß nicht was, überlebt haben, ich war ein unbekannter Soldat, aber ich hab gekämpft wie ich konnte (Pause, bis 5 sec.)." (57)

Frau D. beginnt zunächst mit der Bedeutung ihres Optimismus und der festen Überzeugung, daß sie überleben wird, was beides als "Überlebensstrategie" verstanden werden kann. Die ersten eineinhalb Zeilen dieses Zitats sind sehr bestimmt und auch vehement formuliert, was im Transkript an der Interpunktion und an der häufigen Verwendung des Wortes "nie" sichtbar wird. Danach scheint Frau D. innezuhalten, was sich etwa an den vergleichsweise (etwa im Unterschied zu anderen Interviewpassagen) häufigen Pausen zeigt. Es könnte sein, daß an dieser Stelle die Realität des millionenfachen Mordes durchschimmert, die gleichsam den Hintergrund ihres Überlebens bildet ("wenn jemand pessimistisch geworden ist... ist er wirklich nicht zurückgekommen"). An früherer Stelle sprach Frau D. davon, daß etwa ihr Bruder seine Hoffnung auf das Überleben verloren hätte und dann auch ermordet wurde (vgl. Kap.4). Frau D. sucht im weiteren nach Erklärungen für ihr Überleben (" aber warum ich zurückgekommen bin, weiß ich nicht") und nimmt damit zugleich auch ihre Bestimmtheit vom Anfang wieder zurück. Sie führt noch andere Faktoren an, die ihr Überleben verständlich machen sollen, wie etwa ihr Alter und allgemein das Glück. Die Kontingenz scheint jedoch noch keine ausreichende Erklärung darzustellen, so fügt Frau D. dann noch das Konzept von Vitalität hinzu, was sie im übrigen auch an anderen Stellen des Interviews für ihr Überleben angeführt hat (etwa im Zusammenhang mit der Schilderung ihres ermordeten Bruders, zu dem sie sich in Gegensatz stellt, vgl. Interview S.41, Kap.4). Diese Passage, in der sie nach Gründen für ihr Überleben sucht, macht die grundlegende Schwierigkeit bzw. Unmöglichkeit deutlich, angesichts der Totalität der Massenvernichtung eine *hinreichende* Erklärung für sein eigenes Überleben zu finden sowie sie zugleich das psychische Bedürfnis nach einer Erklärung spiegelt. Im weiteren Verlauf des Zitats fällt mir das Bild des "unbekannten Soldaten" auf, da es zumeist im entgegengesetzten Kontext, im Zusammenhang des Todes und des Gedenkens, verwendet wird. Im Interview verweist dieses Bild vielleicht auf die Bedeutung von Aktivität, auf Frau D.'s Selbstverständnis von ihrem Kampf fürs Überleben. Damit teilt sie im übrigen auch den nationalen Mythos der Überlebenden in Israel, was auch als Aspekt ihrer Identifikation mit diesem Land verstanden werden kann.

5.2. Die weitere Verfolgungserfahrung

Frau D. wurde zusammen mit ihrer Mutter und ihrem Bruder 1943 in das "Familienlager" nach Auschwitz-Birkenau deportiert. Es fällt Frau D. während des Interviews sehr schwer, über diese Erinnerungen zu sprechen, sie will daher nicht näher darauf eingehen. Schon zu Beginn unseres ersten Gesprächs wird deutlich, daß ihre Erinnerungen sie sehr belasten werden: Einige Monate vor dem Interview unternahm Frau D. zusammen mit ihrem Sohn eine Reise nach Auschwitz, diese Erfahrungen geben ihrer Erinnerung eine besondere Färbung, auf die später genauer einzugehen sein wird (vgl. Kap.6). An dieser Stelle erscheint es jedoch wichtig festzuhalten, daß Frau D. nicht über Auschwitz reden kann.

> "... also eineinhalb Jahre war ich fast in Theresienstadt, und dann wurden wir weggeschickt nach Osten. Osten hieß Auschwitz, Birkenau, muß ich Ihnen nicht erklären, was das war. Jetzt war ich dort mit meinem Sohn. Und dort selbstverständlich (Pause, bis 5 sec.) war ganz anders. Das war schon kein (Pause, bis 5 sec.) nicht zusammen und nicht, also. Ich weiß nicht, ob Sie das interessiert, weil ich will nicht davon sehr viel sprechen... Ich will nicht mehr, es äh also mit Gefühlen davon reden, sonst äh ich werde damit nicht fertig..." (4)

Diese Textstelle verdeutlicht die Struktur ihres Umgangs mit der Verfolgungserfahrung in der Erzählung, ihren Versuch, ihre Gefühle von ihrer Erzählung abzuspalten, um so besser mit der Unerträglichkeit ihrer Erinnerung umgehen zu können ("ich will nicht mehr... mit Gefühlen davon reden"). Im weiteren Interviewverlauf berichtet Frau D. zunächst kurz über ihre Reise und die Zeit nach der Befreiung, bevor sie wieder auf Auschwitz zu sprechen kommt.

> "Also ich weiß nicht, was ich Ihnen von Birkenau da sagen kann, nicht. Das ist ein Vernichtungslager mit Gas in, im Rücken, nicht. Am ersten Tag wußten wir, was uns wartet..." (5)

Nach dem zögerlichen Beginn, der meiner Erwartung geschuldet sein kann, auf die sie eingehen will, erscheint ihre Erinnerung auf einmal sehr unmittelbar, was am Wechsel der Zeitstruktur, von der Vergangenheit ins Präsens, deutlich wird ("Das IST ein Vernichtungslager mit Gas im Rücken..." Hervorhebung von mir, d.V.). Frau D. berichtet weiter darüber, daß sie mit ihrer Mutter und ihrem Bruder ins "Familienlager" gebracht wurde, in ihren Ausführungen klingt Wut über die perfiden Täuschungsmanöver der Deutschen an, bei denen sich zunächst als Privilegien wahrgenommene Umstände für die meisten später als tödliche Falle entpuppten.

> "Also sind wir wieder in so ein Musterlager gekommen. Warum war das? Weil wieder diese Hintertür von, vom deutschen Denken, die Deutschen waren, was sie waren, aber dumm waren sie nicht..." (6)

In diesem Zitat beschreibt Frau D. ein weiteres Mal ihre Einstellung den Deutschen gegenüber. Die Bedeutung dieser Passage wird im Zusammenhang mit bereits erwähnten Interviewstellen im Hinblick auf die Übertragungs- und Gegenübertragungsbeziehung zur Interviewerin reflektiert (siehe unten Kap.6). Eine weitere ähnliche Stelle findet sich wenig später, als Frau D. über den "Kinderblock" des "Familienlagers" spricht und die vermeintlich gute Behandlung dieser Kinder, die einige Zeit später fast alle ermordet wurden, als "sadistisch" beschreibt.
Frau D. berichtet auch über ihre Arbeit, die am Anfang im Steineschleppen bestand, wobei sie deren Sinnlosigkeit lediglich konstatierte, aber nicht weiter darauf einging. Danach habe sie eine Tätigkeit bekommen, die ihr das "Appellstehen", "war das schlimmste überhaupt" (7), erspart hätte.
Während ihrer Ausführungen über Auschwitz kommt Frau D. immer wieder auf den Massenmord zu sprechen, dessen Zeugin sie war.

> "... ging der September-Transport in einer Nacht, der ganze Transport ging nach, ins Gas rein. Und das haben wir selbstverständlich durchgemacht, alles, haben wir gesehen. Wie man aufladet und sie, (seufzt) wieder warum? Aus Theresienstadt müßten Leute raus, da hat man wieder Platz im Familienlager gemacht. Aber wir wußten, daß das immer so periodisch ist, daß wir in drei Monaten nachher auf der Reihe sind, an der Reihe sind. Es ist, glaub ich, niemand damals mit einer Nummer rausgekommen aus Auschwitz. (Pau-

se, bis 5 sec.) Also im Mai kamen wirklich diese weiteren Menschen aus Theresienstadt, und dann haben wir geahnt, irgendwie, äh, müßte das also passieren, und gerade in dieser Zeit, das war also schon Anfang '44, nein, das war schon (Pause, 5-10 sec), ja (Pause, bis 5 sec.) irgendwie ist es statisch geworden..." (8)

Diese Textstelle verdeutlicht die prinzipielle Schwierigkeit, über den Massenmord zu sprechen, dessen Gegenrationalität ihn einer Versprachlichung entzieht. Am Anfang des Zitats erschreckt die kalte, an die Sprache der Nationalsozialisten erinnernde Ausdrucksweise ("ging der Septembertransport ... ins Gas"). Dann erscheint Frau D. in ihrer Zeugenschaft weitgehend mit den Ermordeten identifiziert ("haben wir... durchgemacht") und stellt sich die (vergebliche) Frage nach den Gründen für diesen Mord. Sie thematisiert die ständig gegenwärtige Todesdrohung, die gehäuften Pausen an dieser Stelle scheinen mir auf die Schwierigkeit zu verweisen, diese Erfahrungen zur Sprache zu bringen. Schließlich faßt sie sie in dem Satz, "irgendwie ist es... statisch geworden" zusammen. In diesem Bild mischen sich die Assoziationen von Erstarrung, Gewöhnung, Hilflosigkeit, aber auch Zeitlosigkeit bzw. die Aufhebung von Zeitlichkeit. Es werden die grundlegenden Verstehensprobleme deutlich, die diesen Erfahrungen anhaften.
Im weiteren Interviewverlauf berichtet Frau D. von ihrer "Rettung" aus dem "Familienlager" durch eine große Zahl neu Ankommender. Zusammen mit ihrer Mutter sei sie in ein "Arbeitskräftelager" nach Norddeutschland deportiert worden. Ihr Bruder wurde jedoch ermordet. In Norddeutschland habe sie sehr unter unmenschlichen Bedingungen gelitten, so seien sie schutzlos der Witterung und den massiven Bombadierungen ausgesetzt gewesen. Es ist auffällig, daß es Frau D. an dieser Stelle möglich ist, ihr Leiden direkt zu thematisieren. Dies hängt möglicherweise mit der im Vergleich zu ihren bisherigen Erfahrungen geringeren Intensität des Leidens zusammen, die ihr noch eine Versprachlichung ermöglicht und nicht - im psychoanalytischen Sinne - verleugnet werden muß. Insoweit gibt diese Textstelle auch einen Einblick in die subjektive Struktur des Umgangs bzw. der Abwehr der traumatischen Erfahrungen von Frau D. im Prozeß der Erzählung.
Im April 1945 seien sie noch nach Bergen-Belsen verschleppt worden, obwohl das Ende des Krieges bereits deutlich zu spüren gewesen sei.

"... und wir wußten schon. Und da hat man uns im April gepackt und geschickt noch weiter nach Bergen-Belsen...Aber das ist für mich persönlich eine ganz schwarze Zeit, ich weiß nicht mehr davon (I:Hm), weil wir überhaupt nichts zu essen bekamen. Und wir kamen zu Fuß nach Bergen-Belsen, und es war ein Glück, daß nach drei Wochen also alles fertig war, (leise:) weil äh damals, ich, ich glaub, ich würd nicht durchkommen. (normal:) Das war, das war ein schreckliches Vernichtungslager..." (9)

Im Unterschied zu der Interviewstelle, an der sie ihren Optimismus hinsichtlich ihres Überlebens beschreibt, den sie niemals in Zweifel gezogen habe (vgl.Kap.5.1), wird hier die Zufälligkeit ihres Überlebens deutlich, das sie lediglich den zeitlichen Umständen zuschreibt. Der Wechsel ihres Tonfalls könnte somit als Hinweis auf die Brüchigkeit ihrer Konstruktion (hinsichtlich ihres oben beschriebenen Erklärungsmusters für ihr Überleben) verstanden werden. Frau D. fährt fort mit einer Beschreibung der Bedingungen des Lagers, das in der Geschichtsschreibung eigentlich nicht den "Vernichtungslagern" zugerechnet wird. Diese Sprachverwendung sowie ihre weiteren Ausführungen erscheinen wie eine Erklärung, die ihre damalige Furcht, nicht überleben zu können, plausibel machen soll.

> "...kein Wasser, Typhus, und äh irgendwie glaube ich, das war auch schlimmer als in Birkenau, ich weiß nicht warum. Erstens mal weil ich mit meinen Kräften äh aus, (I:ja), zweitens war keine Ordnung (I:Hm), alles durcheinander, keine Latrine..." (10)

Frau D. beschreibt die Gründe, warum sie dieses Lager als so schrecklich empfunden hat, ihre Zermürbung und Hoffnungslosigkeit, als das Ende des Krieges schon in Sicht gewesen war sowie die Bedeutung der Ordnung für das Überleben. Was zunächst etwas befremdlich klingt, scheint seinen Grund in der Geregeltheit des Alltags zu haben, die den Betroffenen wenigstens noch ein wenig Antizipation und Kontrolle über ihre Umwelt ermöglicht.

Als zentrales traumatisches Erlebnis, das in der Erzählung zum Ausdruck kommt, ist für Frau D. mit Bergen-Belsen der Tod ihrer Mutter verbunden, die wenige Tage nach der Befreiung starb. Die englischen Soldaten hätten ihnen gleich zu Beginn normale Nahrung gegeben, die sie nach der langen Zeit des Hungers nicht hätten vertragen können. Frau D. habe dies aus ihren Fastenerfahrungen gewußt und habe verhindert, daß ihre Mutter davon aß.

> "Und die haben den ersten Lebensfehler gemacht, die haben uns den ersten Tag also die, die, ihre Nahrung gegeben nicht. Und das hat den Leuten die Gedärme also zerplatzt. Und ich äh ließ meine Mutter nicht dazu...Und meine Mutter hat mir damals gesagt, du willst, daß ich stirb, und sie starb, und damit hab ich dann noch 30 Jahre gelebt, hab ich gelebt mit diesem, mit diesem Satz dann, weil ich sie nicht mehr gesehen hatte..." (10)

Obwohl Frau D. zu wissen scheint, daß sie richtig gehandelt hatte, läßt sich in ihren Äußerungen immer noch ein Schuldgefühl erkennen, das der Vorwurf ihrer Mutter wahrscheinlich in ihr hinterlassen hatte. Dies scheint sie jedoch - nach ihrer Erzählung - in der Zwischenzeit in ihrer Therapie soweit bearbeitet zu haben, daß sie nicht mehr so sehr unter dem Angriff leidet und auch mit ihren Schuldgefühlen umzugehen weiß. Frau D. führt auch im wei-

teren aus, daß ihre Mutter schon soweit geschwächt gewesen wäre, daß sie nicht mehr bei klarem Bewußtsein gewesen wäre.
Am Ende des zweiten Interviews kommt Frau D. nochmal auf ihre Schuldgefühle im Zusammenhang mit dem Tod ihrer Mutter zu sprechen.

> "Aber irgendwie, man hat sich äh wieder zum Leben irgendwie ist zurückgekehrt, nicht, aber die Gewissensbisse waren hier, warum ich und warum nicht da, und warum nicht die Mutter, und vielleicht war ich schlecht, nicht. Das ist das, das ist passiert. Aber auch irgendwie darüber muß man wegkommen irgendwie." (57)

Auch an dieser Passage beeindruckt wieder ein reflektierter Umgang mit ihren Schuldgefühlen (ausführlicher siehe unten, Kap.6).

Nach ihrer Befreiung sei Frau D. selbst an Typhus erkrankt, sie sei zwei Tage lang - nach ihren Worten - "ohnmächtig" gewesen und habe erst später erfahren, daß ihre Mutter in der Zwischenzeit gestorben sei.

> "... dann bin ich die Mutter suchen gegangen... Dann in ein paar Tagen habe ich erfahren, daß meine Mutter also auch gestorben ist. Und das war das Ende. Und dann sind, dann sind gekommen Freiwillige aus Tschechoslowakei mit Lastwagen, da bin ich einmal auch, bin auf ein Lastauto und sie hat mich geführt nach Tschechoslowakei und dort hat er mich abgeladen auf ... (unverständl., Pause bis 5 sec.) und so hab ich angefangen zu leben." (11)

Das Datum der Befreiung wird vom Tod der Mutter überlagert. Frau D. spricht an dieser Stelle ziemlich 'verwirrt', dieser Punkt scheint für sie immer noch mit Angst verbunden zu sein. Das Ende des Zitats ("und so hab ich angefangen zu leben") könnte auf diesem Hintergrund als bitter-ironische Formulierung verstanden werden, mit der Frau D. ihr Überleben dem Tod entgegensetzt.

5.3. Die unmittelbare Zeit nach der Befreiung
Dieser Zeitabschnitt wurde von Frau D. insgesamt nicht als Befreiung beschrieben, auch wenn die unmittelbare Lebensbedrohung zunächst vorüber schien. Frau D. sei jedoch nach der Befreiung der Konzentrations- und Vernichtungslager noch lebensbedrohlich an Typhus erkrankt. Als einzige Überlebende ihrer engeren Familie habe Frau D. zunächst nicht gewußt, wo sie bleiben konnte. Entferntere Verwandte hätten sie nicht aufnehmen wollen, in ihrer Schilderung schimmert noch die Enttäuschung durch.

> "Und dann bin ich geblieben, langsam langsam in der Tschechoslowakei. Ich wußte, daß ich irgendwie äh Verwandte habe, aber die wollten mich nicht. Also ich war ein paar Wochen bei ihnen, und dann bin ich wieder nach Prag gefahren, da hab ich ganz ganz ganz fremde Leute gefunden, und die haben sich gekümmert um mich ein bißchen..." (11)

Frau D. sei in schlechter körperlicher Verfassung gewesen, sie habe unter Hauterkrankungen und Schwellungen sowie unter jahrelanger Amenorrhoe gelitten.
Von besonderer Bedeutung scheint die Erfahrung der Einsamkeit und Andersartigkeit für sie gewesen zu sein. Im Zusammenhang mit den Schilderungen über ihre Therapie berichtet Frau D. von ihren Schwierigkeiten in der Nachkriegszeit und dem mangelnden Verständnis der anderen Menschen.

> "Aber man, ich war wie ein schwarzes Schaf, nicht, schwarzes Schaf, ein, mit dem, mit der Nummer immer rumlaufen und jeder gefragt und jeder hat geschaut und jeder hat, das ist wie, wie ein äh irgendeiner ohne Fuß oder so, oder ohne Hand, nicht, und ich, das war sehr schwer, man hat, ich, ich war ganz allein auf der Welt und ich mußte mich ganz selber durch, durch äh durchschlagen, und das, nach vier Jahren, wo ich hierher kam, hat das von neuem angefangen..." (5)

Frau D. habe sich durch die Verfolgung ausgeschlossen und stigmatisiert gefühlt. Sie vergleicht ihre Situation mit dem Verlust eines Körperteils, als hätte sie durch die Verfolgung ein Stück ihrer selbst verloren und als wäre der Verlust für jeden sichtbar. Auch an dieser Stelle beschreibt sie das Gefühl, "allein auf der Welt" gewesen zu sein, und beklagt die mangelnde Unterstützung. Das Gefühl des Neuanfangs wiederholte sich bei ihrer Emigration nach Israel (vgl. Kap.6).
Die Leute, die sich in Prag um sie gekümmert hätten, seien beide "Künstler, Graphiker" gewesen, über sie hätte Frau D. auch Kontakt zur Graphikerschule bekommen, wo sie eine Ausbildung machen konnte. Es habe lange gedauert, bis ihr "seelischer und körperlicher Zustand einigermaßen normal" geworden sei. Zu dem Ehepaar habe sie in ständiger Verbindung gestanden, zu der Frau, die vor einigen Jahren verwitwete, bis heute. Es ist auffällig, daß Frau D. über diese Beziehung nichts im Interview erzählte. Sie erwähnte dort lediglich die "fremden Leute", die sich um sie gekümmert hätten. Erst bei einer brieflichen Nachfrage, in der ich mich für die Zeit nach ihrer Befreiung genauer interessierte, bekam ich diese Informationen. Die Frage muß jedoch offen bleiben, warum Frau D. mir so wenig über ihre sozialen Beziehungen erzählt hat.
Am Ende des zweiten Interviews berichtet Frau D. nochmal über die Zeit nach der Befreiung. Auf meine Nachfrage erzählt sie von ihrem ersten Freund, den sie sehr bald in der Tschechoslowakei kennengelernt hatte und mit dem sie vier Jahre lang zusammen war.

> "Mein erster Freund war in der Tschechoslowakei, der hat mich zurück zum Leben gebracht wirklich, den hab ich wirklich sehr geliebt, und äh, bin von ihm weggelaufen, also ganz mit, mit Vernunft..." (61)

Der Widerspruch zwischen ihrer Liebe und der Flucht fällt mir auf, auf meine Nachfrage begründet sie ihre Entscheidung näher.

> "Wir sind zusammen in die Schule gegangen, er war viel besser als ich, und ich könnte mich überhaupt nicht entwickeln künstlerisch, wenn ich bei ihm geblieben wäre, (Pause, bis 5 sec.) und dann kommen die Kommunisten und ich wollte schon sowieso nicht, und äh er war kein Jude, nicht. Und äh ich bin dann weg, weil ich wußte, wenn ich kein Meer zwischen uns hab, kann ich das nicht schaffen. So habe ich das drastisch gemacht." (61)

Als Trennungsgrund beschreibt Frau D. zunächst ein konkurriendes Verhältnis, das sie in ihrer eigenen Entwicklung gehemmt hätte. Dann führt sie einen äußeren, politischen Umstand an, der sie zur Emigration veranlaßt hätte und schließlich ihren unterschiedlichen kulturellen und religiösen Hintergrund. Die Verschiedenartigkeit der Begründungen sowie insbesondere der weitere Interviewverlauf, bei dem sie aggressiv und abfällig über ihre ehemalige Liebe spricht, stützt die Vermutung, daß ihr diese Trennung bis heute Legitimationsprobleme bereitet.

> "... und jetzt wo ich das letzte Mal (in der Tschechoslowakei, d.V.) war, waren das, er ist schon also älter geworden, jetzt hab ich ihm, jetzt kam plötzlich, hab ich gesehen, daß es nicht das ist, was ich möchte, nicht. Er ist ein alter Knacker geworden... Komisch, aber ich bin also geheilt, befreit (lacht). Nu ja (Pause, bis 5-10 sec.)." (61f)

Auch im Hinblick auf ihre frühere Liebesbeziehung wird der therapeutische Charakter der Reise deutlich, die sie kurze Zeit vor dem Interview mit ihrem Sohn unternommen hat. Über 40 Jahre hinweg habe Frau D. diese Beziehung idealisiert (..."hab ich mir ein Ideal vorgemacht" 62), die Befreiung davon erscheint genauso unvermittelt und überstürzt wie ihre damalige Flucht, im Interview war eine Entlastung durch die Aufklärung einer Illusion zumindest für mich nicht spürbar. Vielmehr erscheint der Bereich ihrer näheren sozialen Beziehungen insgesamt problematisch zu sein, worauf sich im Interview noch weitere Hinweise finden (vgl. Kap.6).[91] Welche Bedeutung der Verfolgungsgeschichte in dieser Problematik zukommt, läßt sich anhand des vorliegenden Interviewtextes nicht entscheiden, insbesondere da Frau D. wenig über ihre Herkunftsfamilie erzählt. Es findet sich lediglich im Zusammenhang mit ihrer Erzählung von Theresienstadt eine kleine Episode, die möglicherweise etwas Aufschluß in dieser Richtung geben könnte. Frau D. berichtet dort von ihrer ersten Liebe, sie habe auf ihn gewartet und ihn aber nie wieder gesehen, weil er (wahrscheinlich) ermordet wurde. Aus dem Text geht die Bedeutung dieser enttäuschten Liebe für Frau D. nicht

---

[91] In diesem Zusammenhang weist Frau Dr. Oliner darauf hin, daß Frau D. unter Befreiung auch die Befreiung von menschlichen Beziehungen zu rechnen scheint.

hervor, es ist jedoch zu vermuten, daß diese Enttäuschung auch ihre weiteren Liebesbeziehungen mitstrukturiert hat.

6. Leben in Israel

Nach dem Unabhängigkeitskrieg 1949 sei Frau D. nach Israel emigriert. Sie beschreibt ihren "Neubeginn" in diesem Land.

> "Wieder ein neues Leben, wieder von Anfang an, und wieder alles verschlucken und nicht reden, also zwischen uns haben wir geredet, aber, äh man, man hat überhaupt nicht geträumt davon, was wir, was wir, also was wir durchgemacht haben, was für ein Trauma das war... Und der einzige Satz, der man uns damals sagte, ihr, ihr seid gegangen wie Schafe auf Schlacht, was uns ein schreckliches Durcheinander machte..." (5)

Im Zusammenhang mit den Schilderungen ihrer Therapie und den Schwierigkeiten der Nachkriegszeit beschreibt Frau D. die Stigmatisierung, der sie als Überlebende ausgesetzt war. Ihre Verfolgungsgeschichte erwies sich als unvereinbar mit der Ideologie des Aufbaus eines neuen Staates, es mangelte an Verständnis für die extreme Traumatisierung. An dieser Stelle zeigt sich deutlich sichtbar die Verknüpfung von objektiver und subjektiver Struktur, das Zusammenwirken von gesellschaftlichem Klima und individuellem Umgang mit der Traumatisierung.
Frau D. sei gleich nach ihrer Ankunft in den Kibbuz gekommen, in dem sie noch heute lebt. Sie sei um eine schnelle Adaptation an die neue Umgebung bemüht gewesen.

> "... erstensmal mußte ich Hebräisch lernen, das war mein erstes Ziel in so kurzer Zeit wie möglich..." (12)
> "... Da hab ich mir schnell, schnell eine Bluse gestickt, so wie sie die alle haben..." (39)

Auf dem Hintergrund der Verfolgungsgeschichte und der gesellschaftlichen Stigmatisierung der Überlebenden scheinen diesen Integrationsbemühungen auch eine besondere Bedeutung zuzukommen, die sie vielleicht als so dringlich erscheinen lassen. Ihre weiteren Schilderungen vermitteln den Eindruck eines relativ schweren Lebens in Israel, das unterschiedlichen Faktoren wie der Sprache, dem Klima und anderen äußeren Bedingungen zuzuschreiben gewesen wäre. Neben den objektiven Bedingungen scheint diese Perspektive aber auch von der Enttäuschung über das mangelnde Verständnis ihrer extremen Traumatisierung beeinflußt zu sein.
Eine ambivalente Haltung findet sich in ihren Schilderungen über den Kibbuz. Einerseits habe sie schon als Mitglied der Jugendbewegung davon ge-

träumt, im Kibbuz zu leben, andererseits sei das Leben am Anfang dort sehr hart gewesen.

> "... ich glaub, erstensmal mein Mann wollte hier bleiben auch, aber ich hab ein bissel, äh, so in den sechziger Jahren, hab ich geglaubt vielleicht, vielleicht doch. Ich hab gewußt, ich kann mich, aber künstlerisch könnt ich mich nicht, nie, so entwickeln wie hier, weil draußen muß ich denken, daß ich damit verdienen muß, nicht..." (15)

Über zehn Jahre habe der Entscheidungsprozeß für den Kibbuz in Anspruch genommen, zunächst habe ihr Mann den Ausschlag dafür gegeben, dann ihr Beruf. Frau D. berichtet im weiteren Interviewverlauf ausführlich über die Vor- und Nachteile des Lebens im Kibbuz, wobei sie jedoch sehr allgemein spricht und auch durch Nachfragen nicht zu einer persönlicheren Erzählung zu bewegen ist. So schildert sie die unterschiedlichen Erziehungsvorstellungen im Laufe der letzten Jahrzehnte.

> "Mein, mein Sohn wurde noch äh in, in Kinderhäusern in der Nacht, die haben noch dort geschlafen, nicht hier. Nicht bei den Eltern.
> I: Und wie war das für Sie?
> D: Mir nicht, aber es waren Eltern die schlecht waren, mein Sohn war normal und alles, aber wer ein bissel heikleres Kind hat, der hat's nicht leicht..." (15)

Diese Sequenz verdeutlicht auch das Muster unserer Interaktion, in der sich meine Nachfragen öfter als vergeblich erwiesen (zur Reflexion der Beziehung zwischen Frau D. und der Interviewerin siehe unten). Als wesentlichen Grund für das Leben im Kibbuz nennt Frau D. die Absicherung im Alter.

> "Ich weiß, ich bin versichert in meinem Leben (I: Ja), das heißt, man wird sich um mich kümmern, auch wenn ich alt und krank, man wird behütet sein dann, was ich nicht werde (Lachen)." (17)

Die Sehnsucht nach Schutz und Geborgenheit klingt aus diesem Zitat. Mit einer Nachfrage gehe ich noch einmal ein auf das Problem der Einsamkeit, das an mehreren Stellen des Interviews sichtbar wird.

> "I: Ja, war das am Anfang eigentlich, als Sie hierher gekommen sind, dann auch 'ne Erleichterung, daß das so 'ne Gruppe war dieser Kibbuz, also daß Sie nicht so allein waren?
> D: Es ist etwas daran, ja, es ist etwas daran, daß ich in einer Gemeinde sein, ich war so alleine äh, die ganzen Jahre ich hab zwar einen Freund gehabt und so, aber das ist nicht das, das, Sie wissen, das ist alles provisorisch, nicht, das ist nix zum Ende, aber hier habe ich gewußt, daß ich äh also hier mein Leben enden werden... aber leben könnt ich nicht mehr, nie woanders außer Israel... Also, äh, was war die Frage?" (17, direkt im Anschluß an o.g.Zitat)

Dies ist eine der wenigen Textstellen, an denen Frau D. auf meine Frage eingeht, allerdings - wie die Nachfrage am Ende des Zitats ("was war die Frage") zeigt - ohne sich dessen bewußt zu sein. Sie bestätigt meinen Eindruck ihrer Einsamkeit und fügt eine gewisse Hoffnungslosigkeit hinzu. Bemerkenswert ist die Bedeutung von Israel, dem auf dem Hintergrund der zerbrechlichen menschlichen Beziehungen angesichts ihrer Verfolgungserfahrung fast eine religiöse Heilsqualität zukommt. Zusammenfassend ließe sich feststellen, daß das Leben im Kibbuz dem in der Erzählung zum Ausdruck kommenden Beziehungsmuster von Frau D. auf dem Hintergrund ihrer extrem traumatischen Erfahrungen entgegenzukommen scheint: Als solidarische Gemeinschaft ermöglicht ihr der Kibbuz emotional distanziertere Beziehungen, als sie etwa in einer Kleinfamilie möglich wären, und bietet gleichzeitig ein großes Maß an Sicherheit und Zugehörigkeit.
Auf ihr Familienleben geht Frau D. im Interview nur sehr oberflächlich ein. Im Zusammenhang mit dem Beginn ihres Lebens in Israel erwähnt sie ihre Heirat.

> "Und da, ich hab dann geheiratet und äh '5. ist mein Sohn geboren." (13)

Dann fährt Frau D. fort mit der Schilderung ihrer Arbeit. Auf meine Nachfragen berichtet sie, daß sie ihren Mann im Kibbuz kennengelernt habe, 10 Jahre mit ihm verheiratet war und inzwischen 30 Jahre von ihm getrennt lebt. Er würde jedoch noch im selben Kibbuz, schräg gegenüber von ihrem Haus, wohnen, sie hätten guten Kontakt.

> "Wir sind sehr gut zusammen, treffen uns sehr oft, gemeinsame äh Enkelkinder, die kommen uns besuchen, die rasen dann hin und her, ja, das ist ganz in Ordnung..." (18)

Auch nach Nachfragen wollte Frau D. nicht ausführlicher über ihre Ehe und die Schwierigkeiten, die schließlich zur Scheidung führten, erzählen. Bei meiner Nachfrage, daß sie schon 30 Jahre getrennt leben würde, erwähnt Frau D., daß sie nochmal geheiratet hätte.

> "I: Seit 30 Jahren?
> D: Nein, ich war nochmal, aber der zweite ist gestorben. (Pause, bis 5-10 sec.) Aber ich hab nichts verpaßt, nichts versäumt.
> I: Wie meinen Sie das?
> D: Nichts versäumt im Leben, nicht, daß, deswegen, daß ich getrennt bin oder so. Ich glaube äh, daß äh heiraten ist nicht so für mich, weil ich ein großer Individualist bin und ich hab gerne, wenn ich mich jetzt ersch-, entscheide, äh, aufstehen und wegfahren, fahr ich weg. Und ich muß, ich bin niemandem was schuldig, und ich muß nicht sagen warum und wo und was. Also ich lebe ganz gut. Es fehlt mir gar nichts." (18)

Diese längere Sequenz vermittelt einen Einblick in ihre Darstellung ihrer sozialen Beziehungen. Am Anfang des Zitats wird (an der längeren Pause) sichtbar, wie schwer es Frau D. fällt, über den Tod ihres zweiten Ehemannes zu sprechen.[92] Sie scheint jedoch zunächst nicht ihre Trauer zum Ausdruck bringen zu können, sondern spricht davon, da´sie nichts verpaßt habe und daß ihr nichts fehle. Die Nachdrücklichkeit, mit der sie ihre Unabhängigkeit betont, fällt mir auf und scheint eher auf ihr Gegenteil aufmerksam zu machen. Bei meiner Nachfrage nach ihrem zweiten Mann wird ein wenig mehr von ihrer Trauer spürbar.

> "... das war fünf Jahre, dann war er weg.
> I: War das schwer für Sie dann, als er gestorben ist.
> D: Ach.
> I: Ist auch schon länger her, oder?
> D: (sehr leise) Passiert ja in den besten Familien. Er wollte auch, eine Zeitlang wollte er im Ausland leben überhaupt, und ich wollte nicht, ach, auch Spannungen hier und da. In Deutschland, in Norddeutschland, wo ich also mein bestes Leben gelassen hab. Außerdem, ich hab ein Kind, er war damals 13, ich wollte nicht, daß er weggeht von hier." (19)

Sie scheint sich bei seinem Tod sehr verlassen gefühlt zu haben, im Interview scheint sie sich dann wieder um etwas Abstand von ihren Gefühlen zu bemühen, indem sie auf Probleme in der Beziehung hinweist.
Nach dieser Textstelle, als sie vom Vorhaben ihres früheren Mannes berichtet, nach Deutschland zu gehen, kommt Frau D. auf ihre Erfahrungen bei einer Reise nach Deutschland zu sprechen. Sie sei von einer deutschen Bekannten, die sie nach ihren Angaben wider Willen in Israel kennengelernt habe, nach Deutschland eingeladen worden. Mit großen Vorbehalten ("man hat mich überredet") habe sie die Reise angetreten:

> "... aber ich wollte nicht, aber sie hat gesagt, es ist schon anders in Deutschland und das, aber ich glaubte nicht, ich glaub nicht, ich glaub heute auch nicht, daß es in Deutschland anders ist. Also das Grund-, ich sag nicht, daß äh alles, aber, und jungen Leuten hab ich nichts zu, was können die dafür, aber äh schauen Sie, wie es dort aussieht mit den neuen Nazis, das sind auch junge Leute, nicht..." (20)

An dieser Textstelle zeigt sich sehr deutlich die kritische Sicht von Frau D. auf Deutschland, das sich im Grunde nicht geändert habe. Zunächst scheint Frau D. die "jungen Leute" aus der Verantwortung zu nehmen, weist dann aber auf die aktuellen Probleme des aufkommenden Rechtsradikalismus bei Jugendlichen hin. An dieser Stelle wird auch die Interviewerin direkt angesprochen ("aber schauen Sie"), auffällig ist das formelle "Sie", das in diesem

---

92 Eine weitere Textstelle bestätigt diese Vermutung (vgl. Interviewtext S.19, siehe unten).

Zusammenhang dem unkomplizierten "Du" anderer Interviewpassagen weicht. Eine Reflexion dieser Interaktion im Hinblick auf das Verhältnis von Frau D. zur Interviewerin findet sich am Ende dieses Kapitels. Das kritische Deutschland-Bild von Frau D. wird noch durch weitere Textpassagen gestützt: So erzählt sie von einer alptraumhaften Szene bei einem Besuch in Bayern (Interviewseite 20f), wo sie ein Trachtenfest an ihre Verfolgungszeit erinnert hätte. Weiterhin kritisiert sie in ihrer Erzählung die "deutsche Ordnung", mit der sie verfolgt wurde und die immer noch überall in diesem Land spürbar wäre (Interviewseite 21f). Daneben schildert Frau D. auch freundschaftliche Beziehungen zu Leuten, die in Deutschland wohnen.

> "Ich hab gesagt, ich hab geliebte Freunde im ungeliebten Land. Was soll ich machen?" (20)

Ihre Freunde könne sie aber nicht mehr besuchen, Frau D. wolle nur noch durch Deutschland durchfahren, wenn sie in die Tschechoslowakei reisen würde.

Ein wichtiger Bereich im Leben von Frau D. scheint in ihrer Arbeit zu bestehen, dieses Thema nimmt viel Raum in ihrer Erzählung ein. Nach ihrer Ausbildung zur Graphikerin in der Tschechoslowakei arbeitete sie im Kibbuz zunächst zehn Jahre lang als Anstreicherin.

> "... wie ich kam, war alles khaki so angestrichen, wie beim Militär, und ich hab alle Kinderhäuser fröhlich blau und grün und gelb gemalt, da waren alle froh und ich war auch froh, daß ich eine Arbeit hatte, die, es war eine schwere Arbeit, aber ich hab etwas, ich war allein und ich hab machen können, was mir gefällt." (13)

Frau D. betont ihre Kreativität und den Erfolg, mit dem sie ihre Ideen umsetzt. An dieser Stelle bekommt auch die Einsamkeit eine andere, positive Färbung, sie war allein, selbständig und unabhängig. Auf dem Hintergrund ihrer Verfolgungsgeschichte entsteht die Vermutung, daß sie durch die fröhliche Bemalung der Kinderhäuser möglicherweise auch ihren extrem traumatischen Erfahrungen begegnen wollte. Dies festigt sich durch ihre weitere berufliche Laufbahn, sie begann mit der Illustration von Büchern und gab Anfang der 50er Jahre bereits ihr erstes Buch heraus. Nach einigen Jahren wurde Frau D. als Redakteurin im Verlag angestellt, wo sie 20 Jahre lang arbeitete. Im weiteren Interviewverlauf frage ich Frau D. direkt nach der Bedeutung ihrer graphischen Tätigkeit und formuliere meine Vermutung.

> "I: Hat Ihnen das irgendwie ein bißchen geholfen, da von diesen ganzen schrecklichen Erfahrungen wegzukommen?
> D: Das hab ich in meinen Curriculum vitae aufgeschrieben, daß ich wollte nie äh über das Schlechte, was ich erlebt habe, äh künstlerisch ausdrücken, sondern ich wollte immer ausdrücken, das was, was ich geträumt hatte, und

was, was in meinem, was ich wollte, das ist, und das kann ich finden mit soviel Phantasie kann sich nur in Büchern ausdrücken, deswegen bin ich auch Bücher. Nie hab ich, nie, niemand weiß, wenn meine Zeichnungen, man sieht nur die, ich hab eine Ausstellung gehabt vor zwei Jahren, meine, also alle Bücher, in Jerusalem, in der Hauptbibliothek dort beim Museum, und dort hat man gesehen auch erst die Entwicklung im Seelischen. Erst so, und zum Schluß schon so, nicht. Viel freier, viel äh, ent, ich hab mich entspannen können, es war viel graphischer, viel geschlossener alles, und die, äh die Farben gedämpft und so, und dann hat sich das (unverständl.). Und nach den siebziger Jahren hat sich das entwickelt, viel, viel freier." (27)

Frau D. scheint ihre graphische Arbeit zunächst als Entwurf einer Gegenwelt zu verstehen, in der ihre traumatischen Erfahrungen (explizit) keinen Platz finden. Gleichwohl scheint ihre künstlerische Arbeit (notwendig) auch von ihren Verfolgungserfahrungen durchdrungen zu sein, Frau D. beschreibt dann auch, daß ihre "Entwicklung im Seelischen" an den Bildern erkennbar wäre. Im psychoanalytischen Interpretationsprozeß wurde in ihrem künstlerischen Schaffen auch eine sehr bedeutsame und lebensbejahende Weise des Umgangs mit ihren Verfolgungserfahrungen gesehen (vgl. auch Kap. II.3.1.). Die zunehmende Freiheit, die an ihren Bildern sichtbar würde, schreibt Frau D. im weiteren Interviewverlauf ihrer Therapie zu.
Etwa ein Jahr vor dem Interview habe sich Frau D. in einen medizinischen Beruf umschulen lassen. Sie begründete diesen Entschluß nicht näher, betonte aber, daß sie auch weiterhin noch Bücher illustrieren würde. Im psychoanalytischen Interpretationsprozeß wurde ihre Entscheidung zu einem heilenden Beruf, einer Tätigkeit, die die Selbstheilungskräfte des Körpers unterstützt, ebenfalls - ihrem künstlerischen Schaffen vergleichbar - als ein sehr bedeutsamer und produktiver Versuch des Umgangs mit ihren Verfolgungserfahrungen betrachtet. Dieser könnte möglicherweise auch im Zusammenhang mit ihrer eigenen Psychotherapie und ihrer Interpretation ihres "Heilungsprozesses" stehen.
Einen breiten Raum im Interview nimmt auch die Schilderung der Psychotherapie von Frau D. ein. Ende der 70er Jahre begann sie mit einer Jungschen Psychoanalyse, die etwa acht Jahre dauerte. Den Anlaß für ihre Therapie beschreibt sie mit einem Zusammenbruch in ihrer Menopause. Frau D. entwirft in ihrer Erzählung zunächst das Bild einer erfolgreichen Therapie, im Verlauf des Interpretationsprozesses wurde jedoch deutlich, daß dieses Bild in der weiteren Erzählung durch andere Erzählstränge konterkariert wird: Zu Beginn der Behandlung habe Frau D. unter schweren Depressionen und Ängsten gelitten. Die Schilderungen ihres damaligen Zustandes erscheinen insgesamt wenig organisiert.

"Weil, es es ist drinnen wie ein, wie ein etwas, ich hab es genannt ein, äh Feuer, Feuerrad, das dreht sich wie Feuer... Nichts ist mir gelungen, weil ich von allem Angst gehabt hab, selbstverständlich, nichts hab ich gekonnt, um mein Atelier hab ich so einen Kreis gemacht, jahrelang, ich hab geglaubt, jetzt geh ich hin und ich muß alles verbrennen, es darf nix da sein, nicht, von mir. (I: Ja) Und wie oft äh hab ich schon gesammelt Pulver und und aber immer hab ich mir gesagt: wenn ich das mache, muß ich noch machen das und das und das. Das heißt, ich wollte nicht, nicht (I: Ja). Im Grunde bin ich so ein vitaler Mensch, so, und so ein, so, ich lieb so zu leben, daß in dem Zustand wollte ich nicht sterben, ich hab, ich konnte nicht, man kann nicht, ich wollte nur unter der Decke liegen, nicht..." (29)

Ihre Depressionen seien in ganz regelmäßigen Abständen aufgetreten, sie hätten im Herbst begonnen, zu dem Zeitpunkt, als sie nach Theresienstadt deportiert wurde und bis zum Frühjahr angedauert. Ein therapeutischer Erfolg habe sich durch eine Lithium-Therapie eingestellt. Im weiteren Interviewverlauf berichtet Frau D. davon, daß sie seit einigen Monaten gegen die Beschwerden ihrer Wechseljahre Östrogene einnehmen würde. Seit dieser Zeit hätte sie auch das Lithium abgesetzt. Nun leide sie weder unter Depressionen noch unter Schlafstörungen. Frau D. betont die Selbstheilungskräfte ihres Körpers.

"Aber das Östrogen ist gut, herrlich. Das Gehirn arbeitet wie ein Motor, ganz anders, ich bin nicht müde, ich bin weniger müde, nicht. Die Haut ist besser. alles. Viel besser. Und ich schlafe, ich schlafe... aber ich nehme überhaupt keine andere Pulver, nicht,nein, ich nehme kein Lithium, kein, nichts! Immer, nur Natur. Ich nehm keine Pulver, auch wenn ich krank bin, nehm ich nichts, nie. Körper wird selbst gesund." (32)

Die Betonung des Erfolgs ihrer Östrogen-Therapie kann auch als latente Kritik an der Lithium-Behandlung sowie an der Psychotherapie überhaupt gesehen werden. Nach dieser Darstellung ("Körper wird selbst gesund") erübrigen die Selbstheilungskräfte des Körpers einen Therapeuten. Diese Passage macht auch deutlich, daß Frau D. - wenn vielleicht auch nur zeitweilig - für sich einen Weg aus der Depression gefunden hat.
Der Versuch, ihre Verfolgungsgeschichte zu "verarbeiten", ist auch der zentrale Aspekt der Reise, die Frau D. zusammen mit ihrem Sohn einige Monate vor dem Interview in die Tschechoslowakei und nach Auschwitz unternommen hat. Gleich zu Beginn ihrer Erzählung inszeniert sie diese Reise als Befreiung.

"Ich hab also den, den Kreis hab ich zugemacht... und ich will davon schreiben, darüber schreiben, aber nur äh durch den Kopf. Viel mehr durch den Kopf als durch's Herz, das hab ich dort gelassen jetzt (I: ja). Fertig. Ich hab mich dort ausgeweint und ausgeheult und ausgeschrien, das, damit bin ich jetzt fertig..." (4)

Mit dieser Reise scheint Frau D. eine Art Schlußpunkt unter ihre Verfolgungsgeschichte setzen und diese hinter sich lassen zu wollen. Sie bemühe sich, ihre Gefühle von ihrem Denken zu trennen, und wolle sich in Zukunft nur noch rational diesem Thema nähern. Auf dem Hintergrund ihrer achtjährigen Psychotherapie fällt mir ihre Sichtweise auf, daß sie mit diesem Teil ihrer Geschichte "fertig" wäre (vgl. auch die psychoanalytische Literatur zur Grenze therapeutischer Möglichkeiten, siehe Kap. II.3.). Im psychoanalytischen Interpretationsprozeß wurde die Überlegung formuliert, daß diese Sichtweise auch im Zusammenhang mit dem Umgang mit ihren verfolgungsbedingten Depressionen stehen könnte, die zeitweise mehr oder weniger spürbar wären.

Frau D. fährt damit fort, daß sie ihrem Sohn früher nie von ihrer Verfolgung erzählt habe, weil sie ihn nicht damit belasten und überfordern wollte.

> "Ich hab geglaubt, da muß man damit fertig sein, aber das ging nicht so leicht. Das hat mir 40 Jahre gedauert (I: Ja). Nicht, und ich hab auch sehr schwere Sachen, äh äh Jahre durchgelebt mit, mit Depressionen, eben deswegen (I: Ja). Aber da hat man mir geholfen, äh sehr vernünftig, und ich bin irgendwie mit dem fertiggeworden, und jetzt diese Reise, das war also äh eine sehr gute Sache, die ich gemacht habe, mit dem Sohn... Und das war sehr, sehr vernünftig, daß ich das gemacht habe." (4f)

Frau D. schildert nochmals ihre Einschätzung, mit ihrer Verfolgung und den extrem traumatischen Erfahrungen "fertiggeworden" zu sein. An dieser Stelle fallen mir ihre wiederholten Formulierungen auf, mit der sie die Bedeutsamkeit ihrer Reise schilderte und die den Eindruck erwecken, als ob Frau D. selbst noch einige Zweifel an ihrer Einschätzung hegte. Anhand des Interviewtextes ist leider nicht zu entscheiden, ob der "Legitimationsdruck" von meiner Person ausgeht bzw. durch mich verstärkt wird oder ob Frau D. sich der Konstruktion ihrer Befreiung durch diese Reise auch selbst unsicher ist (vgl. etwa oben, zum Umgang mit ihren Depressionen). Im weiteren Verlauf des Interviews finden sich eine Reihe an Wiederholungen und Paraphrasierungen ihrer Befreiung, die insgesamt den Eindruck der Brüchigkeit dieser Konstruktion verstärken.

Frau D. hat diese Reise zusammen mit ihrem Sohn unternommen. Zum einen habe sie ihm ihre frühere Heimatstadt in der Tschechoslowakei zeigen wollen. Zum anderen habe sie ihn als Unterstützung bei ihrer Fahrt nach Auschwitz gebraucht. Diese Fahrt hätte sie sich schon jahrelang vorgenommen, sie habe nur auf einen günstigen Zeitpunkt gewartet. Mit dem aktiven Aufsuchen der Stätte ihrer Verfolgung nach über 40 Jahren scheint Frau D. der damaligen Erfahrung absoluter Ohnmacht und Hilflosigkeit etwas entgegensetzen zu wollen. Es ist auffällig, daß Frau D. nicht nach Theresienstadt, sondern nur nach Auschwitz-Birkenau fährt; dies könnte möglicherweise damit zusammenhängen, daß dort ihre Erfahrung von Hilflosigkeit am stärksten war. Frau D. wählte den Ort des ehemaligen "Familienlagers" Birkenau zu einer symbolischen Befreiungshandlung.

"Und dort bei dem letzten Turm hab ich mich ausgepischt. Ich bin gegangen, hab gesagt, Junge, ich geh, ich geh mich ausleeren auf die ganze Zeit dort, und wo, wenn ich möchte kacken, hätt ich auch gekackt. Und dann ist das alles von mir weg. Und ich bin aufgestanden wie ein neuer Mensch. Alles hab ich, ich bin ausgeleert, ausgeleert, also physisch, nicht, und auch seelisch." (35)

Die körperliche Entleerung erhält den Charakter einer rituellen Reinigung,[93] mit der ihre Befreiung inszeniert werden sollte. Auch hier rekurriert Frau D. implizit wieder auf die Selbstheilungskräfte ihres Körpers, die auch eine seelische Erholung versprechen. Im psychoanalytischen Interpretationsprozeß wurde auf die hohe Bedeutsamkeit der Reise von Frau D. an eine der grausamsten Stätten ihrer Verfolgung im Hinblick auf ihren Umgang mit der extrem traumatischen Erfahrung hingewiesen; die schmerzliche Konfrontation mit diesem Ort könnte auch als ein Ringen um eine zumindest partielle "Integration" ihrer massiven Verfolgungserfahrung angesehen werden.
Im weiteren Verlauf des Interviews versucht sich Frau D. selbst Mut zu machen, ihr Leben als "Geschenk" zu empfinden und so der Hoffnungslosigkeit entgegenzutreten.

"Schau, ich sag's so: Über 40 Jahre, 45 Jahre bekomme ich jeden Tag als Geschenk, jeden Tag hab ich ein Geschenk, von 60 zweimal am Tag, 60 Jahre, zweimal am Tag, man kann das nicht so wegwerfen, diese Spende. *Man muß es ausnützen, das Leben geht weiter.* (Hervorhebung von mir, d.V.) Man kann nicht, man kann nicht immer mit den Toten leben. Ich kann das nicht vergessen, ich kann das nicht überwinden, den Haß und alles, aber ich muß leben, ich muß das ausnützen, das Leben. Das ist jetzt mein, das hab ich gespürt, jetzt muß ich mit allen, mit allem atmen, nur das Leben, ich weiß nicht wielange, aber ich muß jeden Tag ausnützen, und das mach ich..." (35)

"Man muß es ausnützen, das Leben geht weiter." An diesem Satz zeigt sich auch die immense psychische Kraft von Frau D., mit ihren extrem traumatischen Erfahrungen nach der Verfolgung weiterzuleben. Frau D. versucht, ihr Leben als "Geschenk" wahrzunehmen, das sie nicht "wegwerfen" dürfe; diese Sichtweise scheint ihr auch die Kraft zum Weiterleben zu geben trotz der Verfolgung und aller sie bis heute sehr belastenden Auswirkungen. Frau D. macht dann auch deutlich, daß sie ihre extreme Traumatisierung und die stetige Erinnerung an die Massenvernichtung niemals "überwinden" könne, daß ihr Leben gleichsam mit den Millionen Ermordeter verknüpft wäre. Sie scheint damit so etwas wie eine 'Verpflichtung zum Leben' zu verbinden ("aber ich muß leben"). An dieser Sichtweise findet sich nun nicht der 'Triumph' des Überlebens, wie er vielfach in der Forschungsliteratur beschrie-

93 Im psychoanalytischen Interpretationsprozeß weist Frau Dr. Oliner in diesem Zusammenhang darauf hin, daß der symbolische Gehalt dieser Entleerung als primitivste Form der Rache zu verstehen sei.

ben wird und der wahrscheinlich auch *einen* möglichen Aspekt des Überlebens darstellt (vgl.etwa Kap.II.3. sowie das Vorwort), sondern an der wiederholten Betonung scheint auch etwas von dem Schmerz und der fast unerträglichen Qual der Erinnerung an die eigene Traumatisierung und die Millionen Ermordeten durchzuschimmern. Im weiteren Interviewverlauf finden sich dann auch Frau D.'s Versuche, ihrem Leben nach der Verfolgung einen Sinn zu geben und so der Vernichtung entgegenzutreten.

> "Kunst und Schreiben und Helfen, ich helfe Leuten, das ist ein herrliches Gefühl, jemand hat Schmerzen, und ich befrei ihn von Schmerzen, was kann besser sein? Und das muß man ausnützen, das darf man, das kann man nicht wegwerfen, diese, dieses Geschenk. Und ich hab Leben gern. Also für mich ist es jetzt geschlossen ja." (35f)

Frau D. verwendet nochmals die Formulierung, daß sie das Leben, die Zeit nach der Verfolgung "ausnützen", als "Spende", als "Geschenk" annehmen müsse. Immer wieder werden die Depressivität von Frau D. sowie ihre suizidalen Tendenzen spürbar, die sie unter Kontrolle zu bringen sucht. Ein zentraler und sehr bedeutsamer Weg scheint bei ihr (in psychoanalytischer Perspektive) in der "Sublimierung" zu liegen; ihre Arbeit - ihre Kreativität und der Wunsch, andere mit der Physiotherapie von ihren Schmerzen zu befreien - nimmt einen wesentlichen Teil ihres Lebens ein; an vielen Stellen des Interviews stellt Frau D. sich als vielbeschäftigte und kreative Frau dar, die ihre Zeit mit sinnvoller und produktiver Tätigkeit auszufüllen sucht.

7. Zum Verhältnis von Frau D. und der Interviewerin

Am Ende der Interpretation soll abschließend das Verhältnis von Frau D. zur Interviewerin im Hinblick auf mögliche Übertragungs- und Gegenübertragungstendenzen reflektiert werden. Frau D. betont an mehreren Interviewstellen ihre Abneigung gegen "das Deutsche", wobei sie sowohl die Sprache und Kultur als auch Personen meint. Bereits in der Eingangssequenz werden ihre Schwierigkeiten mit der deutschen Sprache sichtbar, was zu einer angespannten Situation führte. Im weiteren Interviewverlauf berichtet Frau D. von ihren schwierigen Erfahrungen bei einer Reise nach Deutschland als dem Land, in dem ihr die Erinnerung an die Massenvernichtung ständig präsent ist. Im Interpretationsprozeß wurde deutlich, daß ich als Interviewerin diese Einschätzung zunächst nicht so recht wahrgenommen habe, die als deutliche Anklage an das Land verstanden werden kann, in dem ich lebe und mit dem ich mich auch in gewissem Maß verbunden fühle. Bei weiterer Betrachtung fiel mir auf, daß sich mit meinen Interviews auch meine Sicht auf dieses Land verändert hat und mir die Sichtweise meiner GesprächspartnerInnen auch in manchen Alltagssituationen durch den Kopf geht (vgl. auch das Schlußkapitel). Eine weitere Textstelle des Interviews, in der Frau D.'s Sichtweise der Deutschen zum Ausdruck kommt, findet sich im Zusammenhang ihrer Schilderungen von Auschwitz (vgl. Kap.5.2.). Der psychoanalytische Interpretationsprozeß machte auch an dieser Stelle deutlich, daß ich diese Anklage nicht einfach von meiner Person trennen kann, sondern mich auch in das Kollektiv der Deutschen, die damit angesprochen sind, miteinbezogen fühle. An einer Interviewstelle in diesem Zusammenhang spricht mich Frau D. auch direkt an, als sie auf das Problem der neonazistischen Jugendlichen aufmerksam macht. Damit spricht sie einen Bereich an, der ganz unmittelbar und aktuell und nicht "nur" historisch in meine Verantwortung als Staatsbürgerin in Deutschland fällt. Im gesamten Interview mit Frau D. fällt eine weit höhere verbale Beteiligung der Interviewerin auf, als von der Interviewmethode vorgesehen ist, die in den anderen Interviews auch weitgehender - wenn auch konfliktbehaftet (vgl. Vorbemerkung zur Interpretation zu Beginn des Kap.IV) - umgesetzt werden konnte. Diese deutlichere "Profilierung" der Interviewerin könnte im Zusammenhang mit den Legitimationsproblemen durch den Anfang des Interviews betrachtet werden. Nach diesem Beginn erschien es nicht angemessen, die Erzählung nur parasprachlich sowie durch entsprechende Gesten zu begleiten. Im Interview zeigen sich auch konfrontative Stellen, an denen die Interviewerin - entgegen der methodischen Vorgaben - argumentiert und auf (wahrgenommene) Widersprüchlichkeiten hinweist (vgl. Kap.3), was möglicherweise mit dem oben beschriebenen Interaktionskonflikt in Zusammenhang steht. Angesichts dieser Reihe an konfliktiven Aspekten im Interview mit Frau D. mutet es fast erstaunlich an, daß das Gespräch überhaupt in diesem Umfang weitergeführt wurde. Am Ende des ersten Interviews bot mir Frau D. sogleich an, ein anderes Mal wiederzukommen. Wesentliche Momente, die unsere Beziehung (und damit wahrscheinlich auch das zweite Interview) beeinflußten, ergaben sich außerhalb der Interviewsituation, etwa bei gemeinsamen Essen oder Spaziergängen. Im Text finden sich allerdings kaum explizite Hinweise, mit denen die Veränderung unserer Beziehung nachvollziehbar beschrieben werden könnte.

8. Grundzüge der Erzählung: Aktivität und Stärke als Integrationsmomente

Kindheit vor der Verfolgung

Frau D. erzählt in beiden Interviews sehr wenig über ihre Kindheit in der Zeit vor der Verfolgung. Zum einen betont sie die "Normalität" ihrer Kindheit, zum anderen bedauert sie jedoch auch, daß ihre Eltern sich als erfolgreiche Geschäftsleute nur wenig um sie gekümmert und ihre Betreuung weitgehend einer Gouvernante überlassen hätten.

Selbstdarstellung
In ihrer Selbstdarstellung dominiert das Bild eines aktiven, unternehmungslustigen Mädchens, das sich gegen Ungerechtigkeiten zur Wehr setzt. Sie konstruiert sich als starkes, "kerngesundes" Kind und entwirft sich im Gegensatz zu anderen, die sie als schwächer darstellt. In diesem Muster können bereits Ansätze der Konstruktion für ein 'Legitimationsmuster' des Überlebens gesehen werden, mit dem sie auf dem Hintergrund des millionenfachen Mordes ihr eigenes Überleben verständlich machen will.

Familienbeziehungen
In der Beschreibung ihrer Familie dominiert die Perspektive der Fürsorge. Nach dem Tod des Vaters, den sie zunächst als Beschützer idealisiert, was durch die Verfolgung gebrochen wird, scheint sie sich für ihren Bruder und ihre Mutter verantwortlich zu fühlen. Diese fürsorgliche Haltung unterstützt die Betonung der Aktivität in ihrer Selbstdarstellung und kann als wesentlicher Teil ihrer 'Überlebensstrategie' während der Verfolgung gesehen werden.
Das Bild ihrer Mutter ist in meiner Wahrnehmung im Vergleich zum Vater von weniger Verständnis geprägt. Dies kann u.a. im Zusammenhang mit den Vorwürfen ihrer Mutter kurz vor deren Tod betrachtet werden, die große Schuldgefühle in Frau D. hinterlassen haben, was inzwischen jedoch weitgehend therapeutisch bearbeitet worden zu sein scheint.
Ihren älteren Bruder beschreibt Frau D. als schwach und kränklich, auch diese Schilderung scheint unter dem Eindruck seiner Ermordung in Auschwitz zu stehen.

'Überlebensstrategien' während der Verfolgung
Neben der allgemeinen Bedeutung der Aktivität in der Lebensgeschichte von Frau D. und der oben genannten Fürsorge für die Familie lassen sich noch einige spezifische Formen des Umgangs mit der extremen Verfolgungssituation aufzeigen.
Eine wichtige Funktion kommt dem Zusammenhalt der jüdischen Jugendlichen bei der zunehmenden Einschränkung ihrer Handlungsmöglichkeiten zu, den Frau D. vor allem für die erste Zeit der Verfolgung beschreibt. Es gelingt ihr damit, positive Seiten der repressiven Maßnahmen zu betonen. Für Theresienstadt beschreibt Frau D. die Bedeutung der sozialen Unterstützung nicht nur in materieller Hinsicht, sondern auch durch Gesprächsmöglichkeiten: mit anderen Jugendlichen habe man sich nicht über Probleme, sondern über Angenehmes unterhalten und Zukunftspläne gemacht. Diese zukunftsgerichteten Phantasien sowie die feste Überzeugung, daß sie überle-

ben wird, erhalten ebenfalls existentielle Bedeutsamkeit in der Verfolgungssituation.
Weiterhin wird in der Erzählung deutlich, daß *Antizipation* eine wesentliche Bedingung für das Überleben darstellt. Auch wenn dies nur eine scheinbare sein konnte, da die Realität der Konzentrations- und Vernichtungslager nicht antizipierbar war, scheint sie ein Gefühl von Kontrolle und Handlungsmöglichkeiten auf dem Hintergrund völliger Hilflosigkeit zu geben.
Die Retrospektive der Verfolgungszeit (wie auch der Zeit nach der Befreiung) wirkt insgesamt sehr geprägt von dem Bemühen um die Wiederherstellung ihrer Handlungskompetenz, dem Bemühen, ihrer Erfahrung der erzwungenen Hilflosigkeit während der Verfolgung etwas entgegenzusetzen.

Grenzen der Erzählung
Im Interview ist es Frau D. kaum möglich, über ihre Erinnerungen an Auschwitz zu sprechen. Es werden die grundlegenden Verstehensprobleme deutlich, die diesen Erfahrungen anhaften. Frau D. wurde danach in ein "Arbeitskräftelager" nach Norddeutschland verschleppt: Es fällt mir auf, daß es Frau D. an dieser Stelle möglich ist, ihr Leiden zu thematisieren. Dies hängt vielleicht mit der im Vergleich zu ihren bisherigen Erfahrungen geringeren Intensität des Leidens zusammen, die ihr noch eine Versprachlichung ermöglicht und nicht weitgehend abgespalten werden muß. Im Interview wird das schmerzhafte Bemühen sichtbar, daß Frau D. zwar einerseits Zeugin der Massenvernichtung sein und von den Greueltaten berichten möchte, andererseits aber keine Worte dafür findet.

Grundmuster ihres Umgangs mit der Traumatisierung im Prozeß der Erzählung
Als dominierendes Muster kann der Versuch beschrieben werden, ihre Gefühle von der Erzählung zu trennen, was Frau D. prägnant mit den Worten "ich nehm das schon rationell" und "ich will nicht mehr ... mit Gefühlen davon reden" beschreibt. Sie führt an mehreren Stellen des Interviews aus, daß sie ansonsten nicht mit ihren extrem traumatischen Erfahrungen umgehen könne. Diese Trennung scheint für sie die Erinnerungen etwas erträglicher zu machen und nicht zu schmerzhaft werden zu lassen.

Entwicklung eines 'Legitimationsmusters' für ihr Überleben
Die Konstruktion der Lebensgeschichte wurde als Integration vereinzelter, kontingenter Episoden in einen sinnstiftenden Zusammenhang betrachtet (vgl. Kap.III). Dieser Integrationsleistung ist die Bemühung um Plausibilisierung des (letztlich unerklärlichen) eigenen Überlebens implizit. Sie erscheint als Umgang mit zugrundeliegenden psychischen Konflikten, die ihre Gestalt vor dem Hintergrund der Massenvernichtung als extremer Traumatisierung erhalten.

Das dominante Moment im Erklärungsmuster von Frau D. scheint in der Betonung der Aktivität zu liegen. Die Konstruktion eigener Handlungskompetenz angesichts der unmenschlichen Bedingungen der Verfolgung, die nahezu jeglichen Handlungsspielraum ausschließen, läßt sich als Versuch verstehen, die Erfahrung völliger Hilflosigkeit abzuwehren. Die gesamte Erzählung erscheint damit zentriert um den grundlegenden Konflikt zwischen Aktivität als Möglichkeit zum eigenem Handeln und Hilflosigkeit.
Das 'Legitimationsmuster' des eigenen Überlebens kann aufgrund der Bedingungen der Verfolgung (vgl. Einleitungskapitel) nicht konsistent sein und weist verschiedene Brechungen auf. Frau D. berichtet von einem Wandel zu Beginn der Verfolgung, als sie sich nicht mehr gegen Ungerechtigkeiten wehren durfte. Diese erzwungene Hilflosigkeit scheint als frühe Verfolgungserfahrung fundamentale Bedeutung zu erlangen. Ihre Wehrhaftigkeit reduziert sich im Verlauf ihrer Verfolgung auf ein 'inneres Wehren', was aber auch als 'Überlebensstrategie' verstanden werden kann. Die Brüchigkeit ihres 'Erklärungsmusters' für ihr eigenes Überleben, für das - aufgrund der Totalität der Massenvernichtung - keine hinreichenden Gründe gefunden werden können, verdeutlicht sich in der Sprachstruktur sowie in der vergeblichen Bemühung um hinreichend plausible Faktoren. Neben ihrer Aktivität führt Frau D. noch ihr Alter sowie das Schicksal (Glück) an. Ungeachtet des (zumindest teilweise) rationalen Gehalts dieser Erklärungsmomente bleibt doch die Unerklärbarkeit des Überlebens bestehen.
Das 'Legitimationsmuster', die Betonung und Bedeutung von Aktivität, setzt sich auch in der Schilderung des Lebens nach der Befreiung fort.

Leben nach der Verfolgung, Umgang mit der Verfolgungserfahrung
Zu ihrem Erleben nach der Befreiung: Von besonderer Bedeutung scheint die Erfahrung der Einsamkeit und Andersartigkeit für sie gewesen zu sein. Im Zusammenhang mit den Schilderungen über ihre Therapie berichtet Frau D. von ihren Schwierigkeiten in der Nachkriegszeit und dem mangelnden Verständnis der anderen Menschen: Frau D. fühlte sich durch die Verfolgung ausgeschlossen und stigmatisiert. Sie vergleicht ihre Situation mit dem Verlust eines Körperteils, als hätte sie durch die Verfolgung ein Stück ihrer selbst verloren und als wäre der Verlust für jeden sichtbar. Die Stigmatisierung der Verfolgten habe sie auch in Israel empfunden, die Verfolgungsgeschichte erscheint unvereinbar mit der Ideologie des Aufbaus eines neuen Staates.
Frau D. habe dieser Ausgrenzung ein verstärktes Bemühen um Adaptation an ihre neue Lebenswelt in Israel, insbesondere durch ihre Integration in den Kibbuz, entgegengesetzt.

Zu ihren Familienbeziehungen: Das Leben im Kibbuz scheint dem Beziehungsmuster von Frau D. nach der Verfolgung entgegenzukommen, es ermöglicht ihr solidarische, aber emotional distanziertere Beziehungen als etwa in einer Kleinfamilie und bietet gleichzeitig ein großes Maß an Sicherheit und Gemeinschaft. In den Schilderungen ihrer beiden Ehen wirkt Frau D. sehr darum bemüht, distanziert, ohne ausgeprägte emotionale Beteiligung, zu erzählen. Es scheint ihr noch sehr schwer zu fallen, über den Tod ihres zweiten Mannes zu sprechen. Das Bemühen um Distanz dominiert auch ihre Erzählung über ihre ersten Liebesbeziehungen in Theresienstadt sowie in der ersten Zeit nach der Befreiung. Von ihrem Sohn berichtet Frau D. vorwiegend im Kontext ihrer gemeinsamen Reise nach Auschwitz. Einerseits bedeutete ihr seine Gegenwart eine wichtige Unterstützung, anderseits wird aber auch der Eindruck deutlich, daß er sie letztlich doch nicht verstehen könne, ein Eindruck, der von vielen Überlebenden geteilt wird (vgl.Kap.II).

Zur Bedeutung ihrer Arbeit: Frau D. hat zunächst als Anstreicherin und dann als Graphikerin an der Illustration von Büchern gearbeitet. Sie betont ihre Kreativität und den Erfolg, mit dem sie ihre Ideen habe umsetzen können. An dieser Stelle bekommt auch die Einsamkeit eine andere, positive Färbung: sie war allein, selbständig und unabhängig. Frau D. scheint ihre graphische Arbeit zunächst als Entwurf einer Gegenwelt zu verstehen, in der ihre traumatischen Erfahrungen keinen Platz finden. Die "Ausklammerung" ihrer Verfolgungserfahrung aus ihrer Arbeit ist jedoch nicht vollständig möglich. So beschreibt Frau D. etwa, daß ihre seelische Entwicklung an den Bildern erkennbar wäre. Deutlich wird in der Erzählung von Frau D. ein sehr kreativer Umgang mit den extrem traumatischen Erfahrungen, die Kreativität scheint ihr zur 'Überlebensstrategie' nach der Verfolgung zu werden.

Zu ihren psychotherapeutischen Erfahrungen: Den Anlaß für ihre Therapie beschreibt Frau D. mit einem Zusammenbruch in der Menopause. Im psychoanalytischen Interpretationsprozeß wurde herausgearbeitet, daß Frau D. in ihrer Erzählung zunächst das Bild einer erfolgreichen Therapie entwirft, das jedoch zunehmend durch andere Erzählstränge konterkariert wird. So führt sie das Abklingen ihrer verfolgungsbedingten Depressionen und weiteren psychischen und körperlichen Beschwerden nicht auf die Psychotherapie bzw. medikamentöse Behandlung zurück, sondern entwirft das Erklärungsmodell eines Selbstheilungsprozesses in körperlicher und seelischer Hinsicht. Als Beispiel dafür führt Frau D. an, daß ihr die Hormonpräparate gegen die Beschwerden ihrer Menopause - im Unterschied zu den anderen Mitteln - auch gegen die Depressionen geholfen haben. Frau D. schildert weiterhin eine Reise in die CSSR und nach Auschwitz, die sie als Befreiung von der Verfolgungserfahrung inszeniert. Es könnte vermutet werden, daß die Psychotherapie eine wesentliche Vorbereitung für diese Reise geliefert hat, die die Konfrontation mit den Orten ihrer Verfolgung erst möglich werden ließ.

Zusammenfassend können folgende Versuche, ihrem Leben nach der Befreiung einen Sinn zu geben und damit der Sinnlosigkeit der Verfolgung etwas entgegenzusetzen, beschrieben werden: Kunst, Schreiben - und später in ihrem medizinischen Beruf - Menschen von ihren Schmerzen befreien. Ihre Kreativität stellt so für sie eine 'Überlebensstrategie' nach der Befreiung dar, die ihr den Umgang mit den extrem traumatischen Erfahrungen etwas erträglicher zu machen scheint. Daneben kann die Betonung dieser Aktivitäten auch als Teil ihres 'Legitimationsmusters' des Überlebens gesehen werden, das sich in die Zeit nach der Befreiung fortsetzt und ihr ein Gefühl von Kontinuität und Identität vermittelt (vgl. auch Schlußkapitel).

Interpretationsskizze des Interviews mit Frau F.: "Dem Leiden einen Sinn geben, daß ich einem anderen dadurch helfen kann"

1. Überblick über die Lebensgeschichte

Frau F. wurde Anfang der 30er Jahre in Rumänien geboren. Sie kommt aus einer relativ wohlhabenden Familie, ihr Vater arbeitete im Unternehmen des Großvaters. Frau F. hatte noch eine Schwester, die 10 Jahre älter gewesen sei, beide seien überwiegend von einer Gouvernante betreut worden.
Mit dem sowjetischen Einmarsch 1940 änderte sich ihr Leben bereits grundlegend; 1941 habe dann die nationalsozialistische Verfolgung begonnen. Zusammen mit ihrer Familie sei sie nach Transnistrien deportiert worden.
Nach ihrer Befreiung sei sie mit ihrer Familie wieder in ihre frühere Stadt zurückgekehrt. Ihr Vater sei kurz nach der Befreiung gestorben.
Zusammen mit ihrer Mutter emigrierte Frau F. nach Israel und heiratete dort. Nach Studium und Promotion in Deutschland arbeitet sie gegenwärtig als Ärztin in den USA.

2. Persönlicher Eindruck von der Gesprächspartnerin bzw. der Gesprächssituation

Frau F. war zum Zeitpunkt des Interviews in Israel zu Besuch, das Interview wurde mir von Bekannten vermittelt.
Frau F. ist eine vielbeschäftigte, beruflich erfolgreiche Frau mit einem sehr klaren, dominanten Auftreten. Im Interview fühlte ich mich jedoch überschwemmt von ihrem ununterbrochenen Erzählfluß, dem ich zeitweise auch nur schwer folgen konnte. Ihr häufig assoziativer Erzählstil bildete einen deutlichen Widerspruch zu ihrem sonstigen klaren Auftreten.

3. Eindrücke aus ihrer Kindheit

Frau F. beginnt das Interview damit, zwei Analysen gemacht zu haben, ohne Zögern berichtet sie auf meine Frage hin detaillierte Kindheitserinnerungen.

> "Meine erste Erinnerung ist, der Teppich, der von meinem Bett zum Teppich, zum Bett meines Vaters ging." (1)

Frau F. beginnt mit einem ungewöhnlichen Bild, auf das sie auch nicht näher eingeht. Der so offensichtlich ödipale Charakter dieser Erinnerung fällt auf, zumal er Frau F. auf dem Hintergrund ihres Berufes und der beiden Analysen bewußt sein dürfte. Es stellt sich somit die Frage, was sie damit zum Ausdruck bringen will; zunächst kann es zumindest als Hinweis auf eine bedeutsame Vaterbeziehung verstanden werden.
Frau F. fährt mit den anderen Familienmitgliedern und einem grundlegenden Identitätskonflikt fort.

> "Aber eigentlich dominant bei uns war die Mutter, (Pause bis 5 sec.) und ich hab, hm, weil, dominant war die Mutter und ihr Vater. Ich sollte ein Karl[94] werden und (Pause bis 5 sec.) und kam als Karla zur Welt... denn mir wurde meine ganze Kindheit erzählt, und ich sollte Karl sein." (1, im Anschluß an o.g. Zitat)

Im Interpretationsprozeß fällt an dieser Stelle die Unmittelbarkeit auf, mit der sie auf einen bedeutsamen Identitätskonflikt ihrer Kindheit zu sprechen kommt. Er scheint sehr eng mit der Erinnerung an ihre Mutter verknüpft zu sein. Im weiteren Interviewverlauf führt Frau F. auch die Enttäuschung ihrer Mutter über die Geburt einer Tochter aus, ihr Großvater mütterlicherseits hätte sie jedoch getröstet und Partei für seine Enkelin ergriffen.
Frau F. idealisiert ihren Großvater in einer ausführlichen Schilderung, er sei gewesen, "wie man sich den lieben Herrgott vorstellt" (Interviewseite 1). Die

---

[94] Der Name ist selbstverständlich geändert.

"schönste Erinnerung" (1) für sie sei das Bild, wie sie auf dem Schoß des Großvaters sitzen und seinen Herzschlag hören würde. Das sei für sie der Inbegriff des Geschütztseins gewesen. Es ist auffällig, daß sie in ihrer Erzählung die Schutzfunktion so eindeutig auf ihren Großvater - und nicht etwa auf ihre Eltern - übertragen hat. Möglicherweise besteht ein Zusammenhang zu ihrer späteren Verfolgungsgeschichte in der Weise, daß ihre Eltern es nicht vermochten, sie vor der Verfolgung durch die Nationalsozialisten zu schützen, ihr Großvater hingegen war zu dieser Zeit schon gestorben, sein Bild als Beschützer konnte somit aufrechterhalten werden.
Neben der Dominanz ihrer Mutter erinnert Frau F. eine weitere Szene mit ihr.

> "Eine andere Erinnerung ist meine Mutter, ich hatte eine Gouvernante, und meine Mutter hat, die eigentlich gar-, mich eigentlich gar nicht so gepflegt, sie hat mir nicht Essen gegeben und sie hat mich nicht gebadet und gewaschen, aber da war so der erste Schultag, nein, der erste Kindergartentag, und da hat meine Mutter mich angezogen, hat gesagt: Mein kleines Kind, mein kleines Mädchen geht heute in den Kindergarten. Und das war so ein warmes Gefühl..." (1f)

Frau F. fügt noch eine weitere Szene hinzu, wo sie dieses Gefühl auch beim Spaziergang mit ihren Eltern und ihrer Schwester erlebt hätte. Damit beschließt sie ihre Kindheitserinnerungen an die Zeit vor der Verfolgung.

> "Das sind so Kindheitserinnerungen, die so, so warm sind, das ist, es wird mir richtig warm, wenn ich davon spreche." (2)

Die Erinnerung an ihre Kindheit scheint bei Frau F. von angenehmen Empfindungen begleitet zu sein. Diese Zeit bildet einen bedeutsamen Hintergrund für die spätere Verfolgungserfahrung. Im Interpretationsdiskurs wurde die Bedeutung dieser tragenden frühen Objektbeziehungen für den Umgang mit der extremen Traumatisierung herausgearbeitet.
Mit zehn Jahren sei Frau F. dann bewußt geworden, "in welcher Welt wir eigentlich leben" (2), bis dahin habe sie "in der Welt meiner Kindheit, meiner Phantasien ... meiner Musik" (2) gelebt. Die Musik sei von großer Bedeutung gewesen, mit zehn Jahren habe sie täglich vier Stunden Klavier gespielt und sei auch bei Konzerten aufgetreten. Schon in ihrer Kindheit stellt sich Frau F. als sehr leistungsorientiert und erfolgreich dar.

4. Verfolgungsgeschichte

Im Jahr 1940, als Frau F. zehn Jahre alt war, hatte die UdSSR Rumänien besetzt. Ein Teil ihrer Verwandtschaft sei geflohen, ihre Familie hätte jedoch nicht fliehen können, da ihre Großeltern sehr krank gewesen seien. Es habe

eine "schreckliche Spannung" (2) in ihrem Elternhaus geherrscht, ihr Vater sei mehrfach von der Polizei abgeholt und verhört worden.
Frau F. berichtet von Schuldgefühlen, sie sei in der Schule sehr unter Druck gesetzt worden; ihren Eltern sei mitgeteilt worden, daß sie die Kinder dazu anhalten sollten, innerhalb kürzester Zeit Russisch zu lernen. So hätte Frau F. häufig Angst gehabt, daß ihr Vater verhaftet würde, wenn sie nicht gut genug lerne. Die Leistungsthematik scheint damit eine existentielle Bedeutung für Frau F. zu erhalten. Daneben schildert sie auch angenehme Momente aus dieser Zeit: Sie habe viel Spaß an Musik und an Filmen gehabt.
Bei Kriegsausbruch drohte ihnen ein Transport nach Sibirien, einige ihrer Verwandten seien deportiert worden, ihre Familie habe sich jedoch verstekken können. Von den Deutschen seien sie dann "befreit" worden und hätten in ihr Haus zurückkehren können. Frau F. berichtet dann eine Episode, wo eine deutsche Einsatzgruppe sie überfallen habe und ermorden wollte.

> "Man hat uns rausgenommen von zu Haus, von Zimmer, wir hatten ein Riesen, einen Riesengarten, und da haben sie auch, also Pferde und haben die da hingebracht und, und uns, wir haben uns da das Grab gegraben und standen eine ganze Nacht mit dem Gesicht zur Wand und haben gewartet, daß man uns erschießen soll..." (3f)

Einem früheren Arbeiter ihres Vaters, der inzwischen auf die Seite der Nationalsozialisten gewechselt wäre, sei es dann gelungen, sie zu retten. Frau F. spricht nicht von ihrer Angst, sie scheint sich an dieser Stelle sehr um eine "Bewältigung" ihrer Gefühle zu bemühen, die sie sonst wahrscheinlich überwältigt hätten. An der fragmentierten, unvollständigen Satzstruktur, deren assoziative Einschübe das Verständnis zusätzlich erschweren, werden jedoch die mangelnde Distanz zu diesem Erlebnis, die Unmittelbarkeit ihrer Erinnerung sowie die Angst, die auch den Erinnerungsprozeß daran begleitet, deutlich. Die wenig organisierte Struktur ihrer Geschichte, der ununterbrochene Erzählfluß scheint ein Moment dieses Überwältigtseins von den eigenen Erlebnissen mitaufzunehmen. Im Interpretationsprozeß wurde deutlich, daß dies von meinem eigenen Empfinden als Interviewerin während des Gesprächs in dem Gefühl widergespiegelt wurde, von dem Erzählfluß überschwemmt zu werden.
Kurze Zeit später sei in ihrer Stadt ein Ghetto eingerichtet worden. [95] Von dieser Zeit berichtet Frau F. kaum etwas, alles sei ihr so fremd und unbekannt gewesen, daß sie nichts erzählen könne.

> "Im Grunde genommen war ich das erstemal in meinem Leben, in diese, in diesem Teil der Stadt, ich kannte es überhaupt nicht, ich kann überhaupt nichts beschreiben." (4)

---

[95] Nach R. Hilberg (1990) waren solche Bestechungsversuche in Rumänien sehr verbreitet und von wesentlicher Bedeutung für das Überleben.

Diese Sequenz spiegelt die Plötzlichkeit und Unmittelbarkeit, mit der die nationalsozialistische Verfolgung ihr Leben von Grund auf veränderte.[96] Es habe wenig Möglichkeiten gegeben, sich auf die veränderten Bedingungen einzustellen. Frau F. sei nur sehr kurze Zeit mit ihrer Familie im Ghetto geblieben, das gleich nach seiner Errichtung wieder aufgelöst wurde. In einem Viehwaggon seien sie dann in ein Lager deportiert worden.

> "Und dann kamen wir zum Bahnhof, und dann standen so Viehwaggonen, und wir mußten in Viehwaggon reingehen. Und da begann das Stupfen, jeder wollte früher hineingehen. Es schon hinter sich haben, ja früher hereinkommen, man hat sich richtig gestupft, man soll herein schon, man hat auch Angst gehabt, wer draußen bleibt, wird erschossen, also ich meine in dieser Nacht, wo wir mit dem Gesicht zur, wurden 5.000 Juden umgebracht. Und verscharrt. Irgendwo. Ja, das war, das war auch ein schreckliches Erlebnis, und das hat, man hat dieses Massengrab irgendwo gemacht, und dann ging ich einmal noch zu meiner Klavierlehrerin, weil die hat mich immer wieder zu sich eingeladen, ich sollte doch kommen und so, und da waren eine Gruppe bekannte Mädchen und Jungs, die haben gespielt, ich ging auf zu, und plötzlich sehen wir eine Hand aus der Erde (leise) und ein Schädel kam raus. Die haben einfach sie zugeschüttet. Hunde haben gewühlt da, und dadurch wurde die Erde dünner, (I: ja) das war ein Schreck, ich erinnere mich, ich bin einfach davongelaufen und bin zu der Lehrerin. Ja, also, und dann waren wir schon, dann waren wir schon in dem Viehwagen, im Waggon, und unser Hund, ich hatte zwei kleine Hunde..." (4f, im Anschluß an o.g. Zitat)

Frau F. erzählt weiter von ihrem Hund, der sie lange begleitet hätte. Diese längere Sequenz vermittelt einen anschaulichen Eindruck ihrer assoziativen Erzählstruktur. Die Erinnerungen scheinen solch eine Kraft zu besitzen, die sie an einer strukturierenden Auswahl hindert. Möglicherweise kann dies als ein Hinweis auf ihre extreme Traumatisierung, die nicht in die Form einer Erzählung gebracht werden kann, verstanden werden. In diesem Zitat werden mehrfach Szenen von Todesangst und größtem Entsetzen angesprochen; der ununterbrochene Erzählfluß verweist dabei auf ihr Überwältigtsein durch die schrecklichen Erlebnisse sowie auf die Angst, die mit der Erinnerung verbunden zu sein scheint.
Frau F. faßt diese Situation der Todesangst damit zusammen, daß sie wie in einem Wattebausch, wie unter Anästhesie, gelebt hätte.

> "Ich hab, ich hab's überhaupt nicht erfaßt irgendwie so ganz in dem Moment, überhaupt glaube ich, daß die Natur sehr, sehr gnädig ist. Man wird in diesen schrecklichen Momenten, äh, der, der vor, man sieht den Tode vor Augen? Nein, man sieht ihn nicht, man ist wie in einem Wattebausch einge..., als würde man unter Anästhesie." (5)

---

[96] Im Unterschied zu anderen Ländern vollzog sich der Verfolgungsprozeß in Rumänien nicht schrittweise, sondern abrupt (vgl. ausführlich R.Hilberg, 1990)

Mit dieser Metapher beschreibt Frau F. anschaulich ihren Umgang mit der zu bedrohlichen Angst: Ihre Gefühle werden gleichsam betäubt, sie ist von Schmerzen befreit. Die Anästhesie verhindert die volle Wahrnehmung der unerträglichen Situation.
Frau F. fährt damit fort, daß sie nach der Fahrt in den Viehwaggons sieben Wochen lang durch die Wälder getrieben worden seien. Es sind unvorstellbare Szenen, auf die sich Frau F. hier bezieht,[97] sie kommen jedoch im Interview kaum zum Ausdruck; statt dessen erzählt Frau F. kleine Episoden mit ihrer Familie. So habe bspw. ihre Mutter sie mit Würfelzucker versorgt, den sie vorsorglich mitgenommen habe. Dann berichtet Frau F. noch von einer traumatischen Szene, in der sie aber ihr Vater gerettet hätte.

> "Und dann begannen sie (zwei Soldaten, d.V.) mit dem Kolben uns ins Wasser zu schieben. Wir waren, in unserer Gruppe waren das 100 Juden, mein Papa war größer als Mutti und ich, selbstverständlich, und die Leute haben sich festgehalten, das Wasser, mir war das Wasser schon vor dem Mund, aber mein Vater hat uns am Rucksack festgehakt. Und er ist festgestanden und er hat uns so festgehalten, weil das Wassser war wahnsinnig kalt und, und reißend. Und die zwei sind (leise, unverständlich), die zwei Soldaten waren (unverständl.) am Morgen waren wir 25 Leute. (Pause, bis 5 sec.) Und dann kam eine Fähre, es kam eine andere Gruppe, wir haben nicht dran gedacht, uns zu wehren, wir haben nicht dran gedacht, 135 Leute, davon waren bestimmt 50 Leute Männer, die zwei Soldaten umzulegen, nicht? Wenn man sieben Wochen in Nässe und Kälte ohne sich auszuziehen, ohne zu essen, gegangen war, dann hat man einfach, hat man keine menschlichen Reaktionen mehr." (6)

Die unvollständige, fragmentierte Erzählung scheint die extreme Bedrohlichkeit zu spiegeln, der Frau F. in dieser Situation ausgesetzt war und die ihr immer noch keine Distanzierung zu erlauben scheint.
Frau F. kam dann mit ihrer Familie in eine Kaserne, die als provisorisches Lager diente. Dort war sie plötzlich von ihren Eltern getrennt worden, als diese kurz den Raum verlassen hatten. Sehr eindrücklich schildert sie diese Szene völliger Verlassenheit und Einsamkeit.

> "Dann waren noch zwei Rucksäcke zu holen, und da haben die (unverständl.) meine Mutti raus mit dem Rucksack, und Papa sagte mir, er käme sofort zurück. Und in diesem Moment sperrt man das Lager ab, und ich bleib allein. (Pause, bis 5 sec.) Wieder mal. Ich war, ja, und die Soldaten, die deutschen

---

[97] Die nach Transnistrien deportierten Juden waren völlig sich selbst überlassen, niemand sorgte für Nahrung und Unterkünfte. Die Situation unterschied sich sehr von den Konzentrations- und Vernichtungslagern in den von Deutschen besetzten Gebieten, wo den Verfolgten vorgespielt wurde, daß ihre Arbeitskraft von Bedeutung sei. In Transnistrien hingegen war die Vernichtungsabsicht gänzlich unverstellt. Nach der Aktennotiz eines deutschen Beamten von 1941 sei "der Sinn der Aktion...die Liquidierung dieser Juden"(Hilberg, 1990, 830)

Soldaten kamen und sagte, jetzt ruht euch aus, morgen früh geht es weiter, gehen wir weiter. Und ich bin ganz allein. (Pause, bis 5 sec.) Und die Kaserne, es war so, es war offen, alles war offen, es war kalt und offen... und es war finster... ich hab nicht geweint, nur da, ich bin wie erstarrt dagesessen. Und diese Frau X., eine sehr liebe Frau, die hat mich so gesagt, komm leg dich zu mir, sag ich nein. Ich bin auf meinem Rucksack gesessen, ich mußte meine Sachen hüten, und bin da gesessen und nichts gedacht. (Pause, bis 5 sec.) Meine, ich kam schon auf mein zweites Lebensjahr zurück, aber ich versuchte einige Male mich in dieser Situation zu sehen, nichts. Nur, hier, der Magen dreht sich einem um, wissen Sie. (Pause, bis 5 sec.) Ich weiß nicht, wie lang ich dort gesessen hab ungefähr, ich weiß nicht, ob es zwölf Uhr nachts war oder drei Uhr nachts war, jedenfalls plötzlich hör ich: Karla! Karla! Karla! immer mehr: Karla! Karla! Da kam ein Ukrainer und holte mich raus. Mein Papa hat ihn geschickt.(7)

Frau F. scheint ihrem Erleben in der Erzählung noch sehr nah gewesen zu sein, die sprachliche Gestaltung vermittelt etwa durch die indirekte Rede der beteiligten Personen einen anschaulichen szenischen Eindruck. Auch die Redeweise von "Mutti" und "Papa" verweist auf die damalige Zeit zurück, an verschiedenen Stellen des Zitats fällt Frau F. sogar in den Präsens ("sperrt man...ich bleib allein"; "der Magen dreht sich um"; "hör ich"), was die Unmittelbarkeit ihres Erlebens noch unterstreicht. Die Bedrohlichkeit dieser Situation des Verlassenseins ist offenbar für Frau F. immer noch so stark, daß sie sich nicht in dieser Situation sehen kann. Dies scheint eine weitere Form ihres Umgangs mit der Angst darzustellen; hier wird nicht die Wahrnehmung der Situation verhindert wie bei ihrer Deportation ("wie in einem Wattebausch"), sondern die Situation wird anschaulich, auch mit ihren sinnlichen Eindrücken (kalt, offen, finster) beschrieben, nur ihr eigenes Involviertsein in dieser bedrohlichen Situation wird abgewehrt, trotz aller Bemühungen im Rahmen ihrer Therapie kann sie sich in dieser Situation nicht "sehen". Frau F. schildert noch eine weitere Form ihrer Abwehr; mit der Metapher der Erstarrung, einer archaischen Abwehrform, scheint sie dem Moment höchster Bedrohung begegnet zu sein. Es bleibt unklar, ob die Metapher "der Magen dreht sich einem um" eine gegenwärtige Reaktion beschreibt, die ihre Erinnerung begleitet oder ob sich dies auf die damalige Situation bezieht. Im Interviewtext erscheint dieses Bild häufiger im Zusammenhang mit unterschiedlichen, aber immer sehr bedrohlichen Situationen.

In dem oben beschriebenen Lager hätten sie den ersten Winter verbracht, jeden Freitag seien 1000 Leute erschossen worden, nachdem sie erst den gefrorenen Boden aufgraben mußten. Frau F. schildert die Szene, als sie an der Reihe gewesen wären.

"Einmal waren wir auch dran, und Papa, wir wußten schon, die haben genau um halb zwei aufgehört, und wer geblieben ist, wurde zurück. Papa sagte, wir stehen am Rand, man wußte nie, von wo die schießen, sie schießen da oder da, sagte er, werden wir die ersten sein, wollen wir es hinter uns haben. Werden wir die letzten sein, dann wird es nichts. Wir waren die letzten (Pause, bis 5 sec.). Ich versuche auch, unzählige Male versucht, daran zu denken, was hab ich gefühlt. Nur hier, ich weiß nicht, ich hab so das Empfinden gehabt, ich atme nicht, das kann nicht sein. Aber vollkommen, ich glaube, man hätte mir ins Fleisch schneiden können, vollkommen (Pause, bis 5 sec.), es war nicht mal apathisch." (7f)

Mir fällt auf, daß es Frau F. in ihrer Geschichte offenläßt, ob sie durch einen Zufall oder das Geschick ihres Vaters überlebt haben. Ihre Erzählweise, der Aufbau dieser Episode läßt auch letzteres vermuten und verweist damit wiederum auf ihr Bild eines "heldenhaften" Vaters, der sie gerettet hat. An dieser Textstelle kommt auch wieder ihre Abwehrbemühung, das Erstarren und die Anästhesie, zum Ausdruck. Frau F. fährt damit fort, daß sie auch keine Melodie in sich gehabt hätte, was sie sonst immer hatte. Sie erzählt von den Melodien, die ihr durch den Kopf gegangen seien, Lieder, die sie zum erstenmal von den Chassidim im Waggon gehört hatte, auch lustige Lieder, und von ihren Tagträumen, die ihr ein Gefühl von Wärme verschafften hätten. Auch darin können Versuche gesehen werden, den unerträglichen Erlebnissen zu entfliehen. Frau F. scheint sich über Melodien und Tagträume eine andere Welt phantasiert zu haben, die ihr das Überleben erleichterten.

"Ich hab sehr, sehr viele Tagesträume gehabt, so, wenn wir so da gesessen sind und gewartet haben, (Pause, bis 5 sec.) unendliche Tage, unendliche Nächte, und Tagesträume, immer wieder, daß ich lerne und daß ich schon erwachsen bin, daß ich mit meinem Mann stehe, ich seh ihn nicht, wie ich ihn damals gesehen hab, oder ob ich ihn damals gesehen hab, ich stehe und warte auf die Resultate der Matura. Ich bin erwachsen und warte mit meinem Mann auf die Resultate der Matura. Daran erinnere ich mich ganz deutlich. Selbstverständlich keine sexuellen, sexuell war da überhaupt nichts, aber die Wärme, die Wärme, komischerweise nicht mehr die Eltern, die diese Ausstrahlung haben, und nicht der Großvater, aber nur noch, es war mir warm, mein Mann stand neben mir (Pause, bis 5 sec.)." (8)

Die Inhalte dieser Tagträume scheinen eine sehr bedeutsame Rolle im Leben von Frau F. einzunehmen. Aufgrund der hohen Bedeutung für das Überleben der extremen Traumatisierung wurden diese Tagträume im hermeneutischen Diskurs näher beleuchtet: Es wurde sichtbar, daß bspw. die Leistungsthematik schon zu Beginn des Interviews angesprochen wurde, auffällig ist sie allerdings im hier angesprochenen Kontext der Verfolgung (vgl. ausführlich zu dieser Thematik Kap.6). Ein anderes Thema, das in verschiedenen Episoden immer wieder durchscheint, ist die Sexualität. An dieser Textstelle scheint sie ihre sexuellen Gefühle durch die Empfindung von "Wärme" zu ersetzen, allerdings bezieht sie dies nur noch auf ihren Mann und nicht mehr auf ihre Eltern und ihren Großvater. Mit dem Gefühl von "Wärme" beschreibt sie allerdings auch ein Gefühl von Geborgenheit und Sicherheit,

wie sie es schon in der Darstellung ihrer Kindheit zum Ausdruck gebracht hat. Die unter der Bedingung der Verfolgung phantasierte Wärme wirkte so wahrscheinlich ihrer Schutzlosigkeit entgegen.
Als weitere "Überlebensstrategie" läßt sich ihre Fürsorglichkeit beschreiben. Ihre Eltern und sie seien an Typhus erkrankt; ihre Eltern seien bewußtlos gewesen, sie hätte ihnen dann etwas zu essen besorgt. Ausführlich schildert sie ihre "Einkaufsbemühungen" und ihre Verzweiflung, als ihr Geld gestohlen wurde, weil sie ihren Eltern dann nichts habe bringen können. Mit ihrer Fürsorge übernahm Frau F. Verantwortung und konnte so der drohenden Apathie Aktivität entgegensetzen.
Unvermittelt erzählt Frau F. inmitten der schrecklichen Erlebnisse von positiven, angenehmen Begebenheiten. So seien sie eines Tages in eine Ortschaft gekommen, wo sie vorher schon einmal in einem Ghetto gewohnt hätten. Dort hätte sie auch eine frühere Freundin wiedergetroffen, die sie häufig besucht hätte. Am Nachmittag hätten sie gesungen und getanzt, es seien auch Jungen da gewesen; auf einen hätte sie immer gewartet, wenn er von der Zwangsarbeit zurückgekehrt sei. An dieser Stelle wechselt Frau F. die Perspektive und berichtet von ihrem Vater, der zu ihrer Mutter gesagt habe, daß es ihn sehr schmerze, daß sie ihre erste Liebe unter diesen Bedingungen erleben müsse. Frau F. habe jedoch damals nichts dazu gesagt und auch in ihrer Erzählung dies nicht kommentiert. Der Perspektivenwechsel scheint allerdings als ihr Bemühen verstanden werden zu können, mit dieser traurigen Tatsache umzugehen. Sichtbar wird an dieser Episode auch die Schwierigkeit der Adoleszenz unter den unmenschlichen Bedingungen. Frau F. fährt fort mit der Erzählung von einem Kunsthistoriker, der sie mit Bildern vertraut gemacht habe, die er als Reproduktionen bei sich hatte. Später, als sie zum ersten Mal die Uffizien besucht hätte, habe sie diese Bilder verzweifelt gesucht und den Entschluß gefaßt, um dieses Mannes willen, der bald an den unmenschlichen Bedingungen der Verfolgung gestorben war, Kunstgeschichte zu studieren. An dieser Stelle wird wieder ein Zusammenhang zwischen ihrer Verfolgungszeit und dem späteren Leben deutlich; ihre Studienwahl scheint (zumindest teilweise) der Erinnerung an diesen Mann geschuldet.
Am Ende der Erzählung über ihre Verfolgung erzählt Frau F. eine Episode, wo ihre Eltern ihr aus hygienischen Gründen und der Furcht vor einer Ansteckung verboten hätten, mit einem typhuskranken Jungen zu sprechen, dessen Vater gestorben war und der selbst kurz darauf gestorben sei. Etwas später habe es dann eine ähnliche Situation gegeben, sie hätte jedoch mit einem kranken Jungen gesprochen und ihn ermutigen können, allerdings sei sie daraufhin von ihrem Vater geschlagen worden. Dieser Mann habe überlebt und ihr später gesagt, nachdem er sie bei einem Fernsehauftritt wiedererkannt hätte, daß er ihrer Ermutigung sein Leben verdanke. Mit dieser Episode verläßt Frau F. den Kontext ihrer Verfolgung und bezieht die Zeit nach ihrer Befreiung mit ein, wobei diese Szene eine Art von Brückenfunktion er-

hält. An verschiedenen Stellen im Interview (vgl. auch Kap.6) wird deutlich, daß es Frau F. in ihrem weiteren Leben sehr wichtig ist, anderen Menschen zu helfen, sie zu heilen. Über dieses Moment scheint sie eine Art retrospektiver Kontinuität zwischen der Zeit ihrer Verfolgung und der Zeit danach zu schaffen, die letztlich auch der Erklärung ihres Überlebens dient. Das zugrundeliegende "Legitimationsmuster" könnte explizit etwa folgendermaßen formuliert werden: Das Überleben von Frau F. ist - unter anderem - ihrer Fähigkeit zu helfen geschuldet. Damit hat sie der Vernichtung die Erhaltung von Leben entgegengesetzt, dem sinnlosen Morden sinnhaftes Handeln. Sie wirkte damit der Hilflosigkeit und Verzweiflung während der Verfolgung entgegen; dasselbe Erklärungsmuster gilt aber auch für die Zeit nach ihrer Befreiung und findet seinen Niederschlag etwa in ihrer Berufswahl. Bemerkenswerterweise schließt Frau F. diese Episode mit dem Satz:

> "Und solche Erinnerungen, also das ist es." (11)

Im weiteren Interviewverlauf berichtet Frau F. dann von ihrer Befreiung; es ist daher zu vermuten, daß sie mit dem Satz die Erzählung über ihre Verfolgungszeit abschließen will. Die kontinuitätsstiftende und legitimationsfördernde Funktion dieser Episode dürfte der latenten, nicht bewußten Konstruktion ihrer Lebensgeschichte zuzurechnen sein.
Frau F. schildert die Situation ihrer Befreiung durch die sowjetischen Soldaten in fragmentierten Sätzen, auch diese Stelle in der Erzählung scheint sehr von Angst begleitet zu sein. Auffällig ist, daß ihre Schwester hier wieder erwähnt wird, von der sie bisher im Hinblick auf ihre Verfolgungsgeschichte nicht sprach. Es habe wahrscheinlich einige Tage zwischen dem Rückzug der Deutschen und ihrer Befreiung gegeben, Frau F. erzählt von einer Familie, die sich bereits aufgegeben hätte und die sie ermutigen sollte. Ihre Mutter hätte sich mit dieser Familie angefreundet und sie dorthin geschickt, ihr Bemühen hätte jedoch keinen Erfolg gehabt. An dieser Stelle schimmert zwar wieder ihr Bemühen, anderen zu helfen, durch, es wird aber durch ihren Mißerfolg eigenartig gebrochen. Hinzu kommt, daß Frau F. damit fortfährt, auf dem Rückweg von dieser Familie von Ukrainern überfallen worden zu sein, die ihren Hund auf sie gehetzt hätten. Ihre Mutter habe dies gesehen, habe aber nicht helfen können. An dieser Stelle der Erzählung fällt Frau F. unvermittelt wieder in die Rolle eines kleinen Mädchens zurück, das von ihrer Mutter beschützt werden will. Unterstrichen wird dieser Eindruck auch von der sprachlichen Gestaltung dieser Szene.

> "... und Mutti stand unten und hat das alles gesehen, ich hab geschrien, es hat nichts geholfen." (12)

Die Brüchigkeit der Konstruktion, anderen helfen zu können, verweist auf die strukturelle Überforderung der Verfolgten und die Unmöglichkeit, stringente 'Legitimationsmuster' für das Überleben zu entwerfen.

Ihre Befreiung durch die russische Armee 1944 beschreibt Frau F. sehr fragmentiert und ambivalent:

> "Dann begann, also die Freude, wir sind frei, daß man die Männer alle zum Militär genommen hat, direkt, und daß wir nach Hause, daß wir entweder da bleiben oder nach Hause gehen. Wie, was, kein Mensch ... (Pause) und das war schrecklich, die haben vergewaltigt, die russischen Soldaten..." (13).

Es habe große Unsicherheit geherrscht, was nach der Befreiung zu tun wäre. Frau F. berichtet sehr allgemein von den Gewalttaten der russischen Soldaten; erst nach dem Interview erzählt sie mir von einer sehr bedrohlichen Szene. Sie sei Zeugin einer Vergewaltigung geworden und habe erst in letzter Minute von ihrem Vater gerettet werden können. Er habe sie in ein dunkles Erdloch geschubst, um sie zu verstecken; Frau F. schildert eindrücklich ihre Angst, die sie auch noch während der Erzählung zu begleiten scheint. Es ist leider nicht zu rekonstruieren, warum Frau F. diese Szene erst nach dem Interview erzählt. Es erscheint nicht sehr wahrscheinlich, daß ihr die Aufnahmesituation ständig präsent war und sie ein Mitschneiden dieser Episode vermeiden wollte. Möglicherweise hatte sie aber durch den zeitlichen Abstand wieder etwas Distanz zu ihrer Erinnerung gewonnen, so daß sie dann davon erzählen konnte.

5. Die Zeit nach der Befreiung

Frau F. berichtet wenig über die unmittelbare Zeit nach der Befreiung, es ist daher schwierig, diesen Lebensabschnitt anhand des Interviews zu rekonstruieren.
Nach der Befreiung sei Frau F. mit ihrer Familie zunächst in ihre frühere Stadt zurückgekehrt; ihre Mutter sei bereits vorgefahren, sie sei mit ihrem Vater nachgekommen. In diesem Zusammenhang schildert sie zwei unterschiedliche Szenen, in denen ihr Vater und sie Unbeteiligten von ihrer Verfolgung erzählt hätten. Ein russischer Soldat habe völlig gefühllos reagiert und gemeint, daß sie eigentlich alle hätten ermordet werden sollen. Dieser antisemitischen Begegnung setzte sie die einfühlsame Reaktion eines russischen Juden entgegen, der bei ihren Schilderungen geweint und ihnen bei ihrer Rückkehr geholfen hätte. Diese Episode scheint auch im Zusammenhang mit ihrer Emigration nach Israel zu stehen; wahrscheinlich hatte sie - nach diesem Erlebnis zumal - von einer jüdischen Umgebung mehr Verständnis erwartet. Frau F. erzählt im weiteren Interviewverlauf auch noch von nichtjüdischen früheren Freundinnen, die sich nach der Verfolgung wenig verständnisvoll gezeigt hätten, was sie wahrscheinlich sehr gekränkt hatte.

Kurz erwähnt Frau F. auch den Ausgang der Verfolgung ihrer weiteren Familie; so hätten einige ihrer näheren Verwandten die Verfolgung überlebt und seien ebenfalls in ihre frühere Stadt zurückgekehrt. Es ist auffällig, daß sie nicht von Ermordeten spricht; es erscheint jedoch nicht wahrscheinlich, daß alle aus ihrer Familie überlebt haben.
Nach einiger Zeit seien ihre Eltern nach X. gezogen, wo ihr Vater bessere Arbeitsmöglichkeiten gehabt hätte. Frau F. habe sich zu dieser Zeit bereits einer zionistischen Jugendorganisation angeschlossen, wo sie auch ihren Schulabschluß nachholen konnte. Sie habe daher nicht mit ihren Eltern wegziehen wollen und sei in einem Jugendcamp geblieben. Da Frau F. in ihrer Erzählung nicht näher auf diesen Zeitabschnitt eingeht, frage ich am Ende des Interviews noch einmal nach. Sie berichtet dann vom Tod ihres Vaters kurz nach der Befreiung. Er habe sich bei einem Unfall die Wirbelsäule gebrochen, sie habe ihn sieben Monate bis zu seinem Tod gepflegt.

> "Ja, weil das, 45 war die Ironie, das ist schon etwas, das ich Ihnen, der Frau eines Pfarrers, Ihnen sagen, also mein Vater, mein Vater st..., fiel ein halbes Jahr nach Befreiung, wo wir von Russen weggelaufen sind, fiel er von der Straßenbahn...Und mit ihm starb auch das Bild des guten, lieben Herrgotts mit, wie mein Großvater ausgesehen hat, mit weißem Bart und blauen Augen, äh, braunen guten Augen, wie Martin Buber, den ich sehr intensiv erlebt hab. Und da hab ich geglaubt, da kann es keinen lieben Herrgott geben. Bestimmt keinen "lieben" Herrgott. Und ich find das, was man so göttlich nennt, in mir finden muß. Und es aus mir herausholen muß." (17f)

Frau F. wirkt an dieser Stelle - verständlicherweise - ein wenig verbittert. Sie fügt hinzu, daß mit ihrem Vater auch das Bild des "lieben Herrgotts" gestorben sei und setzt dies mit anderen Vaterfiguren (ihrem Großvater, Martin Buber) in Beziehung. Es scheint, als beklage sie die mangelnde Verläßlichkeit dieser Vaterfiguren ("da hab ich geglaubt, da kann es keinen lieben Herrgott geben...") und als versuche sie sich - durch die Feststellung ihres Todes -, davon zu befreien. Als habe sie die Konsequenz aus dieser Befreiung gezogen, fährt Frau F. damit fort, daß sie nun das "Göttliche" in sich selbst finden müsse. An dieser Textstelle ist weiter auffällig, daß dies eine der wenigen Stellen im Interview ist, an der sie mich als Interviewerin direkt anspricht ("Ihnen, der Frau eines Pfarrers, sagen..."). Die Bedeutung dieser Bezugnahme läßt sich aus dem Text nicht erschließen, vielleicht könnte sie annehmen, mit ihrer Äußerung meinem Weltbild zu widersprechen.
Im ersten Interview beginnt Frau F. den Zeitabschnitt nach ihrer Befreiung gleich damit, daß ihr die Frage nach ihrem Überleben ständig präsent sei. Diese Frage sei zugleich mit dem Gefühl der Scham und Schuld verbunden.

> "Und dieses Gefühl der Scham, der Scham, einen Makel zu haben, das Gefühl der Schuld, daß ich leben geblieben bin und die anderen nicht (Pause,

> bis 5-10 sec.), und äh, und die Frage warum, warum? Was hab ich getan? Warum kommt mir das, nicht. Und diese Frage, warum, war immer da." (14)

Das Gefühl, einen Makel zu haben durch die Verfolgung, fällt mir an dieser Stelle auf, ebenso wie das Gefühl der Schuld in diesem Zusammenhang. Beides erscheint als Versuch, sich die geraubte Subjektivität wiederanzueignen; indem subjektiv Verantwortlichkeit für etwas übernommen wird, kann der Situation absoluter Ohnmacht und Hilflosigkeit während der Verfolgung begegnet werden. Im weiteren Interviewverlauf berichtet Frau F. von berühmten Leuten, mit denen sie Tagungen besuchte und von ihren Fernsehauftritten. Nach den Schilderungen ihrer Verfolgung und den dehumanisierenden Erfahrungen tragen diese Episoden in der Erzählung offensichtlich auch zu ihrer Erholung bei.
Im weiteren Interviewverlauf erzählt Frau F. verschiedene Episoden von Situationen, in denen sie an ihre Verfolgung erinnert wurde, dabei verwendet sie wiederholt das Bild, daß sich ihr bei der Erinnerung "der Magen umdrehte". Eine Szene soll hier (verkürzt) zitiert werden, da sie einen Eindruck von der Gebrochenheit ihres Lebens nach der Verfolgung vermittelt.

> "Oder, äh, Australien, eingeladen für einen Kongreß... zum Abschiedsfest haben sie Skulpturen gemacht aus Eis, aus Wasser, gefrorenem Wasser, und haben darauf Projektoren gegeben... Aber diese Projektoren auf diesen Eisfiguren in allen Regenbogenfarben, dreht sich mir der Magen um. Ich war glücklich, ich war damals noch zwanzig Jahre jünger, habe gut ausgesehen, es waren wenig Frauen, ich war umgeben und umschwärmt und alles - der Magen dreht sich um. Und dann kamen in der Nacht dann, wenn ich so gelegen bin und nachgedacht hab, da kamen dann die Türklinken, die gefroren waren, und ein armer, armer Sonnenstrahl drauf gefallen ist in der Baracke, (Pause, bis 5 sec.) und das hat genau wie der geschimmert in allen Regenbogenfarben. Und ich hab mich drüber gefreut, damals, in jenem Moment, wie schön das war. (Pause, bis 5 sec.) Aber äh (Pause, bis 5-10 sec.) das macht nicht stärker, daß man heute, wenn es einem passiert, daß man heute weniger leidet, wenn etwas passiert (sehr leise). Wenn ich wirklich, äh erleben will, und das hab ich mir gesagt, ich lebe, ich werde nie etwas tun, woran ich nicht glaube, und ich werde, ich werde mich nicht wieder so anästhesieren lassen, lieber weh, lieber weh tun und bluten und schmerzen, als nichts zu tun..." (17)

Nach dieser Stelle beendet sie ihre Geschichte. Diese Episode zeigt die Unvermitteltheit und Intensität, mit der ihre Erinnerungen an die Verfolgung auftreten und wie untrennbar sie mit ihrem Leben verknüpft sind. Die vielen Pausen und ihre leise Stimme scheinen darauf zu verweisen, wie schwer es ist, mit diesen Erinnerungen zu leben, die so im Gegensatz zu ihrem sonstigen Leben stehen. Bemerkenswert an dieser Textstelle ist auch die Konsequenz, die Frau F. aus ihrer Verfolgung gezogen hat, daß sie sich nie mehr "so anästhesieren lassen" (17) würde. Auch dies scheint ein Teil ihres Ringens um Subjektivität zu sein, ihrem Bemühen, sich der Dehumanisierung und Passivierung zu widersetzen.

Auch im zweiten Interview berichtet Frau F. von Erinnerungen an die Verfolgungszeit, die sie häufig begleiten würden und Bestandteil ihres Alltags wären.

> "Aber es gab immerzu, gab es so Momente, wo, wo alles wiederkam, und und unsere catastrophies are around the corner... Wenn ich Diät mache, bin ich hungrig und wenn ich hungrig bin, dann bekomme ich Ängste...(33)

Frau F. bleibt aber nicht bei dem belastenden Moment stehen, sondern versucht, ihre Erinnerung an die Verfolgung in ihr Leben zu integrieren.

> "... äh so ist das immer, sehr oft, wenn mir etwas sehr Schlechtes passiert oder wenn ich sehr, sehr (Pause, bis 5 sec.) dann sag ich mir immer wieder, schau mir das, diese Nase an und denke es mir im Zusammenhang meines ganzen Lebens... Das sind so meine kleinen Tricks, wie, wie ich mein Leben integrieren kann..." (33f)

Die Erinnerungen an die Verfolgung bilden gleichsam den Hintergrund zur Bewertung ihrer späteren Erlebnisse. Die Bewußtmachung der Überwindung der unvergleichlich massiveren Bedrohung, die sich in ihrem Überleben spiegelt, scheint ihr die "Bewältigung" ihres Alltags zu erleichtern. Festzuhalten ist jedoch, daß Frau F. von ihren Integrationsbemühungen als "Tricks" spricht, d.h., daß sie damit zugleich deren (Selbst-)Täuschungscharakter thematisiert. Es scheint danach keine Integration dieser Erfahrungen zu geben, sondern nur Bemühungen, die den Umgang damit erleichtern.
In ihre Erinnerung an die Verfolgung mischt sich neben der Trauer auch ein Gefühl von Lebensfreude, die sich aus dem Überleben des Terrors ergibt. Frau F. schildert eine Szene, in der dieses Nebeneinander von Trauer und "Triumph", das das Überleben begleitet, sichtbar wird. Sie spricht über eine Reise nach Nürnberg.

> "Und ich ging durch diese Straßen, war, die Gebeine dieser Einwohner von damals sind heute nicht mehr da, und es überkam mich ein Weinkrampf und ich weinte und ging diese Straße... und setz mich in den Dom... und mit diesem Sonnenstrahl irgendwie kam dieses Gefühl: du lebst, du bist in Nürnberg und du lebst, du bist in Nürnberg und du lebst. Und das, ich hab richtig von dem Zustand hab ich gespürt, wie ich noch lebe." (31)

Von dem Bild des Sonnenstrahls berichtet Frau F. auch an anderer Stelle (siehe oben), wie sie sich im Lager darüber gefreut hätte, aber auch bei dem Kongreß unwillkürlich daran erinnert wurde. Hier löst dieser Sonnenstrahl ihre Lebensfreude aus. Frau F. führt die Bedeutung des symbolträchtigen Ortes (des Doms, Nürnberg) im Interview leider nicht näher aus, es ist aber

zu vermuten, daß es einen Zusammenhang zwischen ihrem Triumphgefühl und der jahrehundertelangen Judenverfolgung an diesem Ort gibt.
Als domininierende, sie ständig begleitende Nachkriegserfahrung beschreibt Frau F. zu Beginn des zweiten Interviews den Eindruck, sie müsse "die Zeit einholen".

> "... aber das erste, was ich (zu Hause, d.V.) ablege, ist die Uhr, ja, weil in mir ist immer so ein Tick-Tack, Tick-Tack, ich muß die Zeit einholen. Ich glaube, ich werde die vier Jahre nie einholen. Immer das Gefühl, ich muß noch und noch und noch und noch und immer wieder was machen..." (24)

Frau F. führt weiterhin aus, daß sie bereits in ihren beiden Analysen über dieses Problem nachgedacht habe und berichtet zwei Episoden aus ihrer Kindheit vor der Verfolgung. So habe sie schon von ihrer Mutter gehört, daß ein Mädchen "nie mit verlegten Händen" (24) sitze, sondern "immer etwas sticken oder stricken" (24) müsse. Als Achtjährige hätte sie ihrem Vater gegenüber den Wunsch geäußert, daß sie "die Zeit aufhalten" (24) wolle, die ihr zu rasch verginge. Das Gefühl des Nachholens sei "immer schon" da gewesen. Es fällt mir - auf dem Hintergrund ihrer Psychoanalysen - auf, daß Frau F. diese Episoden nur konstatiert, ohne sie zu deuten, daß sie sich um keine Erklärung bemüht, sondern nur feststellt, dies sei immer schon so gewesen. Deutlich wird an dieser Sequenz jedoch der enge Zusammenhang zwischen dem Umgang mit der extremen Traumatisierung und frühen Kindheitserfahrungen, die gleichsam den Hintergrund nicht nur für die Traumatisierung selbst, sondern auch für den späteren Umgang damit bilden. Bemerkenswert erscheint auch, daß sich die Erfahrung des Zeitdrucks, die sich in dem Gefühl, die Zeit nachholen zu wollen, zeigt, in der Erzählung ihrer Geschichte in dem schnellen Erzähltempo und dem fast ununterbrochenen Erzählfluß widerspiegelt. Im psychoanalytischen Interpretationsprozeß wurde der Eindruck formuliert, daß der Zeitdruck, dem sie ständig ausgesetzt zu sein scheint, auch im Sinne einer 'manischen Abwehr' verstanden werden könnte. Ihre Vielbeschäftigtheit würde (nach diesem Deutungsmuster) das Aufkommen einer Depression verhindern. Die Brüchigkeit dieser Abwehr kann jedoch in der Schilderung depressiver Momente gesehen werden, in denen die belastenden Erinnerungen die Oberhand gewinnen (vgl. bspw. den Weinkrampf in Nürnberg) oder an der Betonung ihrer Leistungen, mit der möglicherweise dem Gefühl der Wertlosigkeit ihrer eigenen Existenz entgegengewirkt werden könnte.

6. Emigration nach Israel

Zusammen mit ihrer Mutter sei sie nach Palästina ausgewandert, ihre Schwester sei in Rumänien geblieben. Ihre Motivation für die Emigration bleibt trotz einer direkten Nachfrage ziemlich unklar, es finden sich jedoch an verschiedenen Stellen im Interview verstreut einige Hinweise. Im Zusammenhang mit ihrem Aufenthalt in dem zionistischen Jugendcamp, in dem sie ihren Schulabschluß nachgeholt habe, habe sich Frau F. dann auch für eine Emigration nach Palästina entschieden. Auf meine Nachfrage nach ihren Gründen dazu gibt sie an, daß sie trotz ihres Alters von erst 15, 16 Jahren gleich ans Heiraten gedacht habe; für ein armes Mädchen wäre das in Rumänien nicht leicht gewesen. Sie habe ein Land gesucht, in dem sie in ihrem Leben vorwärts kommen könne, das sei ein Pionierland gewesen. Israel sei für sie das Land, in dem sie nie wieder leiden müsse, weil sie jüdisch sei, sie habe endlich etwas gefunden, mit dem sie sich identifizieren und das ihr ein Gefühl von Zugehörigkeit vermitteln könne.

> "Und das ist Israel für mich heute auch, Israel, nicht ein Land, in dem ich geboren bin, sondern Israel, oder in dem ich leben kann, sondern ein Land, in dem ich leben darf, und Bürgerin 1. Klasse bin, und die mir den, mir erlaubt hat, ermöglicht hat, wieder Mensch zu sein." (23)

An dieser Stelle beendet Frau F. das erste Gespräch aus zeitlichen Gründen, sie hatte noch einen anderen Termin vereinbart. Deutlich wird aus diesen Worten der enge Zusammenhang zwischen ihrer Verfolgung und der Emigration nach Israel, die der Dehumanisierung entgegenwirken und ihr Ringen um Subjektivität und Individualität unterstützen sollte. In ihrer Begründung für die Emigration nach Israel mischen sich verschiedene Ebenen; das Bedürfnis nach Zugehörigkeit sowie der Wunsch, zukünftig Verfolgung und Diskriminierung aufgrund ihrer Herkunft zu vermeiden, erscheinen neben dem Moment von "Zielstrebigkeit" (Heiraten, beruflicher Erfolg).
Kurz nach der Einwanderung sei ihre Mutter während einer Operation an einer Embolie gestorben, ihre Nieren seien durch die Verfolgung sehr geschädigt worden. Frau F. sei damals in einer "tiefen Depression" gewesen, hätte zwar nach außen hin "funktioniert", etwas in ihrem Innern sei jedoch gestorben. Bis in die Gegenwart sei ihre Mutter für sie häufig noch präsent.

> "Aber Mutti war für mich mehr, noch heute, ja? Ich fahre viel rum, und wenn ich so Ansichtskarten schreibe, dann schreibe ich "Frau R. S.". Wenn ich weg bin, ja. Und äh, wenn ich irgendwo etwas Schönes sehe, dann, dann denke ich: Ach, das wäre schön für Mutti... Sie hat immer an mich geglaubt, meine Mutti..." (20)

Zum Ausdruck kommt eine sehr enge Beziehung zu ihrer Mutter, die auch nach deren Tod nicht aufgelöst wurde. Am Schluß des Zitats beschreibt Frau F. die Unterstützung, die sie durch ihre Mutter erfahren habe. In psychoanalytischer Interpretation kann dies im Sinne tragfähiger und stabiler früher Objektbeziehungen gedeutet werden, welchen auch im Hinblick auf ihr Überleben eine hohe Bedeutsamkeit zukommt. Nach der oben zitierten Episode berichtet Frau F. noch von einem Konfliktpunkt mit ihrer Mutter, die gern ein Enkelkind gehabt hätte.

> "Und das war eine der Bedingungen meines Mannes und mir, daß wir heiraten und keine Kinder haben." (20)

Es wird im Text leider nicht ganz klar, ob ihr Mann diese Bedingung als Folge der Massenvernichtung gestellt hatte oder ob dies eine gemeinsame Entscheidung gewesen war. Im Zusammenhang mit ihrer weiblichen Identität kommt Frau F. noch einmal auf das Thema Kinderwunsch zu sprechen.

> "Und Beschluß, keine Kinder zu haben, ich meine, dadurch habe ich mich gar nicht weniger als Frau gespürt und auch nicht weniger das Mütterliche in mir (hm), ich hab eigentlich das Mütterliche in mir sehr gehegt. Meine Mutti wurde zu einer gewissen Zeit mein Kind. Und äh, als sie krank war..." (36)

Frau F. beschreibt ihre Entscheidung, ein Leben ohne Kinder führen zu wollen, als rationalen Beschluß; die betonte Formulierung, sich "gar nicht weniger als Frau" zu fühlen, legt den Eindruck nahe, daß dies vielleicht doch konfliktreicher gewesen sein könnte, als Frau F. es hier darstellt. Noch einmal kommt das Verhältnis zu ihrer Mutter zur Sprache, das sich durch deren Krankheit - wie schon während der Verfolgung bei der Typhuserkrankung - umgekehrt hatte.
Im Interview fällt auf, daß Frau F., die sehr viel von anderen Personen spricht, fast nichts von ihrem Mann erzählt. Eine der wenigen Episoden handelt von der ersten Begegnung mit ihrem Mann, den sie bei ihrer Arbeitssuche in Israel zufällig kennengelernt hatte. Schon bei der ersten Begegnung hätte sie den Eindruck gehabt, daß dieser Mann einmal "eine Rolle" (21) in ihrem Leben spielen würde. Inzwischen sei sie seit 41 Jahren mit ihm verheiratet. Ihr Mann ist um viele Jahre älter als sie und scheint eine wichtige Bedeutung als Beschützer und Berater für sie übernommen zu haben. So habe er ihr etwa zu einem Studiums in Deutschland geraten.

> "Und dann fuhren wird nach München und waren im Hotel, und da hat mein Mann mir geholfen, da im Studentenheim einzuziehen, und dann fuhr er weg. Und das war (Pause bis 5 sec.) schrecklich..." (26)

Frau F. scheint sich in dieser Zeit sehr verlassen gefühlt zu haben. Sie betont auch, daß ihr Mann ein gutes Verhältnis zu ihrer Mutter gehabt habe.

> "... und hat meinen Mann immer gewarnt davor: Laß sie nicht zu viel werden, sie wird dir über den Kopf wachsen, und, und sie wird dir noch Minister werden (lacht)." (20)

Die Ironie in diesem Zitat zeigt auch einen selbstreflexiven Umgang von Frau F. im Hinblick auf ihre Leistungsorientierung und ihr berufliches Engagement.
Zu Beginn des zweiten Interviews geht Frau F. nochmal auf die Zeit nach der Befreiung ein und beschreibt ihr Lebensgefühl in Israel.

> "... bis zu den sechziger Jahren eigentlich habe ich so ohne viel nachzudenken, so gelebt, so typisch für hier und für viele Leute, versucht haben, unser Leben zu leben, aufzubauen... Ich habe eigentlich nie versucht, zu vergessen, nicht..." (23)

Frau F. scheint all ihre Kraft zum Aufbau eines neuen Lebens verwendet zu haben, was sich parallel zum Aufbau des Landes vollzog. Es ist zu vermuten, daß es ihr damit auch gelungen ist, ein wenig Abstand zu ihrer Verfolgung zu gewinnen und so die extrem traumatischen Erfahrungen etwas erträglicher zu machen. In diesem Zusammenhang fällt mir die Formulierung auf, daß sie "eigentlich nie versucht" habe zu vergessen; die zögerliche, etwas unbestimmte Ausdrucksweise scheint etwas im Widerspruch zu ihrer Aussage zu stehen insbesondere in diesem Kontext, wo sie vom Aufbau eines neuen Lebens ("...ohne viel nachzudenken, so gelebt, so typisch für hier und für viele Leute...", 23) spricht.
Als einen Wendepunkt der Nachkriegszeit sowohl in nationaler als auch individueller Hinsicht beschreibt Frau F. den Eichmann-Prozeß Anfang der 60er Jahre in Jerusalem. Das gesellschaftliche Bild der Überlebenden habe sich seitdem geändert.

> "Bis dahin hat man immer nur gesagt: Wir haben nichts Gemeinsames mit diesem, mit dieser Herde, die da nach den, die den deutschen Soldaten nachgegangen ist, wir haben nichts Gemeinsames damit. Und da halt wurde es anders, menschliche Schicksale..." (14)

Frau F. kritisiert die damals verbreitete Sichtweise der Überlebenden als "Herde", die Überlebenden der Shoa seien gesellschaftlich stigmatisiert worden. Erst mit dem Eichmann-Prozeß sei es gelungen, den gesellschaftlichen Blick auf die einzelnen Verfolgten in ihrer jeweiligen Individualität zu richten.
Im Interview fährt Frau F. mit der Kritik daran fort, daß man vor dem Eichmann-Prozeß auch in Israel nichts von den Überlebenden hören wollte.

> "Und mir tut es um die vier Jahre leid, die ich im Lager war, aber um die 13 Jahre nachher tut mir noch viel, viel mehr leid, denn da hat ich schon Möglichkeiten, früher hatte ich keine Möglichkeit, aber diese 13 Jahre, wo niemand hören wollte, und ich wollte sprechen... ja, daß die schweigen sollen, aber mich hätte man reden lassen müssen." (14)

Sie sei damit wiederum in die Rolle eines anonymen Opfers gedrängt und in ihrer Individualität nicht wahrgenommen worden. Die Vehemenz, mit der Frau F. darüber spricht, fällt auf; möglicherweise kommt darin auch Enttäuschung über Israel zum Vorschein als einem Land, in dem sie anderes erwartet hätte.
Im zweiten Interview beschreibt Frau F. ausführlicher ihr Erleben während des Eichmann-Prozesses. Sie habe zu dieser Zeit in Deutschland studiert und den Prozeß von dort aus beobachtet, was sehr problematisch für sie gewesen sei.

> "Es war der Moment, ich hier und da mit dem Eichmann-Prozeß, wo ich die Kinder gehört habe, (Pause, bis 5 sec.) Kinder, die bei uns vorbeigefahren sind, an unserem Lager vorbeigefahren sind. Und und man hat nachher gehört die Schreie, ihr Schreien in der Gaskammer. Und da waren es wirklich zwei Wochen, in denen ich nicht schlief, nicht aß, nicht trank, wie ein Automat so rumgegangen. Es war eine sehr schwere Zeit (Pause, bis 5 sec.)."(24)

Frau F. erscheint sehr identifiziert mit den verfolgten Kindern. Es kann sich bei ihrer Schilderung nicht um eine historische Erfahrung handeln, daß sie die Kinder vor ihrer Ermordung gehört hat, denn es gab in Transnistrien keine Gaskammern. Es scheint, als ob ihr das Ausmaß der Vernichtung bei diesem Prozeß in einer ganz unmittelbaren, sinnlichen Weise bewußt geworden wäre, daß die Kinder, deren Deportation sie gesehen hatte, später in Auschwitz ermordet wurden. Ihre Reaktion darauf beschreibt sie mit einer Art von Automatisierung, die der "Anästhesierung" während ihrer Verfolgung gleicht in der Hinsicht, daß sie sie gefühllos zu machen versucht. Sichtbar wird an dieser Episode die Aktualisierung der extremen Traumatisierung und die Ähnlichkeit des Umgangs mit dieser Erfahrung während und nach der Verfolgung. Im Interview fährt Frau F. damit fort, von prominenten Leuten zu berichten, die sie kennengelernt hätte, sowie von Stipendien, die ihr das Studium an berühmten Universitäten in aller Welt ermöglicht hätten. Auch dies scheint eine Sequenz zu sein, in der ihr die Darstellung ihrer Fähigkeiten und Möglichkeiten dazu hilft, sich von den belastenden Erinnerungen zu erholen.
Ihre Motivation für ein Studium in Deutschland wird im Interview nicht so recht deutlich. In erster Linie habe ihr ihr Mann geraten, in ein deutschsprachiges Land zu gehen, damit sie in sprachlicher Hinsicht keine Schwierigkeiten habe. In einer Episode, die von ihrem hohen Maß an Zivilcourage zeugt, wird noch ein anderes Motiv deutlich. Sie berichtet von einem Gespräch mit einem Universitätsprofessor, der eigentlich ihr Doktorvater hätte sein sollen und den sie aber aufgrund seiner nazistischen Vergangenheit ablehnte.

> "Es tut mir sehr leid, ich mache eigentlich das Doktorat, um mir etwas wieder zu be.., um wiederzubekommen, das, was ich, was mir genommen wur-

de, und ich hab das Gefühl, und das sichere Gefühl, daß wenn Sie mein Doktorvater sind, mit Ihrer Vergangenheit, daß es mir nicht genug sein wird." (27)

Deutlich wird in dieser Episode ihr Streben nach Anerkennung, mit der Frau F. der Dehumanisierung durch die Verfolgung zu begegnen versucht. Es scheint diese Anerkennung noch zu erhöhen, wenn sie ihr im Land ihrer Verfolger zuteil wird. Möglicherweise besteht darin ein Beweggrund für das Studium in Deutschland, das Frau F. trotz einiger Schwierigkeiten, über die sie auch berichtet, auf sich genommen habe. Diese Schwierigkeiten bestanden etwa darin, daß Frau F. eigentlich kein Geld von deutschen Institutionen habe annehmen wollen, aber doch auf ein Stipendium angewiesen gewesen sei; insgesamt beschreibt sie ihre Zeit in Deutschland als sehr schwer (26), eine Zeitlang wäre sie am liebsten jeden Tag nach Hause gefahren (27). Im Interview mit Frau F. steht wiederholt die Leistungsthematik im Vordergrund. Das Bedürfnis nach Anerkennung scheint mit ihrer Verfolgung verbunden zu sein, deren "Makel" (Zitat Interviewseite 14, siehe oben) sie mit ihrer Leistung zu überwinden trachtet. Durch die wiederholte Thematisierung ihrer Leistungen, etwa der Autorenschaft von drei Büchern, scheint sie sich auch ihrer eigenen Individualität und Kreativität vergewissern und der Angst, die die Erinnerung an die Verfolgung begleitet, begegnen zu wollen.
Als positive Erfahrung während ihrer Zeit in Deutschland berichtet Frau F. über ihre Psychoanalyse. Sie hätte bereits eine Analyse in Israel begonnen, die sie aber nicht beendet hätte.
Neben ihrem Studium habe Frau F. in einem Museum gearbeitet, so habe sie ihre beiden Interessen, Kunst und Medizin, miteinander verbinden können. Im Interview wird nicht ganz klar, ob sie ihre Dissertation bei ihrem Aufenthalt in Deutschland beenden konnte oder ob sie sie erst später fertigstellte. Frau F. berichtet von Schwierigkeiten, die ihre Arbeit ins Stocken gebracht hätten, möglicherweise scheinen diese auch von der größtenteils als feindlich erlebten Umgebung mitverursacht zu sein. Sie hätte nur wenig Kontakt zu anderen Menschen gehabt und dann nur zu Leuten, die während des Nationalsozialismus nicht in Deutschland gelebt hatten.
Während des Yom-Kippur-Krieges in Israel habe Frau F. ein folgenreiches Gespräch mit einem Freund gehabt, das dann im folgenden auch zur "Überwindung" ihrer Verfolgung beigetragen habe.

"... und am Morgen stand ich auf, ging zu einem Freund, der einen, der Chefarzt war, äh ist, und sagte, was kann ich tun? (Pause, 5-10 sec.) Plötzlich war alles anders. Diese nicht kreative, kausale Frage, vergangenheitsbedingte Frage, warum, bringt nichts, die dynamische, zukunftorientierte, aktive Frage, was kann ich und was in mir ist tun? (Pause, bis 5 sec.) Das war eigentlich die Überwindung. Da sagte, mein Freund sagte, ja, also in diesen Saal gibt es Verwundete, geh hinein, sieh, was du machen kannst..." (16)

Zuvor verwies Frau F. noch auf die besondere Bedeutung des Yom-Kippur-Krieges, der in ihrer Wahrnehmung aufgrund der gesellschaftlichen Ohnmachtserfahrung "dem Holocaust am nächsten" gewesen sei. Danach schildert sie eine Episode, wo sie einem verwundeten Soldaten geholfen habe, indem sie ihm sagte, daß er sich wegen seines Überlebens schäme. Sie hätte es damit geschafft, ihrem Leiden einen Sinn zu geben, und beschreibt diese Erfahrung sehr abstrakt.

> "... aber es war der Yom-Kippur-Krieg und diese, dieser Switch der Frage war eigentlich, wo mir bewußt ist, ich kann mit dem leben (sehr leise). Auch die Applikation meiner Erfahrung, d.h. (Pause) dem Leiden ein Logo geben, *dem Leiden einen Sinn geben, daß ich einem anderen dadurch helfen kann."* (Hervorhebung von mir, d.V.) (16)

Die sprachliche Gestalt dieses Gedankens, der Tonfall, die vielen (nicht alle zitierten) Pausen, verweisen auf dessen Bedeutung. Frau F. konstruiert damit ein "Legitimationsmuster" für ihr Überleben, indem sie der Sinnlosigkeit der Verfolgung Sinnstiftung entgegensetzt und auch die eigene Existenz mit Bedeutung füllt. Die Funktion dieses "Legitimationsmusters" scheint in der Abwehr des Gefühls der Sinnlosigkeit der eigenen Existenz zu bestehen. Hinzu kommt ihr Wunsch, anderen helfen zu können. Dieser Eindruck wird im weiteren Text noch verstärkt.

> "... und irgendwo dieses Gefühl zu wissen, was immer mir auch passiert, es hängt von mir an, ab, wie ich (Pause, bis 5 sec.). Dann hab ich's beim alten Humboldt gefunden, ich dachte, ich wäre so gescheit, dann hab ich es beim alten Humboldt gefunden, der gesagt hat: Es ist nicht wichtig, was passiert ist, es ist wichtig, wie man es aufnimmt. Und ich dachte, ich hätte es erfunden." (16)

Zum Ausdruck kommt ein hohes Maß an Zuschreibung eigener Verantwortlichkeit, das möglicherweise auch ein Versuch ist, die erzwungene Passivierung ihrer Verfolgungszeit zu kompensieren. Der oben zitierten Episode mit dem befreundeten Arzt scheint wohl ihr weiterer beruflicher Weg zuzuschreiben zu sein, mit dem sie die für sie existentielle Bedeutung des Helfens aufnimmt.

> "... und ich habe immer wieder was Neues versucht und immer wieder was gemacht, und immer (Pause, bis 5 sec.) und äh mit der Psychotherapie hat vieles begonnen, daß ich an mir selber arbeiten konnte..." (33)

Im weiteren Interviewverlauf bestätigt Frau F. meinen Eindruck, daß biographische Motive sie zu ihrem Studium geführt haben. Ihr Beruf kann somit in gewisser Weise auch als "Überlebensstrategie" nach der Verfolgung aufgefaßt werden.

Abschließend soll noch einmal zusammenfassend das Verhältnis von Frau F. zur Interviewerin reflektiert werden. Zunächst fällt an diesem Interview auf, daß ich als Interviewerin kaum in Erscheinung trete. An verschiedenen Teilen ihrer Erzählung, etwa über ihre Kindheit oder die Zeit ihrer Verfolgung, scheint Frau F. auch nicht nach einem Gegenüber für ihre Erzählung zu suchen. Der Stil ihrer Erzählung läßt sich - etwa im Vergleich zu anderen GesprächspartnerInnen - als weniger strukturiert und eher assoziativ beschreiben, was angesichts der bedrohlichen und schmerzhaften Erinnerungen nachvollziehbar ist, aber auch teilweise zu Verständnisproblemen führte. Diese schwer verständlichen Stellen sind - mit Ausnahme einer Sequenz - aufgrund der Lesbarkeit und Nachvollziehbarkeit der Interpretation auch nicht in die vorliegende Interpretationsskizze aufgenommen worden. In einigen dieser Passagen wurde der Eindruck einer Überwältigung durch die Traumatisierung spürbar, die den diskursiven Zusammenhang der Sprache zerstört. Im psychoanalytischen Interpretationsprozeß wurde sichtbar, daß in dieser Erzählung ein Umgang mit der extremen Traumatisierung zum Ausdruck kommt, der weniger von Abwehrbemühungen gezeichnet ist als klar strukturierte Erzählungen; zugleich werden damit auch die Grenzen der Erzählung deutlicher. Im zweiten Interview finden sich auch Stellen, an denen sich Frau F. eher an die Interviewerin richtet. So spricht sie mich etwa auch direkt an, als sie vom tragischen Unfalltod ihres Vaters berichtet, oder wendet sich eher indirekt an mich, wenn sie über ihre schwere Zeit in Deutschland, ihre Berufstätigkeit oder ihre Bemühungen zur Integration ihrer Verfolgungserfahrung spricht. Als dominierende Gesprächserfahrung läßt sich für mich der Eindruck formulieren, daß ich mich größtenteils von ihrem Erzählfluß mitgerissen und selten als Person angesprochen fühlte. In diesem Gefühl zeigt sich die Überwältigung durch die Traumatisierung auch in der Interaktion im Interview. An dieser Stelle läßt sich nochmal die Methode der obliquen Hermeneutik verdeutlichen: als Reflektion der eigenen Reaktionen der Interviewerin sowie der Interpretinnen vermag sie Hinweise auf die (für die erzählende Person) spezifische Form des Umgangs mit der Traumatisierung zu geben.

7. Grundzüge der Erzählung: Helfen und Heilen als Integrationsmomente

Kindheit vor der Verfolgung

Frau F. beschreibt sehr detaillierte Kindheitserinnerungen, die sie insgesamt als mit einem "warmen Gefühl" verbunden beschreibt. Daneben stellt sich Frau F. als sehr leistungsorientiert und erfolgreich sowie kreativ und phantasievoll dar. Für diese Zeit beschreibt sie weiterhin eine Reihe an stabilen und tragfähigen Objektbeziehungen. Dieses Muster wird auch in der Zeit nach der Befreiung deutlich.

Familienbeziehungen

Ihr Vater wird in der Verfolgungszeit als Beschützer und Retter beschrieben. Er sei kurz nach der Befreiung an einem Unfall gestorben, Frau F. berichtet darüber traurig und ein wenig verbittert.

Im gesamten Interview kommt die Schilderung einer sehr engen Beziehung zu ihrer Mutter zum Ausdruck, die in psychoanalytischer Deutung ebenfalls - wie die Beziehung zu ihrem Vater - im Sinne stabiler früher Objektbeziehungen aufgefaßt werden kann. Frau F. schildert an mehreren Stellen die Unterstützung, die sie von ihrer Mutter erfahren habe. Ihre Mutter sei auch zusammen mit ihr nach dem Tod ihres Vaters nach Palästina ausgewandert, kurze Zeit später jedoch an einer Embolie während einer (verfolgungsbedingten) Operation gestorben.

Frau F. berichtet nur wenig von ihrer zehn Jahre älteren Schwester. Aus dem Interview wird nichts über ihre Verfolgungszeit erzählt. Nach der Befreiung sei ihre Schwester in Rumänien geblieben.

Als weitere bedeutsame Person ihrer Familie schildert Frau F. ihren Großvater, der bereits vor der Verfolgung gestorben war und in ihrer Kindheitserinnerung als Beschützer idealisiert wird.

"Überlebensstrategien" während der Verfolgung

In der Erzählung von Frau F. über die Zeit ihrer Verfolgung nimmt die Schilderung ihrer Abwehrformen und "Coping-Strategien" breiten Raum ein. So beschreibt sie diese Zeit etwa damit, "wie in einem Wattebausch", "wie unter Anästhesie" gelebt zu haben. Dies seien ihre Versuche gewesen, mit der zu bedrohlichen Angst umzugehen. Die "Anästhesie" habe weiterhin die volle Wahrnehmung der unerträglichen Situation verhindert. Als weitere Abwehrform beschreibt Frau F. das Gefühl der "Erstarrung" in den höchst bedrohlichen Situationen.

Neben den Abwehrformen schildert Frau F. auch ihre Fürsorglichkeit gegenüber ihren Eltern. Während deren Krankheit habe sie die Verantwortung für die Familie übernommen, was der drohenden Apathie durch die erzwungene Passivierung entgegenwirken konnte.

Frau F. beschreibt auch Tagträume und das Erinnern von Melodien und angenehmen, "warmen" Gefühlen als Versuche, sich in eine andere Welt zu phantasieren und damit der Unerträglichkeit der Verfolgungssituation zu begegnen.

Grenzen der Erzählung

In der Stadt, in der Frau F. mit ihrer Familie lebte, sei ein Ghetto eingerichtet worden. Dieses sei ihr so fremd gewesen, daß sie nichts darüber berichten konnte.

Weiterhin kam die extreme Verfolgungssituation in Transnistrien kaum zur Sprache; statt dessen erzählt Frau F. kleine Episoden mit ihrer Familie in dieser Zeit. Dies könnte mit der extremen Traumatisierung durch die Verfolgung zusammenhängen, die nicht erzählbar ist.
An einer Stelle berichtet Frau F. darüber, wie sie sich bis zur Gegenwart vergeblich darum bemühen würde, sich an ihre Gefühle und Gedanken in einer extrem traumatischen Situation zu erinnern. Dies könnte darauf verweisen, daß die Bedrohlichkeit dieser Situation immer noch zu stark und zu unmittelbar ist, um in Worte gefaßt werden zu können. Die Distanzierung von der Unmittelbarkeit ihres Erlebens durch den Prozeß der Versprachlichung erscheint an dieser Stelle (noch) nicht möglich zu sein.
Frau F. erzählte eine traumatische Szene, in der sie Zeugin einer Vergewaltigung wurde und ihr Vater sie gerade noch retten konnte, erst nach Abschluß des Interviews. Möglicherweise hat sie durch den zeitlichen Abstand etwas Distanz zu ihrer Erinnerung gewonnen, die ihr diese Erzählung ermöglichte.

Grundmuster des Umgangs mit der Traumatisierung im Prozeß der Erzählung

An vielen Stellen des Interviews gelingt Frau F. ein Umgang mit ihrer Erinnerung, der sie nicht von ihren Gefühlen überwältigt sein läßt. Dennoch scheint die Angst viele Erinnerungen an die Verfolgung zu begleiten. Teilweise scheint Frau F. auch von Erinnerungen überwältigt zu werden, was sich an der fragmentierten Satzstruktur und der wenig organisierten, assoziativen Erzählstruktur bei diesen traumatischen Episoden zeigt. Ihr Umgang mit der extremen Traumatisierung wirkt an solchen Stellen von weniger Bemühen um Abwehr gezeichnet als bei den klar strukturierten Erzählungen; zugleich zeigen sich daran aber auch die Grenzen der Erzählung. In einigen Episoden vermittelt Frau F. auch einen anschaulichen szenischen Eindruck, was auf die Unmittelbarkeit ihres Erlebens im Prozeß der Erzählung verweisen könnte. Als Grundmuster der Erzählung läßt sich der Eindruck beschreiben, daß Frau F. sich in weiten Teilen dem Erzählfluß zu überlassen scheint und nicht versucht, eine strukturierte Geschichte zu konstruieren, um sie jemandem verständlich zu machen. Auf diese Weise fühlte ich mich im Interview häufig auch nicht als konkrete Addressatin ihrer Geschichte, sondern ebenso mitgerissen von ihrem Erzählfluß.

Entwicklung eines "Legitimationsmusters" für ihr Überleben

Frau F. berichtet davon, daß ihr die Frage nach ihrem Überleben ständig präsent sei; diese sei zugleich mit einem Gefühl von Scham und Schuld sowie mit dem Gefühl, durch die Verfolgung einen "Makel" zu haben, verbunden. Diese Frage kann als Versuch von Frau F. verstanden werden, sich die geraubte Subjektivität nach der Verfolgung wiederanzueignen. In ihrer Erzählung wird auch ein hohes Maß an Zuschreibung eigener Verantwortlichkeit deutlich, was ihre Subjektivität weiter unterstützt und auch als Versuch betrachtet werden kann, die erzwungene Passivierung zu überwinden. In diesem Zusammenhang könnte auch das Streben nach Anerkennung als Versuch verstanden werden, der Dehumanisierung durch die Verfolgung zu begegnen, was an mehreren Stellen in der Erzählung zum Ausdruck kommt. Frau F. äußert die Vorstellung, daß sie ihrem Leiden einen Sinn geben könne, indem sie anderen Menschen dadurch helfen könne. Bereits in der Erzählung ihrer Verfolgungszeit finden sich Episoden, in denen sie anderen geholfen habe. Mit der Konstruktion dieses "Legitimationsmusters" setzt sie der Sinnlosigkeit der Verfolgung Sinnstiftung entgegen und füllt die eigene Existenz mit Bedeutung. In der Erzählung von Frau F. wird - im Unterschied zu anderen - das "Legitimationsmuster" explizit benannt mit der (formulierten) Absicht, "dem Leiden einen Sinn zu geben". Dies gibt dem "Legitimationsmuster" eine eigentümliche Brechung; ein Eindruck, der auch durch den fragmentierten Erzählstil unterstützt wird, der aufgrund seiner formalen Struktur die Möglichkeit einer Sinnstiftung gleichsam unterläuft. Sichtbar wird daran die Unmöglichkeit, ein konsistentes "Legitimationsmuster" zu entwerfen und somit die grundlegende Schwierigkeit, dem Sinnlosen Sinn zu geben.

Frau F. schildert den Versuch, die Erinnerung an die Verfolgung in ihr Leben zu integrieren; diese Erfahrungen würden gleichsam den Hintergrund für die Bewertung ihrer späteren Erlebnisse bilden, was ihr zum einen die "Bewältigung" ihres Alltags zu erleichtern scheint. Zum anderen bezeichnet Frau F. diese Integrationsbemühungen jedoch als "Tricks", was auf die Unmöglichkeit einer Integration verweist.

Leben nach der Befreiung

Frau F. berichtet wenig über die unmittelbare Zeit nach der Befreiung. Sie schildert Szenen von wenig einfühlsamen Reaktionen ihrer Umgebung auf ihre Verfolgung. Diese stehen möglicherweise im Zusammenhang mit ihrem Entschluß, nach Israel zu emigrieren. Israel sei für Frau F. zum einen ein '"Pionierland", das ihr Möglichkeiten böte, in ihrem Leben "vorwärtszukommen", zum anderen böte es ihr auch ein Gefühl von Zugehörigkeit.

Frau F. verbrachte einige Jahre ihres Studiums in Deutschland. Dies sei eine "sehr schwere Zeit" für sie gewesen; ihre Umgebung habe sie größtenteils als feindlich erlebt. Im Unterschied zu anderen Interviews spiegelte sich diese Einschätzung nicht in der Interaktion im Interview. Dies könnte wiederum im Zusammenhang mit ihrem assoziativen Erzählstil stehen, der sich nicht an mich als Gesprächspartnerin richtete.

Die Erinnerung an ihre Verfolgung sei in ihrem Alltagsleben häufig präsent bzw. sei untrennbar mit ihrem Leben verbunden. In die Erinnerung an die Verfolgung mischt sich neben Trauer auch ein Gefühl von Lebensfreude.

Als sie ständig begleitendes Gefühl in der Zeit nach der Befreiung beschreibt Frau F. das Gefühl, "die Zeit einholen" zu müssen. Dies scheint nicht nur im Zusammenhang mit ihrer Verfolgung, sondern auch mit ihren Kindheitserfahrungen zu stehen. Die Erfahrung des Zeitdrucks spiegelt sich auch im Interview im schnellen Erzähltempo und in einem fast ununterbrochenen Erzählfluß.

VI. Reflexion der subjektiven Bedeutung des Erzählprozesses

Biographien bieten nicht nur einen geeigneten Rahmen, um das eigene Erleben und die eigenen Erfahrungen zur Sprache zu bringen - oder an denen von anderen teilzuhaben -, die Erzählung erscheint selbst auch als bedeutender psychischer und sozialer Prozeß, der noch einmal zusammenfassend im Hinblick auf seine mögliche subjektive Bedeutung für Erzählende und Lesende reflektiert werden soll.
Die Lebensgeschichten der Überlebenden thematisieren die Frage, wie sie mit der Verfolgungserfahrung und der extremen Traumatisierung leben können. In der Begegnung mit diesen Texten wird deutlich, daß die Frage nach dem Leben nach und mit Auschwitz auch an uns als LeserInnen gerichtet ist. Wenn der Erzählung eine kontinuitäts- und identitätsbildende Funktion zukommt (vgl. ausführlich Kap.III), scheint dies nicht nur für die Erzählenden, sondern in analoger Weise auch für die RezipientInnen zu gelten. Diese These möchte ich im folgenden näher beleuchten.

Die Erzählung als Bewältigung von Kontingenz

In der Einleitung wurde die Massenvernichtung der europäischen Juden als "Zivilisationsbruch" beschrieben, der das herrschende Rationalitätskonzept und damit auch grundlegende Handlungsorientierungen radikal infragestellte. Es wurde die Frage aufgeworfen, ob die Erfahrung der "Gegenrationalität" als Negation der Ziele der Vernunft unter Beibehaltung der Struktur technischer Rationalität, ihren Niederschlag in der psychischen Struktur der Überlebenden findet.
Diese Erfahrung konnte den Überlebenden erst nach der Verfolgung bewußt werden, zu dem Zeitpunkt, als das Ausmaß der Vernichtung bekannt wurde. Denn bis dahin war die Vernichtung als oberstes Ziel staatlichen Handelns sowie seine bürokratische Planung und industrielle Durchführung unvorstellbar. Dies bedeutet, daß die Überlebenden erst nach der Befreiung damit konfrontiert wurden, daß ihre Versuche, ihr "Schicksal" während der Verfolgung durch ihr Verhalten beeinflussen zu können, sich schließlich im Grunde als eine Fehleinschätzung erwiesen. Wenn es auch vereinzelte Verhaltensweisen gegeben haben mag, die dem Überleben förderlich waren, erscheint das Überleben unter der Bedingung der Massenvernichtung, in welcher der Tod das "Selbstverständliche" war und das Überleben das Kontingente (eine vollständige Umkehrung der Alltagserfahrung), als letztlich dem

Zufall geschuldet. Horkheimer, der selbst im amerikanischen Exil überlebt hat, beschreibt die Erfahrung des "Entronnenseins" in einem Aphorismus:

> "Der Entronnene - Menschen wie ich, nicht bloß im allgemeinen wie ich, sondern im spezifischen, also Juden, die aussehen und dachten wie Juden, wie mein Vater und meine Mutter und ich selber, wurden im Konzentrationslager, eben deshalb, weil sie so waren, zu Abertausenden am Ende jahrelanger, furchtbarer Angst, nach unsäglichen Demütigungen, unvorstellbarer Zwangsarbeit, Schlägen und Martern langsam zu Tode gefoltert...Ich soll an mir noch Befriedigung, Frieden finden, da mein Leben doch den sinnlosen, unverdienten Zufall, das Unrecht, die Blindheit des Lebens überhaupt bezeugt, da ich mich schämen muß, noch dazusein." (Horkheimer, 1974)

Die Erfahrung des "Entronnenseins" spiegelt sich in verschiedener Weise auch in den Interviews mit Überlebenden der Konzentrations- und Vernichtungslager. Die Scham der Entronnenen verweist auf die Sinnlosigkeit der Verfolgung und die Zufälligkeit des Überlebens. Nach der Erfahrung absoluter Sinnlosigkeit sind die Überlebenden zurückgeworfen auf die stets prekäre Frage nach dem Sinn der eigenen Existenz. Die Scham der Überlebenden findet ihren Widerhall in der Scham der Zuhörenden. Die Konfrontation mit der absoluten Sinnlosigkeit stellt auch deren Existenz infrage und entlarvt die Begrenztheit eigener Sinnkonstruktionen. Im Schamgefühl drückt sich auch die Vorstellung eigener Verantwortlichkeit aus, die jedoch nicht notwendig rationalen Kriterien entsprechen muß, sondern ebenfalls eher als subjektiver Versuch verstanden werden kann, objektiver Sinnlosigkeit mit eigenen Erklärungszusammenhängen zu begegnen. In dieser Weise scheint das Gefühl der Scham mit dem Gefühl der Schuld verknüpft zu sein.
Es wäre der Frage nachzugehen, ob die Scham über die Massenvernichtung in Deutschland aufgrund der historischen Verantwortung eine andere Gestalt annimmt als in anderen Ländern. Liegt die Scham, nach Auschwitz Deutsche(r) zu sein, in der Vorstellung begründet, daß das Bild des "häßlichen Deutschen" auf grauenhafteste Weise eine Bestätigung fand und die Massenvernichtung die Fähigkeit der Deutschen, eine zivilisierte Nation zu sein, vor aller Augen aufs Schrecklichste widerlegte? Die Komplexität des Problems der Verknüpfung von Scham und Schuld erhöht sich noch zusätzlich dadurch, daß es sich bei der Schuld nicht nur in psychologischer Hinsicht um ein Gefühl handelt, sondern auch in moralischer Hinsicht um historische Schuld. Gerade im Hinblick auf die gegenwärtige gesellschaftliche Diskussion um eine "nationale Identität" wären diese Fragen aufzugreifen, die sich aus der Erinnerung an Auschwitz für die eigene Person ergeben.
Die Erfahrung absoluter Sinnlosigkeit kann als ein Aspekt des "Zivilisationsbruchs" betrachtet werden; die Scham über das eigene Überleben angesichts der millionenfachen Morde zeigt sich damit als ein Niederschlag dieses fundamentalen Bruches in der subjektiven Struktur. Ein weiterer Aspekt des "Zivilisationsbruchs" liegt in der Erfahrung der Gegenrationalität; es ist

zunächst festzuhalten, daß diese nicht explizit in den Interviews zum Ausdruck kommt. Damit ist anhand der Texte nicht zu entscheiden, in welcher Weise diese Erfahrung die grundlegenden Handlungsorientierungen und Objektbeziehungen beeinflußt.[98] Es zeigen sich jedoch Hinweise im Text, die als Umgang mit der Erfahrung der Zufälligkeit des Überlebens, als *einem* Aspekt des "Zivilisationsbruchs",[99] betrachtet werden können. In den Lebensgeschichten der Überlebenden können Ereignisse nicht unvermittelt zum Ausdruck kommen, sondern stets als deren subjektive Deutungen (vgl. Kap.III). In der Erzählung finden sich dabei sowohl damalige als auch gegenwärtige Deutungsmuster und Handlungsorientierungen, d.h. die Überlebenden versuchen, die früheren Interaktionen und Interaktionsformen aus gegenwärtiger Perspektive zu rekonstruieren. Dabei kommt es notwendig zu Spannungen und Widersprüchen, weil diese beiden Perspektiven (die der Verfolgung und die der Zeit danach) aufgrund der Gegenrationalität der Massenvernichtung grundsätzlich nicht kompatibel sind. In der Zeit nach der Befreiung mußten die Überlebenden feststellen, daß ihre Handlungsmuster und -orientierungen während der Verfolgung grundlegend unangemessen waren, da sie der Totalität der Vernichtung nicht entsprechen konnten. Auch diese Unvereinbarkeit zeigt sich nicht explizit in den Interviews, es sind jedoch Versuche zur Bewältigung der Kontingenz erkennbar, d.h., es wird versucht, das eigene Überleben zu begründen. Damit wird die Unvereinbarkeit der gegenwärtigen und damaligen Deutungsmuster und Handlungsorientierungen aufgehoben; indem der "Zivilisationsbruch" negiert wird, können die damaligen Handlungsorientierungen in einen sinnhaften Zusammenhang gestellt werden.

Die notwendige Negation des "Zivilisationsbruchs" im Prozeß der Erzählung ist nicht nur für die erzählende Person selbst bedeutsam, sondern ebenso für die Zuhörenden oder Lesenden, die in ihrem Verständnis der Massenvernichtung auf Darstellungen angewiesen sind. An dieser Stelle zeigt sich deutlich die gesellschaftliche Relevanz einer kritischen Auseinandersetzung mit den Zeugnissen und Erzählungen von Überlebenden, die sich um eine Aufklärung der subjektiv und objektiv bedingten "Verzerrungen" bemüht.

---

[98] Diese Unmöglichkeit liegt im methodischen Verfahren begründet, das keine eindeutigen Kausalbeziehungen herzustellen vermag. So können bestimmte Deutungsmuster nicht auf die Erfahrung vom "Zivilisationsbruch" zurückgeführt werden. Auch wenn Zusammenhänge vermutet werden können, ist es nötig, die subjektive Bedeutung dieses Ereignisses zu eruieren (vgl. auch die Methodenevaluation, siehe unten). Darüberhinaus ließe sich auch kritisch fragen, ob ein geschichtsphilosophisches Konzept nicht notwendig mit einer Reihe problematischer, normativer Vorannahmen verbunden ist, die es sinnvoller erscheinen lassen, statt dessen den einzelnen Dimensionen dieses "Bruches" wie der Negation von Rationalitätskonzepten nachzugehen.

[99] Die Infragestellung des Rationalitätskonzeptes westlicher Zivilisation wurde in keinem der Interviews thematisiert.

Die Konstruktion des "Legitimationsmusters" des Überlebens erscheint ein wesentliches Strukturmoment der Erzählung: Die Antwort auf die Frage, warum man überlebt hat, gründet in der Erzählung der frühen Kindheit und durchzieht die Zeit der Verfolgung ebenso wie die Zeit nach der Befreiung. Die inhaltliche Ausfüllung der "Legitimationsmuster" ist in der jeweiligen individuellen Geschichte begründet und bezieht sich im Falle der hier interpretierten Erzählungen etwa auf das Vermögen zu arbeiten, sich die Unterstützung von Gruppen zu suchen, denen man sich zugehörig fühlt, anderen Menschen helfen zu können oder auf das Vertrauen in die eigene Aktivität und Handlungsfähigkeit. Bei aller Vielgestaltigkeit besitzen diese Muster die gemeinsame Funktion der "Kontingenzbewältigung", können als Umgang mit der Zufälligkeit des Überlebens angesehen werden. Die Antwort auf die Frage nach den Gründen für das eigene Überleben scheint den Überlebenden ein Gefühl von Handlungskompetenz zu geben, das sich der Erfahrung von Ohnmacht und Hilflosigkeit sowie der erzwungenen Passivierung entgegenstellt.
Die Konzeption von "Legitimationsmustern" findet sich auch bei Ansätzen (wissens-)soziologischer Biographieforschung. Dort wird die Lebensgeschichte als Orientierungsmuster für erklärungsbedürftige Situationen verstanden, "Legitimierungen" werden als Erklärungsmuster konzeptualisiert, die dann einsetzen, wenn das Wissen für die Interpretation eines Verhaltens nicht ausreicht oder das Handeln nicht mit dem Relevanzsystem übereinstimmt (Fischer, 1976). Diese Konzeptualisierung unterscheidet sich von meiner in einem zentralen Punkt: Mir geht es um die *Fokussierung des zugrundeliegenden psychischen Konfliktes,* um den sich die lebensgeschichtliche Erzählung zentriert. Dieser Konflikt fungiert damit als latentes Strukturmoment der Erzählung, das die Auswahl und Anordnung der biographischen Episoden beeinflußt. Die lebensgeschichtliche Erzählung stellt daher nicht nur ein "Orientierungsmuster" dar, sondern darüberhinaus einen Versuch, den latenten Konflikten zu begegnen, d.h., die Lebensgeschichte läßt sich verstehen als eine Form des Umgangs mit latenten psychischen Konflikten.[100]

Die Erzählung als Bemühen um Integration

Eine weitere grundlegende psychische Problematik der Überlebenden ergibt sich aus der Zerstörung der Individualität und Subjektivität der Verfolgten durch den Terror der Nationalsozialisten in den Konzentrations- und Vernichtungslagern, die durch die Kontingenzerfahrung des Überlebens noch

[100] In diesem Zusammenhang möchte ich lieber den Begriff des Umgangs als den der Bewältigung verwenden, da letzterer normative Implikationen enthält, indem er zumindest die potentielle Richtung des Umgangs mit dem Konflikt i.S. eines Gelingens, einer Lösung nahelegt.

verstärkt zu werden scheint. Nach der Befreiung waren die Überlebenden vor die psychische Notwendigkeit gestellt, sich ihre Subjektivität und Identität (wieder-)anzueignen. In den Interviews finden sich eine Reihe von Deutungsmustern, die geeignet scheinen, das Gefühl von Subjektivität wiederherzustellen. In diesem Zusammenhang könnte etwa das Gefühl von Schuld angesichts des eigenen Überlebens verstanden werden, das unter der Bedingung der Massenvernichtung für die Überlebenden völlig unangemessen erscheint, da von Schuld sinnvollerweise nur unter der Bedingung individueller Urheberschaft geprochen werden kann. Möglicherweise steht diese Empfindung im Zusammenhang mit der Erfahrung der Totalität der Vernichtung in der Weise, daß sie die fundamentale Erfahrung der Ohnmacht und Hilflosigkeit zu kompensieren sucht. Dieses Deutungsmuster kann somit als Versuch zur (Wieder-)Aneignung von Subjektivität verstanden werden.
Die Frage der Aneignung bzw. Wiederaneignung ist jeweils abhängig vom Alter und Entwicklungsprozeß der Kinder und Jugendlichen zu Beginn der Verfolgung. Im Rahmen dieser Arbeit war es aus methodischen Gründen leider nicht möglich, die Besonderheit der Identitätsentwicklung ehemals verfolgter Kinder und Jugendlicher zu untersuchen.[101] Daher kann die Frage nach der möglichen Bedeutung der Erzählung für die Identität und Subjektivität der Überlebenden an dieser Stelle nur aufgeworfen werden.
Die Erzählung ermöglicht über ihre formale Struktur (wie in Kap.III ausgeführt) eine Integration vereinzelter, kontingenter Erlebnisse und Erfahrungen in einen übergreifenden, sinnstiftenden Zusammenhang. Daraus entsteht ein (jeder Erzählung immanenter) Begründungs- und Legitimationszwang für die erzählende Person, das Gesagte muß plausibel und nachvollziehbar sein, um verstanden werden zu können, anderenfalls muß man damit rechnen, auf seine Widersprüche hin befragt zu werden (Schütze, 1976). Ein zusätzlicher, darüberhinausgehender Legitimationsdruck ergibt sich bei den Interviews mit Überlebenden auch durch die mitgedachte Öffentlichkeit, der gegenüber man Zeugnis ablegen will.
Der Legitimationszwang der Erzählung erscheint als ein wesentlicher Grund dafür, daß die Lebensgeschichte die Form einer Bildungsgeschichte erhält, die persönliche Entwicklungen plausibel machen will (Lorenzer, 1978). Entworfen wird ein sinnvolles Ganzes, in dem auch Erlittenes und Widerfahrenes, subjektiv nicht zu Verantwortendes zu einem sinnhaften Entwicklungs- und Bildungsprozeß zusammengefügt wird. Das Erzählen der Lebensgeschichte ist somit auch als Konstruktionsprozeß zu verstehen, der der eigenen Geschichte Kontinuität verleiht und so zur Bewältigung von Kontingenz, der Zufälligkeit biographischer Erfahrung beiträgt. Dieser Prozeß

---

[101] Zur Untersuchung dieser Problematik erscheinen klinische Psychoanalysen (vgl. etwa Kestenberg, 1990; Kestenberg & Brenner, 1986; Kestenberg & Kestenberg, 1988; Ludowyk Gyomroi, 1963) oder Analysen von Tagebuchaufzeichnungen (vgl. etwa Cahn, 1988) ertragreicher als autobiographische Stegreiferzählungen.

trägt zur Selbstkonstitution des Subjektes, zum Entwurf einer Ich-Identität bei (Habermas, 1968). Zugleich stiftet die Ich-Identität auch die Einheit der Lebensgeschichte, den Sinnzusammenhang, der den einzelnen Episoden erst ihre Bedeutung verleiht (Habermas, 1968). Die Vorstellung einer Einheit der Lebensgeschichte kann somit als kritisch-regulatives Prinzip der Konstruktion verstanden werden, das den konstruktiven Verfahren sowohl vorgängig ist, als auch durch diese konstituiert wird.

Dieser Integrationsprozeß der Erzählung umfaßt bei den Überlebenden der Massenvernichtung aufgrund der lebensgeschichtlichen Chronologie auch die Verfolgungszeit. Die extreme Traumatisierung verhindert jedoch die Symbolisierung des Erlebens, d.h. die Verfolgungserfahrungen entziehen sich einer "narrativen Harmonisierung". Dies beschreibt zugleich die Grenzen der Erzählung im Zusammenhang der Massenvernichtung; die Traumatisierung läßt sich nicht narrativ zum Ausdruck bringen, sie läßt sich nur an den Brüchen der Erzählung vermuten. Diese Brüchigkeit der Erzählung wirkt sich auch auf die Konstruktion des 'Legitimationsmusters' des Überlebens aus, das angesichts dieser Traumatisierung nicht konsistent sein kann. Die integrative, sinnstiftende Funktion des Erzählens erscheint für die Überlebenden nur in gebrochener Form möglich. Einerseits ermöglicht das Erzählen durch den Prozeß der Selbstobjektivierung eine Distanzierung von der Unmittelbarkeit des Erlebens, die für die Überlebenden der Massenvernichtung auch nach mehreren Jahrzehnten noch die Erinnerung an die Verfolgung begleitet. In dieser Weise scheint das Erzählen den Umgang mit der Erinnerung zu erleichtern. Andererseits werden jedoch gerade im Prozeß des Erzählens zugleich auch dessen Grenzen deutlich. Die Unmöglichkeit, über die Traumatisierung zu sprechen, läßt den Überlebenden wieder die Unbegreiflichkeit ihrer Verfolgung bewußt werden, die einem narrativ konstituierten Sinnzusammenhang widerstrebt. Aus diesem Grund scheint es mir eher angemessen, von einer *ambivalenten Wirkung der Erzählung von Überlebenden* auszugehen, die den Umgang mit der Erinnerung sowohl erleichtert als auch erschwert, die die Subjektivität sowohl konstituiert als auch zugleich wieder zerstört, indem sie ihre Brüchigkeit deutlich macht, als einseitig dessen "therapeutische" Wirkung zu betonen (vgl. etwa Kinsler, 1986; Mazor et al., 1990 sowie die Methodenevaluation, siehe unten).

Die Bedeutung des anderen im Prozeß der Erzählung

Im folgenden soll der Frage nachgegangen werden, welche Bedeutung die Interaktion von Erzählendem und Zuhörendem für die autobiographische Erzählung der Überlebenden der Massenvernichtung haben könnte.[102]

[102] Aufgrund meiner eigenen Herkunft werde ich diese Überlegungen auf nichtjüdische, deutsche LeserInnen beziehen, wodurch eine partielle Geltung für andere Gruppen nicht notwendig ausgeschlossen werden soll.

Auerhahn und Laub (1984) beschreiben die Rolle des "anderen" in therapeutischen Prozessen, der die Aufgabe hat, den Aufbau der 'guten Objekte' zu unterstützen und über sein Einfühlungsvermögen die zerstörte Verbindung zwischen dem Selbst und den Anderen wiederherzustellen.

> "The experience of failed empathy (on the part of persecutors and witnesses) is at the heart of the survivor's intolerable and overwhelming sense of aloneness." (Auerhahn & Laub, 1984, 338)

Auch in den Interviews war das Bemühen um Einfühlung stets prekär; trotz des Wissens um die Unmöglichkeit der Einfühlung angesichts der extrem traumatischen Erfahrungen bleibt dennoch die Notwendigkeit, sich immer wieder darum zu bemühen (vgl. Grubrich-Simitis, 1979), wobei diesem Bemühen auf dem Hintergrund der nichtjüdischen, deutschen Herkunft gerade in Abgrenzung zur Verfolgungserfahrung für die Überlebenden eine besondere Bedeutung zukommt.

Über mögliche Motive meiner Gesprächspartner zum Interview

Bei vielen Überlebenden der nationalsozialistischen Massenvernichtung ist die autobiographische Erzählung durch den Wunsch motiviert, Zeugnis der Verfolgung abzulegen (vgl. u.a. Young, 1992). Häufig besitzt dieses Zeugnis existentielle Bedeutung,[103] denn es impliziert wohl häufig die Vorstellung, daß es Beweise für Ereignisse und Fakten liefern könnte. Das Dilemma der Zeugen besteht jedoch darin, daß Ereignisse und Fakten in keinem Fall schlicht dokumentiert, sondern immer nur vermittelt werden können. Young (1992) beschreibt die Unmöglichkeit der Vorstellung, daß Sprache Beweise für Fakten liefern könne, weil dies eine Art von "Materialisierung" von Sprache erforderte.

> "Das hieße nämlich, daß Worte nicht nur Erfahrungen *bedeuten*, sondern, genau wie ihre Autoren selbst, zu *Spuren* ihrer Erfahrungen werden müßten." (Young, 1992, 47)

Der Prozeß der Versprachlichung bedeutet auch eine Distanzierung, da die Erlebnisse nicht sprachlich zum Ausdruck gebracht werden können, sondern dadurch gleichsam "verdrängt" werden, indem die Versprachlichung die Realität des Erlebens durch die Realität des Textes ersetzt. Für den Erzähler

[103] So führen etwa Young (1992) oder auch Des Pres (1976) die Sichtweise vieler Überlebender aus, daß allein ihre Absicht, der Nachwelt von der Verfolgung zu erzählen und die Massenvernichtung zu bezeugen, den Wunsch zu überleben wesentlich motivierte. In der Zeit nach der Befreiung erhielt die Möglichkeit, Zeugnis zu geben, eine weitere Bedeutung, indem sie dem Überleben Sinn gab (zur Problematik der Zeugenschaft vgl. ausführlich Young, 1992).

selbst ist die Verbindung von Wort und Erleben selbstverständlich, auch im Prozeß des Erzählens ist sie zumindest über die Person des Erzählers noch gewahrt, sie zerfällt jedoch dann, wenn der Text von der Person gelöst wird, wie etwa bei der Verschriftlichung. Auch im Prozeß dieser Arbeit wird diese Transformation der Lebensgeschichte der Überlebenden vom mündlichen 'Zeugnis' zum schriftlichen Text deutlich (vgl. auch Methodenevaluation, siehe unten).
Neben dieser grundlegenden, durch die Sprache selbst begründeten Unmöglichkeit, durch die Erzählung Zeugnis von der Massenvernichtung abzulegen, ist noch eine weitere Problematik meiner Interviews zu thematisieren. Es erscheint zunächst erstaunlich, daß Überlebende überhaupt bereit sind, mit einer Deutschen über ihre Verfolgung zu sprechen. Bei meiner Suche nach GesprächspartnerInnen habe ich jedoch kaum Absagen bekommen, was möglicherweise auch mit der einschränkenden Bedingung zusammenhängt, daß ich vor allem deutsch sprechende Überlebende gesucht habe. Vielleicht ist die Bereitschaft dieser Gruppe neben aufklärerischen Interessen an Geschichtsvermittlung auch auf das Interesse zurückzuführen, andere Erfahrungen mit Deutschen zu machen als die während der Verfolgung. Dies würde der Problematik der Einfühlung während der Interviews eine besondere Dynamik verleihen, die Interviews scheinen daher auch in besonderem Maße von der Gefahr des Abbruchs bedroht (vgl. auch Methodenevaluation).
Auerhahn und Laub (1984) weisen darauf hin, daß sich Überlebende zumeist Menschen mit ähnlichem Erfahrungshintergrund als Vertraute suchen, daß aber andererseits auch die Beziehung zu entfernteren Anderen nötig sei, um zum einen Distanz zu den eigenen Erfahrungen zu gewinnen, zum anderen aber auch um sich einer vorhersehbaren, sicheren äußeren Welt zu versichern. Auch dieses Bedürfnis nach einer sicheren, nichtjüdischen Umgebung kann vor allem für meine GesprächspartnerInnen in Deutschland eine wichtige Motivation für das Interview gewesen sein. Als wesentliches Motiv für den Wunsch, Zeugnis abzulegen, wurde die Verhinderung eines weiteren "Holocausts" durch Aufklärung genannt. Neben dem aufklärerischen Interesse scheint der Wunsch nach einer sicheren Welt auch das Bedürfnis nach einem Anderen zu umfassen, mit dem die eigenen Erfahrungen geteilt werden können und auf dessen Verständnis man rechnen kann, gerade um der Erfahrung der unterlassenen Einfühlung, der "failed empathy" (Auerhahn & Laub, 1984), etwas entgegenzusetzen.

Verstehen als Selbstreflexion

Neben den Motiven meiner GesprächspartnerInnen beeinflussen auch meine Vorstellungen und Erwartungen die Interviews, so daß eine selbstreflexive Auseinandersetzung mit den eigenen Motiven zu diesen Gesprächen unab-

dingbar erscheint. Diese erfolgte im Rahmen psychoanalytischer Supervision, um subjektive Verzerrungen der Wahrnehmung und der Interaktion bewußt werden zu lassen. Die Analyse der Beziehung von Übertragung und Gegenübertragung bildete zugleich wesentliche Ansatzpunkte zur Interpretation der Interviews.
In der Einleitung wurde die These aufgestellt, daß sich eine "Annäherung" an Auschwitz, der Begriff der Annäherung soll die Unmöglichkeit des Verstehens als präziser Identifikation zum Ausdruck bringen, im wesentlichen als Selbstreflexion begreifen läßt. Damit ist der Versuch gemeint, die Bedeutung dieses historischen Ereignisses, des "Zivilisationsbruchs" für das eigene Bewußtsein (sowie für das Unbewußte) zu eruieren. In der (selbst)kritischen Auseinandersetzung mit Darstellungen dieses Ereignisses sollen die eigenen Deutungsmuster reflektiert werden.
Dieser Reflexionsprozeß mit den Geschichten der Überlebenden der Massenvernichtung bedeutet nicht nur für die Erzählenden, sondern auch für die Zuhörenden bzw. Lesenden eine hohe emotionale Belastung, was angesichts der Ungeheuerlichkeit, die dort zu thematisieren versucht wird, nicht verwunderlich ist. Diese Belastung soll jedoch angesprochen werden, da sie eine Reihe an Abwehrbemühungen nach sich zieht, die notwendig mit der Beschäftigung mit diesem Gegenstand verbunden zu sein scheinen. Die Möglichkeit der Selbstreflexion scheint an eine bestimmte Haltung dem Text gegenüber[104] gebunden zu sein, die Freud (in der klinischen Praxis) etwa als "gleichschwebende Aufmerksamkeit" oder Ricoeur als "Einlassen auf den Text" beschrieben hat (vgl. Kap.III). Diese größtmögliche Offenheit dem Text gegenüber ist bei diesen Texten stets gefährdet, da sie ein ganzes Spektrum an Emotionen auslösen können, das von Angst und Ohnmacht über Wut und Aggression bis zu Verachtung reicht (Danieli,1981a[105]), wobei diese Reaktionen auch gleichzeitig Abwehrfunktionen übernehmen können. Die Reflexion der eigenen Reaktionen ist für den Erkenntnisprozeß von größter Bedeutung, da unbegriffene Gegenübertragung das Verstehen beeinträchtigt (vgl. Devereux, 1967). Der Reflexionsprozeß ist auch - so weit möglich - bereits Teil des Interviews, da verzerrte Wahrnehmung und unangemessene Interventionen die Erzählung gefährden können.
Die emotionale Belastung im Interview ergibt sich nicht allein aus dem Inhalt der Erzählung, sondern auch aus der Vielfalt der Übertragung. Im Lau-

104 In meinen folgenden Überlegungen beziehe ich mich wieder auf die mündlichen, autobiographischen Erzählungen von Überlebenden, ohne damit auszuschließen, daß sie auch für andere Darstellungsformen gelten können.

105 Danieli (1981a) beschreibt in ihrer Studie über Gegenübertragungsreaktionen eine ganze Reihe von Emotionen in der Therapie mit Überlebenden wie auch in der wissenschaftlichen Auseinandersetzung. Mir scheint, daß die einzelnen Reaktionen nicht nur bei unterschiedlichen Personen auftreten können, sondern daß eine einzelne Person im Prozeß der Auseinandersetzung ein ganzes Spektrum von Emotionen erfährt.

fe einer Erzählung wechseln die unbewußt zugeschriebenen Rollen häufig zwischen TäterInnen und Vertrauten hin und her; man ist etwa eine Nachbarin, die weggesehen hat, oder eine Aufseherin in einem Konzentrations- und Vernichtungslager und zugleich Tochter, Mutter oder Freundin. Dieses Wechselspiel der Übertragung begleitet den Prozeß des Interviews sowie der Interpretation; die Bewußtmachung ihrer (subjektiven) Bedeutung ist in diesem Rahmen jedoch nur ansatzweise möglich, nur insoweit, wie sie durch die Reflexion der eigenen Empfindungen und Reaktionen als Interviewerin oder Interpretin Hinweise das Verstehen der Erzählung gibt. Die Übertragungstendenzen auf seiten der erzählenden Person können hingegen nur benannt werden; ihrer subjektiven Bedeutung nachzugehen, erforderte eingehendere psychoanalytische Prozesse, die von einer Textanalyse nicht zu leisten sind (vgl. Methodenevaluation).

Dennoch scheint in diesem Wechselspiel der Übertragung der Rollen von Verfolgern und Vertrauten eine wichtige Bedeutung für eigene Identifizierungsprozesse zu liegen, der einen Exkurs auf mein individuelles Erleben zu legitimieren scheint, da dies auch auf andere übertragbar scheint. Während meiner Auseinandersetzung mit den Geschichten der Überlebenden fühlte ich mich sehr auf meine deutsche Herkunft zurückgeworfen, die bis dahin keine wesentliche Kategorie meines Selbstverständnisses darstellte. Die Monströsität der Geschichten der Überlebenden verhinderte (in weiten Teilen) eine Identifikation mit den Opfern. Die unbewußte Zuschreibung der Rolle der Täterinnen in der Übertragung verdeutlichte zum einen die Unausweichlichkeit des nationalsozialistischen Erbes, zum anderen zerstörte sie auch die Illusion moralischer Überlegenheit, die häufig mit der schlichten Tatsache verbunden wird, daß man sich diesem Thema überhaupt zuwendet.[106]

Diese Überlegungen führen zu der These, daß die Erzählung parallel zum Identitätsbildungsprozeß der Erzählenden eine vergleichbare Bedeutung auch für die Zuhörenden bzw. Lesenden besitzt. So geht etwa Ricoeur (1974) davon aus, daß die Interpretation eines Textes die Selbsterkenntnis fördert; dies scheint Identitätsbildungsprozesse einzuschließen. Auch Lorenzer (1978b) bezieht den aufklärerischen Anspruch psychoanalytischer Textinterpretation auf Veränderungen des Bewußtseins der LeserInnen. Diese Überlegungen können am Schluß dieser Arbeit nur aufgeworfen werden, ihre Präzisierung bedürfte weiterer Untersuchungen.

Eine weitere Problematik in der Auseinandersetzung mit den Geschichten der Überlebenden ergibt sich aus der Infragestellung der eigenen Wert- und Handlungsorientierungen sowie der Rationalitätskonzepte durch die Kon-

---

[106] Im öffentlichen Diskurs findet sich diese Haltung etwa im Anspruch vieler Deutscher auf den kabbalistischen Satz, daß das Geheimnis der Erlösung in der Erinnerung bestehe. Diesen Selbsterlösungswünschen in der Auseinandersetzung mit dem Nationalsozialismus soll über eine selbstkritische Reflexion entgegengetreten werden.

frontation mit der Universalität des "Zivilisationsbruchs". Die Legitimationsprobleme, die diese Geschichten aufwerfen, verdeutlichen auch, daß sie sich nicht für eine bessere Moral instrumentalisieren lassen. Dies begründet auch, warum in dieser Arbeit nicht - wie häufig in sozialwissenschaftlichen Forschungsarbeiten - nach der gesellschaftlichen Relevanz der Erinnerung an die Massenvernichtung gefragt wird. Die Geschichten der Überlebenden, die auch Zeugnis ihres Leidens sind, sollen nicht zur Begründung politischer oder gesellschaftlicher Zielvorstellungen instrumentalisiert werden.

Die Erfahrung der Massenvernichtung als Gegenstand wissenschaftlichen Denkens

Zum Abschluß möchte ich noch einige Überlegungen zur Evaluation des verwendeten methodischen Verfahrens insbesondere hinsichtlich seiner ethischen Implikationen skizzieren.

Zunächst kann die in dieser Arbeit verwendete Methode als äußerst aufwendiges und voraussetzungsreiches Verfahren beschrieben werden, das mit vielen Reisen und längeren Forschungsaufenthalten in Israel und USA verbunden war. Die Notwendigkeit dazu ergab sich daraus, daß es in Deutschland zum einen keine Forschungszentren zur Auseinandersetzung mit der Massenvernichtung gibt und zum anderen kaum GesprächspartnerInnen, die als Kinder oder Jugendliche die Massenvernichtung überlebt haben.

In dieser Arbeit wurde immer wieder auf die Grenzen des Verstehens hingewiesen, die im Prozeß der Auseinandersetzung mit Auschwitz ertastet werden müssen. Diese paradoxe wissenschaftliche Ausgangssituation durchzieht das gesamte Verfahren. Die Grenzen stehen nie fest, sondern werden im Reflexionsprozeß stets neu bestimmt, so daß das Gefühl entsteht, das Denken stets wieder von neuem zu beginnen (vgl. auch Hilberg, 1992). Der fortwährende Prozeß der Annäherung und Distanzierung, der die Bewegung des Denkens einschließlich seiner Grenzen beschreibt, enthält notwendig Redundanzen. Diese entstehen darüberhinaus auch durch die Sprachnot, die der Gegenstand auslöst, und die sich nicht nur in den theoretischen Betrachtungen findet, sondern ebenso in den Interpretationen, die gleichsam die Sprachnot der Erzählenden widerzuspiegeln scheinen. Das wissenschaftliche Verfahren versteht sich als Selbstreflexion, die weit über das hinausgeht, was in dieser Arbeit darstellbar ist. Auch dieser Prozeß ist ein nicht abschließbarer und wird durch den Prozeß des Schreibens nur an einem Punkt angehalten.

Neben diesen allgemeinen Überlegungen, die aus der Besonderheit des Gegenstands entstehen, lassen sich noch einige spezifischere Aspekte des methodischen Verfahrens betrachten.

Als Interviewmethode wurde das Verfahren des "narrativen Interviews" (vgl. Schütze, 1976) gewählt und dem Gegenstand entsprechend modifiziert. Die Notwendigkeit zur Modifikation ergab sich vor allem aus dem Problem, daß die Aufgabe der Interviewerin bei den Erzählungen der Überlebenden nicht nur im (zumeist) nonverbalen Aufrechterhalten des Erzählflusses bestehen kann. Aus der oben skizzierten Problematik der Interaktion von Überlebenden und nichtjüdischen Deutschen ergibt sich - über die allgemeine Problematik der Erzählung über den Umgang mit extremer Traumatisierung hinaus - insbesondere die Notwendigkeit, eine vertrauensvolle Beziehung als Voraussetzung für die Erzählung aufzubauen. Es sind daher andere, eher "therapeutische" Interventionen nötig, um das Interview an Stellen, die vom Abbruch bedroht sind, fortzuführen. Diese prekären Stellen des Interviews machen auch deutlich, daß von diesen Erzählungen nur ein geringer therapeutischer Effekt erwartet werden kann. Der mühsame, schmerzliche und stets bedrohte Prozeß, die Erfahrung extremer Traumatisierung zur Sprache zu bringen, scheint vielmehr langfristige, (psychoanalytisch) therapeutische Begleitung zu erfordern, die in den Interviews nicht zu leisten ist.
Im Laufe des wissenschaftlichen Verfahrens erfährt die Erzählung der Überlebenden eine Transformation vom mündlichen 'Zeugnis' zum schriftlichen Text. Im Interview ist die Erzählung noch unmittelbar an die Person gebunden, durch die Transkription und das Interpretationsverfahren tritt der textuelle Charakter der Lebensgeschichte notwendig in den Vordergrund (zur Problematik des Zeugnisses, siehe Einleitung). Das schafft eine Reihe emotionaler wie auch ethischer Probleme, die sich aus dem textkritischen Verfahren ergeben. Auch beim Übergang vom mündlichen Interpretationsprozeß zur schriftlichen Fassung ist ein Verlust von "Einfühlung" zu spüren. Da die Gedanken präzisiert und auf den Begriff gebracht werden müssen, verlieren sie die Unbestimmtheit und Vagheit des mündlichen Näherungsverfahrens. Das Schreiben bringt den Prozeß des Tastens, der in seiner Flüchtigkeit die Grenzen der Deutung eher respektiert, zum Stillstand; so wird festgeschrieben und bestimmt, was kaum zu bestimmen ist. Die Interpretationen der Interviews wurden daher im Respekt vor den Grenzen der Deutung bewußt konjunktivisch und vage formuliert, auch wenn dies mögliche "Grenzüberschreitungen" nicht ausschließen kann; Rückbindungen an traditionelle psychoanalytische Konzepte (d.h. Konzepte, die in anderen Kontexten entwickelt wurden) wurden so weit wie möglich vermieden.[107]
Ein weiteres ethisches Problem, das sich aus der Transformation der Erzählung vom 'Zeugnis' zum transkribierten Text ergibt, besteht darin, daß dem Wunsch einiger GesprächspartnerInnen, Zeugnis von ihrer Verfolgung und der Massenvernichtung abzulegen, im Rahmen dieser Arbeit auch aus praktischen Gründen nur begrenzt entsprochen werden kann; die Interviews können leider nicht alle vollständig abgedruckt werden.

[107] Eine vollständige Vermeidung erscheint nicht möglich, da der Verstehensprozeß stets auf Vergleiche mit bekannten Erklärungsmustern angewiesen ist.

Trotz der skizzierten ethischen Problematik halte ich jedoch ein textanalytisches, kritisches Interpretationsverfahren für zulässig angesichts des gemeinsamen Ringens um ein annäherungsweises Verständnis dessen, was sich der Verstehbarkeit entzieht: des Bruchs sämtlicher zivilisatorischer Gewißheiten und der sie konstituierenden Rationalität. Die Massenvernichtung erschließt sich nicht aus den Geschichten der Überlebenden, wenngleich sie darauf verweisen. Dieses Verweisungsverhältnis kann jedoch nur als ein negatives gedacht werden, die extreme Traumatisierung ist dem diskursiven Symbolisierungszusammenhang der Sprache nicht zu vermitteln. Als Textanalyse kann die Interpretation nicht der Traumatisierung durch die Verfolgung selbst nachgehen, sondern lediglich den subjektiven Umgang mit ihr - als Niederschlag dieser Traumatisierung - beschreiben. Die Interpretation setzt daher an den Brüchen des Textes an, um Hinweise auf das Nichterzählte, Nichterzählbare sichtbar zu machen. Die kritische Lesart ist somit durch den Gegenstand der Erzählung selbst bedingt. Das Überschreiten des manifesten Textsinns erfolgt nicht in der Absicht, den Sinn dieser Geschichten zu dekonstruieren, sondern vielmehr in dem Interesse an einem tiefergehenden Verständnis der Erfahrungen, die einem logischen Textverstehen verschlossen bleiben. Darüberhinaus setzt das Verständnis dieser lebensgeschichtlichen Erzählungen auch historisches Wissen voraus, präzise Informationen über den Nationalsozialismus und den Prozeß der Massenvernichtung, um zumindest eine Ahnung von dem zu bekommen, was in seiner subjektiven Wirkung sprachlich nicht einholbar ist.

Neben diesen allgemeinen Problemen der Interpretation von Lebensgeschichten Überlebender stellt sich die Frage nach der Angemessenheit des in dieser Arbeit entwickelten diskursiven Interpretationsverfahrens, der obliquen Hermeneutik.

Zur Begrenzung der Subjektivität der Deutung wurde ein Interpretationsdiskurs gebildet. Die Beteiligung erfahrener Psychoanalytikerinnen an der Interpretation erwies sich angesichts dieser Thematik und der Methode als unverzichtbar. Diese setzen sowohl klinische Erfahrung im Umgang mit der besonderen Problematik der Überlebenden voraus als auch Erfahrung mit der Besonderheit psychoanalytischer Erkenntnisbildung. Allerdings erfordert die Lektüre der umfangreichen Texte sowie die gemeinsame Interpretation ein Maß von Engagement von den Beteiligten, das nur sehr selten zu finden sein wird. Der Interpretationsdiskurs stellte einen Dialog zwischen Psychoanalytikerinnen und einer (psychoanalytisch nicht ausgebildeten) Sozialwissenschaftlerin dar. Diese Konstellation bildete für mich die Bedingung der Möglichkeit einer Interpretation und war dementsprechend äußerst anregend und fruchtbar. Sie bedeutete aber auch für die Seite der Expertinnen die Notwendigkeit einer stetigen Vermittlung ihrer psychoanalytischen Deutungen, um sie auch jenseits eines psychoanalytischen Diskurses nachvollziehbar zu machen. Darüberhinaus boten die Erzählungen als Texte selbst eine unhintergehbare Grenze psychoanalytischer Deutung; im Unter-

schied zu Deutungen im therapeutischen Setting kann die Ebene des Unbewußten (des Erzählenden) nicht explizit thematisiert werden, anhand mancher Textstellen kann lediglich auf sie verwiesen werden.
Die oblique Hermeneutik bietet mit ihrer Fokussierung der latenten, konfliktbezogenen Sinnebene der Erzählung eine Möglichkeit, tieferen Einblick in die Konstruktion der Lebensgeschichte - und damit auch in die Konstruktion von Subjektivität - zu erhalten. Durch die veränderte Blickrichtung der "obliquen Reflexion" (Böhme, 1990) tritt die Bedeutung der extremen Traumatisierung für die psychische Struktur deutlicher hervor als bei logischem Textverstehen. An dieser Stelle möchte ich nochmals die paradoxe Situation des Nachdenkens über die Traumatisierung - als Bemühen um ein Verstehen des Nichtverstehbaren - hervorheben. Auch die Bedeutung der Traumatisierung scheint sich wie das Trauma selbst einer begrifflichen Erfassung zu entziehen, pointiert könnte man formulieren, daß sich die Überwältigung durch das Trauma auch auf das Denken darüber bezieht. Wenn nun eine begriffliche Faßbarkeit der Traumatisierung nicht gelingt, könnte ein metaphorischer Zugang vielleicht zu einer Annäherung an die Bedeutung beitragen. Ich möchte dazu das von Habermas in anderem Kontext verwendete Bühnenmodell (Habermas, 1968) aufgreifen: Die extreme Traumatisierung durch die Massenvernichtung ließe sich danach als die Bühne verstehen, auf der sich die gesamte Lebensgeschichte abspielt.[108] Dem Drama vergleichbar, entwickelt sich der Sinn im Fortgang der (Lebens-)Geschichte, die jedoch ohne die Bühne als Hintergrund und alles umfassende Bedingung nicht verstehbar wäre. Vielleicht kommt dieses Bild dem von fast allen Gesprächspartnerinnen beschriebenen Eindruck entgegen, daß Auschwitz für sie stets gegenwärtig sei, ohne daß sie jedoch ständig konkret daran denken würden.

Trotz der skizzierten methodischen Schwierigkeiten, die zum Teil im Gegenstand begründet sind, zum Teil aber auch überwunden werden können, scheint mir das selbstreflexive Verfahren der Annäherung an die Geschichten der Überlebenden dem Gegenstand durchaus angemessen, da es die Reflexion der Grenzen der Interpretation ermöglicht. Wenn Auschwitz als historisches "Grenzereignis" (Friedländer, 1984) verstanden werden kann, muß auch die wissenschaftliche Auseinandersetzung die Grenzen des Verstehens in einem dialektischen Prozeß stets aufs Neue ertasten können.

---

108 Eine Schwierigkeit, dieses Bild zu denken, ergibt sich daraus, daß die Erfahrung selbst, nicht der Ort der Erfahrung, als Bühne fokussiert wird.

Durch ein technisches Versehen entstand bei der Drucklegung des Buches Ilka Quindeau, *Trauma und Geschichte* bedauerlicherweise ein fehlerhaftes Literaturverzeichnis, das um die folgenden Angaben ergänzt werden muß:

Auerhahn, N., & Laub, D. (1987). Play and playfullness in Holocaust survivors. *Psychoanalytical Study of the Child*, Vol.42, 45-58.

Baastians, J. (1988). Vom Menschen im KZ und vom KZ im Menschen. Zur Behandlung des KZ-Syndroms und dessen Spätfolgen. In D. Baron, F. Beiner & M. Brusten (Eds.), *Der Holocaust – Familiale und gesellschaftliche Folgen – Aufarbeitung in Wissenschaft und Erziehung* (pp. 62-73). Wuppertal: Univ.Druck.

Brenner, I. (1988). Multisensory bridges in response to object loss during the Holocaust. *Psychoanalytical Review*, 75, 573-587.

Carmelly, F. (1975). Guilt Feelings in Concentration Camp Survivors. Comments of a »Survivor«. *Journal of Jewish Communical Services*, 52 (2), 139-164.

Dasberg, H. (1987). Psychological distress of Holocaust Survivors and offspring in Israel forty years later: A review. *Israel Journal of Psychiatry and Relational Sciences*, Vol.24, 4, 243-256.

Friedman, Paul (1990). Aspekte einer Konzentrationslagerpsychologie. *Psyche*, 44, 164-172.

Gampel, Y. (1988). Facing war, murder, torture and death in latency. *Psychoanalytical Review*, 75 (4), 499-509.

Györi, I. (1969). Psychische Störungen bei Überlebenden der Verfolgung. Beobachtungen in einer Poliklinik in Israel. *Psyche*, 23, 517-531.

Haber, C. (1988). The analysis of a latency-age survivor of the Holocaust. *Psychoanalytic Review*, 75, 641-651.

Hollos, I. (1974). Brief eines Entronnenen. *Psyche*, 28, 266-278.

Kestenberg, J.S. (1989b). Neue Gedanken zur Transposition. Klinische, therapeutische und entwicklungsbedingte Betrachtungen. *Jahrbuch der Psychoanalyse*, 24, 163-189.

Kestenberg, J.S. (1993). Spätfolgen bei verfolgten Kindern. *Psyche*, 47, 730-742.

Kestenberg, J.S., & Fogelman, E. (eds.).(1994). *Children during the Nazi Reign: psychological perspective on the interview process*. Westport, Connecticut: Praeger.

Kestenberg, J.S., & Gampel, Y. (1983). Growing up in the Holocaust Culture. *Israel Journal of Psychiatry and Related Sciences*, vol. 20, 1-2, 129-146.

Klein, H. (1974). Child victims of the Holocaust. *Journal of Clinical Child Psychology*, 74, 44-67.

Kogan, I. (1990). Vermitteltes und reales Trauma in der Psychoanalyse von Kindern von Holocaustüberlebenden. *Psyche*, 44, 533-544.

Krell, R. (1985). Therapeutic value of documenting Child Survivors. *Journal of the American Academy of Child Psychiatry*, 24, 4, 397-400.

Leuzinger-Bohleber, M. (1989). *Veränderung kognitiver Prozesse in Psychoanalysen*, Bd.II: Fünf aggregierte Einzelfallstudien. Berlin: Springer.

Leuzinger-Bohleber, M. (1990). Ohnmachtsgefühle und ihre Abwehr im klinischen Prozeß. *Kultur-Analysen*, 2, 180-214.

Leuzinger-Bohleber, M., & Mahler, E. (1993). Phantasie und Realität in der Spätadoleszenz. Gesellschaftliche Veränderungen und Entwicklungsprozesse bei Studierenden. In M. Leuzinger-Bohleber & E. Mahler (eds.), *Phantasie und Realität in der Spätadoleszenz* (pp.13-49). Opladen: Westdeutscher Verlag.

Rappaport, E. (1968). Beyond traumatic neurosis. *International Journal of Psychoanalysis*, 49, 719-729.

Rappaport, E. (1971). *Survivor guilt.* Midstream, 27, 41-57.

Ryn, Z. (1990). Der Alptraum geht weiter. Das Nachleben der Okkupationszeit in den Überlebenden und ihren Nachkommen. *Psyche*, 44, 101-117.

Segall, A. (1974). Spätreaktionen auf Konzentrationslagererlebnisse. *Psyche*, 28, 221-230.

Simenauer, E. (1968). Late psychic sequelae of man-made disasters. *International Journal of Psychoanalysis*, 49, 306-309.

Straker, G. (1990). Seelische Dauerbelastung als traumatisches Syndrom - Möglichkeiten eines einmaligen therapeutischen Gesprächs. *Psyche*, 44, 144-163.

Wangh, M. (1962). Psychoanalytische Betrachtungen zur Dynamik und Genese des Vorurteils, des Antisemitismus und des Nazismus. *Psyche*, 5, 273-284.

Wangh, M. (1968). Diskussionsbemerkungen zu E. de Wind: Begegnung mit dem Tod. *Psyche*, 9-11, 447-451.

Literatur

Adorno, T. (1951). *Minima Moralia.* Frankfurt a.M.: Suhrkamp.

Adorno, T. (1971). *Erziehung zur Mündigkeit.* Frankfurt a.M.: Suhrkamp.

Amery, J. (1977). *Jenseits von Schuld und Sühne. Bewältigungsversuche eines Überwältigten.* Stuttgart: Klett-Cotta.

Angehrn, E. (1985). *Geschichte und Identität.* Berlin, New York: Springer.

Arendt, H. (1963). *Eichmann in Jerusalem. Ein Bericht über die Banalität des Bösen.* (dt.Ausgabe 1986). München: Piper.

Auerhahn, N., & Laub, D. (1984). Annihilation and restoration: Post-traumatic memory as pathway and obstacle to recovery. *International Review of Psychoanalysis*, 11, 327-344.

Baeyer, W.von, Häfner, H., & Kisker, K.P. (1964). *Psychiatrie der Verfolgten.* Heidelberg: Springer.

Barocas, H., & Barocas, C. (1973). Manifestations of concentration camp effects on the second generation. *American Journal of Psychiatry,* 130, 820-827.

Berger, L. (1988). The long-term psychological consequences of the Holocaust on the survivors and their offspring. In R.L. Braham (Ed.), *The psychological perspectives of the Holocaust and of its aftermath* (pp.175-221). New York: Columbia University Press.

Bergmann, M.S. (1985). Reflections on the psychological and social function of remembering the Holocaust. *Psychological Inquiry*, 5, 9-20.

Bergmann, M.S., & Jucovy, M.E. (Eds.).(1982). *Generations of the Holocaust.* New York: Basic Books.

Bettelheim, B. (1943). Individual and mass behavior in extreme situations. *Journal of Abnormal and Social Psychology*, 38, 417-452.

Bettelheim, B. (1960). *The informed heart.* Glencoe, Illinois: Free Press. (Aufstand gegen die Masse. München: Szczesny, 1964).

Blos, P. (1962). *Adoleszenz. Eine psychoanalytische* Interpretation. Stuttgart: Klett-Cotta. (4.Auflage 1989).

Böhme, G. (1990). Sinn und Gegensinn - Über die Dekonstruktion von Geschichten. *Psyche*, 7, 44, 577-592.

Bohleber, W. (1990). Das Fortwirken des Nationalsozialismus in der zweiten und dritten Generation nach Auschwitz. *Babylon*, 7, 70-84.

Braham, R.L. (Ed.).(1988). *The psychological perspectives of the Holocaust and of its aftermath.* New York: Columbia University Press.

Cahn, T. (1988). The diary of an adolescent girl in the ghetto: A study of age-specific reactions to the Holocaust. *Psychoanalytic Review*, 75(4), 589-617.

Chodoff, P. (1980). Psychotherapy of the survivor. In J.E.Dimsdale (Ed.), *Survivors, victims and perpetrators* (pp.205-218). New York: Hemisphere Publishing.

Chodoff, P. (1981). Survivors of the Nazi Holocaust. *Children Today*, 9/10, 2-5.

Claussen, D. (1988). Nach Auschwitz: Ein Essay über die Aktualität Adornos. In D. Diner (Ed.), *Zivilisationsbruch: Denken nach Auschwitz* (pp. 54-68). Frankfurt a.M.: Fischer.

Cournut, J. (1988). Ein Rest, der verbindet. Das unbewußte Schuldgefühl, das entlehnte betreffend. *Jahrbuch der Psychoanalyse*, 22, 67-99.
Dahmer, H. (1990). Derealisierung und Wiederholung. *Psyche*, 2, 44, 133-143.
Danieli, Y. (1981a). Countertransference in the treatment and study of Nazi Holocaust Survivors and their children. *Victimology: An International Journal*, 5, 45-53.
Danieli, Y. (1981b). Differing adaptional styles in families of survivors of the Nazi Holocaust. *Children today*, 9/10, 6-35.
Danieli, Y. (1988). Heterogeneity adaption in families of survivors. In R.L. Braham (Ed.), *The psychological perspectives of the Holocaust and of its aftermath* (pp.109-127). New York: Columbia University Press.
Des Pres, T. (1976). *The survivor: An anatomy of life in the death camps*. New York: Harper & Row.
Devereux, G. (1967). *Angst und Methode in den Verhaltenswissenschaften*. Frankfurt a.M.: Suhrkamp. (2.Aufl.1988)
Dimsdale, J.E. (Ed.).(1980). *Survivors, victims and perpetrators*. New York: Hemisphere Publishing.
Diner, D. (Ed.).(1987). *Ist der Nationalsozialismus Geschichte? Zur Historisierung und Historikerstreit*. Frankfurt a. M.: Fischer.
Diner, D. (1988). Aporie der Vernunft. In D. Diner (Ed.), *Zivilisationsbruch: Denken nach Auschwitz* (pp. 30-53). Frankfurt a.M.: Fischer.
Ehlich, K. (1980). *Erzählen im Alltag*. Frankfurt a.M.: Suhrkamp.
Eissler, K.R. (1963). Die Ermordung wievieler seiner Kinder muß ein Mensch ertragen können, um eine normale Konstitution zu haben? *Psyche*, 5, 17, 241-291.
Eissler, K. (1968). Weitere Bemerkungen zum Problem der KZ-Psychologie. *Psyche*, 6/22, 452-463.
Eitinger, L. (1964). *Concentration Camp survivors in Norway and Israel*. The Hague: Martinus Nyhoff (1972).
Eitinger, L. (1981). Studies on Concentration Camp survivors: The Norwegian and global contexts. *Journal of Psychology and Judaism*, vol. 6 (1), 23-32.
Eitinger, L. (1990). KZ-Haft und psychische Traumatisierung. *Psyche*, 2, 44, 118-132.
Eitinger, L. & Major, E.F. (1992). *Stress of the Holocaust*. Unveröff. Manuskript.
Faimberg, H. (1987). Das Ineinanderrücken der Generationen. Zur Genealogie gewisser Identifizierungen. *Jahrbuch der Psychoanalyse*, 20, 114-143.
Fischer, W. (1978). Struktur und Funktion erzählter Lebensgeschichten. In M. Kohli (Hrsg.), *Soziologie des Lebenslaufs (pp. 311 -336)*. Darmstadt: Kohlhammer.
Fogelman, E. (1988). Therapeutic alternatives for Holocaust survivors and second generation. In R.L. Braham (ed.), *The psychological perspectives of the Holocaust and of its aftermaths* (pp.79-108). New York: Columbia University Press.
Fogelman, E. (1992). *The survivor victims of war and Holocaust*. unpublished manuscript.
Frankl, V.E. (1947). *Ein Psycholog erlebt das Konzentrationslager*. Wien: Verlag für Jugend und Volk.
Freud, A., & Dann, S. (1951). Gemeinschaftsleben im frühen Kindesalter. In A. Freud & D. Burlingham (1971), *Heimatlose Kinder* (pp.165-217).Frankfurt a. M.: Fischer.

Absender: (bitte deutlich schreiben)

Name

Straße und Hausnummer oder Postfach

PLZ Ort

Bitte den Verlagsprospekt auch an:

Name

Straße und Hausnummer oder Postfach

PLZ Ort

Bitte
ausreichend
frankieren!

Brandes & Apsel Verlag
Zeilweg 20

D-60439 Frankfurt

Freud, S. (1912). *Ratschläge für den Arzt bei der psychoanalytischen Behandlung.* Studienausgabe (Ergänzungsband, pp. 170-180). Frankfurt a.M.: Fischer.
Freud, S. (1917). *Trauer und Melancholie.* Studienausgabe (Bd.3, pp.193-213). Frankfurt a.M.: Fischer.
Freud, S. (1920). *Jenseits des Lustprinzips.* Studienausgabe (Bd.3, pp.213-272). Frankfurt a.M.: Fischer.
Freud, S. (1930). *Das Unbehagen in der Kultur.* Studienausgabe (Bd.IX, pp.193-270). Frankfurt a.M.: Fischer.
Freud, S. (1937). *Konstruktionen in der Analyse.* Studienausgabe (Ergänzungsband, pp.394-406). Frankfurt a.M.: Fischer.
Friedländer, S. (1990). Die "Endlösung". Über das Unbehagen in der Geschichtsdeutung. In W. Pehle (Ed.), *Der historische Ort des Nationalsozialismus* (pp. 81-93). Frankfurt a.M.: Fischer.
Grubrich-Simitis, I. (1979). Extremtraumatisierung als kumulatives Trauma. *Psyche,* 11,33,991-1023.
Habermas, J. (1968). *Erkenntnis und Interesse.* Frankfurt a.M.: Suhrkamp.
Habermas, J. (1987). *Eine Art Schadensabwicklung.* Frankfurt a. M.: Suhrkamp.
Hardtmann, G. (Ed.).(1992). *Spuren der Verfolgung.* Gerlingen: Bleicher.
Hartmann, H. (1927). *Die Grundlagen der Psychoanalyse.* Leipzig.
Hemmendinger, J. (1981). Coming out of the death camp. Return to life. *Israel Journal of Psychiatry and Related Sciences,* Vol.18, 4, 331-334.
Heenen-Wolff, S. (1990). Psychoanalytische Überlegungen zur Latenz der Shoah. *Babylon,* 7, 84-96.
Herberg, H.J., & Paul, H. (Eds.).(1963). *Spätschäden nach Extrembelastungen.* Herford: Nicolai'sche Buchhandlung.
Hilberg, R. (1961). *Die Vernichtung der europäischen Juden.* Frankfurt a.M.: Fischer (Ausgabe: 1990).
Hilberg, R. (1992). *Täter, Opfer, Zuschauer.* Frankfurt a.M.: Fischer.
Hilberg, R., & Söllner, A. (1988). Das Schweigen zum Sprechen bringen. In D. Diner (Ed.), *Zivilisationsbruch: Denken nach Auschwitz* (pp. 175-201). Frankfurt a.M.: Fischer.
Hoppe, K.D. (1968). Re-Somatization of Affects in Survivors of Persecution. *International Journal of Psychoanalysis,* 49, 324-326.
Hoppe, K. (1984). Severed ties. *In S.A. Luel, & P. Marcus (Eds.), Psychoanalytical reflections on the Holocaust* (pp.95-111). Holocaust Awareness Institute, Center for Jewish Studies, University of Denver and KTAV Publishing House.
Horkheimer, M. (1967). *Zur Kritik der instrumentellen Vernunft.* Frankfurt a.M.: Fischer.
Horkheimer, M. (1974). *Notizen 1950 bis 1969 und Dämmerung.* Frankfurt a.M.: Fischer.
Horkheimer, M. (1987). *Vernunft und Selbsterhaltung.* Gesammelte Schriften, Bd.5, 320-350. Frankfurt a.M.: Fischer.
Horkheimer , M. & Th.W. Adorno (1947). *Dialektik der Aufklärung.* Frankfurt a.M.: Fischer (1969).
Jacobson, E. (1959). Depersonalisierung. *Psyche,* 3/28, 193-220, 1974. (Erstveröffentlichung: Journal of the American Psychoanalytic Association, 7 (1959), 581-610).

Kallmeyer, W., & Schütze, F. (1977). Zur Konstitution von Kommunikationsschemata der Sachverhaltsdarstellung: Dargestellt am Beispiel von Erzählungen und Beschreibungen. In D. Wegner (Ed.), *Gesprächsanalyse* (pp.159-275). Hamburg: Buske.

Kanter, I. (1976). Social psychiatry and the Holocaust. *Journal of Psychology and Judaism*, 1, 55-66.

Keilson, H. (1979). *Sequentielle Traumatisierung bei Kindern*. Stuttgart: Enke.

Keilson, H. (1984). Wohin die Sprache nicht reicht. *Psyche*, 38, 915-926.

Kestenberg, J.S. (1982). A metapsychological assessment based on an analysis of a survivor's child. In M.S. Bergmann, & M.E. Jucovy (Eds.), *Generations of the Holocaust* (pp. 137-158). New York: Basic Books.

Kestenberg, J.S. (1985). Editorial: Child survivors of the Holocaust - 40 years later: Reflections and commentary. *American Academy of Child Psychiatry*, 408-412.

Kestenberg, J.S. (1989). Coping with losses and survival. In D.R. Dietrich, & P.C.Shabad (Eds.), *The problem of loss and mourning. Psychoanalytic Perspectives* (pp.381-403). Madison, Conn.: Int.Universities Press.

Kestenberg, J.S. (1990). Children under the Nazi yoke. *Mind And Human Interaction*, Vol.2(2), 39-45.

Kestenberg, J.S., & Brenner, I. (1986). Children who survived the Holocaust. The role of rules and routine in the development of the superego. *International Journal of Psychoanalysis*, 67, 309-316.

Kestenberg, J.S., & Kestenberg, M. (1982a). The experience of survivor-parents. In M.S. Bergmann, & M.E. Jucovy (Eds.), *Generations of the Holocaust* (pp. 46-61). New York: Basic Books.

Kestenberg, J.S., & Kestenberg, M. (1982b). The background of the study. In M.S. Bergmann, & M.E. Jucovy (Eds.), *Generations of the Holocaust* (pp. 33-45). New York: Basic Books.

Kestenberg, J.S., & Kestenberg, M. (1988). The sense of belonging and altruism in children who survived the Holocaust. *Psychoanalytical Review*, 74(4), 533-560.

Khan, M. Masud R. (1963). The concept of cumulative trauma. *Psychoanalytic Study of the Child*, 18, 286-306.

Kinsler, F. (1986). *An Eriksonian and evaluative investigation of the effects of video testimonials upon Jewish survivors of the Holocaust.* Los Angeles: University Press.

Klein, H. (1973). Children of the Holocaust: Mourning and bereavement. In E.J. Anthony, & C. Koupernik (Eds.), *The child in his family*, Vol.II (pp.393-409). New York: John Wiley.

Klein, H. (1984). The survivor's search for meaning and identity. *The Nazi Concentration Camps. Proceedings of the Fourth Yad Vashem International Historical Conference* (pp. 543-554). Jerusalem: Yad Vashem.

Krystal, H. (Ed.).(1968). *Massive psychic trauma*. New York: Int. University Press.

Kugelmann, C. (1992). Erinnerung als Konstrukt. Zu J.E.Young: "Beschreiben des Holocaust." *Babylon*, 10-11, 172-175.

Langer, L.L. (1991). *Holocaust testimonies. The ruin of memory*. New Haven: Yale University Press.

Last, U., & Klein, H. (1984). Holocaust traumatization: the transgenerational impact. *The Nazi Concentration Camps. Proceedings of the Fourth Yad Vashem International Historical Conference* (pp. 589-601). Jerusalem: Yad Vashem.

Lempp, R. (1979). *Extrembelastung im Kindes- und Jugendalter. Über psychosoziale Spätfolgen nach nationalsozialistischer Verfolgung im Kindes- und Jugendalter anhand von Aktengutachten*. Bern: Huber.

Lifton, R.J. (1979). *The broken connection*. New York: Simon & Schuster.

Lifton, R.J. (1980). The concept of the survivor. In J. Dimsdale (Ed.), *Survivors, victims, perpetrators* (pp. 113-126). Washington: Hemisphere Publishing.

Lorenzer, A. (1966). Zum Begriff der "Traumatischen Neurose". *Psyche*, 7/20, 481-492.

Lorenzer, A. (1968). Methodologische Probleme der Untersuchung traumatischer Neurosen. *Psyche*, 9-11, 861-874.

Lorenzer, A. (1970a). *Sprachzerstörung und Rekonstruktion*. Frankfurt a.M.: Suhrkamp.

Lorenzer, A. (1970b). *Kritik des psychoanalytischen Symbolbegriffs*. Frankfurt a.M.: Suhrkamp.

Lorenzer, A. (1974). *Die Wahrheit der psychoanalytischen Erkenntnis*. Frankfurt a.M.: Suhrkamp.

Lorenzer, A. (1978a). Die Analyse der subjektiven Struktur von Lebensläufen und das gesellschaftlich Objektive. In H.Dahmer (Ed.).(1980). Analytische Sozialpsychologie (pp.619-632), Bd.2. Frankfurt a.M.: Suhrkamp.

Lorenzer, A. (1977). *Sprachspiel und Interaktionsformen*. Frankfurt a.M.: Suhrkamp.

Lorenzer, A. (1978b). Der Gegenstand psychoanalytischer Textinterpretation. In S. Goeppert (Ed.), *Perspektiven psychoanalytischer Literaturkritik* (pp.71-82). Freiburg: Rombach.

Lorenzer, A. (1981a). *Das Konzil der Buchhalter. Die Zerstörung der Sinnlichkeit. Eine Religionskritik*. Frankfurt a.M.: Europäische Verlagsanstalt.

Lorenzer, A. (1981b). Möglichkeiten qualitativer Inhaltsanalyse: Tiefenhermeneutische Interpretation zwischen Ideologiekritik und Psychoanalyse. *Das Argument*, 126, 170-180.

Lorenzer, A. (1983). Sprache, Lebenspraxis und szenisches Verstehen in der psychoanalytischen Therapie. *Psyche*, 27, 98-114.

Lorenzer, A. (1984). *Die Funktion der `gleichschwebenden Aufmerksamkeit'*. Vortrag bei der DPV, unveröff. Manuskript.

Lorenzer, A. (1986). Tiefenhermeneutische Kulturanalyse. In A. Lorenzer (Ed.), *Kultur-Analysen* (11-98). Frankfurt a.M.: Fischer.

Ludowyk Gyomroi, E. (1963). The analysis of a young concentration camp victim. *The Psychoanalytic Study of the Child*, 18, 484-510.

Marcus, P., & Rosenberg, A. (1988). A philosophical critique of the "survivor syndrom" and some implications for treatment. In R.L. Braham (Ed.), *The psychological perspectives of the Holocaust and of its aftermath* (pp.53-78). New York: Columbia University Press.

Marcus, P., & Wineman, I.(1985). Psychoanalysis encountering the Holocaust. *Psychological Inquiry*, 5, 85-98.

Mazor, A., Gampel, Y., Enright, R.D., & Orenstein, R. (1990). Holocaust survivors: Coping with post-traumatic memories in childhood and 40 years later. *Journal of Traumatic Stress*, Vol.3, 1, 1-14.

Menke-Eggers, C. (1992). Eine Ausrufung hermeneutischer Normalität. J.E. Youngs Studie über Texte des Holocaust. *Babylon*, 10-12, 165-172.

Mitscherlich, A., & Mitscherlich, M. (1968). *Die Unfähigkeit zu trauern*. München: Piper.

Moskovitz, S. (1983). *Love despite hate. Child survivors of the Holocaust and their adult lives*. New York: Schocken.

Niederland, W.G. (1968a). Clinical observations on the `Survivor Syndrom". *International Journal of Psychoanalysis*, 49, 313-315.

Niederland, W.G. (1968b). Diskussionsbeitrag zu E. De Wind: Begegnung mit dem Tod. *Psyche*, 9-11, 442-446.

Niederland, W.G. (1980) *Folgen der Verfolgung: Das Überlebenden-Syndrom. Seelenmord.* Frankfurt a.M.: Suhrkamp.

Niederland, W.G. (1988). The clinical aftereffects of the Holocaust in survivors and their offspring. In R.L. Braham (Ed.),*The psychological perspectives of the Holocaust and of its aftermath* (pp.45-52). New York: Columbia University Press.

Ornstein, A. (1985). Survival and Recovery. *Psychoanalytical Inquiry*, 5, 99-130.

Piper, E. (Ed.).(1987). *"Historikerstreit". Eine Dokumentation der Kontroverse um die Einzigartigkeit der nationalsozialistischen Judenvernichtung*. München: Piper.

Pross, C. (1988). *Wiedergutmachung: Der Kleinkrieg gegen die Opfer.* Frankfurt a.M.: Athenäum.

Ricoeur, P. (1974). Philosophische und theologische Hermeneutik. In P. Ricoeur & E.Jüngel (Eds.), *Metapher. Zur Hermeneutik religiöser Sprache* (pp.24-45). München: Chr.Kaiser Verlag.

Rosenbloom, M. (1988). Lessons for mental health practice. In R.L. Braham (Ed.), *The psychological perspectives of the Holocaust and of its aftermath* (pp.145-149). New York: Columbia University Press.

Rosenthal, P., & Rosenthal, J. (1980). Holocaust effect in the third generation: child of another time. *American Journal of Psychotherapie*, 34, 572-580.

Rustin, S.L. (1988). A psychological examination of the survivors of the Holocaust and the generation after. In R.L. Braham (Ed.), *The psychological perspectives of the Holocaust and of its aftermath* (pp.161-173). New York: Columbia University Press.

Schütze, F. (1976). Zur Hervorlockung und Analyse von Erzählungen thematisch relevanter Geschichten im Rahmen soziologischer Feldforschung. In AG Bielefelder Soziologen (Eds.), *Kommunikative Sozialforschung* (159-260). München: Fink.

Schütze, F. (1977). Die Technik des narrativen Interviews in Interaktionsfeldstudien - dargestellt an einem Projekt zur Erforschung kommunaler Machtstrukturen. Bielefeld: unveröff. Manuskript.

Schütze, F. (1983). Biographieforschung und narratives Interview. *Neue Praxis*, 3, 283-293.

Shanan, J. (1989). Surviving the survivors: Late personality development of Jewish Holocaust survivors. *International Journal of Mental Health,* Vol.17, 4, 42-71.

Sigal, J. (1973). Some second generation effects of survival of the Nazi persecution. *American Journal of Orthopsychiatry*, 43, 3, 320-327).
Solkoff, N. (1979). Children of the survivors of the Nazi Holocaust: A critical review of the literature. *American Journal of Orthopsychiatry*, 51, 29-42.
Solkoff, N. (1982). Survivors of the Holocaust: A critical review of the literature. *Catalog of Selected Documents in Psychology*, 12.
Steiner, G. (1987). The long life of metaphor. An approach to "the Shoah". *Encounter, 2, 55-83.*
Straub, J. (1989). *Historisch-psychologische Biographieforschung.* Heidelberg: Asanger.
Szondi, P. (1973). Für eine nicht mehr narrative Historie. In R. Koselleck, & W.-D.Stempel (Eds.), *Geschichte, Ereignis und Erzählung. Poetik und Hermeneutik* (pp.540-542), Bd.V. München: Fink.
Venzlaff, U. (1958). *Die psychoreaktiven Störungen nach entschädigungspflichtigen Ereignissen*. Berlin: Springer.
William, M., & Kestenberg, J.S. (1974). Introduction and discussion in workshop on children of survivors. *Journal of American Psychoanalytic Association*, 22, 200-204.
De Wind, E. (1968). Begegnung mit dem Tod. *Psyche*, 9-11, 423-441.
Young, J.E. (1992). *Beschreiben des Holocaust: Darstellung und Folgen der Interpretation*. Frankfurt a.M.: Jüdischer Verlag.